IK WAS DE VROUW VAN ESCOBAR

Ik was de vrouw van Escobar

VIRGINIA VALLEJO

Uitgegeven door Xander Uitgevers BV
Hamerstraat 3, 1021 JT Amsterdam

www.xanderuitgevers.nl

Oorspronkelijke titel: *Amando a Pablo, odiando a Escobar*
Oorspronkelijke uitgever: Random House Mondadori, Spanje
Vertaling: Textcase, Deventer, César Noordewier en Imke Zuidema
Omslagontwerp: Sander Patelski
Omslagbeeld: Hernán Díaz
Zetwerk: Studio Spade voor Textcase

Copyright © 2007 Virginia Vallejo
Copyright © 2017 voor de Nederlandse taal:
Xander Uitgevers BV, Amsterdam

Tweede druk 2017

ISBN 978 94 0160 884 8 | NUR 320

De uitgever heeft getracht alle rechthebbenden te traceren. Mocht u desondanks menen rechten te kunnen uitoefenen, dan kunt u contact opnemen met de uitgever. Niets uit deze uitgave mag openbaar worden gemaakt door middel van druk, fotokopie, internet of op welke andere wijze ook, zonder voorafgaande schriftelijke toestemming van de uitgever.

INHOUD

Inleiding — 9

I DAGEN VAN ONSCHULD EN HOOP

Het koninkrijk van het witte goud — 19
Pablo for president — 39
Vraag maar, niets is te gek — 53
Dood aan de ontvoerders — 65

II DAGEN VAN GLORIE EN AFGRIJZEN

De liefkozing van een revolver — 79
Twee toekomstige presidenten en *Twintig liefdesgedichten* — 88
De minnares van de bevrijder — 104
Aan de duivel overgeleverd — 116
Een lord en een *drug lord* — 124
De zevende rijkste man van de wereld — 139
Cocaine Blues — 157
Niet dat varken dat rijker is dan ik! — 176
Onder de hemel van Nápoles — 204
Het paleis in brand — 226
Tarzan vs. Pancho Villa — 250
Ben je Parijs zo snel al vergeten! — 277
Een diamant en een afscheid — 302

III DAGEN VAN AFWEZIGHEID EN STILTE

The Cuban connection — 329
De koning van de terreur — 350
Vandaag is het feest in de hel — 384

Namenlijst — 395

Voor mijn doden
voor de helden en schurken

Samen zijn we één
vormen we één natie

Slechts één enkel atoom
zich oneindig splijtend
nu en altijd en in de eeuwen der eeuwen.

INLEIDING

Dinsdag 18 juli 2006, zes uur 's ochtends. Drie geblindeerde auto's van de Amerikaanse ambassade halen me op bij het appartement van mijn moeder in Bogota om me naar het vliegveld te brengen. Daar staat een vliegtuig met ronkende motoren op me te wachten, met bestemming Noord-Amerikaans grondgebied. Met hoge snelheid rijdt een voertuig met zwaarbewapende veiligheidsagenten voor ons uit en een derde auto volgt. De vorige avond heeft het hoofd veiligheidsdienst van de ambassade me gewaarschuwd dat zich verdachte personen ophouden aan de andere kant van het park waarop het gebouw uitkijkt. Hij heeft opdracht gekregen me te beschermen; ik mocht onder geen beding in de buurt van de ramen komen en voor niemand opendoen. Een uur eerder is er al een auto met mijn meest waardevolle bezittingen vertrokken; het is de auto van Antonio Galán Sarmiento, voorzitter van de Raad van Bogota en broer van Luis Carlos Galán, de presidentskandidaat die in augustus 1989 is vermoord op bevel van Pablo Escobar Gaviria, de baas van het Medellínkartel.

Nadat er anderhalf jaar jacht op hem was gemaakt, werd mijn voormalige minnaar Pablo Escobar op 2 december 1993 met kogels doorzeefd. Er kwam heel wat bij kijken om hem uit te schakelen: een beloning van vijfentwintig miljoen dollar; een speciaal hiervoor opgeleid

Colombiaans politiecommando; de inzet van ongeveer achtduizend man behorend tot staatsveiligheidsorganisaties, rivaliserende drugskartels en paramilitaire groeperingen; tientallen agenten van de DEA, de FBI en de CIA, de Navy Seals en de Delta Force van de Noord-Amerikaanse strijdkrachten; Amerikaanse overheidsvliegtuigen met speciale radarapparatuur en financiering door de rijkste lieden van Colombia.

Twee dagen hiervoor heb ik in de krant *El Nuevo Herald* van Miami de voormalig senator, voormalig minister van Justitie en voormalig presidentskandidaat Alberto Santofimio Botero, ervan beschuldigd dat hij achter de aanslag zat tegen Luis Carlos Galán. Ook de 'gouden lijntjes' tussen de grote drugsbaronnen en de Colombiaanse presidenten kwamen voor zijn rekening. Het 'Dagblad van Florida' heeft een kwart van de voorpagina van de zondagseditie en een hele binnenpagina aan mijn verhaal gewijd.

Álvaro Uribe Vélez, die met meer dan zeventig procent van de stemmen net is herkozen als president van Colombia, bereidt zich op dat moment voor op zijn inhuldiging op 7 augustus. Na mijn aanbod aan het Openbaar Ministerie om tegen Santofimio te getuigen heeft de rechter in deze zaak het proces abrupt afgebroken. En dat terwijl het eigenlijk nog zeker twee maanden zou doorgaan! Bovendien heeft de voormalig president, nu ambassadeur van Colombia in Washington, ontslag genomen, heeft Uribe de aanstelling van een andere voormalig president als ambassadeur in Frankrijk moeten uitstellen en is er een nieuwe minister van Buitenlandse Zaken benoemd. Want de vorige wordt de nieuwe ambassadeur in Washington!

Mocht ik geen bescherming krijgen, dan weet de Noord-Amerikaanse overheid heel goed dat ik hoogstwaarschijnlijk binnen een paar dagen uit de weg geruimd zal worden, zoals een van de twee getuigen in de zaak tegen Santofimio is overkomen. Als ik verdwijn wordt ook meteen de waarheid over een van de meest spraakmakende misdrijven in de recente geschiedenis van Colombia in de doofpot gestopt. Tegelijk zal alle waardevolle informatie over de alarmerende invloed van de drugshandel op de hoogste niveaus van de presidentiële, politieke, juridische en militaire macht en van de mediawereld, onder het tapijt worden geveegd.

Ambtenaren van de Amerikaanse ambassade staan bij de vliegtuigtrap om zo dadelijk de koffers en dozen – die ik in alle haast met een stel vrienden heb gepakt – in het vliegtuig te laden. Nieuwsgierig staren ze me aan, zich waarschijnlijk afvragend waarom de media en nu ook hun regering ineens zo'n belangstelling tonen voor een vermoeid ogende vrouw van middelbare leeftijd. Een twee meter lange, in Hawaïshirt geklede *special agent* van de DEA, die zich voorstelt als David C., is aangewezen om me te begeleiden naar Amerikaans grondgebied. Het tweemotorige vliegtuig zal over zes uur aankomen in Guantánamo – de Noord-Amerikaanse legerbasis in Cuba. Daar blijven we een uur om te tanken, waarna het nog twee uur vliegen is naar Miami.

Ik ben pas gerust als ik achter in het vliegtuig twee dozen zie liggen met bewijsmateriaal tegen de reeds veroordeelde Thomas en Dee Mower. Zij zijn eigenaren van Neways International in Springville Utah. Deze multinational krijgt nog een vordering uit 1998 van dertig miljoen dollar van mij voor de kiezen. Een Amerikaanse rechter had slechts acht uur nodig om de Mowers schuldig te bevinden aan een fractie van de misdrijven die ik al acht jaar bij de Colombiaanse justitie tracht te bewijzen. Maar iedere poging van mij tot samenwerking met het kantoor van Eileen O'Connor in het Department of Justice (DOJ) in Washington én met vijf attachés van de Internal Revenue Service (IRS) van de Amerikaanse ambassade in Bogota is stukgelopen. Toen hun persbureau er namelijk achter kwam dat ik de DOJ, de IRS en de FBI telefonisch had benaderd, werd me al snel duidelijk dat dit niet in goede aarde viel.

Deze reacties hebben weinig tot niets te maken met de Mowers, maar des te meer met alles wat ik weet over Pablo Escobars betrekkingen met politici. Op de Amerikaanse ambassade werkt een voormalig medewerker van Francisco Santos, de vicepresident van de republiek, wiens familie eigenaar is van uitgeverij El Tiempo. Het conglomeraat van gedrukte media heeft door die connectie toegang tot een gigantisch deel van de reclamerichtsnoeren van de staat, tevens de grootste adverteerder van Colombia. Bovendien hangt er een overname door een van de grootste Spaanstalige uitgeversconcerns in de lucht. Een gelukkiger omstandigheid is toch nauwelijks denkbaar? Weer een ander lid van die familie, Juan Manuel Santos, is onlangs benoemd tot minister van Defensie en

mag in die functie de vloot van de Colombiaanse Luchtmacht moderniseren. Zo veel toegeeflijkheid van de staat voor maar een enkele mediafamilie kan niets anders betekenen dan dat er een luchtje aanzit. Het garandeert niet alleen de onvoorwaardelijke steun voor de zittende regering, maar ook het absolute stilzwijgen van de grootste Colombiaanse krant – dus pas op voor doña Virginia! – over het verleden van meneer de president.
Een verleden dat al bij de Amerikaanse overheid bekend is. En reken maar dat ik het ook heel goed ken...

※

Na zo'n negen uur bereiken we Miami. Al een maand lang verga ik van de buikpijn, en dat begin ik nu toch wel zorgelijk te vinden. Ik ben in geen zes jaar meer bij een arts geweest, want mijn hele vermogen plus de opbrengsten van het project van Thomas Mower zijn door hem achterovergedrukt.

Het hotel, onderdeel van een bekende keten, is groot en onpersoonlijk, net als mijn kamer. Algauw melden zich enkele ambtenaren van de DEA. De inhoud van mijn zeven Gucci- en Vuitton-koffers wordt met de grootste argwaan bekeken. Daar zit alleen maar afgedragen Valentino-, Chanel-, Armani- en Saint Laurent-kleding in en de kleine collectie gravures die ik al zo'n dertig jaar in mijn bezit heb. De komende dagen zal ik een aantal van hun leidinggevenden ontmoeten en een onderhoud hebben met Richard Gregorie, de openbaar aanklager in het proces tegen generaal Manuel Antonio Noriega. Ze verwachten dat ik inlichtingen verschaf over Gilberto en Miguel Rodríguez Orejuela, de hoogste leiders van het Calikartel. De rechtszaak tegen deze aartsvijanden van Pablo Escobar wordt voorgezeten door dezelfde openbaar aanklager die de veroordeling van de Panamese leider Noriega voor elkaar kreeg, en is over een paar weken in een rechtbank in de staat Florida. Als ze schuldig bevonden worden kan de Amerikaanse staat niet alleen de rechtbank om levenslang of het equivalent hiervan verzoeken, maar ook het gehele fortuin van de drugsbaronnen opeisen: 2,1 miljard dollar, een bedrag dat reeds bevroren is. Ik vraag de agenten heel beleefd om een aspirientje en een tandenborstel, maar ze zeggen dat ik die maar moet kopen. Als ik ze uitleg dat mijn hele kapitaal uit twee muntjes van vijfentwintig dollarcent bestaat, weten ze een piepkleine tandenborstel voor me te versieren, zo eentje die je in een vliegtuig voor noppes krijgt.

'U bent vast al een hele tijd niet in een Amerikaans hotel geweest...'

'Zeker weten. In mijn hotels in New York en Beverly Hills lagen aspirines en tandenborstels altijd voor het grijpen. En rozen en rosé champagne!' Ik zucht weemoedig. 'Maar nu ben ik, dankzij een stelletje veroordeelden uit Utah, zo platzak dat zelfs een simpel aspirientje een ongekende luxe is.'

'Aspirine in een hotel kun je vergeten hier. Dat moet op recept. En hier betaal je je blauw aan artsen. Even een dutje doen is net zo effectief, en kost niets. Overigens, u mag de kamer niet uit, om veiligheidsredenen. En met niemand praten, zeker niet met de pers! Dus ook niet met journalisten van de *Miami Herald*! De Amerikaanse overheid kan u op dit moment geen enkele garantie geven. Alles hangt van uzelf af. En... wij hebben wél mooi uw leven gered, vergeet dat niet!'

Ik bedank ze voor alles en zeg dat ze zich echt geen zorgen hoeven te maken. Ik kan toch geen kant op. Bovendien help ik ze herinneren dat ik zelf heb aangeboden te getuigen in diverse uitzonderlijk belangrijke rechtszaken, zowel in Colombia als in de Verenigde Staten.

David – de DEA-agent – en de anderen vertrekken om de agenda van de volgende dag door te nemen.

'U bent er net en u loopt nu al te bietsen bij de Amerikaanse overheid?' De stem van Nguyen, de politiechef die bij me is gebleven, klinkt verwijtend.

'Ja, natuurlijk. Ik sterf van de buikpijn. En weet u, uw overheid kan me maar al te goed gebruiken: in die twee dozen daar zit bewijsmateriaal uit Colombia en Mexico van een fraude gepleegd tegen de Internal Revenue Service. Het zou míj niets verbazen als het in de honderden miljoenen dollars loopt. Maar alle getuigen zijn dood en er is een bedrag van drieëntwintig miljoen dollar betaald. Dus de collectieve vordering van de Russische slachtoffers van Neways International is ingetrokken. Kun je nagaan op wat voor schaal er fraude is gepleegd, in zo veel landen! Allemaal om de leveranciers en de fiscus pootje te lichten!'

'Belastingontduiking overzee is niet onze zaak. Wij zijn van antinarcotica.'

'Maar als ik u nou eens vertel waar u tien kilo coke kunt vinden? Is dat niet een aspirientje waard?'

'Begrijpt u nou echt niet dat wij niet de IRS of de FBI van de staat Utah zijn, maar de DEA van Florida? En u moet de Drug Enforcement Administration niet verwarren met een drugstore!'

'Wat me al wel duidelijk is, Nguyen, is dat USA vs. Rodríguez Orejuela veel meer impact heeft dan USA vs. Mowen!'

De agenten van de DEA komen terug en vertellen dat mijn vertrek uit Colombia op alle televisiekanalen te zien is. Maar de afgelopen vier dagen heb ik bijna tweehonderd verzoeken om interviews uit de hele wereld afgeslagen, dus het maakt me echt niet uit wat er allemaal gezegd wordt. Ik vraag of de televisie uit mag, want na elf dagen zonder slaap en twee dagen zonder eten zit ik er helemaal doorheen. Ik wil alleen nog maar uitrusten. Dan ben ik morgen beter in staat al mijn medewerking te verlenen.

Als ik dan eindelijk alleen ben, met als enig gezelschap al die bagage en die venijnige pijn, bereid ik me geestelijk voor op iets veel ergers dan een mogelijke blindedarmontsteking. Keer op keer vraag ik me af of de Amerikaanse overheid nou echt mijn leven heeft willen redden of dat het waarschijnlijker is dat deze agenten alleen maar van plan zijn zo veel mogelijk informatie uit me te persen. Als ze genoeg weten, kunnen ze me terugsturen naar Colombia met het argument dat de informatie die ik over de broers Rodríguez Orejuela heb van vóór 1997 blijkt te zijn. Wat de staat Utah beslist, is weer een ander verhaal. Bij terugkeer op Colombiaans grondgebied, word ik dan door al die huichelaars als afschrikwekkend voorbeeld gebruikt voor elke informant of getuige die van plan is mijn voorbeeld te volgen. Leden van veiligheidsdiensten zullen me op het vliegveld staan opwachten met een of ander 'arrestatiebevel', uitgevaardigd door het ministerie van Defensie en de staatsveiligheidsdienst. Daarna word ik in een SUV met geblindeerde ramen geduwd en, als al die fijne lui helemaal klaar met me zijn, gooien de media, die boter op hun hoofd hebben, algauw de schuld van mijn marteling, mijn dood of mijn verdwijning op de broers Rodríguez

Orejuela, óf op 'Los Pepes'¹ óf op de echtgenote van Escobar.

Nooit eerder heb ik zo in de shit gezeten. Ik zou echt niet de eerste zijn die bij terugkeer naar Colombia het loodje legt na een deal met de Amerikaanse ambassade in Bogota. Maar mijn vertrek uit het land in een vliegtuig van de DEA is zowat overal wereldnieuws. Ik sta dus veel meer in de schijnwerpers dan een César Villejas, alias 'El Bandi',² of een Pedro Juan Moreno, de twee die het best op de hoogte waren van het verleden van de president. Met dit in mijn achterhoofd neem ik me voor me absoluut door geen enkele overheid of misdadiger een loer te laten draaien. Genoeg voorbeelden van wat me kan gebeuren: Carlos Aguilar, alias 'El Mugre',³ werd dood gevonden na zijn getuigenis tegen Santofimio. De vrouw van Pallomari, de accountant van de broers Rodríguez Orejuela, werd vermoord na het vertrek van haar man naar de Verenigde Staten, ook al in zo'n vliegtuig van de DEA. En dat terwijl ze op dat moment de grootst mogelijke bescherming van het Openbaar Ministerie genoot. In tegenstelling tot al deze personen, God hebbe hun ziel, heb ik nooit een misdaad begaan. En het is voor al die duizenden zoals zij, die er niet meer zijn, dat ik de plicht heb te overleven. Dus ik zeg tegen mezelf: 'Hoe ik het voor elkaar moet boksen, weet ik nog niet, maar ik laat me niet om zeep brengen.'

---

1 Afkorting van Perseguidos por Pablo Escobar (door Pablo Escobar opgejaagde mensen)
2 De Bandiet
3 De Smerige

DEEL I

DAGEN VAN ONSCHULD EN HOOP

All love is tragedy. True love suffers and is silent.

Oscar Wilde

HET KONINKRIJK VAN HET WITTE GOUD

Halverwege 1982 waren er in Colombia diverse guerrillagroepen actief. Stuk voor stuk marxisten of maoïsten en fervente aanhangers van het Cubaanse model. Ze leefden bij de gratie van steun uit de Sovjet-Unie, van het losgeld van ontvoeringen en van het stelen van vee van grootgrondbezitters. De belangrijkste was de FARC (Gewapende Revolutionaire Strijdkrachten van Colombia), ontstaan midden in het geweld van de jaren vijftig. Dit buitensporige wrede tijdperk was zo barbaars dat geen zinnig mens erover kan vertellen zonder zich te schamen deel uit te maken van de mensheid. Een kleiner aantal activisten had zich aangesloten bij de ELN (Nationaal Bevrijdingsleger) of de EPL (Volksleger van de Vrijheid), waarvan de laatste later de wapens neerlegde en een politieke partij werd. In 1984 zou 'Quintín Lame' worden opgericht, een verzetsbeweging die haar naam ontleende aan die moedige strijder die zich had ingezet voor de belangen van de inheemse bevolking.

En dan was er nog de M-19, de beweging van de spectaculaire aanslagen. Deze bestond uit een gevarieerd gezelschap van academici en vaklui, intellectuelen en artiesten, telgen uit burgerlijke en militaire kringen en niet te vergeten de harde lijn-strijders, in het jargon van de gewapende groepen beter bekend als *troperos*.[4] De gewapende rebellen waren vooral actief op het platteland en in de jungle, samen goed voor zowat de helft van het Colombiaanse gebied. De M-19 daarentegen was vooral op de stad gericht. Bovendien beschikte de M-19 op leidinggevend niveau over opvallende vrouwen, die net zo publiciteitsgeil waren als de mannen.

In de jaren na Operatie Condor in het zuiden van het continent waren de spelregels in Colombia heel simpel: iedere activist die werd opgepakt door militairen of door de staatsveiligheidsdienst, belandde zonder enige vorm van proces in de gevangenis en werd dan niet zelden genadeloos doodgemarteld. Anderzijds, als je als welgesteld persoon in handen viel van de guerrilla's, kwam je pas vrij na betaling van losgeld door je familie, vaak pas na jaren onderhandelen. Wie niet betaalde, verdween voorgoed van de aardbodem. Deze situatie heeft, op een handjevol uitzonderingen na, tot op de dag van vandaag voortgeduurd. Zowat elke Colombiaan telt in zijn kring van vrienden, familie of werknemers minstens tien ontvoerde bekenden, van wie slechts een enkeling levend terugkwam. Bij degenen die nooit terugkeerden kan weer onderscheid worden gemaakt tussen hen van wie de familie niet over middelen beschikte om aan de eisen van de ontvoerders te voldoen, anderen voor wie een dikke som geld werd betaald maar die allang dood waren en degenen voor wie niemand zijn vermogen, of zijn zuurverdiende centen wilde opofferen.

❧

Met mijn hoofd op Aníbals schouder lig ik te slapen als ik ineens wakker schrik van dat typisch dubbele sprongetje van lichte vliegtuigjes bij het landen. Hij streelt mijn wang en als ik probeer op te staan, trekt hij zachtjes aan mijn arm omdat hij wil dat ik nog even blijf zitten. Hij wijst naar het raampje en ik kan mijn ogen niet geloven: aan twee kanten van de startbaan staan minstens vijfentwintig jonge kerels. Sommigen dragen donkere zonnebrillen en anderen kijken met toegeknepen

---

4 Letterlijk vertaald: veedrijvers. Het Engelse *troopers*

ogen tegen de late middagzon in. Ze omsingelen ons vliegtuigje en houden hun machinegeweren op ons gericht, met zo'n gezichtsuitdrukking van mannen die eraan gewend zijn eerst te schieten en dan pas vragen te stellen. Ik zie er ook een paar zogenaamd verdekt opgesteld staan in de bosjes. Twee van hen spelen zelfs met hun mini-uzi zoals je weleens met je autosleutels speelt. Ik moet er niet aan denken wat er zou gebeuren als een van die uzi's met zeshonderd schoten per minuut op de grond zou kletteren. Het zijn nog groentjes en ze dragen sportieve poloshirts in allerlei kleuren en importjeans en sportschoenen. Geen uniformen of camouflagepakken te bekennen.

Terwijl het vliegtuigje over de startbaan taxiet, maak ik snel een berekening van onze dagwaarde voor een groep guerrillastrijders. Mijn verloofde is het neefje van de vorige president, Julio César Turbay, wiens regeerperiode (1978-1982) werd gekenmerkt door gewelddadige militaire onderdrukking van rebellengroepen, zoals de M-19, waarvan de bobo's inmiddels achter de tralies zitten. Maar Belisario Betancur, net ingehuldigd als president, heeft beloofd alle rebellen die zijn Vredesproces steunen vrij te laten. Ik kijk naar Aníbals kinderen en mijn hart breekt: Juan Pablo van 11 en Adriana van 9 jaar zijn nu stiefkinderen van de tweede rijkste man van Colombia, Carlos Ardila Lülle, eigenaar van alle frisdrankfabrieken van ons land. Ook onze vrienden die zijn meegekomen zijn niet de minsten: Olga Suárez, die over een paar weken gaat trouwen met de sympathieke Spaanse singer-songwriter Rafael Urraza, de organisator van dit uitje, is de dochter van een veeteeltmiljonair aan de Atlantische kust. Haar zus is verloofd met Felipe Echavarría Rocha, telg uit een van de belangrijkste industriële dynastieën van Colombia; Nano en Ethel zijn binnenhuisarchitecten en *marchands d'art*; Ángela is topmodel en zelf ben ik een van de beroemdste televisiepresentatoren van het land. Als we in handen van de guerrilla vallen, met zo'n vliegtuig, zijn we een miljoenenprooi en worden we automatisch aangemerkt als *'to be kidnapped'*, een term die net zo gebruikelijk is in Colombia als het voorvoegsel of zelfstandig naamwoord *'narco'*, maar daarover later meer.

Aníbal zegt geen woord en ziet lijkbleek. Zonder een antwoord te verwachten onderwerp ik hem aan een spervuur van vragen: 'Hoe wist je nou zo zeker dat dit ons vliegtuig was? En als dit nou eens een ontvoering is?!... En als ze erachter komen wie de moeder van je kinderen is? Hoe lang zullen ze ons dan wel niet vasthouden? En deze jongens van de guerrilla zijn echt geen losers. Moet je die wapens zien! En die peperdure sneakers! En waarom heb je me niet gezegd dat ik ook mijn sneakers mee moest nemen? Die lui slepen me straks door de hele jungle op mijn Italiaanse sandaaltjes! Zonder mijn strooien zonnehoed! Waarom heb je me nou niet even rustig mijn *junglewear* laten inpakken? En waarom neem je uitnodigingen aan van wildvreemden? De lijfwachten van de mensen die ík ken houden geen machinegeweren op hun gasten gericht! We zijn in de val gelopen want met al dat gesnuif van je ben je de grip op de werkelijkheid kwijt! Als we hier levend uitkomen, vergeet die hele bruiloft dan maar! Vroeg of laat krijg jij toch een hartaanval! En ik was echt niet van plan om nu al weduwe te worden!'

Aníbal Turbay is lang, knap en vrijgezel, zeer bedreven in de liefde, belangstellend en gul met complimenten en geld, ook al is hij dan geen multimiljonair, zoals al mijn exen. Hij heeft een gevarieerde vriendenkring die hem op handen draagt. En er zijn ook nog eens honderden vrouwen die allemaal een leven hebben 'vóór Aníbal' en 'na Aníbal'. Zijn enige zwakke punt is die ongeneeslijke verslaving aan het witte poeder; ik heb er echt een hekel aan, maar hij aanbidt dat spul meer dan zijn bloedeigen kinderen, dan mij, dan al het geld van de wereld of dan wat dan ook. Nog vóórdat de arme man op mijn stortvloed van woorden kan reageren, zwaait de vliegtuigdeur open en sluipt een zwoele lucht naar binnen. Dit roept meteen een verlangen op naar 'Tierra Caliente',[5] zoals de streek zonder seizoenen in mijn land wordt genoemd. We zien twee gewapende mannen instappen die bij het zien van onze onthutste gezichten roepen: 'Krijg nou wat! Geloof het of niet maar wij dachten een panter en een paar tijgers te kunnen lossen. Dames, kinderen, sorry, sorry! Als de grote baas dit hoort, kunnen we wel inpakken!'

Er schijnt een grote dierentuin bij het landgoed te horen en de vluchten met de gasten en die met de wilde dieren zijn doodleuk verwisseld. Terwijl de mannen zich uitputten in verontschuldigingen, stappen de

---

[5] De Warme Streek

piloten uit, onverstoorbaar als altijd, want hun verantwoordelijkheid houdt op bij het vluchtplan en de lading is niet hun pakkie-an.

Er staan drie jeeps klaar om ons naar de haciënda te brengen. Ik daal de vliegtuigtrap af, zet mijn zonnebril en mijn safarihoed op. Ik realiseer me op dat moment nog niet dat ik voet zet op de plek die mijn leven voorgoed zal veranderen. We stappen in en zodra ik Aníbals arm om mijn schouders voel, ben ik weer gerustgesteld. Ik krijg nu echt zin om te genieten van iedere minuut die we hier zullen doorbrengen.

'Wat is het hier mooi! En zo groot. Ik denk dat dit reisje echt de moeite waard wordt...' zeg ik zachtjes tegen hem, wijzend op twee reigers die vanaf een verre oever opstijgen.

In absolute stilte laten we het schitterende tafereel van aarde, water en een hemel die zich verder dan de horizon lijkt uit te strekken, op ons inwerken. Ik word compleet overrompeld door een golf van geluk. Vanuit een hutje in de verte klinken de noten van 'Caballo viejo' van Simón Díaz, met de onmiskenbare stem van Roberto Torres, die lofzang op de Venezolaanse laagvlakte die tot het vaste repertoire behoort van mannen op leeftijd in dit werelddeel. Als ze goed in de stemming zijn, zingen ze dit lied voor donkerharige schoonheden in de hoop dat zij ook een beetje loskomen. '*Cuando el amor llega así, de esta manera, uno no se da ni cuenta...*'[6] bezingt de zanger de heldendaden van weleer. '*Cuando el amor llega así, de esta manera, uno no tiene la culpa...*'[7] verontschuldigt de gaucho zich, om af te sluiten met het welgemeende advies om zijn voorbeeld te volgen '*porque después de esta vida no hay otra oportunidad*',[8] volkswijsheid ten top in een ritmische cadans, vervolmaakt met een warme bries vol beloften.

Ik geniet zo van deze overweldigende omgeving dat het niet bij me opkomt naar naam, leven of doen en laten van onze gastheer te vragen. De eigenaar van dit alles is vast en zeker een politicus, zo'n oude sluwe vos die bulkt van het geld, omringd door mooie meiden, en met een hoge dunk van zichzelf, denk ik als ik mijn hoofd weer op Aníbals schouder leg. Die levenslustige reus ging samen met zijn drang naar

---

6 Als de liefde zich zo aandient, op deze wijze, heb je het nauwelijks door
7 Als de liefde zich zo aandient, op deze wijze, is dat niet je eigen schuld
8 Want in het hiernamaals zijn je kansen verkeken

avontuur het graf in, kort vóórdat ik de kracht vond aan dit verhaal te beginnen. Een geschiedenis opgebouwd uit scènes die in mijn geheugen gegrift staan, vol mythen en monsters die nauwelijks het daglicht kunnen verdragen.

❦

Ondanks de grootte van het landhuis, ontbreekt hier iedere vorm van verfijning zoals je die gewoonlijk aantreft op grote traditionele Colombiaanse haciënda's: geen kapel, manege of tennisbaan; geen paarden, rijlaarzen of rashonden; geen antiek zilverwerk of kunstwerken uit de achttiende, negentiende of twintigste eeuw; geen olieverfschilderijen van maagden en heiligen of sierornamenten van goudkleurig hout boven de deur; geen koloniale pilaren of geëmailleerde figuurtjes in kerststalletjes uit grootmoeders tijd, geen beschilderde kisten of Perzische tapijten in allerlei maten; en ook geen Frans handbeschilderd porselein of door nonnen geborduurde tafellakens, noch rozen of orchideeën van de trotse vrouw des huizes.

Evenmin een spoor van de nederige, samen met het meubilair meegeërfde bedienden, die op de grote haciënda's van welgestelden werken. Van die lijdzame zielen zijn het, berustend in hun lot en heel zachtmoedig van aard, die al generaties lang zekerheid boven vrijheid verkiezen.

Deze typische 'ruana'-boeren, – een ruana is een korte poncho van bruine wol – met hun tandeloze glimlach, nemen altijd welwillend hun hoed af om met een diepe buiging te zeggen: 'Hier ben ik, excellentie', of: 'Eleuterio González, om u te dienen, bij alles wat u maar wenst!' Van secundaire arbeidsvoorwaarden hebben ze nog nooit gehoord. Ze zijn echt een uitstervend ras. Volgens de guerrillastrijders kunnen ze, zodra de revolutie is geslaagd, ook aanspraak maken op bezittingen, zoals land en vee, wapens, drank en mooie vrouwen met satijnzachte benen. Vrouwen zoals die van hun meesters.

De kamers in het huis op de haciënda komen uit op een enorm lange gang. Ze zijn spartaans ingericht: twee bedden, een nachtkastje met een asbak van plaatselijk keramiek, een kleurloos lampje en foto's van het landgoed. Godzijdank heeft onze privébadkamer niet alleen maar koud stromend water, zoals op bijna alle boerderijen in Tierra Caliente. Het enorme terras staat bomvol tafels met parasols en honderden witte, stevige stoelen. De gemeenschappelijke ruimte – zo ongeveer die van een Club Med – is afgestemd op de ontvangst van honderden gasten. Bovendien valt uit het aantal logeerkamers af te leiden dat het huis in de weekenden afgeladen is.

'Kun je nagaan hoe er hier gefeest wordt!' zeggen we tegen elkaar.

'Dan komt Rey Vallenato met al zijn accordeonspelers uit Valledupar!'

'Neeee, ze halen Sonora Matancera samen met Los Melódicos erbij,' zegt iemand anders spottend, maar met een tikkeltje afgunst.

De beheerder van het landgoed vertelt ons dat de eigenaar een dag vertraging heeft opgelopen door een onverwacht probleem. Het personeel heeft duidelijk opdracht gekregen om tegemoet te komen aan al onze wensen. Wel krijgen we op het moment van binnenkomst al te horen dat we geen rondleiding krijgen op de tweede verdieping van het huis, waar zich de privévertrekken bevinden. Het personeel bestaat uit uitsluitend mannen, met een groot ontzag voor hun baas. Aan hun zelfverzekerde manier van doen en de totale afwezigheid van de gebruikelijke nederigheid kun je merken dat ze het een stuk beter hebben dan bedienend personeel bij andere rijke families. Waarschijnlijk hebben ze gewoon een gezin. Ze dragen nieuwe kleding van goede kwaliteit en niet zo opzichtig als wat die lui op de landingsbaan aanhadden. En ze zijn ook nog volkomen ongewapend. In de eetkamer staat het avondeten inmiddels voor ons klaar op een gigantische houten eettafel.

'Groot genoeg voor een heel bataljon!' merken we op.

Op tafel liggen witte papieren servetten en het eten wordt in servies uit de streek opgediend door twee vakkundige vrouwen die geen woord zeggen. Ze zijn de enige twee vrouwen die we sinds onze aankomst hebben gezien. Zoals we al gehoopt hadden, bestaat het menu uit een overheerlijke 'paisa'-schotel, een typisch gerecht uit de regio van Antioquia met daarin alle basisingrediënten uit de Colombiaanse keuken: bonen, rijst, gehakt en gebakken ei, met wat schijfjes avocado. De eigenaar heeft blijkbaar niets met gezelligheid, luxe of verfijning, want alles op deze hacïenda van zo'n drieduizend hectare, gelegen tussen Doradal en Puerto Triunfo, in de brandende vallei Magdaleno Medio, lijkt te zijn ontworpen met als achterliggende gedachte een praktisch hotel in Tierra Caliente, en niet zozeer een stijlvol buitenhuis.

Niets op die tropisch warme, rustige avond, mijn eerste op Haciënda Nápoles, wees erop dat ik de volgende dag zo'n imposante wereld zou ontdekken, van een omvang die mijn voorstellingsvermogen ver te boven ging. En er was niemand om me te waarschuwen voor de grenzeloze ambities van de man die dit uit sterrenstof had opgebouwd met het soort mythische gedrevenheid, die de geschiedenis van landen en het lot van volkeren voorgoed verandert.

Bij het ontbijt krijgen we te horen dat onze gastheer tegen de middag zal aankomen. Hij heeft laten weten dat hij ons graag persoonlijk in zijn dierentuin wil rondleiden. Tot die tijd gaan we de haciënda verkennen in buggy's, van die lichtgewicht karretjes die bedoeld zijn om de jeugd onbekommerd door het zand te laten crossen. Deze praktisch onverwoestbare terreinwagentjes hebben een lage carrosserie, bijna tot op de grond, beschikken over twee zitplaatsen, een stuur, versnellingspook, brandstoftank en een motor die een hels lawaai maakt. Overal waar die voertuigen voorbijkomen, laten ze een wolk van rook en stof achter. Achter het stuur zit altijd zo'n stralende, zongebruinde jonge god, in shorts en met een zonnebril op, met een mooie meid met wapperende haren naast zich, of anders wel een halfdronken vriend. Een buggy is het enige voertuig waarin je straalbezopen over een strand kunt rijden, zonder gevaar voor de inzittenden, zonder dat hij omkiepert, en vooral, zonder dat de politie de mafkees die achter het stuur zit oppakt. Dit wagentje heeft namelijk nog een extra voordeel: hij kan ter plekke een noodstop maken.

De eerste ochtend van ons weekend is volkomen normaal verlopen. Later zouden er echter vreemde dingen gebeuren, waarbij ik het gevoel kreeg dat een soort beschermengel me probeerde te waarschuwen dat plezier niet eeuwig voortduurt.

Aníbal heeft de reputatie onverschrokken te zijn, een eigenschap die mij met mijn avontuurlijke instelling enorm aanspreekt. Al mijn vriendinnen voorspellen dat deze verloving niet voor het altaar zal eindigen, maar eerder op de bodem van een afgrond. Hoewel hij de gewoonte heeft zijn Mercedes als een autocoureur met een rotgang over smalle, bochtige bergwegen te jagen, een glas whisky in zijn ene hand en een broodje in de andere, heeft hij echt nog nooit een ongeluk gehad. En ik zit blij naast hem in de buggy, met zijn dochtertje op schoot en voel de wind op mijn huid. Ik geniet van de onbeschrijfelijke vreugde die je voelt als je met hoge snelheid kilometers en kilometers vlak en ongerept land doorkruist, zonder dat iets of iemand je tegenhoudt. Hier kan dat gelukkig, maar op elke andere Colombiaanse haciënda zouden deze onmetelijke vlakten worden gebruikt voor zeboeveeteelt en vergeven zijn van goed vergrendelde poorten om al die duizenden, suf voor zich uitkijkende koeien en de vele immer alerte stieren binnen het territorium te houden.

Bijna drie uur lang doorkruisen we vele kilometers vlak land in alle tinten groen, slechts nu en dan onderbroken door een meertje of een kabbelend riviertje, met hier en daar een mosterdkleurige fluwelen heuvel of wat lichte rimpelingen in het landschap. Het is een land dat op de savannes lijkt zoals ik die jaren later zou zien in *Out of Africa* met Meryl Streep en Robert Redford in de hoofdrollen, maar dan zonder de bekende baobabs. We zien alleen maar bomen en planten, vogels en kleine, inheemse, tropische dieren. Het is onmogelijk dit alles gedetailleerd te beschrijven, want elk schouwspel wordt algauw weer overlapt door een volgende. Zijn het aanvankelijk tientallen decors die zich nagenoeg tegelijk aandienen, gaandeweg lijken dat er wel honderden te worden.

In duizelingwekkende vaart rijden we naar een met wilde planten begroeide kloof van zo'n halve kilometer breed, waar waaiers van gigantische pluimen van een bos bamboeplanten ons even beschermen tegen de brandende middagzon. Even later vliegt een zwerm krijsende tropische vogels op en de buggy stuitert over een door gevallen bladeren verborgen kuil. Meteen slaat een dikke lange paal van twee meter lang als een kogel via de voorkant van het voertuig naar binnen, scheert met honderd kilometer per uur langs de smalle ruimte die mijn knie van die van Adriana scheidt en komt tot stilstand op een duimbreedte afstand van mijn ogen. Niets aan de hand, want buggy's kunnen een noodstop maken en bovendien begin ik zo langzamerhand de indruk te krijgen dat God mij om een of andere reden gunstig gezind is.

Ondanks de afstand die we hebben afgelegd en dankzij de uitvinding die walkietalkie wordt genoemd en die ik altijd snobistisch, overbodig en volstrekt nutteloos heb gevonden, staan er nog geen twintig minuten later twee jeeps voor onze neus om ons uit onze benarde situatie te bevrijden. De eerste total loss gereden buggy in de Geschiedenis van de Mensheid wordt opgehaald en afgevoerd. Een half uur later bevinden we ons in de kleine ziekenboeg van de haciënda, waar we een tetanusinjectie krijgen en de schaafwonden op knieën en wang worden ontsmet. Iedereen zucht opgelucht omdat Adriana en ik het er zonder kleerscheuren vanaf hebben gebracht. Aníbal begint te mopperen over de verzendkosten voor de reparatie. Wie weet moet het karretje wel geheel worden vervangen, waarvoor hij ook nog eens moet gaan uitzoeken wat de kosten zijn om het vanuit de Verenigde Staten te laten verschepen.

De eigenaar van de haciënda schijnt al een poosje geleden geland te zijn, maar niemand van ons heeft het geluid van een helikopter gehoord. Mijn verloofde en ik zitten behoorlijk in de rats. Hoe moeten we ons nou verontschuldigen voor de veroorzaakte schade? Even later loopt de gastheer de salon binnen waar we samen met de rest van de gasten zijn neergestreken. Van zijn subtiele glimlach is af te leiden dat hij wel kan raden hoe opgelucht mijn verloofde de brokkenpiloot en ik zijn als we zien dat hij van onze leeftijd is.

Een paar jaar terug maakte de eerbiedwaardige, elegante kapitein Chang in Hongkong een opmerking over zijn Rolls-Royce Silver Ghost – inclusief chauffeur met pet, grijs uniform en zwarte laarzen – die vierentwintig uur voor de deur van mijn hotel geparkeerd stond: 'Maakt u zich maar geen zorgen, lieve dame, want we hebben er nog zeven, alleen voor onze gasten, en deze is voor u!'

Nonchalant gebarend met zijn hand stelt onze jonge gastheer ons op net zo'n wijze gerust: 'Maak je vooral niet meer druk om die buggy, we hebben er zat van!' De trotse eigenaar van Haciënda Nápoles heet ons welkom op een toon die in eerste instantie kalmerend werkt, vervolgens ontwapenend, en ten slotte zowel kinderen, als vrouwen en mannen volledig inpakt. Bovendien wekt zijn glimlach de indruk dat ieder van ons zijn uitverkorene is: 'Wat fijn nu eindelijk persoonlijk met u kennis te maken. Hoe gaat het met die verwondingen? Sorry voor de vertraging. Ik beloof de verloren tijd helemaal goed te maken. De kinderen zullen zich nog geen seconde vervelen! Aangenaam, Pablo Escobar.' Alle twijfel omtrent zijn persoon, zijn gastvrijheid of zijn volledige bereidwilligheid om ons het hele weekend te amuseren is hiermee van de baan.

Hoewel hij niet bepaald lang is – nog geen 1,70 meter – maakt hij de indruk dat dit hem totaal niet boeit. Hij heeft het typische gedrongen lichaam dat bij het ouder worden de neiging tot aankomen vertoont. Zijn opvallende, voortijdige dubbele kin boven een dikke, abnormaal korte nek doet hem ouder lijken dan hij is, maar het verleent wel een zeker gezag, een zekere allure van respectabele oudere heer aan zijn zorgvuldig gekozen woorden. Zijn stem is kalm en afgemeten, aangenaam en beschaafd van toon. Onze gastheer is er duidelijk van overtuigd dat zijn wensen bevelen zijn en dat hij de onderwerpen die hem interesseren volkomen meester is. Hij draagt een snor onder een van opzij gezien bijna Griekse neus. Dat is, samen met zijn stem, het enige opmerkelijke kenmerk van een jonge man die je onder andere omstandigheden zou kunnen omschrijven als doodgewoon, eerder lelijk dan knap. Zo iemand die in de straten van elk Latijns-Amerikaans land volkomen opgaat in de menigte. Hij heeft donker krullend haar, met een golvende recalcitrante lok die steeds op zijn voorhoofd valt en die hij voortdurend met een snelle beweging wegstrijkt. Zijn huid is tamelijk licht, hij is niet zo zongebruind als wij, die het hele jaar met een kleurtje rondlopen, ondanks het feit dat we in Tierra Fría[9] leven. Zijn ogen staan dicht bij elkaar en mijden direct contact; zodra hij het gevoel heeft dat er niemand naar hem kijkt, lijken ze zich diep terug te trekken onder zijn onopvallende wenkbrauwen. Daarvandaan registreren ze alles. Niets wat andermans gedachten zou kunnen verraden ontgaat Pablo Escobar. Ik zie zijn ogen bijna de hele tijd naar Ángela afdwalen, die, met haar gestalte van 1.75 meter, haar 23 jaar en haar oogverblindende verschijning, zijn blikken nonchalant beantwoordt.

---

9 De Koude Streek

Per jeep gaan we naar het deel van Haciënda Nápoles waar zich de dierentuin bevindt. Escobar zit aan het stuur van een van de voertuigen met naast hem twee Braziliaanse meisjes in tanga. Mooie, ranke tienermeisjes uit Rio de Janeiro met perfecte heupen, die elkaar alleen maar stilletjes een beetje zitten te strelen. Wel discreet overigens, want er zijn nu eenmaal kinderen bij en ook een paar elegante schoonheden die alle aandacht van de gastheer voor zich opeisen. Aníbal merkt dat de beide jonge meisjes zich totaal niet interesseren voor wat er om hen heen gebeurt. Dat is voor hem, als autoriteit op dit gebied, een onmiskenbaar symptoom van een steeds terugkerend en diep verlangen naar een beetje *Samarian Platinum*, want in dit luxe resort haalt natuurlijk iedereen zijn neus op voor *Samarian Gold*. Beide meisjes, die echt schattig zijn en als engeltjes bijna in slaap vallen, dragen elk aan de wijsvinger van hun rechterhand een protserige éénkaraatsdiamant.

In de verte doemen drie olifanten op, die niet zouden misstaan in een beroemde dierentuin of in een circus. Hoewel ik zelf nooit het verschil zie tussen Aziatische en Afrikaanse olifanten, zegt Escobar dat het Aziatische zijn. Hij vertelt ons dat in zijn dierentuin alle mannetjesdieren van de voornaamste soorten die met uitsterven bedreigd worden, minstens twee vrouwtjes hebben. In het geval van de zebra's, de kamelen, de kangoeroes, de Appaloosa-paarden en andere minder kostbare soorten, zelfs aanzienlijk meer. En met een ondeugend glimlachje voegt hij toe: 'Daarom zijn ze zo tevreden, vallen ze niet aan en zijn ze niet gewelddadig.'

'Nee Pablo, dat komt niet door het vrouwtjesoverschot. Het is dankzij dit magnifieke gebied dat zo op de Afrikaanse savannes lijkt. Moet je eens kijken hoe die nijlpaarden en neushoorns naar de rivier rennen, zo blij, alsof ze thuis zijn!' roep ik terwijl ik hem op die dieren wijs. Ik kan het nou eenmaal niet laten mannen die het belang van seks overschatten tegen te spreken. Eerlijk gezegd is de grootste charme van zijn dierentuin inderdaad de totale vrijheid waarin deze gigantische beesten over de vlakte draven of zich in het hoge grasland verstoppen, waaruit ook zomaar ineens die panter of die tijgers van gisteren tevoorschijn zouden kunnen springen.

Midden in de tocht komen we erachter dat de Braziliaanse meisjes als bij toverslag zijn verdwenen, blijkbaar dankzij de 'escorte', zoals gewapende lijfwachten in Colombia genoemd worden. We zien dat Ángela nu de ereplaats naast onze glunderende gastheer heeft ingenomen. Ook Aníbal is in zijn nopjes, want hij wil Escobar de helikopters aanbieden die zijn vriend graaf Agusta fabriceert. De gelukkige omstandigheid dat Escobar zo onder de indruk van onze vriendin is, kan de verkoop alleen maar versoepelen.

We komen aan op de plek waar een drietal giraffen staat, en ik kan de verleiding niet weerstaan om aan de eigenaar te vragen hoe je dieren van een dergelijk formaat, met die ellenlange nek, vanuit de Keniaanse vlakten hiernaartoe krijgt. Ik wil weten wie dit allemaal regelt, hoeveel de beesten kosten, hoe ze in de boot worden vervoerd, of ze zeeziek worden, hoe ze uit het ruim worden gehaald, in wat voor soort vrachtwagen ze zo onopvallend mogelijk naar het landgoed worden vervoerd en hoe lang het duurt voor ze aan hun nieuwe continent gewend zijn.

'Hoe zou jij zoiets aanpakken?'

'Nou, met zo'n lange nek – en omdat ze een uitstervend ras zijn – zou vervoer via Europa... op zijn minst riskant zijn. Ze zouden over land vervoerd moeten worden door de landen ten zuiden van de Sahara tot aan Liberia of zo. Ik denk dat het vervoer vanaf de Afrikaanse westkust tot aan de kust van Brazilië of de Guyana's en daarna via het Amazonegebied tot aan Colombia geen probleem hoeft te zijn. Als je bij elke controlepost maar... een stapeltje bankbiljetten achterlaat. Zo hou je al die ambtenaren over de hele route van Manaus tot aan Puerto Triunfo ook weer tevreden. Zo ontzettend ingewikkeld is dat toch ook weer niet!'

'Virginia, ik sta echt paf van je inzicht in de internationale misdaad! Wanneer mag ik bij je in de leer? Mijn giraffen zijn volkomen legaal geïmporteerd. Wat dacht jij nou? Ze komen uit Kenia, via de lijn Cairo-Parijs-Miami-Medellín tot aan de landingsbaan van Haciënda Nápoles, inclusief originele certificaten en volledig ingeënt! Zulke beesten binnensmokkelen, dat gaat echt niet. Ze hebben toch geen uitschuifbare nek, of zo? Of denk je dat ze lekker opgerold liggen te slapen onderweg? Enne... vind je dat ik eruitzie als een giraffensmokkelaar?'

En nog vóórdat ik hier bevestigend op kan reageren, roept hij opgetogen: 'En nu met z'n allen naar de rivier, lekker even zwemmen, zodat jullie allemaal nog vóór de lunch alvast kennis kunnen maken met dit paradijs op aarde!'

Als er iets is waar een typisch stadsmens uit Tierra Fría bepaald niet warm voor loopt, dan is het wel het vooruitzicht van een riviertocht in de wildernis van Tierra Caliente, het eeuwige streekgerecht sancocho[10] inbegrepen. Omdat ik sinds mijn vroege jeugd altijd in turquoisekleurig water heb gezwommen, ben ik echt verrast als ik zie dat het groene water van deze Río Claro, gevoed door talloze bronnen die op het landgoed ontspringen, kristalhelder is. Kalm zoekt het water zijn weg langs enorme ronde stenen, de diepe rivier nodigt uit tot zwemmen en nergens een spoor van de gebruikelijke wolk muggen die menen dat er honing door mijn aderen stroomt.

Een groep familieleden of vrienden van onze gastheer en een imposant aantal lijfwachten staan ons op de oever met diverse speedboten op te wachten. Deze stalen boten zijn ontworpen om mee te racen, de grote passie van Escobar en zijn neef Gustavo Gaviria. Ze kunnen indrukwekkende snelheden bereiken en bieden plaats aan meer dan twaalf personen. Die moeten zich wel beschermen met de verplichte helmen en zwemvesten, en met gehoorkappen tegen het oorverdovende geluid van de motor, die achterin de carrosserie in een stevige metalen kooi zit.

Escobar zit aan het stuur van de boot. In opperbeste stemming scheert hij over het water en weet ieder obstakel te omzeilen, alsof hij elke steen, elke grote of kleine draaikolk, elke omgevallen boom of drijvende boomstam weet te liggen. Hij doet er alles aan om indruk op ons te maken met de behendigheid die nodig is om ons te beschermen. Alle mogelijke gevaren flitsen aan ons voorbij om weer in het niets op te lossen als producten van onze verbeelding. De rollercoaster duurt zowat een uur en als we onze bestemming bereikt hebben, voelt het alsof we langs de Niagarawatervallen recht naar beneden zijn gestort. Gefascineerd bedenk ik dat ons lot een uur lang in handen lag van het geraffineerde inschattingsvermogen van deze man, die in de wieg lijkt te zijn gelegd om de grenzen op te zoeken of als reddende engel op te treden. Dit is zijn manier om onze bewondering, dankbaarheid en applaus af

---

10 Gevulde soep met kip of vis, yucca, rijst en aardappelen

te dwingen. Voor elk avontuurlijk ingesteld persoon is gedeelde hartstocht al zo ongeveer het hoogste goed, dus vraag ik me af waarom onze gastheer eigenlijk zo'n overdreven hang naar theater nodig heeft. Wellicht probeert hij met deze bloedstollende en onvergetelijke ervaring louter blijk te geven van zijn doodsverachting, of hij wil zich altijd en overal uitsloven en ik sluit zelfs niet uit dat we hier gewoon te maken hebben met onversneden zelfingenomenheid.

We komen aan bij de plek waar we gaan lunchen. Ik ben blij even ontspannen in het water te kunnen liggen, terwijl de sancocho en de barbecue al klaar staan. Zwemmend op mijn rug en in gedachten verzonken onder de mooie blauwe hemel, heb ik niet in de gaten dat ik ineens midden in de concentrische cirkels van een draaikolk terecht ben gekomen. Op het moment dat mijn benen met ongekende kracht naar beneden worden gezogen, maai ik driftig met mijn armen in de lucht en roep ik naar mijn verloofde en de vrienden die zo'n tachtig meter verderop langs de oever staan. Maar omdat ze denken dat ik alleen maar vrolijk naar ze zwaai, beginnen ze allemaal hartelijk te lachen. Ze zijn met een goede slok aan het vieren dat ze die barre tocht overleefd hebben en willen weer op temperatuur komen met een heerlijke warme maaltijd. Ik sta op het punt om dood te gaan in het bijzijn van tientallen vrienden en bewakers, die zich op dat moment alleen maar om hun gezelligheid, hun machinegeweren of hun drankje bekommeren. Met mijn laatste krachten probeer ik oogcontact te maken met Pablo Escobar. Uitgerekend degene die het drukst bezig is het iedereen naar de zin te maken, uitgerekend de dirigent van het orkest, degene die de touwtjes in handen heeft, heeft onmiddellijk in de gaten dat ik in een draaikolk zit. Hij springt meteen in het water en binnen drie tellen is hij bij me. Eerst weet die zelfverzekerde en onverschrokken man me met zijn geruststellende woorden tot kalmte te manen. Vervolgens sleurt hij me, effectief als een superheld en met onvoorstelbare kracht, uit de armen van de dood, als was ik een veertje. Alsof het doodleuk een van de vele taken van onze galante gastheer is, en deze actie niet veel om het lijf heeft. Het gevaar lijkt geen enkel vat op hem te krijgen. Ik klamp me vast, eerst aan zijn hand, daarna aan zijn onderarm en vervolgens aan zijn romp, terwijl Aníbal ons vanuit de verte gadeslaat, en zich vast afvraagt waarom ik me in godsnaam zo blijf vastklampen aan iemand die we nog maar een paar uur kennen en met wie hij net nog in gesprek was.

Zodra Escobar en ik weer grond onder onze voeten voelen, wankelen we naar de oever. Hij houdt me stevig bij mijn arm vast en ik wil weten waarom hij als enige, van al die mensen langs de kant, doorhad dat ik in levensgevaar verkeerde.

'Ik zag de wanhoop in je ogen. Al die anderen zagen je alleen maar met je armen zwaaien.'

Ik kijk recht in zijn ogen en merk op dat hij niet alleen als enige mijn doodsangst zag, maar dat hij ook de enige was voor wie mijn leven ertoe deed. Verwonderd kijkt hij me aan, en zijn verbazing wordt alleen maar groter als ik, inmiddels bekomen van de schrik, er glimlachend aan toevoeg: 'Dus vanaf nu ben je, zolang je leeft, verantwoordelijk voor mijn leven, Pablo.'

Beschermend legt hij een arm om mijn nog steeds trillende schouders. Grijnzend merkt hij op: 'Zolang ik leef? En waarom denk je dat ik eerder dood zal gaan dan jij?'

'Nou ja, het is maar een manier van spreken... Laten we er dan maar "zolang ik leef" van maken, dan zijn we allebei gerust. O ja, en jij betaalt natuurlijk mijn begrafenis!'

Hij lacht en zegt dat dat nog wel honderd jaar zal duren, want alles lijkt erop te wijzen dat ik nog meer levens heb dan een kat. Op de oever legt Aníbal liefdevol een handdoek over me heen; een heerlijk warme handdoek, zo groot dat ik de blik in zijn ogen niet zie, en dat is misschien maar goed ook.

De barbecue doet beslist niet onder voor een Argentijnse en de plek waar we lunchen is echt fantastisch. Enigszins afgezonderd van de groep staar ik zwijgend naar die schaduwrijke omgeving als door de ogen van een vergeven Eva die voor de tweede keer het paradijs te zien krijgt. Ik zal me nog jarenlang die plek voor de geest halen. Dat prachtige bouwwerk van teakhout dat uitkijkt op het meest serene gedeelte van de Río Claro, in mijn herinnering als een smaragdgroen meer, met aan de overkant die stralende zon op het gebladerte en op de vleugels van de vlinders. Vele maanden later zou ik Pablo vragen of we daar nog eens naartoe konden gaan, maar hij zei dat dat vanwege alle guerrilla's uitgesloten was.

Later, op een willekeurige dag, met twee decennia ertussen, zou ik eindelijk inzien dat je nooit moet teruggaan naar plekken van overweldigende schoonheid waar je ooit intens gelukkige momenten hebt beleefd. Wat eens was, komt niet terug, en het enige wat ons dan rest is de herinnering aan de kleuren en vooral aan de vreugde van destijds.

୭

Alles op Haciënda Nápoles is van een kolossale omvang. Nu zitten we weer op een Rolligon, zo'n enorme tractor op wielen met een diameter van zo'n twee meter, met hoog daarboven een mand waar minstens vijftien man in passen. Het bakbeest heeft een trekkracht van wel drie olifanten.

'Die kun je niet aan, Pablo!' joelen we, wijzend op een boom van gemiddelde grootte.

'Jawel, die gaat er ook aan!' Pablo is in zijn element, terwijl hij het arme boompje genadeloos verplettert, met het argument dat alles wat niet bestand is tegen zijn aanval, het niet verdient om te leven en dus maar terug moet in de aarde om tot voedingsstof te worden.

Op weg naar huis komen we langs een met kogels doorzeefde auto, die een Ford blijkt te zijn uit eind jaren twintig.

'Dat is de auto van Bonnie en Clyde!' vertelt hij ons trots.

Of het de originele auto van het stel is of die uit de gelijknamige film, vraag ik, en hij verzekert me dat dit het originele exemplaar is. Namaak, daar doet hij niet aan. Als we opmerken dat het voertuig met kogels doorboord is, legt Escobar ons uit dat de zes politieagenten die destijds de twee minnaars in een hinderlaag hadden gelokt om de beloning te innen, hen op een spervuur van kogels trakteerden. De auto werd daarna achtergelaten in een zee van kogelhulzen.

Clyde Barrow, de 'Amerikaanse Robin Hood', was in 1934 publieke vijand nummer één van de Amerikaanse overheid. Hij beroofde banken en vier maanden voor zijn dood regelde hij succesvol de ontsnapping van meerdere leden van zijn bende. Bonnie Parker was ook aanwezig bij de aanslagen, maar nam nooit deel aan het doodschieten van politieagenten, van wie er meer en meer werden ingezet, zodanig dat de klopjacht op de twee zich gaandeweg uitbreidde over nieuwe staten en de prijs op hun hoofd almaar hoger werd. Bij hun dood was zij 24 en hij 23. De ontklede lichamen van het stel werden op de vloer van het mortuarium tentoongesteld aan honderden fotografen. Dit had hevige protesten tot gevolg, niet alleen vanwege dit ziekelijke exhibitionisme, maar omdat het lichaam van de vrouw bovendien compleet doorzeefd was met kogels, een vrouw wier enige misdaad het beminnen van de eeuwige voortvluchtige van justitie was. Bonnie en Clyde waren het eerste stel van de onderwereld dat onsterfelijk werd op het witte doek en in de literatuur, en hun verhaal groeide uit tot een ware moderne versie van Romeo en Julia. Twintigduizend mensen liepen mee in de rouwstoet van Bonnie, die op besluit van haar moeder niet mocht worden begraven naast Clyde, zoals ze gewild zou hebben.

Zodra we de ingang van Haciënda Nápoles naderen, zien we dat er een eenmotorig witgeverfd vliegtuigje boven de toegangspoort hangt, als een goed balancerende reuzenvlinder. Escobar neemt gas terug en stopt precies onder de poort. Ik hoor het geluid als van een openslaande klep en uit mijn ooghoek zie ik dat mijn medepassagiers zich naar de zijkanten en de achterkant van de Rolligon bewegen. Op datzelfde moment krijg ik vele emmers vol ijskoud water over me heen. Volkomen verbijsterd snak ik naar adem. Als ik, enigszins van de schrik bekomen, weer in staat ben om te praten, weet ik alleen maar bibberend uit te brengen: 'En was dit karkas uit het begin van de eeuw nou het vliegtuig van Lindbergh of van Amelia Earhart, Pablo?'

'Deze is echt van mij en ik heb er veel geluk mee gehad! Net als jij vandaag toen ik je leven redde! Ha, ha, ha, ha, ha, ha! Als ik iemand een dienst bewijs, zit daar altijd een prijs aan vast! Dus nu ben je "gedoopt" en staan we quitte, lieve Virginia!' Hij stikt bijna van de lach, terwijl al zijn medeplichtigen achterin nog nagenieten van het tafereel.

Terwijl ik me die avond zit op te knappen voor het diner, wordt er heel zachtjes op mijn kamerdeur geklopt. In de veronderstelling dat het Aníbals dochtertje is, zeg ik dat ze binnen kan komen; maar degene die aarzelend zijn hoofd om de hoek van de deur steekt, met de deurknop nog in zijn hand, is meneer de eigenaar van het huis. Op bezorgde toon, die oprecht lijkt, verontschuldigt hij zich en vraagt hoe het met me gaat.

Ik antwoord dat ik me nog nooit zo schoon heb gevoeld, want in de afgelopen twaalf uur heb ik zeker vijf keer een plons water over me heen gehad. Opgelucht lacht hij en dan vraag ik hem naar de roofdieren, die tijdens de tocht helemaal nergens te bekennen waren.

'Ach ja... die roofdieren. Tja... ik moet je bekennen dat er in mijn dierentuin geen roofdieren voorkomen. Die vreten dan namelijk alle andere dieren op, die mmm... legaal vrij lastig te importeren zijn. Maar ik herinner me ineens dat ik hier een eindje verderop onder het vliegtuigje een woedende, doorweekte, bibberende panter heb gezien. En zo'n tien minuten geleden ook nog drie tijgerinnen in de salon. Ha, ha, ha!'

En weg is de grote baas. Als ik me, vol ongeloof, realiseer dat de hele scène op de landingsbaan ingestudeerd was, bedenk ik grinnikend dat de branie van deze man bepaald niet onderdoet voor zijn onverschrokkenheid. Als ik in mijn turquoise tuniek, gebruind en stralend de eetkamer binnenkom, is Aníbal verrukt over hoe goed ik eruitzie en roept hij waar iedereen bij is: 'Deze dame is de enige vrouw op aarde die iedere dag stralend wakker wordt... alsof je iedere dag getrakteerd wordt op een wonder van de schepping!'

'Kijk die twee nou eens!' zegt de singer-songwriter tegen Pablo, 'wat een kanjers...'

Pablo beantwoordt zijn opmerking met een glimlach. Dan ontmoet ik zijn indringende blik en sla ik mijn ogen neer.

Terug in onze kamer fluistert Aníbal: 'Echt, een gast die drie giraffen uit Kenia het land in weet te smokkelen, moet ook in staat zijn om tonnen van wat dan ook op de Amerikaanse markt te dumpen.'

'Hoe bedoel je, schat, tonnen van wat?'

'Van cocaïne. Pablo is de koning van de coke en de vraag is zo groot dat hij straks nog de rijkste man van de wereld wordt!' Hij trekt zijn wenkbrauwen op van bewondering.

Ik merk op dat ik had durven zweren dat hij zijn luxeleventje te danken had aan zijn positie in de politiek.

'Nee, nee, liefje! Hij financiert zijn politieke ambities juist met coke!'

En met toegeknepen ogen, in hogere sferen na zijn veertigste 'lijntje' die dag, laat hij me een 'rock' cocaïne van vijftig gram zien, die hij van Pablo heeft gekregen.

Ik ben bekaf en val al snel in een diepe slaap. Als ik de volgende dag wakker word, zit hij klaarwakker naast me, maar de rock is als sneeuw voor de zon verdwenen. Met zijn bloeddoorlopen ogen kijkt hij me teder aan. Ik houd van hem en dat is eigenlijk alles wat telt.

PABLO FOR PRESIDENT

Enkele weken later krijgt Aníbal een telefoontje van Escobar. De afgevaardigde nodigt ons uit om de haciënda en de dierentuin van Jorge Luis Ochoa te bezoeken, vlak bij de Caribische kust van Colombia. Ochoa is zijn goede vriend en partner in het sociale project 'Medellín sin Tugurios' oftewel 'Medellín zonder sloppenwijken'. Pablo stuurt een vliegtuig om ons op te pikken. Op de landingsbaan staat hij ons al op te wachten, slechts in gezelschap van zijn bemanning. Hij hoeft nu niet als gastheer op te treden en voegt zich gewoon als gast bij ons. Ook Ángela is weer van de partij. Aníbals kinderen zijn er nu niet bij, want hun moeder is zich rot geschrokken van de verhalen over onze avonturen op Nápoles. Ze heeft hem streng verboden de kinderen mee te nemen op 'weekenden met zulke vage figuren die in één nacht rijk zijn geworden'.

Er is niet veel verkeer vanaf het vliegveld naar de haciënda. We rijden onder een meedogenloze zon, met Escobar aan het stuur van de cabriolet. Algauw komen we bij een controlepost waar we tol, omgerekend zo'n drie Amerikaanse dollar, moeten betalen. Onze chauffeur neemt gas terug, groet breed glimlachend de tolbeambte en rijdt onbekommerd stapvoets door. Hij geeft de verbouwereerde jongen het nakijken, die eerst met open mond met het ticket in zijn hand blijft staan en dan vergeefs maaiend met zijn armen achter ons aan rent. Verrast vragen we aan Pablo waarom hij geen tol betaalt.

'Ik betaal nooit als er geen politie in de cabine zit. Alleen voor gewapend gezag heb ik respect!' roept hij triomfantelijk op de toon van een belerende schoolmeester.

De Ochoa's zijn een familie van erkende fokkers en exporteurs van kampioenspaarden. Vele honderden daarvan zijn te vinden op Haciënda La Loma, dicht bij Medellín, waar vader Fabio de scepter zwaait. Deze haciënda, La Veracruz, wordt gebruikt voor het fokken van vechtstieren. Ondanks het feit dat deze haciënda qua afmetingen niet te vergelijken is met Nápoles, is het huis wel prachtig ingericht. Verder staan overal kleine, rode en gele elektrische Ferrari's en Mercedessen, het speelgoed waar ieder jongetje van droomt. De oudste van de drie broers Ochoa is Jorge Luis, een vriendelijke man van Pablo's leeftijd, wiens vrienden hem 'El Gordo'[11] noemen. Hij is getrouwd met een lange, knappe vrouw, María Lía Posada, een nicht van de minister van Communicatie, Noemí Sanín Posada. Hoewel Jorge niet zo'n geestdriftige thrillseeker is als Escobar, valt het op dat de mannen elkaar erg graag mogen en respecteren, met een wederzijdse trouw die in de loop der jaren keer op keer de test heeft doorstaan.

Bij het afscheid vertel ik Jorge over mijn wens zijn beroemde kampioenspaarden eens te zien. Met een brede glimlach belooft hij me dat hij snel iets zal regelen wat mijn verwachtingen beslist zal overtreffen.

We gaan terug naar Medellín in weer een ander vliegtuig van Escobar, en hoewel zijn pogingen om Angelita te veroveren steeds op niets zijn uitgelopen, lijken die twee toch wel goede vrienden te zijn geworden. Medellín is de stad van de eeuwige lente en voor de paisa's[12], zijn trotse inwoners, is het de hoofdstad van het departement, het industriële hart van het land en de hoofdstad van de wereld. We nemen onze intrek in het InterContinental, in de prachtige wijk El Poblado. Het ligt dicht bij het herenhuis-kantoor van Pablo en Gustavo, dat eigendom is van de beheerder van het metroproject in Medellín, een goede vriend van hen beiden. Dit deel van de stad kenmerkt zich door oneindig veel bochtige

---

11 De Dikke
12 Inwoners van de provincie Antioquia en de stad Medellín

wegen over weelderig begroeide heuvels met semi-tropische gewassen. Voor bezoekers zoals wij, gewend aan de vlakke, genummerde straten van Bogota, lijkt het hier een waar labyrint. De paisa's doorkruisen echter moeiteloos en razendsnel de steile straten die de groene woonwijken van het roerige stadscentrum scheiden.

'Omdat het vandaag zondag is en iedereen vanavond eerder naar bed gaat, nodig ik jullie om middernacht uit voor een onvergetelijk ritje in mijn James Bond-auto,' kondigt Pablo aan.

Als hij ons het pronkstuk uit zijn collectie toont, zijn we flink teleurgesteld. Het blijkt een allegaartje van onderdelen van vage herkomst te zijn, bepaald geen Aston Martin, maar de wagen beschikt wel over een controlepaneel vol knoppen. Als hij onze nieuwsgierige blikken ziet, begint de trotse eigenaar een opsomming te geven van de technische hoogstandjes van deze bolide, die speciaal ontworpen lijkt te zijn om de politie af te schudden.

'Hiermee trek je een rookgordijn op waardoor achtervolgers vaart moeten minderen; en met die andere komt er traangas vrij waardoor je flink gaat hoesten en bijna niets meer ziet; deze hier werpt olie op het wegdek zodat andere auto's zigzaggend van de weg af vliegen; en deze strooit honderden kraaienpoten en spijkers over de weg zodat de banden eraan gaan; dit hier is een vlammenwerper die je kunt gebruiken na de knop voor de olie; deze ontsteekt explosieven en aan de zijkanten zitten machinegeweren, maar die hebben we er vandaag af gehaald voor het geval de auto in handen valt van een wraakzuchtig pantertje. O! En als alles wat ik hiervoor heb genoemd niets uithaalt, zendt deze laatste knop een geluidsfrequentie uit die je trommelvliezen doet scheuren. We gaan eens even een demonstratie geven om te laten zien hoe praktisch mijn juweeltje is. Jammer genoeg passen alleen de twee dametjes en Ángela, die mijn bijrijder mag zijn, in mijn Bond-auto. De mannen en... Virginia rijden achter ons aan.'

Vervolgens trekt hij heel langzaam op en nemen wij al een flinke voorsprong. Algauw zien we hem op ons afkomen in een vaart alsof de duivel hem op de hielen zit; en of hij nou doodleuk over ons heen is gevlogen weten we niet, maar even later rijdt hij ineens vóór ons. We proberen hem een paar keer te passeren, maar iedere keer als dat bijna lukt, scheurt hij weg en verdwijnt hij in de bochten van de verlaten straten van El Poblado, om dan ineens als een duveltje uit een doosje opnieuw op te duiken. Ik bid tot God dat er geen tegenliggers zijn, want die zouden zo de afgrond in rollen, als er al iets van ze over zou blijven. Deze krachtmeting duurt zowat een uur en wanneer het er eventjes wat rustiger aan toe gaat zodat we op adem kunnen komen, komt Escobar met zwaar ronkende motor vanuit het donker tevoorschijn en hult hij ons in een zee van rook, waardoor we vaart moeten minderen. Het duurt even voor we de weg weer kunnen zien en als we daar eindelijk in slagen, passeert hij ons in een vloek en een zucht en laat ons achter in enorme wolken verbrandingsgas, die steeds groter lijken te worden. De bijtende dampen irriteren ieders keel, neus en ogen en het voelt alsof ze tot diep in onze hersenen dringen. We hoesten en proesten en elke ademteug verergert alles in het kwadraat. Achter ons horen we de lijfwachten kreunen en als de James Bond-auto met 200 kilometer per uur wegscheurt, menen we nog het gelach van de inzittenden te horen.

Langs de kant van de weg vinden we, ik weet niet hoe, een waterkraan. Vloekend en over elkaar heen struikelend rennen Escobars mannen ernaartoe om er als eerste te zijn. Als ik ze daar zo zie staan janken, ga ik opzij en om ze manieren bij te brengen, ga ik als laatste in de rij staan. Met mijn handen in mijn zij schreeuw ik met het beetje stem dat ik nog over heb en met alle minachting die ik maar kan opbrengen: 'Verdomme, zijn jullie nou echte kerels of hoe zit dat? De enige met ballen ben ik hier, een vrouw! Schamen jullie je niet? Een beetje meer discipline mag wel, hoor! Jullie lijken wel een stel nichten!'

Pablo en zijn medeplichtigen lopen op ons af en barsten in lachen uit als ze zien hoe we eraan toe zijn. Hij verzekert ons meermaals dat het de schuld was van zijn bijrijder, want hij had haar alleen toestemming gegeven om het rookgordijn te laten optrekken. En lachend biecht die gemene bitch ons op dat ze 'per ongeluk op de knop van het traangas heeft gedrukt'. Dan spreekt Pablo zijn mannen streng toe: 'Hé zeg! Even dimmen! Stelletje wijven! En laat deze dame eens voorgaan!'

Hoestend en in mijn ogen wrijvend breng ik met moeite uit dat ik straks wel water drink in het hotel, dat op twee minuten loopafstand ligt. En dat zijn arme 'roestbak' niet meer is dan een stinkend blik op wielen.

◊

Tijdens een andere trip naar Medellín in het tweede halfjaar van 1982, stelt Aníbal me voor aan een drugsbaron die een totaal ander type is dan Pablo en zijn partners. Joaquín Builes, bijgenaamd 'Joaco', is een exacte kopie van Pancho Villa en zijn familie stamt af van monseigneur Builes. Hij is stinkend rijk, uitermate sympathiek en gaat er prat op dat hij ook een slechterik is, 'maar dan ook echt in en in slecht, niet zoals Pablito'. Hij vertelt dat hij samen met zijn neef Miguel Ángel opdracht heeft gegeven om honderden en nog eens honderden mensen koud te maken, evenveel als de hele bevolking van een willekeurige gemeente in het departement Antioquia. Aníbal en ik geloven er geen woord van, maar Builes proest het uit en zweert dat het waar is.

'Eerlijk gezegd is Joaco net een doos van Pandora,' zal ik Pablo later horen zeggen, 'maar hij is zo op de centen dat hij zomaar een hele middag vergooit om iemand een Perzisch tapijt aan te smeren voor een luizige duizend dollar extra. En dat terwijl hij ondertussen ook vijfhonderd kilo coke had kunnen verhandelen, wat net zo veel opbrengt als tien warenhuizen tot de nok toe vol met tapijten!'

Tijdens dat gesprek met Joaco, Aníbal en de singer-songwriter kom ik tot de ontdekking dat Pablo al heel jong zijn succesvolle loopbaan is begonnen als dief van grafstenen. Nadat hij de namen van de overledenen ervan af had geslepen, boden hij en zijn partners de stenen weer als nieuw aan. En één zo'n steen ging ook nog eens meerdere keren mee. Ik vind het wel een grappig verhaal, als ik denk aan al die oude, gierige paisa's die zich in hun graf omdraaien in de wetenschap dat hun erfgenamen een godsvermogen hebben neergelegd voor een steen die niet eens tweede-, maar waarschijnlijk zelfs derde- of vierdehands is.

Ook hoor ik ze vol bewondering praten over Escobars onmiskenbare en prijzenswaardige talent om gestolen auto's van ieder willekeurig merk in no-time volledig te strippen en ze daarna in stukjes en beetjes te verkopen als 'speciale aanbieding'. De adjunct-afgevaardigde zou denk ik zó als automonteur aan de slag zou kunnen. Het verbaast me dan ook niets dat hij meer dan genoeg kennis in huis heeft om zo'n 'exclusief, enig in zijn soort en volledig handgemaakt' product als zijn James Bond-auto eigenhandig in elkaar te zetten.

Iemand merkt op dat onze nieuwe vriend ook zoiets was als een *gunman* tijdens de Marlboro-sigarettenoorlog. Als ik vraag wat daarmee wordt bedoeld, weet niemand daar iets zinnigs over te vermelden en veranderen de heren van onderwerp. Wellicht heeft Pablito in het verleden tabakshops overvallen – want duizend pakjes Marlboro wegen absoluut minder dan een grafsteen – en ik kom tot de slotsom dat zijn leven inderdaad wel wat weg heeft van de sigarettenslogan van Virginia Slims: '*You've come a long way, babe.*'

⚘

Een paar dagen later ontvangen we een uitnodiging van de Ochoa's om naar Cartagena te komen. Daar wacht ons een van de meest onvergetelijke avonden die ik ooit beleefd heb. We logeren in de presidentiële suite van het Cartagena Hilton en na een diner in een toprestaurant, maken we aanstalten om de avond door te brengen met Jorge en zijn familie. Jorge wil zijn belofte van een tijdje geleden nakomen: we krijgen een rondrit door de hele stad in een koets, getrokken door paarden die hij uit La Loma heeft laten overbrengen. We lijken wel beland in een adembenemende scène uit Duizend-en-één-nacht, geregeld door een Arabische sjeik voor de trouwdag van zijn enige dochter en gechoreografeerd door een artistiek leider uit Hollywood. De paardenkoetsen lijken niet op die uit Cartagena, noch op die uit New York en zelfs niet op de luxe koetsen van de Feria van Sevilla. Die van ons hebben ook twee lantaarns aan elke kant van de keurig in uniform gestoken koetsier, maar elk van de vier koetsen wordt getrokken door zes sneeuwwitte, opgetuigde Percherons, die met de borst fier vooruit lopen zoals de paarden van Assepoester. Trots als ze zijn op hun formaat en hun sublieme schoonheid trekken de paarden met strakke, sensuele tred als vierentwintig flamencodansers synchroon door de historische straten. Volgens Pablo kosten die paarden een miljoen dollar per stuk, maar voor mij is alleen al het genot van deze opwindende avond al het goud van de wereld waard. Bij de aanblik van dit schouwspel gaat er een zucht van verbazing door het publiek. Mensen die over de eeuwenoude witte balkons hangen, opgetogen toeristen en armetierige lokale koetsiers staren ons allemaal met open mond na.

Ik weet niet of we dit spektakel alleen aan Jorges vrijgevigheid te danken hebben, of dat Pablo, in de hoop Angelita alsnog te kunnen verleiden met zo'n romantisch gebaar, een subtiele hint heeft gegeven, of dat de Ochoa's hun dankbaarheid jegens Pablo willen betuigen voor zijn doortastende en moedige optreden bij de redding van Jorges zus, toen ze een jaar geleden was ontvoerd. Wat ik wel weet is dat niemand van de grote Colombiaanse magnaten, die ik ken, ooit zou kunnen uitpakken met zo'n fantastisch schouwspel als waar deze prominente, stijlvolle familie ons nu op trakteert.

Tijdens een ander lang weekend reizen we naar Santa Marta aan de Caribische zee, waar het legendarische Samarian Gold zijn oorsprong heeft. Daar leren we de Dávila's kennen, de koningen van de marihuana. In tegenstelling tot de handelaren in cocaïne, die – op een enkele uitzondering na, zoals de Ochoa's – uit arme gezinnen of uit de onderklasse afkomstig zijn, behoren de Dávila's tot de oude aristocratische grootgrondbezitters aan de Atlantische kust. En anders dan de cocaboeren, ook wel *coqueros* genoemd, waarvan de meesten fysiek niet al te aantrekkelijk zijn – of zoals Aníbal zou zeggen: 'dik als padden' – zijn bijna al deze mensen lang en knap, zij het een tikje doorsnee. Een aantal vrouwen uit de Dávilaclan is getrouwd met invloedrijke mannen zoals president López Pumarejo, de zoon van president Turbay of Julio Mario Santo Domingo, de rijkste man van Colombia.

Het vliegveld van Santa Marta sluit om zes uur 's avonds, maar volgens Aníbal hebben de Dávila's hier zo veel invloed dat het 's nachts speciaal voor hen weer opengaat. Zo kunnen ze op hun gemak de vliegtuigen laten opstijgen met ladingen marihuana die als de beste ter wereld bekendstaat. Op mijn vraag hoe ze dat voor elkaar krijgen antwoordt hij dat het een kwestie is van vele handen 'even smeren', van de verkeerstoren tot de politie en een enkele marineofficier aan toe. Omdat ik inmiddels al genoeg weet over zijn nouveau riche-vriendjes, merk ik op: 'Goh, ik had gedacht dat al die narco's wel een eigen landingsbaan in hun achtertuin zouden hebben...'

'Nee, liefje, dat geldt alleen voor de grote jongens! De "marimba"[13] brengt niet zo veel op en er is veel concurrentie van de wiet uit Hawaï. En je moet niet denken dat iedereen zomaar een landingsbaan kan aanleggen, want daar heb je weet-ik-hoeveel vergunningen voor nodig! Voor een autonummerplaat moet je je hier al door een berg administratie heen worstelen, laat staan voor een vliegtuigregistratie, dat is echt honderd keer meer papierwerk. Vermenigvuldig dat dan weer met honderd, dan snap je wat er komt kijken bij een vergunning voor een privélandingsbaan.'

Dus wil ik weten hoe het komt dat Pablo wél een eigen landingsbaan en een hele vloot vliegtuigen heeft, hij wél tonnen coke het land uit krijgt en giraffen en olifanten juist er weer in, en ook nog kans ziet van die enorme Rolligons en zes meter lange boten in te zetten voor zijn smokkelhandel.

'Omdat hij totaal geen concurrentie heeft. En hij heeft veel meer cash dan al die anderen, want Pablito, schatje, is een Reus: hij heeft een stromannetje bij het bestuur van de burgerluchtmacht, een jonge vent nog, zoon van een van de eerste drugsbaronnen... die Uribe, de neef van de Ochoa's... Álvaro Uribe, geloof ik. Waarom denk je nou dat al die narco's onlangs de campagnes van de twee presidentskandidaten hebben gefinancierd? Denk je nou echt dat dat alleen is om een wit voetje bij de president te halen? Denk eens even goed na!'

'Aha, dus die jongen heeft het zo te horen goed voor elkaar! Ik durf te wedden dat ze allemaal voor hem in de rij staan!'

'Ja, zo is het leven: slechte reputaties worden snel vergeten en het geld is binnen!'

❦

Dat waren de honingzoete *'days of wine and roses'* en de tijd van fantastische vriendschappen. Maar niets duurt voor eeuwig en op een goede

---

13 Informeel woord voor marihuana

dag was dat liedje afgelopen, net zo plotseling als het begonnen was. Aníbals verslaving, die steeds meer uit de hand is gaan lopen door die onafgebroken stroom aan rocks van Pablo, heeft hem gaandeweg gedreven tot de meest absurde en gênante aanvallen van jaloezie, die het langzaamaan hebben overgenomen van zijn openlijke liefdesbetuigingen en zijn tederheid. Gebeurde dat eerst alleen nog maar bij onbekenden, nu gebeurt het ook in gezelschap van onze gemeenschappelijk vrienden en soms zelfs van mijn fans. Na elke ruzie die gevolgd wordt door een timeout van achtenveertig uur, zoekt Aníbal zijn heil bij een ex, en anders wel bij twee modderworstelaarsters of desnoods bij drie flamencodanseressen. Na drie dagen belt hij me steeds smekend op om het weer goed te maken. Ik kan dan geen weerstand bieden aan uren bidden en smeken, ontelbare bossen rozen en hier en daar een traantje... en het bekende liedje begint weer van voor af aan.

Terwijl we op een avond met een groep vrienden in een fancy bar zitten, trekt mijn verloofde ineens zijn revolver en richt ermee op twee bewonderaars die alleen maar om mijn handtekening vroegen. Als onze vrienden er bijna een uur later in slagen hem zijn wapen af te pakken, vraag ik ze om alsjeblieft met me mee naar huis te gaan. Als Aníbal mij daarna opbelt en het incident probeert goed te praten, moet ik wel reageren met: 'Als je vanaf nu de coke voorgoed afzweert, beloof ik bij je te blijven. Zo niet, dan is het definitief einde verhaal.'

'Maar lieveling... je weet toch dat ik niet kan leven zonder Sneeuwwitje! Je vraagt echt het onmogelijke van me!'

'Dan is het vanaf nu uit met de liefde. Tot hier en niet verder!'

En zo komt er in een vloek en een zucht in de eerste week van januari voorgoed een einde aan de relatie van Aníbal en mij.

In 1983 bestaat er nog geen commerciële omroep in Colombia. Elke nieuwe regering wijst zendtijd toe aan particuliere producenten, ook wel productiemaatschappijen genoemd. TV Impacto – de productiemaatschappij die ik heb opgezet samen met de bekende hardelijnjournaliste Margot Ricci – heeft zendtijd ontvangen voor en na primetime en in de daluren. Maar Colombia zit midden in een economische recessie en de grote bedrijven willen alleen op primetime adverteren, dat wil zeggen van zeven tot half tien 's avonds. Binnen een jaar zijn alle kleine producenten, waar wij ook onder vallen, praktisch bankroet, omdat we het financieel niet kunnen bolwerken om de Nationale Omroep te betalen.

Margot belt me op voor spoedoverleg over de situatie, maar het eerste wat ze me op maandagochtend op kantoor vraagt is: 'Heeft Aníbal vrijdag echt op je geschoten?'

Als dat zo was, luidt mijn antwoord, dan zou ik nu of dood en begraven zijn of in het ziekenhuis en niet op kantoor.

'Nou, dat is anders wel wat ze in heel Bogota zeggen!' zegt ze op een toon alsof wat anderen beweren doorslaggevender is dan wat ze met haar eigen ogen ziet.

Ik zeg dat ik moeilijk de werkelijkheid kan verdraaien, alleen om aan de verwachtingen van heel Bogota te voldoen. Maar ook dat ik Aníbal wel definitief aan de kant heb gezet, ook al heeft hij dan niet geschoten, en dat ik al drie dagen onophoudelijk zit te snotteren.

'Nee, echt? Dat werd tijd! Wat een opluchting, voorgoed rust! Maar dit hier is pas een reden om echt te gaan janken! We zitten op zwart zaad! Honderdduizend dollar schuld! Als het zo doorgaat, moet ik binnenkort mijn appartement en mijn auto te koop zetten! En mijn kind erbij...! Maar eerst verkoop ik jou aan die bedoeïen met die vijf kamelen! Ik weet gewoon echt niet hoe we ons hieruit moeten redden!'

Margot en ik waren acht maanden daarvoor in Israël geweest op uitnodiging van de regering van dat land. Aansluitend hadden we Egypte bezocht om de piramiden te bewonderen. Terwijl we stonden af te dingen op een ketting van turquoise edelstenen in de bazaar in Caïro, kon een stokoude, tandeloze, uitgemergelde, naar geiten stinkende bedoeïen met een herdersstok zijn wellustige blik niet van me afhouden. Nerveus bleef hij maar rondjes om de kraam heen draaien terwijl hij zich bij de verkoper in de kijker probeerde te spelen. Nadat deze een paar woorden met de grijsaard had gewisseld, richtte hij zich – in het Engels – met een stralende glimlach tot Margot: 'Deze zeer vermogende heer wil de ketting aan die jonge vrouw schenken. Maar dat niet alleen: hij wil ook graag met haar trouwen en onderhandelen over de bruidsschat. Hij is bereid om maar liefst vijf kamelen voor haar te bieden!'

Vijf maar!? Echt beledigd door dit karige cijfer, maar toch ook wel geamuseerd door het ongewone aanbod, had ik tegen Margot gezegd dat ik toch op zijn minst dertig kamelen waard was. En dat ze die mummie van de Vierde Dynastie meteen maar even moest melden dat deze jonge vrouw al twee keer getrouwd was geweest, dus beslist geen maagd meer!

De oude man riep uit dat alleen sjeiks dertig kamelen hadden. Enigszins gealarmeerd vroeg hij of mijn twee echtgenoten beiden overleden waren.

Mijn collega keek de huwelijkskandidaat met een meelijdende glimlach aan. Ondertussen kreeg ik een seintje van haar dat we het dadelijk op een lopen moesten zetten. Triomfantelijk wendde ze zich tot de verkoper: 'Zeg maar tegen dit rijke heerschap dat ze niet dood zijn, maar dat deze tweeëndertigjarige jongedame al twee echtgenoten volkomen heeft kaalgeplukt, twintig jaar jonger, twintigmaal knapper en twintigmaal rijker dan hij hier!'

Als een speer zijn we er toen vandoor gegaan. Schreeuwend en tierend kwam die grijsaard achter ons aan, terwijl hij met zijn stok in de lucht zwaaide. Pas in het hotel aangekomen konden we eindelijk ophouden met lachen. Vanuit onze kamer keken we voldaan neer op de legendarische, jadekleurige Nijl, die de schittering van de sterren prachtig weerkaatste.

Die bedoeïen doet me trouwens ineens denken aan de bezitter van een heel stel kamelen, die nog niet stokoud is, niet wraakzuchtig is, niet stinkt en al zijn tanden nog heeft. En ik zeg tegen Margot: 'Weet je trouwens dat ik iemand ken met meer dan vijf kamelen, die me al een keer het leven heeft gered en die ook zomaar ons bedrijf zou kunnen redden?'

'Sjeik of circuseigenaar?' klinkt het ironisch.

'Sjeik met dertig kamelen. Maar ik moet eerst even iemand om raad vragen.'

Ik bel de singer-songwriter, en leg uit dat ze beslag gaan leggen op ons bedrijf. Ik heb dringend Pablo's telefoonnummer nodig. Ik wil hem vragen of hij met een van zijn ondernemingen bij ons wil adverteren of misschien zelfs interesse heeft in overname van onze productiemaatschappij.

'Tja... het enige bedrijf waar Pablo reclame mee maakt is volgens mij Coca-Cola! Maar dit is echt een kolfje naar Pablo's hand... Hij belt je zo!'

Even later gaat de telefoon al over. Na een kort gesprek, stap ik het kantoor van mijn collega binnen en verkondig met een stralende glimlach: 'Margarita, afgevaardigde Escobar Gaviria is aan de lijn en hij vraagt of hij ons morgen om drie uur met zijn vliegtuig kan komen oppikken.'

Terug uit Medellín ligt er een uitnodiging om te komen eten bij Olguita en de singer-songwriter. Zij is lieftallig en sierlijk en hij is de sympathiekste, meest relaxte Andalusiër van de hele wereld. Bij binnenkomst krijg ik amper gelegenheid om te gaan zitten, want Urraza wil meteen weten hoe het bij Pablo is gegaan. Ik vertel hem dat we alle schulden van de productiemaatschappij kunnen aflossen dankzij Pablo's advertentiecampagne van Bicicletas Osito en dat ik binnenkort nog een keer terugga om samen met hem een programma op te nemen bij de gemeentelijke vuilnisbelt.

'Nou... voor dat geld vreet ik de hele vuilnisbelt leeg! En komt hij dan straks op televisie? Kolere!'

Ik leg hem uit dat elke journalist zeker een of twee gortdroge congresleden per week moet interviewen. Pablo is per slot van rekening toch ook afgevaardigde van de Kamer. Adjunct, dat wel, maar toch afgevaardigde.

'Op dit moment is hij bezig met de bouw van vijfentwintighonderd huizen, bestemd voor "bewoners" van de vuilnisbelt, en net zo'n aantal voor de bewoners van de sloppenwijken. Als dat geen bijzonder nieuws is in Colombia, vreet ik mijn schoen op!'

Hij wil weten of het interview Pablo's voorwaarde was, en ik vertel hem dat ik het zelf was die de campagne alleen wilde accepteren in ruil voor een interview. Escobar gaf aan tevreden te zijn met iedere minuut zendtijd, dus hij vond het prima. Ik vertel Urraza hoe intens dankbaar ik ben voor Pablo's hulp en dat ik hem zo respecteer voor wat hij doet in Medellín sin Tugurios. Ik ben dan ook van mening dat hij het volle uur in mijn maandagavondprogramma verdient. Dat wordt over drie weken van zes tot zeven uitgezonden.

'Zo, jij durft! En ik geloof dat Pablo jou wel ziet zitten...'

Ik antwoord dat ik alleen maar mijn bedrijf wil redden en door wil met mijn carrière, want iets anders heb ik niet.

'Maar als Pablo verliefd op je wordt en jij ook op hem – en dat is echt niet zo'n gek idee – hoef je je nooit meer zorgen te maken over je carrière, je toekomst, of die vervloekte productiemaatschappij! En dan ben je me voor altijd dankbaar... wedden?'

Lachend zeg ik dat zoiets echt niet gaat gebeuren. Mijn hart is nog gebroken en Pablo heeft uitsluitend oog voor Ángela.

'Maar heb je dan nog steeds niet door dat dat niets voorstelt? Zij is veel meer het typetje dat op polospelers valt. Pablo is echt niet achterlijk, die weet donders goed dat Angelita niets voor hem is... Hij heeft serieuze politieke ambities en daarvoor heeft hij een echte vrouw naast zich nodig, eentje met wie je gezien mag worden, en die in het openbaar haar zegje weet te doen. Niet zo'n modelletje en niet een meisje uit zijn eigen milieu, zoals zijn laatste vriendin... Weet je trouwens dat ze er twee miljoen dollar aan heeft overgehouden...? Wat zou iemand die president van dit land wil worden en met zijn drieëndertig jaar zowat de rijkste man van Colombia is, wel niet overhebben voor zo'n prinses als jij!'

'Die schathemelrijke mannen houden alleen maar van jong vlees en ik ben al drieëndertig.'

'Hou toch eens op met die onzin! Zeg nou zelf, je lijkt geen dag ouder dan vijfentwintig! En die multimiljonairs zijn altijd gek op prachtige, representatieve vrouwen, niet op meisjes zonder enige conversatie die ook nog eens waardeloos zijn in bed! Jij bent gewoon een lekker wijf en je gaat nog wel een rondje mee! Wat wil je nog meer? Ken jij ook maar één man die het wat uitmaakt hoe oud Sophia Loren is! Jij bent dé professional beauty van dit land, een volbloed, zo'n vrouw heeft Pablo nog nooit gehad? Verdomme, en ik maar denken dat je zo slim was...'

En om zijn tirade in stijl af te sluiten, voegt hij er nog verontwaardigd aan toe: 'En als je denkt dat je in Gucci en Valentino op zo'n vuilnisbelt kunt komen opdraven, zou ik me maar eens eventjes goed achter de oren krabben: een week later stink je nog! Je hebt er echt geen idee van wat je te wachten staat...'

VRAAG MAAR, NIETS IS TE GEK

Het is de stank van tienduizend lijken op een slagveld, drie dagen na een historische veldslag. Ik ruik het al op kilometers afstand. De vuilnisbelt van Medellín is geen heuvel die met afval bedekt is, nee, het is een berg van duizenden tonnen vuilnis in ontbinding. Het is de stank van jaren opgehoopt organisch materiaal in alle staten van verrotting vóórdat het ten slotte vloeibaar wordt. De gaslucht die eruit opstijgt hangt overal. Het is de stank van dierlijke en plantaardige resten vermengd met chemisch afval. Dit is de walm van de grootst mogelijke absolute ellende en van ongekende armoede. De stank van onrecht, corruptie, arrogantie en totale onverschilligheid. Het zit werkelijk overal, kleeft aan je huid en dringt via je poriën naar binnen. Het is het weeë aroma van de dood waar niemand aan ontsnapt, het bouquet van de dag des oordeels.

We beginnen de klim via dezelfde asgrauwe weg die de vuilniswagens gebruiken om hun afval bovenaan de weg te dumpen. Zoals altijd zit Pablo aan het stuur. Ik voel dat hij me de hele tijd in de gaten houdt en al mijn reacties peilt. Ik weet wat hij denkt en hij weet wat ik voel: een vluchtige blik vol verwondering, een glimlach ter bevestiging. Ik weet dat ik met hem naast me moeiteloos alles aankan wat ons te wachten staat. Maar hoe dichter we ons einddoel naderen, hoe meer ik me afvraag of mijn assistente, Martita Brugés, en de cameraman wel in staat zullen zijn om het de komende vier of vijf uur in die misselijkmakende omgeving zonder een greintje frisse lucht uit te houden, in die verstikkende hitte van zo'n benauwde, bewolkte dag die zijn weerga niet kent. Die stank blijkt slechts de opmaat te zijn tot een panorama waar je een behoorlijk sterke maag voor nodig hebt. Deze hel van Dante beslaat meerdere vierkante kilometers, met als toppunt de nachtmerrie die zich boven ons voltrekt: tegen een vuilgrijze achtergrond, die geen zinnig mens nog als hemel zou durven betitelen, vliegt een gigantische zwerm gieren met vlijmscherpe snavels, bloeddorstige ogen en smerige vleugels die al lang niet meer zwart zijn. In dit schimmenrijk wanen deze leden van de hier heersende dynastie zich superieur, als waren ze adelaars. In een flits beoordelen de lijkenpikkers onze gezondheidstoestand, om zich vervolgens snel over te geven aan een bacchanaal van glimmende paardeningewanden. Wat verder naar beneden staat een meute honden te grommen. Nieuwkomers, die geplaagd door chronische honger hun scherpe tanden ontbloten en andere meer ingeburgerde, onverschilliger exemplaren met iets meer vlees op hun botten, die krabben aan de kale plekken op hun vacht vol vlooien en teken. Een woeste slingering doet de berg schudden: duizenden ratten, sommige groot als katten, en miljoenen krioelende muizen in alle denkbare formaten. Ineens worden we belaagd door hele zwermen vliegen en een enorme zwarte wolk langpoot- en malariamuggen viert de komst van vers bloed. Alle bewoners van dit schimmenrijk vinden hier een paradijs aan voedingsstoffen.

Vanuit de verte doemen een paar asgrauwe wezens op, die in niets op al die andere lijken. Eerst laten de kleinste met opgezette, door wormen geplaagde buikjes zich zien, daarna vijandig ogende mannen en ten slotte de vrouwen, zo mager dat alleen de zwangeren onder hen levende wezens lijken. Nou wil het toeval dat bijna alle jongere vrouwen met een dikke buik rondlopen. Van alle kanten komen deze zombies tevoorschijn, eerst met tientallen en vervolgens met honderden tegelijk. Ze komen massaal om ons heen staan en algauw kunnen we geen kant meer op. Dan klinkt er ineens vanuit die wiegende, dringende menigte een vreugdekreet op en zien we de gezichten opfleuren: 'Het is don Pablo! Don Pablo is er! Samen met de señorita van de televisie! Komen we op de tv, don Pablo?'

Je ziet ze stralen van enthousiasme. Iedereen wil hem begroeten, omhelzen en aanraken alsof ze een stukje van hem willen meenemen. Op het eerste gezicht maakt alleen die wondere glimlach het verschil tussen de smerige, uitgehongerde mensen en de dieren in dit rijk der verdoemden. Maar de komende uren krijg ik van die wezens een van de meest waardevolle lessen die het leven me ooit heeft geschonken.

❧

'Wilt u mijn kerstboom zien, señorita?' vraagt een klein meisje, aan de mouw van mijn zijden blouse trekkend.

Ik denk dat ze me een tak van een omgevallen boom wil laten zien, maar het blijkt een kunstkerstboompje met berijpte takken te zijn, zo goed als nieuw en Made in the USA.

Pablo legt me uit dat Kerstmis hier altijd twee weken later komt. Alles wat deze mensen bezitten, hun voorraden en bouwmaterialen, is van de vuilnisbelt afkomstig, waar alle mogelijke troep van de consumptiemaatschappij gedumpt wordt.

'En ik wil u mijn kerststalletje laten zien!' zegt een ander klein meisje. 'Ik heb hem nu eindelijk af!'

Het kindeke Jezus is nogal groot uitgevallen, kreupel en mist een oog, de Maagd Maria en Sint Jozef zijn beiden een stuk kleiner. De plastic ezel en os zijn duidelijk van verschillend fabricaat. Bij het zien van deze sympathieke versie van de Bijbelse familie, kan ik maar met moeite mijn lach inhouden terwijl ik verder loop.

'Mag ik u bij mij thuis uitnodigen, doña Virginia?' vraagt een beminnelijke dame me op een zelfverzekerde toon, als was ze een vrouw van de Colombiaanse middenklasse.

Ik stel me een hutje van karton en aluminium voor zoals die in de sloppenwijken van Bogota, maar ik blijk er helemaal naast te zitten: het huisje is van gemetselde bakstenen muren met een dak van plastic dakpannen erboven. Binnen zie ik een keuken en twee kamers, met versleten, maar schone meubels. In een van de kamers zit haar zoon van een jaar of twaalf huiswerk te maken.

'Wat goed hè, een complete set meubels bij het grofvuil! En kijk eens naar mijn servies, genoeg voor zes personen! Het bestek en de bekers passen niet zo mooi bij elkaar. Maar ze waren wel gratis!'

Met een glimlach vraag ik haar of ze ook hun eten van de vuilnisbelt halen. 'O, nee, nee! Daar zouden we doodziek van worden! En de honden vreten dat toch als eerste op. Wij kopen ons eten op de markt met de opbrengst van onze gerecyclede producten.'

Een jongeman die eruitziet als de leider van een jeugdbende, in spiksplinternieuwe jeans en sneakers, toont me trots zijn ketting van achttienkaraats goud. Ik weet dat zo'n ketting bij de eerste de beste juwelier minstens zevenhonderd dollar kost en vraag hem hoe hij zo'n kostbaar dingetje uit al die vuilnis heeft weten te vissen.

'Nou, het zat in een plastic zak. Samen met wat ik nu aanheb. Ik heb 'm echt niet gestolen, doña, dat zweer ik! Vast van zo'n gillende paisa die haar kerel met zijn hele hebben en houwen op straat heeft geflikkerd...! Echte gifkikkers, die paisa's!'

'Wat is het meest bijzondere wat jullie ooit hebben gevonden?' vraag ik aan een groep kinderen die met ons meeloopt.

Ze kijken elkaar aan en antwoorden in koor: 'Een babylijkje! Al half opgevreten door de ratten! En ook een keer een verkracht meisje, maar veel verder weg – ze wijzen naar boven – vlak bij de waterbron, daarboven. Maar zulke dingen doen wij echt niet. Wij zijn allemaal netjes, toch, don Pablo?'

'Zo is dat. Ik ken geen nettere mensen,' zegt hij vol overtuiging en zonder de minste betutteling.

Vierentwintig jaar later ben ik bijna alles vergeten wat Pablo Escobar tijdens dat allereerste interview op nationale televisie vertelde over de vijfentwintighonderd families die in die mensonwaardige omstandigheden woonden. De videoband waarop hij enthousiast aan het vertellen is en ik ingespannen naar hem luister, ligt misschien nog wel ergens. Van het bezoek aan die vuilnisbelt waar ik zag hoe een mens al gelukkig kan zijn met bijna niets, herinner ik me vooral wat een impact het op me had. Die alomtegenwoordige stank is me ook altijd bijgebleven; evenals Pablo's hand op mijn onderarm en de kracht die ervan uitging; ook de verhalen van die mensen – de een nog smeriger dan de ander, maar zo ongecompliceerd en zo trots op hun vindingrijkheid – over de herkomst van hun schamele bezittingen en de kostbaarheden die daar voor het oprapen lagen. Die vrouwen die begonnen te stralen bij het vooruitzicht van een toekomstige nieuwe woning; en die mannen die hartstochtelijk verlangden naar herwonnen respect in een maatschappij die hen had uitgekotst; en de kinderen die zich verheugden op een toekomst ver van de vuilnisbelt om tot gerespecteerde burgers op te groeien. Ze hadden een grenzeloos vertrouwen in deze inspirerende leider en politicus die hun geen verhaaltjes op de mouw spelde.

De hele omgeving zindert van blijdschap, er hangt zelfs een soort feeststemming. Mijn weerzin heeft plaatsgemaakt voor andere gevoelens en gedachten. Nu voel ik geen medelijden meer, maar enkel nog bewondering voor de waardigheid van deze wezens, hun moed en hun klasse. Hun authentieke vermogen te kunnen dromen in zo'n deprimerende omgeving maakt ook grote indruk op me. Midden in deze ellende ben ik me gaandeweg gaan openstellen voor deze mensen. En noch de stank noch de ontzetting over deze vuilnisbelt doen er dan nog toe, en evenmin waar al dat geld van Pablo vandaan komt. Wat telt is wat hij met die miljoenen voor elkaar krijgt. En zijn overrompelende aanwezigheid vervaagt in een oogwenk de herinnering aan alle mannen die ik ooit heb liefgehad. Pablo is nu het middelpunt van mijn wereld. Hij is mijn heden, mijn verleden, mijn toekomst en mijn alles.

'Wat vond je ervan?' vraagt hij terwijl we teruglopen naar onze geparkeerde auto's.

'Het heeft me diep geraakt. Wat een onvoorstelbaar verrijkende ervaring... Van veraf lijken ze als beesten te leven... maar als je met ze praat zie je dat het eigenlijk engeltjes zijn... en nu ga jij ervoor zorgen dat ze hun menselijke waardigheid terugkrijgen, toch? Ik ben je zo dankbaar dat je me hebt meegenomen. Ik heb echt heel veel respect voor alles wat je voor die mensen doet.'

Er valt een lange stilte. Dan legt hij zijn arm om mijn schouders en zegt: 'Zoiets heeft nog nooit iemand tegen me gezegd... Jij bent zo anders! Zeg, zullen we vanavond samen uit eten gaan? En ik weet al wat je gaat zeggen, daarom heb ik er alvast voor gezorgd dat de schoonheidssalon vandaag langer openblijft. Dan kun je dat lekkere luchtje uit je haren laten wassen...'

Uitdagend zeg ik dat hij meurt naar een wilde beer.
'Nee,' zegt hij glimlachend, 'geen beer... maar een Robin Hood uit het woud!'

☙

Alle blikken zijn op ons gericht als we het restaurant inlopen. Onze binnenkomst brengt een toenemend gefluister teweeg. We kiezen de verst van de ingang gelegen tafel, waarvandaan je een goed zicht hebt op alles en iedereen. Ik merk op dat ik nog nooit uit eten ben geweest met iemand die ik heb geïnterviewd, en al helemaal niet met een politicus. Daarop zegt hij dat er voor alles altijd een eerste keer is. Glimlachend en met een indringende blik vervolgt hij: 'Weet je dat ik de laatste tijd steeds aan jou moet denken als ik in de put zit of bezorgd ben? Dan denk ik eraan hoe lekker je die mannen stond uit te kafferen, midden in die traangaswolk: "Schamen jullie je niet? Een beetje meer discipline mag wel hoor. Jullie lijken wel een stel nichten!" Een generaal is er niks bij! Zo leuk! Ik moet er nog steeds om lachen en dan...'
Om mijn nieuwsgierigheid te prikkelen last hij een pauze in. Nu heb ik even bedenktijd voor een rake opmerking. '... blijf ik aan je denken. Zoals toen je die emmer ijskoud water over je heen kreeg, met die tuniek aan je lichaam geplakt, als een gevaarlijke panter... en dan krijg ik weer een lachbui... en vanbinnen denk ik... dat je echt een moordwijf bent!'
Niemand heeft me ooit zo genoemd. Maar ik krijg niet de kans hem dat te zeggen, want hij vervolgt: 'En je bent ook niet te beroerd om iemand te bedanken. Da's niet echt gebruikelijk bij mooie vrouwen.'
Ik kan inderdaad overdreven dankbaar overkomen, zeg ik, want ik ben niet uitgesproken knap, en om mezelf nou veel talenten toe te dichten... Hij vraagt me op zijn beurt wat ik dan wél ben en mijn antwoord is dat ik besta uit een reeks niet alledaagse tekortkomingen, die in eerste instantie misschien niet zo opvallen, maar die vroeg of laat toch de kop opsteken. Hij laat het onderwerp rusten en wil weten waarom Margot en ik aan dat productieavontuur zijn begonnen.
Ik leg hem uit dat het in 1981 mijn enige mogelijkheid tot een

onafhankelijk bestaan was. Ik was gestopt met de presentatie van het nieuwsprogramma 24 *Horas* dat om zeven uur 's avonds werd uitgezonden, want programmaleider Mauricio Gómez had erop gestaan dat ik de M-19 zou aanduiden als een 'bende misdadigers', maar ik had het echter steeds over 'rebellen, opstandelingen of fanatieke guerrillastrijders'. Mauricio gaf me bijna dagelijks een berisping, dreigde me te ontslaan en hielp me eraan herinneren dat ik het equivalent van vijfduizend Amerikaanse dollar per maand verdiende. Ik zette hem op zijn nummer door te zeggen dat hij dan wel de kleinzoon van de meest conservatieve president van Colombia mocht zijn en de zoon van presidentskandidaat Álvaro Gómez, maar dat hij net als ik gewoon journalist was. Op een dag was ik letterlijk ontploft en gaf ik de bestbetaalde baan bij de televisie op. Ik snap heel goed dat het een enorme blunder van me was, maar ik val nog liever dood neer dan dat ik op mijn knieën ga om die baan weer terug te krijgen.

Mijn openheid stelt hij op prijs en hij vraagt of de 'rebellen, opstandelingen of fanatieke guerrillastrijders' dit verhaal kennen. Ik zeg hem dat ik geen idee heb want ik ken ze niet eens. En dat ik in geen geval ontslag heb genomen vanwege politieke voorkeuren maar uit principe en uit journalistieke rechtlijnigheid; ik wil nu eenmaal de zaken niet anders voorstellen dan ze zijn.

'Nou, zij hebben in ieder geval geen last van jouw principes. Ze zijn onder andere verantwoordelijk voor de ontvoering van de zus van Jorge Ochoa. Ik ken ze dus wel vrij goed... we hebben al kennisgemaakt...'

Ik heb inderdaad iets over haar vrijlating gelezen en wil weten hoe ze dat voor elkaar hebben gekregen.

'Ik heb achthonderd man geronseld die ik stuk voor stuk bij alle achthonderd telefoons in Medellín heb gezet. Vervolgens zijn we iedereen die om zes uur 's avonds ging bellen gevolgd. Dat was het door de ontvoerders bepaalde tijdstip om hun eis van twaalf miljoen dollar telefonisch te bespreken. En zo konden we, terwijl we al die lui voortdurend in de gaten hielden, de onschuldige bellers van de lijst afvoeren en kwamen we uit bij de guerrillastrijders. We lokaliseerden de aanvoerder van de bende en hebben zijn hele gezin ontvoerd. Martha Nieves is op die manier vrijgekomen en die "opstandelingen" hebben toen wel begrepen dat er met ons niet te spotten valt.'

Geïntrigeerd vraag ik hem hoe je zomaar eventjes achthonderd vertrouwenspersonen ronselt.

'Dat is gewoon een kwestie van logistiek. Zeker niet eenvoudig, maar het was de enige oplossing. Als ik je binnenkort mee mag nemen naar mijn andere sociale projecten, laat ik je zien waar we die lui allemaal hebben opgetrommeld. Maar vanavond wil ik alleen over jou praten. Wat is er tussen Aníbal en jou gebeurd, jullie waren toch gelukkig samen?'

Ik zeg hem dat ik er, vanwege die rocks coke waar hij Aníbal rijkelijk van voorzag, achter kwam dat ik niet in de wieg was gelegd om mijn leven te delen met een verslaafde. En dat het trouwens niet mijn gewoonte is om het met een andere man over een ex te hebben. Dat vindt hij een buitengewone eigenschap en hij wil weten of ik echt getrouwd ben geweest met een Argentijnse manager die twintig jaar ouder was dan ik. Ik moet toegeven dat ik jammer genoeg nog steeds met hem getrouwd ben.

'Ook al is de boedelscheiding rond, hij weigert pertinent de scheidingspapieren te ondertekenen, zodat ik niet kan hertrouwen. En zodat hij zelf niet hoeft te trouwen met de vrouw die er inmiddels wel achter is met hoe weinig ik tevreden was.'

Met een onderzoekende blik laat hij mijn woorden tot zich doordringen aan. Dan herpakt hij zich en heel gedecideerd geeft hij me instructies: 'Morgen neemt je advocaat contact op met David Stivel. Hij krijgt tot woensdag de tijd om de scheidingspapieren te tekenen, anders moet hij maar met de gevolgen dealen. Aan het eind van de dag, als het notariskantoor gesloten is, hebben we contact. Dan hoor ik van je hoe het is verlopen.'

Met stralende ogen door het amberkleurige licht van de kaarsen, vraag ik of Robin Hood in staat is de griezel te doden die de prinses in de toren heeft opgesloten. Hij pakt mijn hand en zegt bloedserieus: 'Alleen als hij moedig is. Want ik verspil geen kogels aan lafaards. Maar jij, jij bent het wel waard om voor te sterven... Of niet soms, meisje?'

Door deze twee laatste zinnen, die vraag, zijn blik, en zijn aanraking weet ik dat wij beiden het stadium van vriendschap zijn gepasseerd. We zijn voorbestemd minnaars te worden.

Als hij woensdagavond belt, heb ik slecht nieuws voor hem.
'Dus hij weigert zijn handtekening te zetten... Koppig ventje, hè? Wil hij het ons nou echt zo moeilijk maken? Ja, dit begint nu echt wel een probleem te worden! Maar toch, vóórdat we beslissen hoe we dit gaan oplossen, moet ik je echt iets vragen. Als je straks eindelijk weer single bent, ga je dan nog een keer mee uit eten in het restaurant van mijn vriend "Pelusa" Ocampo?'
Ik zeg dat ik in het jaar 2000 waarschijnlijk niet meer single ben.
'Nee, nee, nee! Ik bedoel vrijdag, overmorgen, vóórdat er weer een andere malloot tussenkomt.'
Berustend zeg ik dat je zulke problemen niet eventjes binnen achtenveertig uur oplost.
'Jij bent overmorgen een ongebonden vrouw en dan zit je gewoon hier bij mij. Goedenacht, schat.'

Op vrijdag zit ik uren in de studio om het programma over de vuilnisbelt te editen. Wanneer ik dan eindelijk thuiskom voor de lunch, zegt mijn huishoudster dat de heer Hernán Jaramillo drie keer heeft gebeld omdat hij me dringend moet spreken. Als ik hem bel, hoor ik mijn advocaat opgewonden zeggen: 'Vanochtend had ik een wanhopige Stivel aan de lijn. Hij moest en zou vóór het middaguur die verrekte scheidingspapieren tekenen. Anders was hij er geweest! Net een hartpatiënt, zoals hij binnenkwam. Een simpel krabbeltje zetten was al bijna te veel voor hem. Daarna is hij zonder een woord op zijn laatste benen het kantoor uit gelopen. Hoe is het mogelijk dat je drie jaar met zo'n schijtluis getrouwd bent geweest! Maar goed... vanaf nu ben je een vrije vrouw! Gefeliciteerd, en op naar de volgende! Maar deze keer wel een knappe vent met een dikke portemonnee.'
Om twee uur 's middags zegt mijn huishoudster dat zes mannen uit Antioquia met bloemen voor de deur staan. Het bloemstuk past blijkbaar niet in de lift, dus vragen ze toestemming om de trap te nemen,

wat ze niet vertrouwt. Het zal niet zozeer een verdacht pakketje zijn, al is het denk ik wel van een crimineel afkomstig. Ik vraag haar bij de conciërge bliksemsnel uit te zoeken wie de gulle gever is. Als ze weer boven komt, heeft ze een kaartje bij zich, waarop staat:

Voor mijn Panter, de Bevrijde Koningin
van Robin Hood. P.

Als de mannen weer weg zijn, is mijn huis afgeladen met *cattleyas trianae*, de nationale bloem van Colombia, en orchideeën in alle kleuren paars, lavendel, lila en roze, met hier en daar witte *phalaenopsis* in een intens paarse zee van bloemen. Mijn huishoudster staat bedenkelijk te kijken met haar armen over elkaar: 'Nou, ik vond die heren maar helemaal niks... maar uw vriendinnen zullen wel zeggen dat ze nog nooit zo veel dikdoenerij hebben gezien!'

Ja, daar kon ze weleens gelijk in hebben. Mijn vriendinnen zouden inderdaad groen van jaloezie zien bij het zien van zo'n fantastisch boeket, dat alleen maar afkomstig kan zijn van de beroemde *silleteros*,[14] van de *Feria de las Flores*.[15]

Om drie uur 's middags gaat de telefoon. Ik neem op en zonder omhaal vraag ik hoe hij hem onder schot heeft gehouden. Hij barst in lachen uit en zegt geen flauw idee te hebben waar ik het over heb. Dan vraagt hij hoe laat hij me bij het hotel kan oppikken. Hij heeft namelijk een tafel voor twee gereserveerd. Met een blik op de klok, help ik hem herinneren dat het vliegveld van Medellín om zes uur sluit en dat de laatste vlucht vast al vol zit.

'Ah, verdomme... daar had ik niet aan gedacht... En ik wilde zo graag samen jouw vrijheid vieren! Wat jammer nou... tja, dan maar samen dineren in het jaar 2000.'

En hij hangt op. Vijf minuten later gaat de telefoon opnieuw. Ik doe een schietgebedje dat het niet een van mijn vriendinnen is. Maar als ik opneem, zeg ik meteen, vóórdat hij ook maar iets kan zeggen, dat zijn honderden orchideeën amper in de salon passen en dat ik zelden iets

---

14 Praalwagens voor een optocht
15 Bloemencorso

mooiers heb gezien. Ik vraag hoe veel tijd het heeft gekost om ze te plukken.

'Ze lijken sprekend op jou, mijn schat. En ik heb opdracht gegeven ze te plukken vanaf... de eerste dag dat ik je zag, met pleisters op je wang en op je knieën, weet je nog? Oké, ik bel je alleen maar even om te zeggen dat de Pegasus vanaf vanavond voor je klaarstaat. Je kunt hem gebruiken wanneer je maar wilt. Vandaag, morgen, overmorgen, over een week, over een maand, over een jaar, hij staat er voor je. Kijk maar wanneer je hem nodig hebt.'

Ja, dat is pas een koets voor een moderne Assepoester: een gloednieuwe, witte, glimmende Learjet met drie van die knappe, glimlachende piloten in plaats van zes witte Percherons. Het is kwart over vijf 's middags, dus krap aan om op tijd in Medellín aan te komen vóórdat het vliegveld dicht gaat. Ik had hem net zo goed een week of een maand kunnen laten wachten, maar ik ben nou eenmaal echt gek op die man. Terwijl het vliegtuig door de wolken glijdt, vraag ik me af of hij me ook zo'n verdriet zal aandoen, zoals die paar harteloze rijke stinkerds, op wie ik ooit verliefd was. Ineens herinner ik me de woorden van Françoise Sagan: 'Je kunt beter huilen in een Rolls dan in een Deux Chevaux'. Ik ga nog een stapje verder: je kunt beter huilen in een Lear dan in een Rolls!

Niks geen koetsen getrokken door eenhoorns. Ook geen dinertje bij maanlicht aan de voet van de eiffeltoren. Evenmin versieringen met smaragden en robijnen. Zelfs geen vuurwerk. Alleen hij en ik, in een innige omhelzing. Hij biecht op dat hij, toen ik me aan hem vastklampte in de Río Grande, wist dat hij mijn leven alleen maar had gered om me voor zichzelf te hebben. En hij blijft maar aandringen: 'Vraag maar, niets is te gek! Ik geef je alles wat je maar wilt!' Als was hij een Opperwezen. Maar hij is maar een mens en zelfs hij kan de universele tijd niet stoppen, of die regen van gouden momenten, die de goden op ons hebben doen neerdalen, langer laten voortduren.

Deze heimelijke nacht op Haciënda Nápoles is de nacht waarop ik mijn onschuld verlies en de droom begint. Terwijl hij ligt te slapen, kijk ik vanaf het balkon naar de sterren die boven die kobaltblauwe onmetelijkheid twinkelen. Langzaam vormt zich een glimlach rond mijn mond als ik intens gelukkig terugdenk aan de dialoog tussen Pilar en María in

For Whom the Bell Tolls, en ik me de minnaars herinner die de bevende aarde onder zich voelden. Dan draai ik me naar hem toe om me weer in het kleine universum van zijn armen te nestelen.

DOOD AAN DE ONTVOERDERS

Ik ga terug naar Bogota voor de opnames van mijn televisieprogramma's en een week later zit ik weer in Medellín. Tijdens de komende vijftien maanden zal dit patroon zich herhaaldelijk blijven voordoen. Vijftien maanden die de gelukkigste van mijn leven zijn en volgens Pablo ook de meest volmaakte van zijn bestaan. Wat we ons echter geen van beiden realiseren, is dat dit het begin is van de laatste onbekommerde en volmaakte dagen van ons bestaan.

'Je hebt de beschikking over mijn elf vliegtuigen en twee helikopters. En alles wat maar in je opkomt, kan ik je geven. Alles, lieveling. Had je al iets speciaals in gedachten?'

Het enige wat ik op dit moment nodig heb is een van zijn vliegtuigen om mijn assistente en de cameraman over te brengen. Ik wil nog wat extra opnames maken en eigenlijk zou ik hem nog wel wat meer vragen willen stellen tegen een andere achtergrond, bijvoorbeeld tijdens een politieke meeting.

Hij is geobsedeerd door het idee mij een schitterend cadeau te geven. Volgens hem ben ik de enige vrouw die niet meteen in de eerste week met allerlei eisen komt aanzetten. Ik moet van hem maar eens het mooiste penthouse van Bogota gaan uitzoeken en een Mercedes als bonus erbij.

'En hoe moet ik dat dan verantwoorden bij de inkomstenbelasting? En wat moeten mijn vrienden, collega's en familie daar wel niet van denken? Dan krijg ik van iedereen het stempel van een concubine opgelegd, mijn lief. Bovendien kan ik niet eens autorijden. Als ik daaraan zou beginnen, beland ik binnen de kortste keren achter de tralies. Pablo, ik waardeer je aanbod, maar mijn kleine Mitsubishi met chauffeur voldoet prima. Auto's hebben me nooit echt kunnen boeien; nee, garages zijn echt niet mijn ding. Bovendien is een luxeauto in Colombia meteen een reden om ontvoerd te worden.'

Hij blijft zodanig aandringen dat ik hem twee mogelijkheden voorleg: ik wil of een Pegasus zoals hij heeft – want hangaars zijn sinds kort wél mijn ding – of een miljoen kussen. Hij schaterlacht en kiest voor de tweede optie, maar telt ze niet als één plus één, maar als honderd plus honderd, vervolgens duizend plus duizend en uiteindelijk als tienduizend plus tienduizend. Zo is hij er lekker vlot doorheen. Ik beschuldig hem ervan dat hij een zoenendief is en vraag wat hij ervoor terug wil.

Hij denkt even na en zegt dat hij wil leren een goed interview te geven, want daar krijgt hij in de toekomst beslist nog vaker mee te maken. Hij is zeer onder de indruk van mijn interviews en wil weten wat het geheim is.

Dat zijn er drie, zeg ik. Ten eerste moet je met een onderwerp komen dat belangrijk, interessant of origineel is. Maar ook met iets grappigs, want mensen willen altijd lachen. Maar omdat ik niet meteen zo hard van stapel wil lopen, houd ik nummers twee en drie nog even voor me.

Met een glimlach die het midden houdt tussen ondeugend en schuldig, neemt hij de uitdaging aan. Als ik hem mijn professionele geheimen onthul, zal hij mij ook een paar van de zijne verklappen.

Zo'n kans laat ik niet lopen en dus vertel ik dat geheim nummer twee inhoudt dat je niet op alle vragen van een journalist moet ingaan, maar ook je eigen zegje moet doen. En ook dat het jaren ervaring vergt... ofwel jarenlang in the spotlights staan, om dit spelletje een beetje onder de knie te krijgen. Daarom zou hij uitsluitend interviews moeten toestaan aan mediamanagers – die weten tenminste tot hoe ver ze kunnen gaan zonder iemand te schofferen – of aan bevriende journalisten.

'Alleen een goede stierenvechter kan raszuivere stieren aan. En tot slot, omdat je nog steeds bent wat wij in Hollywoodtermen een *'civilian'* noemen, raad ik je aan alleen interviews toe te staan aan een echte professional, iemand die donders goed weet wie je bent, maar toch een zwak voor je heeft. En nu ga je me wél even vertellen wanneer je dat gedoe met die grafstenen en die gestolen auto's achter je hebt gelaten en met je snuifhandeltje bent gestart. Want dat was denk ik wel een mijlpaal in je filantropische bestaan... Of niet soms?'

Gepikeerd kijkt hij naar de grond. Ik besef dat ik iets te hard van stapel ben gelopen en hem hiermee heb overvallen. Volgens mij heb ik iets te snel zijn achilleshiel geraakt. Maar ik ben me er ook van bewust dat hij nog nooit verliefd is geweest op een vrouw van mijn leeftijd en met mijn reputatie. Mochten we deze liefdesgeschiedenis op voet van gelijkheid willen voortzetten, dan moet ik hem vanaf de eerste dag duidelijk maken waar het spel ophoudt en de man-vrouwrelatie begint. Ik wil hem laten inzien dat zijn functie van afgevaardigde met zich meebrengt dat de pers zijn handel en wandel onder een vergrootglas zal leggen, en in zijn geval zal die pers geen genade kennen.

'Oké, wat wil je weten? Laat het spel maar beginnen...' zegt hij uitdagend.

Ik verzeker hem dat zodra het programma over de vuilnisbelt wordt uitgezonden, het hele land zich niet alleen zal afvragen waar hij zijn fortuin vandaan heeft, maar ook wat er precies achter al die vrijgevigheid zit. Bovendien kan elke journalist met een simpel belletje naar Medellín in no-time alles achterhalen wat publiek geheim is. Zodra hij met zijn miljoenen en goede daden begint te smijten, waarschuw ik hem, zullen de bobo's van de media genadeloos toeslaan. Zowat het hele establishment van Colombia, bekrompen als het is, zal hem dat Robin Hood-gedrag bepaald niet in dank afnemen.

'Gelukkig ben je snel van begrip, Pablo. Bovendien kun je er in principe van uitgaan dat beslist geen enkele Colombiaanse magnaat ook maar iets zal loslaten over de herkomst van zijn fortuin. Daarom geven schatrijke mensen nooit interviews, en dat geldt echt niet alleen voor mensen uit Colombia. De enorme omvang van jouw sociale projecten is echter wat jou duidelijk van hen onderscheidt, en daar zul je je steeds op moeten beroepen als iedereen straks over je heen valt.'

Bevlogen begint hij me dan zijn levensverhaal te vertellen: toen hij nog maar een snotneus was, had hij al een enorme fondsenwerving opgezet voor de bouw van een school in de wijk La Paz, in Envigado, want hij kon nergens terecht om te leren. Het resultaat was een onderwijsinstelling voor achthonderd leerlingen. En van jongs af aan verhuurde hij fietsen, als tiener verkocht hij tweedehandsauto's en niet veel later begon hij te speculeren met grond in Magdalena Medio. Op een gegeven moment stopt Pablo ineens met praten en vraagt hij me of ik soms denk dat hij alles ter plekke aan het verzinnen is. Ik zeg hem dat ik heus wel weet dat er geen woord aan gelogen is, maar dat dat natuurlijk nog niet de herkomst van zijn enorme fortuin verklaart. Dus vraag ik hem wat voor werk zijn ouders deden. Hij vertelt dat zijn moeder schooljuffrouw was op een plattelandsschooltje en zijn vader als arbeider werkte op de haciënda van de vader van Joaquín Vallejo, een bekende industriele machthebber.

 Vervolgens raad ik hem aan om zijn verhaal te beginnen in de trant van: 'Van mijn vader, een fatsoenlijke landbouwer uit Antioquia, kreeg ik al van jongs af aan mee dat je je voor hard werken niet hoeft te schamen. Van mijn moeder, die in het onderwijs zat, leerde ik het belang van solidariteit met onze zwakke medemens.' En omdat niemand het leuk vindt om voor dom versleten te worden, wijs ik hem erop dat hij, als hij in de schijnwerpers staat, goed voorbereid moet zijn op van die uitgekookte journalisten die met kritische vragen kunnen komen zoals: 'Hoeveel marmeren grafstenen zijn er nodig om een nieuwe fiets te kopen?' Of juist omgekeerd: 'Hoeveel tweedehands fietsen kun je kopen voor een mooie luxe grafsteen, Eerbiedwaardige Vader des Vaderlands?'

 Hij zegt dat hij ze op zulke vragen meteen lik op stuk zou geven: 'Waarom trekt u zelf niet na hoeveel beide opbrengen? Simpel optelsommetje! En dan trommel je gewoon een groepje lefgozers met spierballen op dat 's nachts die zware klotestenen allemaal versleept!'

 Met zo'n gevat antwoord moet je als journalist bijkans van een andere planeet komen om niet zijn buitengewoon sterke persoonlijkheid te erkennen.

 Pablo vraagt me of ik ook verliefd op hem zou zijn geworden, als ik hem had ontmoet toen hij nog niks en niemendal was. Glimlachend zeg ik dat ik wel zeker weet van niet: we zouden elkaar nooit en te nimmer hebben ontmoet. Geen normaal denkend mens zou het in zijn hoofd halen me aan een getrouwde man voor te stellen. In de tijd dat hij druk bezig was met grafstenen slijpen, ging ik met Gabriel Echevarría, de knapste man van Colombia en zoon van een van de tien rijksten. En in de tijd dat hij zich bezighield met het strippen van auto's, had ik een verhouding met Julio Mario Santo Domingo, vrijgezel en erfgenaam van het grootste fortuin van het land en de aantrekkelijkste man van zijn generatie.

Als dat de criteria zijn waar een man aan dient te voldoen, zegt hij, dan moet ik vast wel heel veel van hem houden. En ik moet toegeven dat ik juist zo veel van hem houd omdat ik vergelijkingsmateriaal heb. Dankbaar glimlachend haalt hij teder zijn hand langs mijn gezicht. Volgens hem ben ik echt de meest meedogenloos eerlijke en meest onzelfzuchtige vrouw die hij ooit heeft gekend.

Na ontelbare keren oefenen met nu eens serieuze en dan weer komische antwoorden die hij kan gebruiken om zijn giften, zijn vliegtuigen en vooral zijn giraffen te rechtvaardigen, komen we tot de slotsom dat hij zich zal moeten bedienen van de criteria die al vijfentwintighonderd jaar geleden in de Griekse logica in zwang waren. Want om zijn fortuin te billijken zal hij 'speculeren met grond in Magdalena Medio' totaal anders moeten formuleren, bijvoorbeeld 'investeringen in onroerend goed in Florida', ook al zal geen hond hem geloven. Bovendien kunnen de Dian (de Colombiaanse Belastingdienst), de IRS en het Pentagon hem daarover het vuur aan de schenen leggen, maar dat is van later zorg.

'Roem, goed of slecht, is voor eeuwig, lieveling. Hou je maar liever een poosje gedeisd en ga vanuit de anonimiteit opereren, zoals de *Capi di tutti capi* dat overal doen! Waarom zou je voor het voetlicht treden? Je kunt toch veel beter multimiljonair zijn dan beroemd? Roem roept in Colombia alleen maar afgunst op. Kijk maar naar mij.'

'Naar jou? Ik durf te wedden dat alle vrouwen in dit land stuk voor stuk tegen je opkijken!'

Daar hebben we het nog wel over, maar niet vandaag, zeg ik. Ik wil liever van onderwerp veranderen en zeg dat het me stug lijkt dat voor de redding van Martha Nieves Ochoa alleen maar een tactiek van mannetjes volgen nodig was. Mijn scherpzinnigheid verbaast hem en hij zegt dat we ook hier later nog op terug zullen komen.

Ik vraag hem nadere uitleg over de MAS. Zijn blik verstrakt. Vastberaden begint hij te vertellen dat '*Muerte a Secuestradores!*'[16] eind 1981 door de grote narco's is opgericht en al veel aanhangers heeft onder de rijke veeboeren en bij een paar staatsinstellingen zoals de DAS (Colombiaanse Veiligheidsdienst), de B-2 van het leger (Militaire Geheime Dienst), de GOES (Groep Anti- Afpersing en Ontvoering) en de F2 (Inlichtingendienst) van de politie. Om te voorkomen dat het geld van de rijken naar Miami verdwijnt – en dat van zijn partners en collega's zich niet voorgoed in het buitenland blijft opstapelen – wil de MAS absoluut afrekenen met deze typisch Colombiaanse plaag.

'Weet je, het liefst zouden we in ons eigen land investeren, maar met al die ontvoerders hier kunnen we dat wel schudden! Die moeten allemaal achter slot en grendel! Iedere ontvoerder die we maar te pakken krijgen, wordt uitgeleverd aan het leger. Niemand in de drugshandel wil meemaken wat ik heb moeten doorstaan bij de ontvoering van mijn vader, of wat de Ochoa's met hun zus, of mijn vriend Carlos Lehder uit Quindío persoonlijk is overkomen. We hebben onze krachten gebundeld rond Lehder en de MAS, en het animo is heel groot. We hebben inmiddels al een leger van zo'n vijfentwintighonderd man.'

Geschokt reageer ik op de opmerking over zijn vader en vraag of hij hem ook zo snel heeft kunnen bevrijden. 'Nou en of. Hij is er godzijdank ongedeerd uitgekomen. De details vertel ik je nog weleens.'

Ik begin er zo langzamerhand aan te wennen vragen over uitzonderlijk effectieve reddingsoperaties op de lange baan te schuiven. Eigenlijk twijfel ik eraan of de MAS in staat is elk van de drieduizend ontvoeringszaken die jaarlijks in Colombia plaatsvinden, op eenzelfde wijze op te lossen. Om af te rekenen met alle ontvoerders zou hij namelijk eerst verscheidene groepen guerrillastrijders, alles bij elkaar meer dan dertigduizend manschappen, moeten aanpakken. Het leger heeft dertig jaar lang totaal geen grip op hen kunnen krijgen. Sterker nog, hun aantal blijft maar toenemen. Ik merk op dat de traditionele welgestelden zeker blij

---

16 Dood aan de Ontvoerders!

zullen zijn met de MAS – want het kost ze geen cent, noch een kogel en evenmin hoeven ze hun leven op het spel te zetten. Terwijl hij wel mooi opdraait voor de kosten en met vijanden en slachtoffers moet dealen.

Hij haalt er zijn schouders over op en zegt dat hem dat koud laat, want het enige wat hem interesseert is het bewind over zijn 'vakbond', zoals hij zijn collega's is gaan noemen, en hun steun voor een regering die het uitleveringsverdrag met de Verenigde Staten afwijst. 'Per slot van rekening is iedereen in mijn wereldje rijk. En ga nu maar eventjes een schoonheidsslaapje doen. Twee van mijn partners, mijn neef Gustavo Gaviria en mijn zwager Mario Henao, en een groepje vrienden komen vanavond langs. We moeten nog even de oplevering bespreken van het voetbalveld dat we aanstaande vrijdag aan de stad schenken. Dan kun je meteen kennismaken met mijn hele familie. Gustavo is als een broer voor mij, hij is superintelligent en regelt praktisch alles voor mijn onderneming. Zo hou ik voldoende tijd over om me te wijden aan zaken die me echt interesseren, zoals mijn projecten, mijn sociale doelen en... jouw lessen, schat van me.'

'Wat is je volgende stap... na de Senaat?'

'Ik heb je vandaag al heel veel wijzer gemaakt en jij en ik hebben zeker Duizend-en-één-nacht nodig voor die miljoen zoenen die je nog tegoed van me hebt. Ik zie je later, Virginia.'

Even later hoor ik hoe het geluid van zijn helikopter, vertrekkend uit zijn kleine republiek, langzaam wegsterft. Ik vraag me af hoe deze man met zijn leeuwenhart van plan is om al die tegenstrijdige belangen te combineren met zijn grenzeloze ambities in slechts één mensenleven.

Nou ja, op zijn leeftijd heeft hij nog een hele tijd voor de boeg, denk ik, terwijl ik bewonderend naar een zwerm vogels kijk die ook aan de einder verdwijnt.

Ik besef getuige te zijn van het ontstaan van een ontwikkeling die de geschiedenis van mijn land zal opsplitsen, dat de man die ik liefheb hierin een hoofdrol voor zichzelf zal gaan opeisen en dat praktisch niemand zich hier nog echt van bewust is. Hij is zo zeker van zichzelf, zo ambitieus en zo gedreven. Ik weet niet of deze man die God of het Lot op mijn weg heeft gebracht me op een dag in dezelfde mate tot tranen toe verdriet zal doen als hij me nu laat huilen van het lachen. Hij heeft alles in zich om een groot leider te worden. En ik vind het eigenlijk wel prettig dat hij niet uitgesproken knap is, ongepolijst, en ook geen man van de wereld. Pablo is, simpel gezegd, fascinerend. Hardop denk ik: ik ken geen man met zo'n viriele uitstraling als hij. Een ruwe diamant die nog nooit een vrouw als ik heeft gehad. Ik ga mijn best doen om hem te polijsten en hem alles bij te brengen wat ikzelf heb geleerd, zodat hij straks naar me smacht als naar water in de woestijn.

❦

's Avonds vindt mijn eerste ontmoeting met Pablo's partners en familie plaats op het terras van Haciënda Nápoles.

Gustavo Gaviria Rivero is ondoorgrondelijk, zwijgzaam, geheimzinnig en afstandelijk. Deze kampioen autoracen is net zo zelfverzekerd als zijn neef Pablo Escobar Gaviria, maar lacht zelden. Hij maakt een volwassener indruk dan Pablo, ook al zijn ze van dezelfde leeftijd. Ik hoef hem maar aan te kijken om ervan doordrongen te raken dat deze kleine, slanke man, met steil haar en een dun snorretje, geen zaken met Jan en alleman bespreekt. Geen enkel detail ontsnapt aan zijn blik en ook ik zal niet aan zijn oordeel ontsnappen. Al snel voel ik intuïtief aan dat Pablo's streven naar een zekere status Gustavo niet alleen totaal koud laat, maar dat hij zich zorgen maakt over de exorbitante kosten van Pablo's sociale projecten. Anders dan zijn neef, die liberaal is, is Gustavo aangesloten bij de conservatieve partij. Ze raken geen druppel alcohol aan en ook valt het me op dat ze geen interesse tonen voor muziek of dans. Het is een en al waakzaamheid, zaken, politiek, macht en controle wat de klok slaat.

Volkomen gebiologeerd door mijn aanwezigheid durft niet een van deze drie mannen een blik te werpen op een andere tafel, een andere vrouw, man of wat dan ook. Want een diva zoals ik, verwant met grote namen zoals Holguines, Mosqueras, Sanz de Santamarías – en professioneel gezien een insider met de juiste connecties in politieke kringen en met economische machthebbers – is voor deze drugsbaronnen, die net komen kijken in de wereld van de politiek en het grote geld, weer een mooie aanwinst in het rijtje contactpersonen.

Mario Henao, de broer van Pablo's echtgenote Victoria, is een grondig kenner en groot liefhebber van opera. Hij probeert duidelijk indruk op me te maken en misschien zelfs mijn interesse te wekken voor dit onderwerp waar noch Pablo noch Gustavo een bal om geeft. Gezien mijn positie is hij natuurlijk de laatste persoon met wie ik me zou moeten inlaten. Daarom breng ik het gesprek, zonder enige consideratie voor Caruso, Toscanini of La Divina, noch voor de legendarische voorliefde van Capone en Gambinos voor deze drie grootheden, onmiddellijk op de succesverhalen van Pablo en Gustavo. Het kost me uren om hem zover te krijgen dat hij zijn waakzaamheid laat varen, maar de aanhouder wint. Eerst hoort hij me urenlang uit en vervolgens zaagt hij nog eens net zo lang door over hoe hij de noodzakelijke discipline en koelbloedigheid heeft weten op te brengen om een auto met 250 kilometer per uur op de weg te houden. Dan roert hij kwesties van levensbelang aan waar in luttele seconden een beslissing moet worden genomen hoe de concurrentie achter zich te laten en als eerste over de streep te komen. Maar aan het eind van de rit lijken we er beiden van doordrongen te raken dat we wellicht niet zozeer genegenheid, maar toch zeker wel respect voor elkaar hebben opgevat. Ik weet nu ook waar Pablo en zijn partner die verwoede vastberadenheid vandaan hebben om altijd op elk terrein de besten te willen zijn, waarbij ze iedereen die in de weg staat, opzijschuiven.

De tafels om ons heen worden bezet door mensen met achternamen als Moncada of Galeano, met voornamen en gezichten die ik me vandaag niet meer zou kunnen herinneren. Tegen middernacht komen twee opgefokte, zwaarbewapende kerels naar ons tafeltje en zijn we in één klap terug in de realiteit.

'De echtgenote van die meneer daar is naar hem op zoek,' krijgt Pablo te horen, 'en hij zit hier lekker met zijn liefje. Hoe lossen we dat nou op, baas? Ze is echt buiten zinnen! Ze staat met twee vriendinnen bij de ingang en ze willen per se naar binnen. Wat nu?'

'Zeg maar tegen mevrouw dat ze moet leren zich als een dame te gedragen. En dat geen enkele vrouw met een beetje zelfrespect naar haar man gaat lopen zoeken, of dat nou haar echtgenoot, verloofde of minnaar is. Al helemaal niet 's nachts. Dat ze er verstandig aan doet om lekker naar huis te gaan en hem daar op te wachten, voor mijn part met een koekenpan en een deegroller. Dan kan ze zich lekker uitleven. Maar niet hier.'

Even later komen de mannen terug en vertellen Pablo dat de vrouwen vastbesloten zijn binnen te komen. Hij weet toch hoe ze zijn?

'Ja, ik ken dat soort wijven maar al te goed...' Hij zucht, alsof hij aan iets heel vervelends terugdenkt. Dan zegt hij, blijkbaar zonder zich iets aan te trekken van het feit dat ik erbij zit:

'Los maar twee waarschuwingsschoten in de lucht. Mochten ze toch naar binnen willen rijden, hou hen dan onder schot. Als dat ook niets uithaalt, dan schieten jullie zonder pardon raak. Begrepen?'

We horen vier schoten. Ik leid hieruit af dat ze zo dadelijk wel met een paar lijken zullen aankomen.

Twintig minuten later komen de mannen hijgend en puffend terug. Ze zweten als otters. Hun gezicht, handen en armen zitten onder de schrammen.

'Wat een ellende, baas! Die schoten hielpen voor geen meter; ze begonnen meteen te schoppen en te krabben. Jullie zouden die nagels van ze eens moeten zien! We moesten ze onder schot houden! Met hulp van nog twee collega's hebben we ze naar buiten gewerkt! Er staat hem straks nog wel wat te wachten als hij met z'n dronken kop thuiskomt!'

'Ja, ja, jullie hebben gelijk. Maak maar een kamer voor hem klaar. Hij blijft vannacht hier slapen,' geeft Pablo opdracht, waarbij me weer eens opvalt dat hij zich solidair opstelt met zijn seksegenoten die thuis niets te vertellen hebben. 'Als we dat niet doen, dan moet ik morgen een grafsteen voor hem regelen!'

'Die paisa's zijn toch zulke driftkikkers, hè, jezusmina!' wordt er aan tafel gezegd. Mijn drie brave tafelgenoten weten er alles van.

Zo kom ik, als een soort Alice in Wonderland, stukje bij beetje meer over Pablo's wereld te weten. Ik kom erachter dat veel van die bikkelharde, stinkend rijke mannen thuis bij hun vrouwen onder de plak zitten... en ergens verbaast me dat ook niet. Ik vraag me trouwens af wie dat andere wijf is dat hij beweert zo goed te kennen, en iets zegt me dat het vast niet zijn vrouw is.

Op een zondag besluiten we er met een groep vrienden van Pablo en Gustavo op uit te trekken met de Rolligon. Terwijl we het ene na het andere boompje platwalsen met de gigantische tractor, kijk ik om me heen en verlang naar het gelach van mijn vrienden, zeven maanden terug. Ik krijg heimwee naar mijn *beautiful people*, de mensen bij wie ik me altijd zo op mijn gemak voelde, waar ook ter wereld. Veel tijd om hierbij stil te staan heb ik echter niet, want nadat we een boomstam raken, zien we ineens een dikke, compacte, zwarte vlek met een oorverdovend gezoem op ons afkomen. Ik heb er geen verklaring voor – mogelijk is God me gunstig gezind – maar in een fractie van een seconde spring ik van de Rolligon af en verstop me tussen de hoge grashalmen, waar ik zeker een kwartier muisstil blijf liggen.

Een wolk van wel een miljoen wespen stort zich als een golf op de groep cocaïnehandelaars. Wonder boven wonder slaan ze mij over. Als Pablo's mannen me een poosje later terugvinden dankzij mijn opvallende lila jurk, vertellen ze dat een paar gasten in het ziekenhuis moesten worden opgenomen.

In de daaropvolgende jaren zou ik zeker nog honderden uren met Pablo doorbrengen en ook nog eens honderden in zijn armen liggen. Maar die dag – om redenen die ik nu pas, zo veel jaren later, kan vatten – was de laatste die Pablo en ik met een groep vrienden op Nápoles doorbrachten om ons in die contreien te amuseren. Die plek waar ik tot drie keer toe bijna het loodje legde maar ook bijna stierf van geluk. Slechts één keer nog zouden wij tweeën urenlang zorgeloos in dat paradijs ronddwalen. Dat paradijs waar hij me eens uit de klauwen van een draaikolk had getrokken, omdat hij mij geheel voor zich alleen wilde. Waar hij me bovendien, niet veel later, ook uit de klauwen van een andere man trok, om zich meester te maken van elke centimeter van mijn nog jonge huid.

Elf jaar later zouden al die mannen die de leeftijd hadden van Christus toen hij aan het kruis hing, er niet meer zijn. Maar als ik nu zou moeten schilderen wat ik als Alice in Wonderland achter de spiegel aantrof, zouden het gefragmenteerde versies van *De Schreeuw* van Munch worden. Een versie met de handen op de oren om maar niet het geronk van de kettingzaag, het gebulder van de bommen of het gekreun van de in doodsstrijd verkerende martelaars en het gesnik van de moeders te hoeven horen. En één met open mond, waarin mijn onmachtige schreeuw blijft steken. En nog één met wijd opengesperde ogen van ontzetting en ontsteltenis over een land dat in brand staat.

Zeker, de enorme haciënda staat er nog. Maar van dat betoverende landschap, waar we slechts kortstondig de verrukking van vrijheid en schoonheid, van vreugde en edelmoedigheid, van hartstocht en tederheid hebben mogen ervaren, verdween die magie in de maalstroom van de tijd. Van die sprookjesachtige hemel rest slechts de aardse echo van zintuiglijk genot, voortgebracht door die weergaloze kleuren, sterrenhemels en blijdschap. Haciënda Nápoles zou daarna het toneel worden van legendarische samenzweringen, die voor altijd een stempel zouden drukken op de geschiedenis van mijn land en de betrekkingen met de rest van de wereld. Dat vervloekte paradijs wordt – net als in de eerste filmscènes van *Kroniek van een aangekondigde dood* of *Het huis met de geesten* – tegenwoordig slechts door schimmen bevolkt.

Die relatief jonge mannen van destijds liggen al lang onder de groene zoden. En de rest van dit verhaal gaat over hun liefde en haat, hun strijd en oorlog, hun overwinningen en nederlagen, hun bondgenoten en tegenstanders en uiteindelijk hun dood, in het tijdperk waarin Nápoles nog niet tot het schimmenrijk behoorde. Een verhaal waar ik niet het geringste detail van zou kunnen of mogen veranderen. Het begon allemaal met een ongecompliceerd lied, dat vanuit het zuiden van het continent furore maakte. Een volmaakt samengaan van woord en ritme:

> Si te quiero es porque sos
> mi amor, mi cómplice y todo
> y en la calle codo a codo
> somos mucho más que dos

> Als ik van je hou dan is het
> Omdat je mijn lief, mijn vertrouwelinge, mijn alles bent
> En lopend over straat, hand in hand,
> Zijn we samen immens veel meer dan twee

> (Mario Benedetti, *Canciones de amor y desamor*,
> Liederen van opbloeiende en vergane liefdes)

DEEL II

DAGEN VAN GLORIE EN AFGRIJZEN

*Mijn God, verbleef je maar niet slechts in de goudkleurige boom
maar in de angsten van mijn hart!*

De oude dichter die Robert Frost citeert in
De nacht van de leguaan

DE LIEFKOZING VAN EEN REVOLVER

Pablo Escobar behoorde als kind tot de weinige mensen die van jongs af aan al wisten wat ze later wilden worden. Maar ook wist hij heel goed wat hij niet wilde worden. Piloot, brandweerman, arts of politieman, allemaal niks voor Pablito.

'Eigenlijk wilde ik maar één ding: rijk worden. Rijker dan de Echevarría's uit Medellín en rijker dan alle andere rijken in Colombia. Koste wat het kost en al moest ik over lijken gaan. Als ik op mijn dertigste nog geen miljoen dollar zou hebben, dan zou ik er absoluut een eind aan maken. Met een schot dwars door mijn kop,' biecht hij op terwijl we de Learjet instappen. Deze staat naast de rest van zijn vloot geparkeerd in zijn eigen hangaar op het vliegveld van Medellín.

'Binnenkort koop ik een jumbo en laat hem ombouwen tot een vliegend kantoor, met slaapkamers, badkamers met douche en wc, zitkamer, bar, keuken en eetkamer. Een soort vliegend jacht. Dan kunnen wij samen ongestoord de wereld over vliegen.'

Eenmaal in het vliegtuig, vraag ik hem hoe hij denkt zich onopvallend in zo'n vliegend paleis te verplaatsen. Hij zegt dat ik dat allemaal wel snap als we weer terug zijn. Bovendien heeft hij voortaan iedere keer als we elkaar zien een speciaal cadeau voor me. Het is hem trouwens opgevallen dat, naarmate hij meer loslaat over zichzelf, mijn gezicht

steeds meer een open boek wordt en mijn ogen boekdelen beginnen te spreken. Steeds als ik mijn blijdschap toon bij een verrassing, krijgt hij net zo'n kick als een formule 1-coureur op het podium, waarbij ik dan de champagne ben. 'Je bent sprankelend als champagne, Virginia!'
'Ja, dat heb ik vaker gehoord!' Met bescheidenheid kom je niet ver bij Pablo, dat heb ik inmiddels wel door. 'Ik kan geloof ik voortaan maar beter de andere kant op kijken als ik iets persoonlijks vertel. Maar het gaat je nog flink wat moeite kosten om de fles open te krijgen. Dat lukt je alleen maar met een speciale kurkentrekker voor Perrier-Jouët Rosé!'

Hij denkt niet dat dat nodig is. Want binnenkort wil hij me gaan blinddoeken en misschien ook nog wel in de boeien slaan. Ondeugend merk ik op dat blinddoeken en vastbinden me reuze spannend lijkt en vraag of hij zo'n sadist is die je in horrorfilms ziet.

Hij fluistert in mijn oor: 'Die sadisten van het witte doek zijn mietjes vergeleken bij mij.' Hij neemt mijn gezicht in zijn handen en kijkt me diep in de ogen, alsof hij daarin zijn meest verborgen verlangens probeert te peilen. Ik streel zijn handen en zeg dat we het perfecte koppel vormen, want het toeval wil dat ik masochistisch van aard ben. Ik krijg een kus en hij zegt dat hij al zo'n vermoeden had.

Op de dag dat Pablo me wil verrassen haalt hij me tegen tien uur 's avonds bij het hotel op. Zoals altijd rijdt er een wagen met vier van zijn mannetjes op gepaste afstand achter ons aan.

'Ik kan er echt met mijn verstand niet bij dat jij geen rijbewijs hebt,' zegt hij, terwijl we wegscheuren. 'Dat hoor je alleen nog maar van kneuzen!'

Ik antwoord dat de eerste de beste randdebiel een bus met vijf versnellingen kan besturen, maar dat ik, kippig als ik ben, mijn IQ van 146 niet ga verspillen aan domme rijlessen. Ik kan mijn tijd wel beter gebruiken! Door bijvoorbeeld tienduizend jaar beschaving tot me te nemen en nieuwsberichten uit het hoofd te leren, omdat ik nou eenmaal de woorden op de autocue niet zie.

Hij vraagt me hoe hoog ik zijn IQ inschat. 'Toch wel 125, denk ik!'
'Nee dame, mijn laagste score was 156! Niet zo neerbuigend!'
Oké, dat wil ik weleens zien. En ik vraag hem dat verstand dan even

te gebruiken en wat gas terug te nemen. Als hij blijft doorrijden met 180 kilometer per uur liggen er straks twee genieën in een graf.
'Die zelfgenoegzaamheid van jou moet maar 's afgelopen zijn. We zijn toch niet bang voor de dood, slimmerd? Die lijfwachten ben ik trouwens echt even zat. Die klojo's weten niet van loslaten. Ik kan ze maar op één manier van ons afschudden: kijk 'ns naar de andere kant van de snelweg, daar, links beneden? Zit je gordel vast? Oké, daar gaan we! Zo meteen rijden we in tegengestelde richting! Als het niet lukt: adiós Einstein, tot in een volgend leven! Eén... twee... go!'
We scheuren weg, crossen over de groene hellende berm, maken een complete bocht van 180 graden, een gigantische sprong en landen een paar meters lager. Bam! Bam! Twee flinke klappen tegen mijn hoofd, maar ik geef geen kik. Pablo is meteen weer bij de les, zet de auto piepend in zijn achteruit, en rijdt in tegengestelde richting door naar zijn appartement, alsof de duivel hem op de hielen zit. Dat duurt niet langer dan een paar minuten. Alsof we een snelle pitstop maken, rijdt hij de garage in, de garagepoort sluit met een klap en de auto stopt op een paar millimeter van de muur.
'Pfffff... Die zijn we kwijt! En morgen kunnen ze op zoek naar een andere baan. Zie je wat ik zou doen als ze mij zouden proberen te ontvoeren?'
Best wel grappig maar ik houd mijn lippen stijf op elkaar. Bovendien doet mijn hoofd behoorlijk pijn van de klappen daarnet. Ik ga hem echt niet zijn zin geven door te zeggen hoe koelbloedig hij is. Boven in het verlaten penthouse zie ik dat er een camera tegenover de deur van de slaapkamer hangt. Ik plof neer op de leunstoel, terwijl hij met gekruiste armen tegenover me gaat staan. Met een ijzige blik zegt hij dreigend: 'Wie heeft hier nou eigenlijk het hoogste IQ, hè? Wie hier heeft de ballen? En één verkeerd woord of verkeerde beweging, en ik scheur die jurk van je lijf. Daarna neem ik nog eens alles op video op. En die gaat dan naar alle media. Gesnopen, Marilyn? Zo, belofte maakt schuld... dus ga ik je eerst eventjes mooi blinddoeken. Ik pak ook nog even een rolletje tape...' Volkomen relaxed neuriet hij 'Feelin' Groovy' van Simon and Garfunkel. Hij pakt een zwarte blinddoek die hij om mijn ogen bindt en op mijn achterhoofd met een dubbele knoop vastmaakt. 'Nu nog een

paar handboeien... waar had ik die nou gelaten?'

'Pablo, alsjeblieft! Geen handboeien! Dat was niet de afspraak! Ik heb net zowat mijn nek gebroken! Ik ben nog hartstikke groggy! Zinloos om me in de handboeien te slaan. Laat me even op adem komen, zeg.'

'Je hebt gelijk. Alleen als je me aanvalt, pak ik de handboeien. Ik kijk wel uit met zo'n wilde panter met geniale trekjes.'

'En ik kijk wel uit om zomaar een gangster met schizofrene trekjes aan te vallen!'

Na een lange stilte, hoor ik hem ineens zeggen: 'Ik wil weleens weten of blinden echt zo veel beter horen...'

Ik hoor zijn schoenen op het tapijt vallen. Daarna hoor ik hem bezig met de combinatie van een kluis. Een klik bij de vierde draai. Gevolgd door het typische geluid van zes kogels die een voor een in de cilinder van een revolver worden geplaatst. Het klakken van het wapen bij het lostrekken van de veiligheidspal. Volkomen stilte. Even later staat hij achter me. Met één hand grijpt hij mijn haar en ik voel hoe hij met de loop van de revolver langzaam rondjes langs mijn hals trekt. Zachtjes sist hij in mijn oor: 'Weet je waarom ze de mensen in mijn "vakbond" "de Magiërs" noemen? Wij kunnen wonderen verrichten! En ik ben de koning die de geheime spreuk kent. Daarmee ben ik de enige die recht heeft op dit aanbiddelijke hoofdje en dit gekmakende lichaam. Abracadabra... stel je toch eens voor dat ik een diamanten ketting leg... om deze... zo slanke... zwanenhals... zo breekbaar als een Chinese vaas... met slechts twee handen draai ik je nek om... Abracadabra... één keer draaien... twee... drie... Hoe voelt dat?'

IJzig kalm zeg ik dat de diamanten wel erg klein zijn en kil aanvoelen. En ze doen erg pijn. Is dit nou de verrassing die hij had beloofd? Het is wel erg geïmproviseerd allemaal, als dit alles is...

'Het hoort er allemaal bij. Je hebt vast nooit eerder een revolver langs je huid gevoeld... op die zijdeachtige huid van je... zongebruind en perfect verzorgd... geen enkel schrammetje of litteken... toch?'

'Pas op, Pablo! Die blinddoek begint te schuiven! Ik wil het niet verpesten! Wist je trouwens dat ik op schietles zit bij de politie in Bogota – met een Smith & Wesson? Mijn instructeur zegt dat ik beter scoor dan sommige officieren met honderd procent zicht...'

Ik blijf hem maar verbazen. 'Ja hoor,' zegt hij, 'best wel spannend op zo'n schietbaan. Maar ik kan je vertellen dat het heel andere koek is als een zware jongen de loop van zo'n wapen tegen je hoofd drukt. Ik kan erover meepraten, hoor.' Hij vraagt of het zweet me al uitbreekt...

'Absoluut niet! Dit is echt kicken! Mmmmm... wat een vreemd genot...' en zuchtend laat ik mijn hoofd achterovervallen terwijl hij mijn hemdjurk losknoopt. Ik voel hoe het wapen van mijn hals naar mijn borsten glijdt.

'Trouwens, je bent alleen maar een sadist... geen moordenaar.'

'Dat had je gedroomd! Ik ben een seriemoordenaar... En vertel me nu maar 's even waarom je dit zo lekker vindt. Verras me maar!'

Tergend langzaam zeg ik dat een vuurwapen altijd zo... onweerstaanbaar is... een verboden vrucht... een goede vriend die aan alle ellende een eind kan maken... als er geen uitweg meer is... die de poorten van de hemel opent... of juist die van de hel... als je... een inktzwarte ziel hebt.

'En nu? Blijf praten. Ik geef wel een seintje als je mag stoppen,' klinkt het schor. Het bovenste deel van mijn jurk laat hij zakken. Hij kust mijn nek en schouders. Ik gehoorzaam... en vervolg: 'Een discrete moordenaar... de perfecte handlanger. Gevaarlijker dan... je ergste vijand... Bij het afgaan, klinkt het... mmmm... als eh... als eh... de tralies in de San Quentingevangenis! Nee, echt, om gestoord van te worden, die herrie, dag en nacht gaat dat maar door. Zo komt het wel erg dichtbij, hè?'

'Inderdaad, pervers teefje... En vertel nu hoe het... op je lijf... voelt. Niet stoppen! Als je stopt, plak ik je mond en neus met tape af. Dan krijg je geen lucht meer, hè. Pas op voor deze sadistische gangster!' Met een hand streelt hij me en met de andere laat hij de revolver langzaam via mijn borsten naar mijn buik glijden.

'Hij voelt groot... en heel mannelijk... Hij is helemaal stijf... en lekker hard... met een sleuf in het midden... maar het metaal voelt zo koud aan... niet zoals jij. Nu heb je echt wel je zin gehad, Pablo. Tot hier en niet verder, anders pak ik mijn spullen en ga ik desnoods lopend terug naar Bogota. Dan zie je me echt nooit meer terug!'

'Oké, oké, oké!' Ik hoor een berustend lachje. 'Zo'n zinderend lijf, volkomen weerloos... daar raak ik van buiten zinnen... Jij je zin, spelbreekster, maar we zijn nog niet klaar... nu moet eerst die tape nog. Ik ben nu eenmaal net zo'n perfectionist als jij.'

'Pablo, hopelijk begrijp je wel dat ik deze spelletjes nogal infantiel vind. Ik wacht nu al dagen op mijn verrassing. Ik hoop dat je me niet teleurstelt.'

'Ik maak zelf wel uit of iets infantiel is... of niet.'

'O, maar ik weet heus wel wat je me gaat laten zien. Je wapencollectie, toch? Want ik krijg er eentje cadeau! Zoals een Bondgirl, natuurlijk! Mag mijn blinddoek nu af? Dan kan ik de dodelijkste en de mooiste uitkiezen!'

'Die blinddoek mag pas af als ik het zeg! Had je nog niet in de gaten dat ik bepaal wat hier gebeurt? De gewapende moordenaar, de sadist met de camera, de krachtpatser en de baas van het geld, en niet een of andere berooide stoeipoes van vijfenvijftig kilo met een duidelijk lager IQ? Eventjes geduld nog, ik ben bijna klaar. Alleen nog even wat tape doen op waar... die laatste vier vandaan komen... en klaar! Het is echt voor je eigen bestwil. Stel je voor dat iemand je dagenlang flink martelt... alleen om informatie los te krijgen over wat ik je straks ga laten zien. En als je nu eens een Mata Hari was en je... op een dag mijn ondergang zou betekenen?'

'Gestolen diamanten, lieveling! Van duizend karaat, daar hebben we het over!'

'Geen denken aan. Die krijg je echt niet te zien, want je bent ertoe in staat de grootste te pikken en door te slikken! Dan dwing je me om je open te snijden om ze uit je buik te halen!'

Het idee alleen al dat ik diamanten door zou slikken, hoe verzint hij het. Maar dan kom ik op een ander idee: 'Ik weet het al! Stom, waarom heb ik daar nou niet eerder aan gedacht? Je gaat me natuurlijk de kilo's coke *made in Colombia* laten zien! Eindelijk! Keurig ingepakt voor export naar de Verenigde Staten! Worden die eigenlijk met tape afgedicht? Klopt het dat ze op pakjes boter lijken? En staat er echt "La Reina" op?'

'Nou ja zeg, waar is je fantasie? Je stelt me wel een beetje teleur, hoor... Dat heeft toch iedereen al gezien, mijn partners, mijn mannen, mijn piloten, mijn klanten, tot de DEA aan toe. Nee, jij bent de enige die

dit ooit te zien zal krijgen. Oké... klaar! Nu ga ik aan de voeten van mijn koningin zitten en haar reactie afwachten. Echt, deze avond vergeet je nooit meer. Eén... twee... oké, nu mag je blinddoek af!'
Ze liggen er in alle kleuren. Blauwe, groene, wijnrode, bruine, zwarte. En vóórdat ik ook maar een stap naar voren kan zetten om ze eens goed van dichtbij te bekijken, sluit zich een boei met een klik om mijn rechterenkel. Ineens zit ik vast aan de stoel. Hij vangt me op als ik met stoel en al voorover dreig te vallen. Lachend houdt hij me vast en overlaadt me met kussen.
'Ik wist het! Ik wist dat je doortrapt was, jij valse panter! Dat zal ik je betaald zetten! Als je ze wilt zien, wil ik eerst horen dat je van me houdt zoals je nog nooit van iemand hebt gehouden! Ha, ha, ha! Zeg dat je me aanbidt! Vooruit, zeg het! Anders krijg je niets te zien, niet van dichtbij en niet van ver!'
'Ik ga jou echt je zin niet geven. Ik zeg wat ik wil! Jij bent gewoon... een... een... een genie! Pablo! Het grootste fenomeen van de onderwereld!' En nauwelijks hoorbaar, alsof iemand ons staat af te luisteren, vuur ik een hele rits vragen op hem af. En omdat ik weet dat hij daarop kickt, gooi ik er ook wat smeekbeden tegenaan. 'Zijn die allemaal van jou? Hoeveel zijn het er wel niet? Wat kosten ze? Hoe kom je eraan? Laat me de foto's en de namen eens zien! En maak me los, Pablo, mijn enkel doet pijn! Toe nou, laat dit arme kippige meisje nou eventjes van dichtbij kijken... doe niet zo gemeen, alsjeblieft! Haal die tape van die namen, ik wil ze zien!'
'Nee, nee, nee! Ik durf te wedden dat jij, de diva van de high society, nooit had gedacht dat iemand uit mijn wereldje zo ontzettend populair kan zijn! Al veertien landen hebben me het staatsburgerschap verleend!'
'O! Nu snap ik wat geld en een crimineel IQ kunnen opleveren! Maar je hebt dus wel een streepje voor! De halve VN kibbelt zeker om de eer!... maar waar is die van de Verenigde Staten? Die zou toch boven aan je verlanglijstje moeten staan?'
'Tja, mijn lief... geduld is een schone zaak. En zeven procent van alle landen ter wereld is zeker niet slecht... om te beginnen... Op mijn leeftijd... is dit nog maar het begin. Maar nu mag je alleen de foto's zien.

Mijn namen en nationaliteiten leer je wel kennen als we op reis gaan. Ik weet ze zelf nog niet eens allemaal uit mijn hoofd.'

'Weet je? Ik ben de enige die je kan helpen met de juiste uitspraak in vijf talen! Op mijn zeventiende gaf ik al spraaklessen op de Colombo-American School! Ben ik dan geen goud waard? Hoe wil je nou naar het buitenland als je je eigen naam niet eens kunt uitspreken? Laten we maar meteen beginnen! Anders loop je vroeg of laat echt wel tegen de lamp!'

'Nee, nee, geen sprake van. Vandaag kijken we alleen naar die foto's. Daarna vieren we het met champagne! Zullen we die mooie roze fles openen?'

Mijn boeien gaan niet af en ik moet in de stoel blijven zitten. Zelf gaat hij op zijn hurken tegenover me zitten, bij het dubbele stapeltje paspoorten dat op de grond ligt. Op de voorkant heeft hij de namen van de landen afgeplakt en binnenin de namen en de geboortedata. Dan, blij als een kind met zijn kerstcadeautjes, laat hij me stuk voor stuk alle foto's zien. Gebiologeerd staar ik naar die onvoorstelbare en onwaarschijnlijke versies van deze man die ik zo liefheb.

'Hier heb ik mijn hoofd geschoren. En hier met bril en sikje, net een intellectuele marxist. En hier met een afrokapsel. Geen gezicht hè? Hier als Arabier, dat pak had een Saoedische prins een keer voor me geregeld. Hier ben ik blond; hier met rood haar, daar moest ik voor naar een schoonheidssalon. De vrouwen daar dachten dat ik een of andere nicht was. Dit hier is een pruik. Hier zonder snor en hier met een volle baard. En hoe vind je die, kaal bovenop, en met een randje haar en een bril zoals professor Zonnebloem uit *Kuifje*? Fantastisch, toch? Op de meeste foto's zie ik er niet uit, maar zelfs mijn eigen moeder zou me niet herkennen! Welke vind jij de leukste?'

'Allemaal, Pablo, ik vind ze allemaal geweldig! Echt supergrappig! Ik heb nog nooit zoiets gezien! Niemand heeft de boel ooit zo belazerd! Je bent de grootste bedrieger van allemaal!' Ik kan mijn lachen niet inhouden terwijl hij de paspoorten weer opbergt. 'Bij jou hoeft niemand zich te vervelen!'

Hij doet de kluis dicht en legt de revolver op het bureau. Teder streelt hij mijn gezicht en zonder een woord te zeggen, maakt hij mijn boeien los. Hij kust mijn enkel, die een dikke rode striem vertoont. Dan legt hij me op bed en masseert hij zachtjes de zere plekken op mijn hoofd.

'Je zult het vast niet geloven, maar waar ik het meest van hou is niet eens je mooie gezicht of je prachtige lichaam,' zegt hij en zijn stem klinkt nu weer gewoon. 'Ondanks al die kneuzingen!' voegt hij er lachend aan toe. 'Maar het meest hou ik van al dat goud dat zo lekker dicht tegen me aan ligt.'

Verrast zeg ik hem dat als er iemand in deze kamer is die geen grammetje goud draagt, dat ik dat wel ben. En hij fluistert in mijn oor dat ik het grootste gouden hart ter wereld heb. Want ik stimuleer hem en doorsta alle beproevingen zonder te klagen. Ik ben zijn lot uit de loterij.

'Omdat onze harten elkaar gevonden hebben, heb je geen geheimen meer voor me. En kunnen we nu in stijl afronden, toch? Abracadabra, mijn verboden vrucht...'

Als hij slaapt, check ik de revolver. Er zitten zes kogels in. Ik loop het terras op en zie op elke hoek van de straat een auto met lijfwachten staan. Ze zijn bereid hun leven voor hem geven. Ik trouwens ook. Na een poosje zink ik weg in een diepe slaap. Als ik wakker word, is hij al vertrokken.

TWEE TOEKOMSTIGE PRESIDENTEN EN *TWINTIG LIEFDESGEDICHTEN*

Pablo's belangrijkste doelstelling was het vergaren van een gigantisch fortuin, om dit vervolgens te gebruiken voor zijn grenzeloze politieke aspiraties. Hij wil de populairste politiek leider aller tijden worden. Tienduizend huizen aan daklozen schenken. Een eind maken aan de honger in een miljoenenstad. Is dat niet een volkomen krankzinnig, exorbitant en vooral zinloos streven? En getuigt het bovendien niet van volstrekte grootheidswaan, van mateloze zelfverheerlijking, van ongekende excessen en van extreme goedgeefsheid?

Schatrijke mensen hebben altijd het idee dat ze alleen maar geliefd zijn vanwege hun geld; dat is de reden dat ze in de liefde bijna net zo onzeker en wantrouwend zijn als mooie, beroemde vrouwen. Die vragen zich voortdurend af of mannen nu echt van hen houden of dat ze louter voor de sier zijn. Maar voor Pablo geldt het tegendeel. Hij is er heilig van overtuigd dat zijn rijkdom geen rol speelt, maar dat alles draait om zijn persoon. Daarin heeft hij gelijk als het aankomt op zijn aanhangers, zijn huurlingen, zijn vrouwen, zijn vrienden, zijn familie en op mij natuurlijk. Toch vraag ik me af of hij met zijn extreme gevoeligheid, in combinatie met een schijnbaar ziekelijk obsessieve persoonlijkheid, opgewassen is tegen de valkuilen die roem nou eenmaal met zich meebrengt. Om maar te zwijgen over alle tegenwerking die hij ongetwijfeld zal ondervinden in een land waar de mensen, spreekwoordelijk gezegd, 'niet aan ziektes, maar aan afgunst ten onder gaan'.

De tweede keer dat ik Pablo in het openbaar ontmoet, is ter gelegenheid van de opening van een door hem gefinancierd basketbalveld. Omdat zijn politieke beweging Civismo en Marcha[17] gezonde ontspanning aanmoedigt en hij een sportfanaat is, wil hij alle volkswijken in Medellín en Envigado, de naburige gemeente waar hij is opgegroeid, de beschikking geven over sportveldjes. Vóórdat ik Pablo leerde kennen was hij daar al mee in de weer. Ook de voetbalvelden in de hele stad zijn een gift van Pablo, met alles erop en eraan.

Die avond stelt hij me aan zijn familie voor – mensen uit de lage middenklasse waar geen greintje kwaad bij zit – en aan zijn drieëntwintigjarige echtgenote, Victoria Henao, de moeder van Juan Pablo, zijn zoontje van zes. 'La Tata' zoals iedereen haar noemt – wat nogal apart is, want het betekent 'het dienstmeisje' – is geen mooie vrouw, maar ze heeft wel een waardige uitdrukking op haar gezicht. Alleen haar oorbellen – twee solitaire diamanten – verraden dat haar echtgenoot een van de rijkste mannen van het land moet zijn. Ze heeft donker, kortgeknipt haar, is klein van stuk en haar schuchterheid staat in schril contrast met zijn vrijmoedigheid. Hij en ik zijn duidelijk op ons gemak, maar zij lijkt niet echt te kunnen genieten van het evenement. Er is iets in haar houding wat me zegt dat ze met groeiende achterdocht zijn stijgende populariteit beziet. Haar begroeting is kil en in haar ogen lees ik hetzelfde wantrouwen als in de ogen van de rest van Pablo's familie. Verheerlijkt kijken Pablo en zij naar elkaar. Ik kan een glimlach niet onderdrukken, want jaloezie is me vreemd. Gelukkig ben ik niet bezitterig van aard; ik houd met hart en ziel van Pablo, maar mijn eigenliefde zorgt voor de nodige balans. Bovendien vraag ik me serieus af of die verrukte blikken die de tortelduifjes elkaar na acht jaar huwelijk nog toewerpen, niet uitsluitend voor de buitenwereld bedoeld zijn.

Terwijl ik zijn familie aandachtig door de bril van minnares, journaliste en toeschouwer bekijk, meen ik een enorme schaduw te ontwaren

---

17 Burgers in Actie

over het idyllische familietafereel en over de enthousiaste menigte die Pablo komt bedanken voor alle aankopen die hij wekelijks onder de armen verdeelt. Een duistere droefenis vol twijfel, het soort twijfel dat voorafgaat aan voorgevoelens, bekruipt me ineens. Ik vraag me af of die hele vertoning met harde muziek en ballonnen in alle kleuren niet alleen maar gebakken lucht is, luchtkastelen en kaartenhuizen. Als de schaduw wegtrekt krijg ik ineens een heldere ingeving: boven die hele grote familie, strak in het pak en met veel blingbling, pakken zich donkere wolken van angst samen, een bijna tastbare angst.

Die verontrustende gevoelens steken af en toe de kop op terwijl hij lijkt te genieten van al die genegenheid, de bewondering en het applaus. Voor mij is dit gesneden koek, het hoort nu eenmaal bij mijn beroep als televisiepresentatrice, waarbij je regelmatig verslag moet doen van allerhande evenementen. Al sinds mijn tweeëntwintigste ben ik gewend aan de gebruikelijke jubelkreten in theaters en dat apengebrul in stadions. Maar Pablo krijgt hier een enorme energie van, hij ervaart dit als de enige reden van zijn bestaan, de eerste stappen op weg naar eeuwige roem. Zijn geestdriftige politieke toespraak raakt het publiek diep in het hart. Terwijl ik naar hem luister, moet ik ineens denken aan de woorden die Shakespeares Marcus Antonius bij de begrafenis van Julius Caesar uitspreekt: 'Het kwaad dat mannen doen leeft verder na hun dood. Het goede blijft vaak begraven met hun gebeente.' Ik vraag me af wat het lot in petto heeft voor deze man, deze mengeling van weldoener en bandiet, zo jong en ongekunsteld, aan wie ook ik mijn hart heb verloren. Is zijn streven wel haalbare kaart? Zal hij ooit accentloos en beschaafd en plein public leren spreken? Zal mijn ruwe diamant zijn toespraken tot krachtige boodschappen weten te smeden die ook buiten de provincie gehoor zullen vinden? Zal hij ooit zijn hartstocht weten te beteugelen om zijn ambities waar te maken en te bestendigen? Maar algauw word ik ook deelgenoot van de blijdschap van die al die families vol verwachtingen. Ik dank God voor het bestaan van de enige niet door religie gedreven weldoener die Colombia ooit heeft voortgebracht en sluit me enthousiast aan bij het volksgedruis.

Het vuilnisbeltprogramma veroorzaakt nationale opschudding. Al mijn collega's willen Pablo Escobar interviewen om te achterhalen hoe een drieëndertigjarige adjunct-afgevaardigde aan al dat geld komt. Hij moet wel over onuitputtelijke bronnen van inkomsten beschikken. Daarbij legt hij ook nog eens een ongekende vrijgevigheid aan de dag. Bovendien is zijn verontrustende politieke ambitie, mogelijk gemaakt door een vrij zeldzame combinatie van geld en een hart van goud, nog eens een extra reden om hem aan de tand te voelen. Ook wil men weten wat de aard van zijn relatie is met een televisiepersoonlijkheid die haar privéleven altijd angstvallig geheimhoudt. Met klem ontken ik elke romance met een getrouwde man en ik raad Pablo aan geen interviews toe te staan totdat ik hem hiervoor heb klaargestoomd. Tegenstribbelend gaat hij ermee akkoord.

'Volgende week nodig ik je uit voor het eerste Forum tegen het Uitleveringsverdrag, hier in Medellín. En bij het volgende in Barranquilla, stel ik je voor aan de belangrijkste en rijkste mannen van dit land. Bijna allemaal zijn ze aangesloten bij de MAS en ze zijn vastbesloten die draak te verslaan, hoe dan ook. Zo nodig te vuur en te zwaard.'

Ik waarschuw hem dat hij met die oorlogstaal veel te veel vijanden maakt in de beginfase van zijn politieke loopbaan. Hij zou *De kunst van het oorlogvoeren* van Sun Tzu eens moeten bestuderen, om het belang van geduldig en tactisch optreden in te zien. Ik lees hem wat stelregels van deze Chinese wijze voor, zoals 'val niet heuvelop aan'. Maar Pablo zegt dat hij zijn strategie altijd aanpast aan het moment. Bovendien heeft hij een bloedhekel aan lezen, en hij heeft tenslotte boekenwurm Virginia om hem al die wijsheid bij te brengen. Hij weet donders goed dat dat wel het laatste is wat een begeerlijke, verliefde vrouw wil horen. Daarom voegt hij er vrolijk aan toe: 'Je raadt nooit welke schuilnaam ik voor je heb bedacht voor als ik via de radio het bericht krijg dat je vliegtuig gaat landen! Niets minder dan... "Belisario Betancur", naar de president van de republiek. Zo kom je van bovenaf de onderwereld in! Nou, er zijn ergere dingen, v.v.!'

En hij tovert zijn ondeugende, ontwapenende lach tevoorschijn, waardoor al mijn zorgen in rook opgaan en ik wegdroom in zijn armen.

Het gezelschap waarmee ik in het vliegtuig zit, bestaat in toenemende mate uit vogels van diverse pluimage. De een heeft net gesproken met Kim Il Sung uit Noord-Korea. Een ander heeft zojuist een vergadering bijgewoond van de Beweging van Niet Gebonden Landen. Weer een ander kent Petra Nelly, oprichtster van de Duitse partij Die Grünen. Pablo wil haar trouwens uitnodigen om een kijkje te nemen in zijn dierentuin en hij wil haar ook zijn sociale projecten laten zien. Verderop zit ook nog een persoonlijke vriend van Yasser Arafat. Eenmaal op de kantoren van Pablo en Gustavo, wordt het rood vervangen door blauw, zwarte fascistenbrillen liggen overal verspreid en de kleur van het groen vertegenwoordigt hier niet de Europese milieubeweging: want nu zitten we in het vliegtuig met weer een totaal ander gezelschap. We zien hier de F2 van de politie; de Paraguayaan is een naaste verwant van de zoon of de schoonzoon van Stroessner; die daar verderop zijn Mexicaanse generaals; die met de koffertjes zijn verkopers van Israëlische wapens en die daar achterin komen uit Liberia. Begin 1983 lijkt Pablo's leven wel een Permanente Vergadering van de Verenigde Naties. En zo langzamerhand leer ik inzien dat de man van wie ik houd, naast het talent dat hij heeft om zich te vermommen en aan heel veel paspoorten te komen, ook buitengewoon bekwaam is in het afstemmen van zijn politieke gedachtegoed aan het consumentenpubliek. Hij is extreemlinks als het aankomt op de misdeelden, politieke partijen, de media en de export; maar hij is van het meest huiveringwekkende en repressieve rechts als hij moet opkomen voor zijn familie, zijn handel, zijn bezittingen en zijn belangen ten overstaan van partners die multimiljonair zijn of een uniform dragen. Beide extremen komen samen om de vrouw op wie hij verliefd is te imponeren met het formidabele netwerk dat hij heeft opgezet, waar hij degene is die alles onder controle heeft. Hij heeft haar uitverkoren om zijn ontwikkeling te volgen. Zij zal getuige zijn van zijn klim naar de top, van zijn overwicht op alles en iedereen en niet te vergeten van het gemak waarmee hij andere vrouwen om zijn vinger windt.

    Het Eerste Forum tegen het Uitleveringsverdrag wordt gehouden in Medellín. Pablo vraagt me plaats te nemen aan de hoofdtafel naast priester Elias Lopera, die rechts van hem zit. Daar hoor ik voor de eerste keer zijn vurige nationalistische betoog tegen dat juridische concept.

Gaandeweg zou de strijd tegen het uitleveringsverdrag een steeds grotere obsessie voor hem worden. Het zou het symbool worden van al zijn ambities. Het zou ook de martelgang betekenen voor miljoenen landgenoten en duizenden slachtoffers maken. Het zou ons beider kruis worden. In Colombia, waar het recht er minstens twintig jaar over doet om te zegevieren – als het überhaupt zegeviert, want onderweg wordt het vaak verkocht aan de hoogste bieder – is het systeem zo opgezet dat de misdadiger bescherming krijgt en het slachtoffer maar een lange adem moet hebben. Dit houdt natuurlijk in dat iemand met financiële middelen zoals Pablo, de rest van zijn leven hoog en droog zit. Maar donkere wolken pakken zich samen. Zijn hele beroepsgroep loopt gevaar als de Verenigde Staten hun zin krijgen. Straks kan iedere Colombiaan moeiteloos worden uitgeleverd om berecht te worden voor binationale misdrijven in een land dat wél een efficiënt juridisch systeem, hoog beveiligde gevangenissen, vonnissen tot levenslang of de doodstraf heeft.

Op dat Eerste Forum is Pablo's toespraak ten overstaan van zijn medeburgers nog strijdlustiger dan ik van hem gewend ben. Ik hoor zijn stem niet één keer trillen als hij een felle aanval doet op de veelbelovende politieke leider Luis Carlos Galán, een vaste kandidaat voor het presidentschap van de republiek. Galán is zijn aartsvijand sinds hij Pablo heeft geschrapt van de lijst van zijn beweging, Renovación Liberal,[18] wier focus de strijd tegen corruptie is. Nadat Galán achter de ware herkomst van zijn fortuin was gekomen, had hij Pablo op de hoogte gebracht van het feit dat hij uit de partij was gezet, en hem vervolgens doodgezwegen ten overstaan van duizenden mensen in het Berriópark in Medellín. Dat was voor Pablo onvergeeflijk.

Ik had Luis Carlos Galán twaalf jaar eerder ontmoet, thuis bij een van de aardigste vrouwen die ik ken, de mooie, elegante Lily Urdinola de Cali. Ik was toen eenentwintig en net gescheiden van de architect Fernando Borrero Caidedo, evenbeeld van Omar Sharif en vijfentwintig jaar ouder dan ik. Lily was gescheiden van de eigenaar van een suikerfabriek in Valle del Cauca en drie mannen dongen naar haar hand. Op een avond waren we bij haar uitgenodigd. Ze vroeg haar broer Antonio

---

18 Liberale Vernieuwing

en mij om hulp bij het maken van een keuze tussen een Zwitserse miljonair met een bakkerijketen, een rijke Jood met een kledingwinkelketen en een verlegen jongeman met een haviksneus en grote lichte ogen, wiens enige fortuin de belofte van een briljante politieke toekomst was. Hoewel niemand van ons die avond voor Luis Carlos Galán had gestemd, werd deze zwijgzame jongeman met zijn heldere blik enige maanden later met zijn zesentwintig jaar gekozen tot de jongste minister ooit. Ik heb Pablo nooit iets verteld over die 'nederlaag'; maar ik zou voor altijd spijt blijven houden dat ik die avond niet op hem gestemd had. Want als Lily zich toen door hem had laten verleiden, hadden zij en ik zeker een oplossing voor dat akkefietje met Pablo gevonden en hadden al die doden en al die verschrikkingen vermeden kunnen worden.

De foto van ons twee op het Eerste Forum tegen het Uitleveringsverdrag wordt de eerste in een lange reeks die een bewijs vormen van onze intieme omgang in die eerste maanden. Een paar maanden later gebruikt het tijdschrift *Semana* die foto ter illustratie bij een artikel over de 'paisa Robin Hood'. Na deze toch wel strelende kenschets zou Pablo de legende rondom zijn persoon verder uitbouwen, eerst in Colombia en daarna in de rest van de wereld. Tijdens al onze volgende ontmoetingen zou hij me, na het steevaste ritueel van een zoen en een omhelzing, altijd blijven vragen: 'Wat wordt er in Bogota over mij en Reagan gezegd?'

En ik vertel dan steeds in detail wat ze over hem zeggen, want wat ze van Reagan vinden is toch alleen maar interessant voor de astrologe van Reagans vrouw Nancy en de republikeinse Congresleden in Washington en Delaware.

Voor het Tweede Forum tegen het Uitleveringsverdrag gaan we naar Barranquilla, waar we logeren in de presidentiële suite van een net geopend enorm hotel. Helaas niet in El Prado, wat altijd een van mijn favoriete hotels is geweest. Pablo houdt alleen maar van moderne hotels en ik van elegante, dus we kibbelen altijd over wat hij beschouwt als 'ouderwets' en ik als 'magisch'. Het evenement vindt plaats in de prachtige woning van Iván Lafaurie, die schitterend ingericht is door mijn vriendin Silvia Gómez, die al vanaf mijn eenentwintigste ook steeds het interieur van al mijn appartementen heeft verzorgd.

Pablo fluistert me in dat de minst gefortuneerde deelnemer toch nog goed is voor een slordige tien miljoen dollar. Het gemeenschappelijke kapitaal van zijn partners – de drie broers Ochoa en Gonzalo Rodríguez Gacha, bijgenaamd 'El Mexicano' – opgeteld bij dat van hemzelf en van Gustavo Gaviria, loopt in de miljarden. De traditionele Colombiaanse magnaten zijn daarbij vergeleken maar kleine jongens. Zowat alle deelnemers zijn lid van de MAS. Van de gezichten van de aanwezigen valt af te lezen dat ze niet blij zijn met de aanwezigheid van een bekende journaliste bij het forum, want deze keer zijn de media niet welkom.

'Vandaag zul je getuige zijn van een ware oorlogsverklaring. Waar wil je zitten? Op de eerste rij beneden? Daar heb je goed zicht op mij en op de leiders van mijn beweging die je al in Medellín hebt ontmoet. Of aan de hoofdtafel? Daarvandaan kun je de vierhonderd man zien die dit land in een bloedbad zullen veranderen als dat Verdrag tot Uitlevering erdoor komt.'

Omdat ik inmiddels wel een beetje gewend ben aan zijn theatrale terminologie, kies ik ervoor om uiterst rechts aan de hoofdtafel te gaan zitten. Daarvandaan heb ik inderdaad zicht op die vierhonderd nieuwe miljonairs die in de toekomst de macht zouden kunnen overnemen van mijn vrienden en exen die de Colombiaanse oligarchie vormen. Daar heb ik gemengde gevoelens over, variërend van hevige angst tot puur leedvermaak. Maar de voornaamste reden om daar plaats te nemen is om al die harde en wantrouwende gezichten te observeren als de man van wie ik houd aan het woord is. Als wat ik zie me al niet aanstaat, is wat ik hoor al helemaal stuitend. Op dat moment ben ik me er niet van bewust dat ik op deze prachtige avond als enige vrouw en mogelijk toekomstige geschiedschrijver, bijzondere getuige ben van de geboorte van het Colombiaanse narcoparamilitarisme.

Nadat iedereen zijn zegje heeft gedaan en het forum wordt afgesloten, wandel ik van het podium naar het zwembad. Pablo staat na te praten met de gastheren en zijn partners, die hem complimenteren met zijn toespraak. Meerdere deelnemers vragen hem naar de reden van mijn komst. Een man die eruitziet als zo'n traditionele grootgrondbezitter van de Caribische kust – met zo'n chique Franse achternaam – heeft maar een paar glaasjes rum of whisky nodig om alle gêne overboord te gooien.

'Op mijn leeftijd laat ik me toch zeker niet door zo'n snotneus de les lezen! Die hoeft mij echt niet te vertellen op wie ik moet stemmen! Als *godo*,[19] ben ik tegen elke vorm van verandering! Laat de boel maar blijven zoals het vroeger was! Mijn stem gaat naar Álvaro Gómez en punt uit! Dat is tenminste een serieuze vent en niet zo'n knakker als die Santofimio. En nu komt zo'n proleet als Escobar mij eventjes vertellen hoe en wat? Denkt hij soms dat hij meer geld of vee heeft dan ik?'

'Nou, ik ga mijn vrouw Magola lekker dumpen. Dan kan ik trouwen met Amparito Grisales, die mooie actrice! Want met drugsgeld kun je zomaar elke beroemdheid aan de haak slaan, kijk maar!' snoeft iemand achter mijn rug.

'Zou dat arme meisje eigenlijk wel weten dat die kerel vroeger een gunman was en al tweehonderd doden op zijn naam heeft staan?' spot weer een ander met gedempte stem ten overstaan van een groepje mensen dat hier met een nerveus lachje op reageert vóór ze zich uit de voeten maken.

'Doña Virginia.' Een oudere man, die met ongenoegen heeft staan luisteren naar de vorige sprekers, vraagt mijn aandacht. 'Mijn zoon is al langer dan drie jaar geleden door de FARC ontvoerd. Ik ben zo blij met mensen als Escobar en Lehder! Ons land zat echt te wachten op mannen met ballen zoals zij! Ons leger is niet opgewassen tegen die guerrilla! Als we verenigd zijn, krijg ik weer hoop dat ik mijn zoon ooit terugzie. En dat hij zijn vrouw weer in de armen kan sluiten en eindelijk zijn kind, mijn kleinzoon, zal zien!'

Pablo stelt me voor aan Gonzalo Rodríguez Gacha, El Mexicano, die in het gezelschap is van een paar smaragdhandelaren uit Boyacá. We blijven nog een poosje staan praten met zijn vrienden en partners, die enthousiast zijn over Pablo's bijdrage. Terug in het hotel vertel ik hem niets over wat ik allemaal gehoord heb. Ik zeg alleen dat een paar deelnemers – van die rechtse rakkers – nogal wantrouwend staan ten opzichte van iemand die zo liberaal is als zijn kandidaat Santofimio.

'Wacht maar tot ze hun kinderen ontvoeren! En als de eerste van de "vakbond" wordt uitgeleverd, zal je ze zien rennen om te stemmen op onze kandidaat!'

---

19 Lid van de conservatieve partij

Nadat Pablo Escobar uit de beweging van Luis Carlos Galán was gezet, zocht hij aansluiting bij die van Alberto Santofimio, de liberale leider van het departement Tolima. Santofimio is nauw verwant met voormalig president Alfonso López Michelsen; hij is namelijk de neef van diens schoonmoeder. Gloria Valencia de Castaño, 'de first lady van de Colombiaanse televisie', is de bastaarddochter van een oom van Santofimio en haar enige dochter, Pilar Castaño, is getrouwd met Felipe López Caballero, uitgever van het tijdschrift *Semana*.

Bij elke presidents- en senatorenverkiezing vormt het aantal stemmen afkomstig van aanhangers van Santofimio een essentieel deel van het totaal dat de kandidaat van de liberale partij behaalt, die de conservatieve partij qua stemmers en gekozen presidenten voorbijstreeft. Santofimio is een charismatische man die de reputatie heeft de slimste, eerzuchtigste en verstandigste politicus van het land te zijn. Daarnaast is hij een uitstekend spreker in het openbaar. Hij is rond de veertig en is vaste kandidaat voor het presidentschap van de republiek. Hij is klein van stuk, bij een gedrongen postuur, en heeft een glunderend, goedlachs gezicht. We zijn nooit vrienden geweest, maar ik kan in die tijd redelijk goed met hem opschieten en heb hem altijd bij zijn voornaam Alberto genoemd. (In 1983 spreken we elkaar allemaal met de voornaam aan. Ik zeg alleen 'meneer' tegen degenen tot wie ik een bepaalde afstand wil bewaren en 'meneer de president' tegen staatshoofden. In 2006, na twintig jaar ellende met de media, noemen de mensen me 'señora' en ik zeg 'mevrouw' of 'meneer' tegen iedereen, en alle voormalige presidenten, kiezen het hazenpad als ik eraan kom.)

Een aantal maanden voordat Pablo en ik elkaar leerden kennen, waren hij, Santofimio en nog een paar Colombiaanse congresleden aanwezig bij de beëdiging van de president van de Spaanse regering, de socialist Felipe González, wiens vertrouweling, Enrique Sarasola, getrouwd is met een Colombiaanse. Ik kende González van een televisie-interview in 1981 en Sarasola had ik in Madrid ontmoet tijdens mijn eerste huwelijksreis. Pablo had me de scène beschreven waarin de andere parlementariërs uit het gevolg hem in een Madrileense discotheek om gratis cocaïne hadden gevraagd en hoe hij beledigd had gereageerd. Dit was voor mij een bevestiging van wat ik al wist: de Koning van de Coke heeft van zijn eigen exportproduct, waarmee hij een belastingvrij imperium aan het opbouwen is, net zo'n afkeer als ik. De enige persoon aan wie Pablo ooit spontaan gratis cocaïne heeft gegeven, is mijn vorige verloofde. En dat was nou niet bepaald uit humanitaire of filantropische overwegingen.

In 1983 waren de liberale senatoren Galán en Santofimio de kandidaten met de beste papieren om tot president verkozen te worden voor de periode 1986-1990. Pablo en Alberto hadden daarom een grimmig pact gesloten in de strijd tegen de kandidatuur van Luis Carlos Galán. Escobar heeft miljoenen gestoken in de politieke beweging van Santofimio voor de parlementaire verkiezingen van 1984. Ik probeer hem ervan te overtuigen om de ontvanger van zijn giften toch op zijn minst bij zijn voornaam aan te spreken, zoals Julio Mario Santo Domingo dat doet bij Alfonso López, maar Pablo blijft zijn kandidaat adresseren met 'meneer'. In de jaren daarop zou 'El Santo' de eeuwige link blijven vormen tussen Escobar met zijn 'vakbond' en de politieke klasse, het ambtelijke apparaat, de liberale partij en vooral het huis López. Zelfs tussen hen en afdelingen van het leger, want weer een andere neef van Santofimio, getrouwd met de dochter van Gilberto Rodríguez Orejuela, is de zoon van een bekende generaal uit het leger.

※

Vandaag komt Pablo naar de zitting van het Congres in Bogota en kan hij dus eindelijk eens mijn appartement bezoeken! En hij zegt dat hij weer een verrassing meeneemt! Alles is perfect voor elkaar, tot aan de bloemblaadjes van de rozen toe; in mijn geluidsinstallatie zit een bossanovaplaat, de rosé champagne staat in de koelkast, ik heb mijn favoriete geurtje op en draag een jurk uit Parijs en op de salontafel ligt het boek *Twintig liefdesgedichten* van Pablo Neruda. Clara, mijn beste vriendin uit die tijd, heeft haar antiekwinkeltje in Cali even verlaten voor een bezoek aan Bogota. Ze wil Pablo een Christusbeeld uit de achttiende eeuw aanbieden voor vader Elías Lopera. Voorlopig weten alleen zij, Margot, Martita en Pablo's partners van onze relatie.

Als de bel gaat, ren ik het trappetje af dat de studeerkamer en de drie slaapkamers scheidt van het woongedeelte van mijn appartement. In de woonkamer sta ik niet alleen oog in oog met de kandidaat en zijn sponsor, maar ook met een heel stel lijfwachten die me onbeschaamd van top tot teen bekijken, voordat ze weer met de lift naar beneden gaan om in de garage of bij de ingang van het gebouw op hun baas te wachten. De lift komt weer omhoog met zo'n tien man en gaat weer naar beneden met een handjevol. Dit herhaalt zich drie keer. En telkens merkt Pablo mijn ergernis op. Hij heeft donders goed door dat dit de eerste en de laatste keer is dat hij zomaar met escortes en onbekenden mijn privévertrekken betreedt.

In de loop der jaren zou ik Pablo nog ontelbare keren zien. Steeds omringd door een heel leger aan vrienden, volgelingen, medewerkers of lijfwachten. Maar sinds die dag komt hij steeds helemaal alleen naar onze appartementen of naar mijn suites. In een later stadium, als we bij plattelandshuisjes afspreken, geeft hij zijn mannen opdracht te verdwijnen vóórdat ik ze in de gaten krijg. Hij begreep onmiddellijk dat een getrouwde man zich enigszins terughoudend moet opstellen wanneer hij op bezoek gaat bij zijn minnares – ook nog eens een bekende persoonlijkheid – dus dat hij zich gewoon moet gedragen als elke andere verliefde vent. Bovendien begreep hij dat er tussen minnaars een goede vertrouwensband moet bestaan. Vanaf dat moment zou een blik van dankbaarheid volstaan om te laten merken dat ik zijn stilzwijgende aanvaarding van mijn voorwaarden op prijs stelde.

Clara en ik begroeten onder anderen Gustavo Gaviria, Jorge Ochoa en zijn broers, Gonzalo El Mexicano, Pelusa Ocampo, eigenaar van het restaurant waar we vaak dineren, Guillo Ángel en zijn broer Juan Gonzalo en Evaristo Porras. Die laatste komt nogal nerveus over – ik zie zijn kaak trillen – maar Pablo verzekert me dat dit komt door het vele snuiven. Ik had zelfs Aníbal nog nooit horen klappertanden, dus ik denk dat Evaristo al helemaal niet van ophouden weet. Pablo neemt hem apart om hem hierop aan te spreken en vraagt vervolgens om een videocassette. Dan duwt hij hem als een stout jongetje rustig de lift in, met de opdracht naar het hotel terug te gaan en daar op de rest te wachten. Hij wil samen met mij de video bekijken, want hij heeft een dringend verzoek. Ik ga met Pablo naar mijn studeerkamer en vraag Clara zich over de gasten te ontfermen.

Bij elke ontmoeting brengen Pablo en ik een groot deel van de dag samen door. Tussen neus en lippen door vertelt hij me natuurlijk van alles over zijn business. Nu vertelt hij dat Leticia, de hoofdstad van het departement Amazonas in Colombia, een belangrijke doorvoerhaven is geworden van de cokepasta uit Peru en Bolivia naar Colombia. Porras is zijn mannetje daar in het zuidoosten van het land. Om bij de fiscus verantwoording af te leggen over zijn fortuin heeft Evaristo al driemaal het winnende lot van de winnaar van de grote loterij in Colombia gekocht. Daarom heeft hij nu de reputatie de grootste geluksvogel van de wereld te zijn!

Op tv zien we een jonge man met Porras praten over een of andere landbouwkwestie; de nachtelijke opnames zijn onduidelijk en bovendien praktisch onverstaanbaar. De jonge man is Rodrigo Lara, de rechterhand van Luis Carlos Galán en van de weeromstuit Pablo's aartsvijand. Ik zie Evaristo iets uit een envelop trekken. Volgens Pablo is het een cheque van een miljoen peso's – in die tijd zo'n twintigduizend dollar – en zijn we hier getuige van pure omkoperij. De opname van dit voorval is heel zorgvuldig door hem, zijn partner en de cameraman geënsceneerd. Na het zien van de video vraagt Pablo me Lara in mijn programma *Al Ataque!* openlijk te veroordelen. Maar ik weiger. Ronduit en beslist: 'Dan zou ik ook Alberto, die beneden zit, moeten veroordelen. Die heeft nota bene veel grotere sommen geld van jou aangenomen. En dan heb je nog Jairo Ortego, jouw superieur in het Congres en wie weet wie allemaal nog meer! En wat nou als jij me morgen geld geeft voor het Christusbeeld van Clara en iemand daar eventjes een opname van maakt? Hoor ik dan drie weken later dat dat geld afkomstig is van een cocaïnehandeltje, enkel en alleen omdat het van jou afkomstig is? In mijn leven heb ik al heel wat beschuldigingen te verduren gehad, daarom zou ik nooit iemand zwartmaken op de nationale televisie. Hoe kan ik nou zeker weten of Lara en Porras hier de wet overtreden of niet? Het is allemaal doorgestoken kaart zeg je zelf! Oké, Pablo, voor alle duidelijkheid: ik kan zendtijd besteden aan die gore vuilnisbelt en jouw ongelooflijke inzet voor die mensen, maar je moet geen misbruik van me maken door met valse opnames jouw vijanden zwart te maken, schuldig of niet. Ik wil je alleen maar beschermen, lieveling. Zoek maar een ander om dit voor je op te knappen, iemand die het niet zo nauw neemt met jouw welzijn.'

Verbijsterd kijkt hij me aan en slaat zwijgend zijn ogen neer. Hij maakt geen aanstalten om me tegen te spreken, dus ik ratel nog even door: ik begrijp hem beter dan wie ook, want ik ben net als hij. Ook ik ben zo iemand die nooit vergeeft en nooit vergeet. Maar als we op een goede dag simpelweg iedereen die ons dwarszit uit de weg ruimen, dan blijft er geen mens meer over op aarde. Zijn zaken lopen als een trein, hij heeft een hechte familie, succes in de politiek en in de liefde, wat wil hij nog meer? Dus ik zeg hem: 'Vergeet die nagel aan je doodskist toch! Daar raak je alleen maar verbitterd van!'

Als een veer springt hij op en innig omhelst hij me. Ik wil niets liever dan in deze sterke armen liggen, die me al vanaf de dag dat hij mijn leven heeft gered precies die zekerheid en bescherming geven waar elke vrouw naar hunkert. Hij kust mijn voorhoofd en streelt mijn rug. Hij kan niet meer zonder me, zegt hij, hij heeft me zo nodig. Ik vind dat we steeds meer naar elkaar toe groeien.

'Je hebt alle gelijk van de wereld,' zegt hij. 'Vergeef me! Kom, we gaan terug naar de woonkamer.'

Heel veel jaren later zou ik me afvragen of Pablo na die lange mismoedige stiltes werkelijk altijd zulke wraakzuchtige gevoelens voelde opkomen, zoals hij ze zelf noemde, of dat het slechts sinistere voorgevoelens waren, die het daglicht niet konden verdragen. Want voorgevoelens zijn in feite toch diepe angsten die aan de oppervlakte komen en onze wil volledig breken?

Beneden in de woonkamer is iedereen in een goede stemming. Clara en Santofimio reciteren samen uit Neruda's bundel *Twintig liefdesgedichten*:

Ik houd ervan als je zwijgt, dat is net of je afwezig bent
mij hoort uit de verte en mijn stem je niet treft.

In nachten als deze lag zij in mijn armen
heb ik haar onder het verre firmament gekust

Vannacht kan ik de treurigste verzen schrijven
Ik hield van haar en zij ook van mij soms

Nu is mijn liefde voorbij, maar wat hield ik veel van haar
Liefde is heel vluchtig maar vergetelheid duurt voor eeuwig

Mijn stem zocht naar de wind om naar haar oor te reiken
Het lijkt zo alsof mijn lippen ook die ander toebehoorden

Pablo en ik willen graag onze eigen keuze maken.
'Draag deze maar aan me op,' zeg ik vrolijk. '"Voor mijn hart is jouw borst al voldoende, voor jouw vrijheid reikt mijn vleugelslag." Met vierentwintig vleugels, van die elf vliegtuigen en nog twee van de jumbo!'
'Dus daar ben je op uit, hè? Aan mij ontsnappen? Nou, dat kun je wel vergeten! En wie zegt dat ik alleen naar je borsten verlang? Ik wil je van top tot teen. Deze is voor jou: "Volkomen de mijne ben je in mijn dromen."' Hij onderstreept het een paar keer. 'En deze ook: "In de diepte van jouw ogen slaat de nacht zijn vleugels uit. Twee koele bloemenarmen, rozenschoot." Aan jou draag ik ze op, gesigneerd en wel!'
Na het plaatsen van zijn handtekening wil hij nog een eigen gedicht aan me opdragen. Na even nadenken, schrijft hij:

Virginia,
Denk niet als ik niet bel,
Dat ik je niet mis.
Denk niet als ik je niet zie,
Dat ik je afwezigheid niet voel.
Pablo Escobar G.

Dat zo vaak 'niet' vind ik wel een beetje vreemd, maar ik onthoud me van commentaar. Ik ben blij dat hij zo'n snelle denker is en bedank hem met een stralende glimlach. Santofimio schrijft ook een opdracht in het boek: 'Virginia, voor jou, de ingetogen stem, de elegante verschijning, de [twee onleesbare woorden] van onze Pablo. AS'.
Tegen een uur of acht 's avonds nemen de Capi di tutti capi afscheid.

Ze hebben een 'dringende' afspraak. Clara is blij dat ze het Christusbeeld aan Pablo heeft kunnen verkopen voor tienduizend dollar. Ze heeft in mijn gedichtenbundel geschreven dat ze niet kan wachten totdat hij president van de republiek is. Als zij naar haar slaapkamer is gegaan en Pablo's partners al beneden staan te wachten, verklapt hij me dat de hele groep op bezoek gaat bij voormalig president Alfonso López Michelsen en zijn vrouw Cecilia Caballero de López, maar hij wil wel dat ik deze informatie voor me houd.

'Oké, dáár moet je dus zijn! Waarom maak je je zo druk over die galanisten, als je terechtkunt bij de machtigste, invloedrijkste, intelligentste, rijkste en vooral meest praktische man van het land? Zet die Galán of Lara maar gewoon uit je hoofd! Je hoeft alleen maar door te gaan met Civismo en Marcha en Medellín sin Tugurios, want, zoals in de bijbel staat: "Aan hun werken zult gij hen kennen".'

Hij vraagt of ik hem wil vergezellen op zijn politieke campagnes, en begeleid door een kus zeg ik dat hij zeker op me kan rekenen. Altijd.

'Komende week beginnen we al. Je moet wel weten dat ik je niet dagelijks kan bellen om je te vermoeien met alle onzin die bij me opkomt. Mijn telefoon wordt namelijk afgetapt. Maar ik zal wel steeds aan je denken. Virginia, "je bent uniek sinds ik van je hou", vergeet dat nooit.'

DE MINNARES VAN DE BEVRIJDER

28 april 1983. Ik ben bezig op kantoor als Pablo belt. Hij kondigt aan dat hij een boodschap van historisch belang heeft. Ik mag er met niemand over praten en het evenmin met de media delen, hoogstens met Margot. Met een voor hem ongebruikelijke opwinding licht Escobar me in dat het vliegtuig van Jaime Bateman Cayón, leider van de guerrillabeweging M-19, is neergestort bij El Tapón del Darién onderweg van Medellín naar Panama City. Hoe hij aan die informatie komt, vraag ik hem, en hij zegt dat zijn contacten op het vliegveld van Medellín hem van alles op de hoogte houden. Maar Batemans dood is slechts een deel van de primeur die over enkele uren het internationale nieuws zal bepalen. Het andere is dat de subversieve leider een koffer met zeshonderdduizend dollar in contanten bij zich had en dat die zoek is. Ik spreek mijn verwarring uit over dit nieuws, want hoe kan iemand nou weten, zo kort na een vliegramp boven een van de dichtst begroeide oerwouden ter wereld, of er ja dan nee een koffer is opgedoken tussen de vliegtuigresten en de verkoolde lijken? Escobar lacht spottend aan de andere kant van de lijn en merkt op dat hij echt wel weet waar hij het over heeft, om de simpele reden dat met een van zijn vliegtuigen de resten van Bateman al zijn opgespoord!

'Pablo, een verongelukt vliegtuig midden in een oerwoud terugvinden kost weken, zo niet maanden. Dan moeten die piloten van jou over wonderbaarlijke gaven beschikken.'

'Zo is het. En omdat jij die gaven ook hebt, geef ik je de details zodat je zelf de losse eindjes aan elkaar kunt knopen! Groeten aan Margot en Martita en tot zaterdag.'

De Colombiaanse overheid had uiteindelijk negen maanden nodig om de lichamen terug te vinden. Bij de dood van Bateman kwam aan het licht dat de M-19 een rekening had bij een Panamese bank. Die stond op naam van de moeder van de oprichter, Ernestina Cayón de Bateman, een belangrijke voorvechtster van mensenrechten. Zij en de leiders van de groep kregen het daarna met elkaar aan de stok over een miljoen dollar die haar zoon naar Panama had doorgesluisd. Jaren later zou een Ecuadoriaanse bankier die als intermediair was aangesteld, zowat al dit geld ook nog eens in eigen zak steken.

Pablo en ik zouden niet meer terugkomen op die mysterieuze koffer. Maar een van de meest waardevolle lessen die mij zijn bijgebracht door de enige grafschender c.q. automonteur c.q. luchtvlooteigenaar die ik ooit heb gekend, is dat kleine vliegtuigen en helikopters van omstreden mensen met veel vijanden zeer zelden neerstorten door onverklaarbare technische mankementen, maar bijna altijd door technische mankementen van menselijke aard. Dus het is van het grootste belang om altijd alert te blijven. En over Bateman met een koffer vol geld op weg naar Panama kan ik vandaag de dag alleen maar de woorden van de 'eendentest' citeren: 'Als iets eruitziet als een eend, zwemt als een eend en kwaakt als een eend, dan is het waarschijnlijk een eend'.

Talloze senatoren en vertegenwoordigers hebben zich gaandeweg aangesloten bij de beweging van Santofimio, waaronder veel kennissen van mij uit Bogota, zoals María Elena de Crovo, een van de beste vriendinnen van voormalig president López, Ernesto Lucena Quevedo, Consuelo Salgar de Montejo, volle nicht van mijn vader en Jorge Durán Silva, 'de Ombudsman' en tevens mijn buurman van de vijfde etage. We zijn in weekenden vaak op pad en bij ieder bezoek sluiten leiders, liberale grootgrondbezitters en plaatselijke fans van López zich aan bij onze groep 'aanhangers van Santofimio'.

Op een dag hoor ik ineens opvallend gelach achter mijn rug. Ik vraag aan Lucena wat er zo grappig is. Met duidelijke tegenzin biecht hij me op dat Durán me in het openbaar voor schut heeft gezet. Hij heeft rondgebazuind dat Escobar me een vliegtuig stuurt iedere keer als hij met me naar bed wil. Zonder blikken of blozen en zonder me zelfs maar om te draaien verkondig ik luidkeels voor eenieder die het maar horen wil: 'Tja, die kerels vandaag de dag snappen echt niets van vrouwen! Dacht je nou heus dat Escobar me een vliegtuig stuurt? Ik bestel zelf het grootste vliegtuig van zijn hele vloot als ik zin heb om met hem naar bed te gaan!'

Doodse stilte. Na een korte pauze, sluit ik af met: 'Wat een naïeve sukkels!' en ik loop weg.

Wat mijn buurman Durán blijkbaar nog niet weet, is dat een verliefde man altijd zo mak als een lammetje is. Een vrouw krijgt dan alles van hem gedaan. En Escobar is daarop geen uitzondering. Pablo en ik zijn er goed van doordrongen dat we blootstaan aan allerlei grappenmakerij en kritiek. Dat is ook wel begrijpelijk, gezien de geldbron voor de campagne voor Santofimio en mijn nationale bekendheid. Daarom is het van belang dat we niet over ons heen laten lopen. Omdat hij nu eenmaal een heel imperium moet managen en niet bij alle politieke tours en meetings aanwezig kan zijn, treffen we elkaar zowat altijd 's avonds of de dag erna. Dan breng ik hem gedetailleerd verslag uit van alle gebeurtenissen van de afgelopen dag. Als ik hem vertel over het voorval met de Ombudsman, reageert hij woedend: 'Zo, en waarom zou ik anders een jet sturen die duizenden dollars aan benzine verbruikt? De vrouw die ik aanbid, woont nou eenmaal in een andere stad! Denken ze soms dat ik godsdienstonderwijs van zo'n schoonheid als jij krijg? Heet je soms Santa María Goretti? Die loser zeurt al weken om geld... maar nu kan hij het echt wel op zijn buik schrijven! En als hij de gore moed heeft dichterbij te komen dan vijfhonderd meter, stuur ik zo tien man op hem af om zijn ballen af te hakken! Die vuile nicht! Die smeerlap!'

Zo halverwege de campagne begint het tot me door te dringen hoe groot Santofimio's invloed op Pablo is. Al op de avond van de *Twintig liefdesgedichten* had ik ze over Luis Carlos Galán horen praten. Dat hij een struikelblok was. Toen besefte ik niet alleen dat Santofimio vastbesloten was om de volgende president van de republiek te worden, maar ook dat Pablo zichzelf al als zijn opvolger beschouwde. Geen van beiden doet ook maar enige moeite te verbergen dat ze koste wat het kost willen afrekenen met Galán.

Naast het noemen van de inhoud van het partijprogramma, wordt in hun vurige betogen altijd de aanval geopend op Galán: 'Hij zorgt voor tweedeling binnen de liberale partij, een partij die altijd in gesloten gelederen aan de verkiezingen meedeed! Hij is degene die de uitmuntende heer Alfonso López Michelsen het presidentschap ontnomen heeft! De man die het meest voor dit ambt geschikt was!' Galán wordt neergezet als 'verrader van het vaderland, want hij verdedigt het uitleveringsverdrag! Hierdoor worden de zonen van Colombiaanse moeders aan een imperialistische mogendheid overgedragen. Aan diezelfde gringo's die ons Panama hebben afgepikt omdat de eerste de beste landverrader het voor een paar grijpstuivers aan Teddy Roosevelt heeft verkocht!'

En de menigte schreeuwt: 'Weg met het gringo-imperialisme! Leve de liberale partij! Santofimio president in '86 en Escobar in '90! Pablito, de ware patriot die zich niets aantrekt van de gringo's of van de oligarchen! Hij heeft meer geld dan al die uitbuiters bij elkaar! Luister naar onze klacht, Pablo Escobar Gaviria. Jij stamt wel af van ons volk, dat al zo veel te verduren heeft gehad! Dat de Heer en de heilige Maagd je mogen beschermen! En jou ook, Virginia! Breng volgende keer wat collega's van je mee, die horen er ook bij! Leve Colombia, verdomme nog aan toe!'

Ook ik houd weleens toespraken. Meestal neem ik het woord vóórdat de kandidaat aan de beurt is. Ik ga vol in de aanval op de oligarchie: 'Ja, ik ken ze maar al te goed! Vier families persen dit land volledig uit! Ze hebben alleen belang bij ambassadebaantjes en de reclamecampagnes van de staat! Vind je het gek dat er zo veel guerrillastrijders zijn? Maar Santofimio en Pablito zijn godzijdank wél democraten die via eerlijke stemmen de macht gaan pakken! Ze zullen de troon van Bolívar de bevrijder bezetten en hun droom van een verenigd, sterk en waardig Latijns-Amerika waarmaken! Leve de moeders van Colombia! Leve het moederland! Het zal bloederige tranen huilen op de dag dat de eerste van haar zonen wordt uitgeleverd!'

'Je lijkt Evita Perón wel!' zegt Lucena. 'Goed hoor!' De anderen bedanken me ook. Ik geloof in de kracht en waarheid van mijn woorden. Op een avond, zittend naast de haard in mijn appartement, praten we hierover. Trots kijkt Pablo me aan en vraagt welk Latijns-Amerikaans personage ik het meest bewonder. Zonder enige aarzeling noem ik Bolívar de bevrijder. Heel ernstig zegt hij dan: 'Ja, klopt, leve de bevrijder! Want Evita Perón is jouw noch mijn favoriet, toch? En bovendien ben ik getrouwd... Maar omdat je zo flink bent, krijg jij een speciale rol in mijn leven: jij wordt mijn eigen Manuelita. Ik zal het een paar keer in je oor herhalen, zodat je het nooit meer vergeet: Jij... Virginia... wordt... mijn... Manuelita.'

Vervolgens begint deze zoon van een schooljuffrouw tot in het kleinste detail het verhaal van de septembersamenzwering uit de doeken te doen, waarbij Manuela Sáenz, de Ecuadoraanse minnares van Simón Bolívar, het leven van deze bevrijder had gered. Eerlijk gezegd heb ik sinds mijn schooltijd niet meer aan deze moedige, mooie vrouw gedacht. Natuurlijk ben ik me ervan bewust dat Pablo absoluut geen bevrijder is en dat ieder zinnig mens alleen maar hartelijk kan lachen om het beeld dat hij van zichzelf koestert en om zijn disproportionele dromen en ambities. Maar, hoe absurd ook als je achteraf naar de wrede levensgeschiedenis van Pablo kijkt, ik ben hem altijd dankbaar gebleven voor deze liefdevolle vergelijking. Deze vijf woorden zal ik altijd blijven koesteren.

❧

Ook iedereen die iets voorstelt is in Colombia een volle neef, achterneef of achterachterneef van de rest van de bevolking. Daarom verbaast het me totaal niet als Pablo me op een avond, na weer eens een inhuldiging van een sportveld, voorstelt aan de voormalige burgemeester van Medellín, wiens moeder de nicht is van de vader van de Ochoa's. Pablo noemt hem 'El Doptor Varito', en ik mag hem meteen, want met zijn beschaafde en intellectuele uiterlijk is hij een positieve uitzondering in dat wereldje van Pablo. Van 1980 tot 1982 was hij directeur van de Burgerluchtvaart en nu, op zijn eenendertigste, voorspelt iedereen hem een schitterende politieke carrière. Hij zou het zelfs tot in de Senaat kunnen schoppen. Hij heet Álvaro Uribe Vélez, en Pablo heeft hem heel hoog zitten.

'Mijn partners en ik zitten in het transport, met een verzekerd bedrag van vijfduizend dollar per kilo,' vertelt hij me op een later tijdstip. 'Dat is slechts op één pijler gebaseerd, namelijk die van landingsbanen, vliegtuigen en helikopters. Deze fortuinlijke jongeman heeft ons, met hulp van onderdirecteur César Villegas, aan de honderden benodigde vergunningen geholpen. Zonder landingsbanen en vliegtuigen zouden we de pasta nog steeds in binnenbanden uit Bolivia moeten aanvoeren en zouden we de handel voor de gringo's met bootjes naar Miami moeten brengen. Ik heb het aan hem te danken dat ik nu precies weet hoe het eraan toegaat bij de burgerluchtvaart in Bogota en op het vliegveld van Medellín. Zijn opvolger heeft namelijk instructies gekregen ons geen strobreed in de weg te leggen. Daarom hebben wij en El Santo tijdens de afgelopen verkiezingen bij beide kandidaten de eis neergelegd dat wij zeggenschap blijven houden over het bestuur van de burgerluchtvaart. Álvaro's vader Arturo staat aan onze kant, en mochten Santofimio en ik op weg naar het presidentschap tegen een obstakel aanlopen, dan is deze jongeman mijn mannetje. Dus verkijk je vooral niet op dat heilige snuitje van hem, want hij is echt een pitbull.'

In juni van dit jaar vindt de vader van Alvarito de dood bij een poging tot ontvoering door de FARC en zijn broer Santiago raakt hierbij gewond. Aangezien de helikopter van de familie Uribe schade heeft opgelopen, leent Pablo Álvaro een van de zijne om het lichaam van zijn vader naar Medellín over te brengen. Pablo is een aantal dagen diepbedroefd. Op een avond dat hij erg in de put zit, biecht hij me op: 'De drugshandel is absoluut een goudmijn, daarom zeggen ze ook: ex-homo's en ex drugssmokkelaars bestaan niet. Maar het is wel een handel voor taaie kerels, want het is een processie van doden, doden en nog eens doden. Wie de opbrengst van de coke "makkelijk verdiend geld" noemt, heeft geen flauw benul van ons wereldje, weet niet wat er speelt, zoals jij dat inmiddels wel weet. Mocht mij onverhoopt ooit iets overkomen, dan wil ik dat jij mijn verhaal vertelt. Maar dan moet ik er wel zeker van zijn dat je alles wat ik denk en voel op de juiste wijze kunt overbrengen.'

Pablo had een merkwaardige eigenschap: hij wist precies wie zijn vijanden zouden worden nog vóórdat ze de eerste klap hadden uitgedeeld; hij wist alles wat er de komende twee jaar in zijn omgeving zou gebeuren en ook wat eenieder die zijn pad kruiste precies waard was. Vanaf die avond werden onze hartstochtelijke ontmoetingen in het hotel altijd gevolgd door vergaderingen over het werk. 'Voor komende week wil ik dat je precies beschrijft wat je op de vuilnisbelt hebt gezien en gevoeld.'

De zaterdag daarop overhandig ik hem zes handgeschreven pagina's. Hij leest ze zorgvuldig en reageert verrast: 'Maar... als je dit leest, krijg je meteen braakneigingen! Jij schrijft echt vanuit je gevoel, hè?'

'Dat is ook de bedoeling, Pablo... ik schrijf vanuit mijn hart.'

Een week later geeft hij me opdracht te beschrijven wat ik voel als hij de liefde met me bedrijft. Bij onze volgende ontmoeting overhandig ik hem vijf pagina's. Terwijl hij aandachtig leest, kijk ik hem strak aan zonder mijn ogen ook maar één keer neer te slaan.

'Maar... dit is het meest schaamteloze dat ik ooit gelezen heb! Als ik niet zo'n afkeer van homo's had, zou ik bijna zeggen dat je er zin van zou krijgen een vrouw te zijn... Hiermee kom je zeker op de Index van het Vaticaan. Hier krijgt zelfs een lijk een stijve van!'

'Dat is ook de bedoeling, Pablo...'

De derde keer krijg ik opdracht te beschrijven wat ik zou voelen als ik te horen kreeg dat hij was overleden. Een week later overhandig ik hem zeven handgeschreven pagina's. Terwijl hij ze leest, kijk ik deze keer zwijgend uit het raam naar de heuvels in de verte.

'Maar... dit is afschuwelijk! Dit is hartverscheurend! Hou je echt zo veel van me, Virginia? Als mijn moeder dit zou lezen zou ze nooit meer stoppen met huilen...'

'Dat is ook de bedoeling, Pablo...'

Of ik ook echt werkelijk voel wat ik opschrijf, vraagt hij me en ik antwoord dat het nauwelijks een fractie is van wat er in mijn hart leeft sinds ik hem ken.

'Nou, we hebben samen nog heel wat te bespreken, dus luister goed naar wat ik je te vertellen heb vóórdat je eventueel kritiek op me uit! Ik ben tenslotte geen heilige. Dat weet je toch, hè?'

Ik stel hem bijna geen vragen meer. Meestal laat ik het onderwerp van gesprek aan hem over. Om het gewonnen vertrouwen niet te schaden, heb ik zo langzamerhand wel moeten inzien waar zijn grenzen liggen, tot waar ik kan vragen en niet verder, want anders loop ik toch tegen een antwoord aan als 'dat vertel ik je ooit nog weleens'. En ik confronteer hem niet met waardeoordelen. Ik ontdek dat Pablo, net als veel ter dood veroordeelden in de *death row* in Amerikaanse gevangenissen, zijn dubieuze praktijken zowel rationeel als moreel probeert te rechtvaardigen. Volgens hem hebben beschaafde mensen met smaak en stijl behoefte aan ontspanning en is hij simpelweg degene die dat mogelijk maakt. Zijn verhaal komt erop neer dat als de mensen niet zo waren gehersenspoeld door religie en moraal, zoals tijdens de mislukte drooglegging in de Verenigde Staten, zijn handel gewoon legaal zou zijn, de belastingdienst er garen bij zou spinnen, en gringo's en Colombianen goede vrienden zouden zijn.

'Een bon vivant en vrijdenkster zoals jij begrijpt toch wel dat ook de overheden zouden moeten "leven en laten leven", toch? Want als ze dat zouden doen, zou er veel minder corruptie zijn, er zouden minder weduwen en wezen zijn en niet zo veel mensen achter de tralies. Al die verloren mensen zijn een leegloop voor de maatschappij en kosten de staat een godsvermogen. Op een dag zullen drugs gewoon legaal zijn... dat zal je zien! Maar ja... tot het zover is, wil ik je laten zien dat iedereen een prijs heeft.'

Waarop hij uit zijn aktetas twee cheques tevoorschijn haalt op naam van Ernesto Samper Pizano, de campagneleider van Alfonso López Michelsen. 'Hij is de campagneleider van de machtigste, intelligentste en geschiktste presidentskandidaat van het land. En de meest onafhankelijke, want López laat zich niet door de gringo's ringeloren!'

'Dit is zo'n zeshonderdduizend dollar. Is dat alles? Is een president niet meer waard? Nou, ik had het wel geweten, ik zou op zijn minst zo'n drie miljoen hebben gevraagd, Pablo!'

'Goed, goed, laten we zeggen... dit is om mee te beginnen. Het duurt nog wel even vóór het uitleveringsverdrag is afgewezen. Wil jij hier kopieën van?'

'O nee, ik moet er niet aan denken, dat is mij te link! Daar kan ik echt nergens mee aankomen, want iedereen die aan jouw kant staat, staat aan mijn kant. En iedereen die een klein beetje op de hoogte is, weet ook dat Alfonso López, in ruil voor steun om president van Colombia te worden, Ernesto Samper smeergeld heeft aangeboden... want hij is jong en heeft nog een hele toekomst voor zich.'

Ik raad hem aan de betogen van Eliécer Gaitán eens goed te beluisteren, niet alleen vanwege zijn retoriek, maar ook vanwege de inhoud van zijn programma. De meest charismatische volksleider die Colombia ooit heeft voortgebracht werd op 9 april 1948 in Bogota vermoord door Juan Roa Sierra. Gaitán stond toen op het punt het presidentschap te aanvaarden. Sierra, een man met duistere motieven, werd na zijn daad door een woedende menigte genadeloos gelyncht. Dagenlang werd zijn verminkte lichaam door de straten gesleept en de meute stak het halve centrum van de stad in brand, evenals de huizen van politici, zonder onderscheid van politieke voorkeur. Mijn oudoom Alejandro Vallejo Varela, schrijver en goede vriend van Gaitán, stond naast hem toen Roa op hem vuurde en bleef bij hem tot in de kliniek waar hij kort erna overleed. In de weken daarop, die de geschiedenis in zouden gaan als de Bogotazo, zou Bogota veranderen in een bloedbad, een vlammende hel, met overal dronken sluipschutters, plunderingen, willekeurige moorden en duizenden opgestapelde lijken op het kerkhof, want niemand durfde ze te begraven. Tijdens die gruwelijke dagen vluchtte de uitzonderlijke Colombiaanse staatsman, Alberto Lleras Camargo, naar het huis van zijn beste vrienden, Eduardo Jaramillo Vallejo en Amparo Vallejo de Jaramillo, de elegante zuster van mijn vader. De dood van Gaitán was de opmaat tot het tijdperk van ongebreideld geweld dat bekendstaat als de Violencia van de jaren vijftig. Toen ik in mijn tienerjaren de foto's zag van de gruwelen waar mensen in tijden van oorlog toe in staat zijn, de verminkte lichamen van vrouwen en hun ongeboren kinderen, moest ik dagenlang overgeven en besloot ik geen kinderen op deze wereld te zetten in dit land van bruten, monsters en waanzinnigen.

Over dit soort zaken zit ik op een avond te praten met Gloria Gaitán Jaramillo, de dochter van deze vooraanstaande man. We dineren in gezelschap van haar dochters María en Catalina, twee beeldige, naar de laatste Parijse mode geklede meisjes, met dezelfde onderzoekende geest als hun briljante moeder, nazaten van een legendarische grootvader en een aristocratische grootmoeder, die weer verwant is aan die van mij. Gloria had een paar dagen daarvoor gehoord dat ik op zoek was naar opnames met de toespraken van haar vader. Ze was toen vanuit haar kantoor in het Centrum Jorge Eliécer Gaitán naar me toegekomen om, met haar charmante glimlach, te vragen waar mijn plotselinge interesse vandaan kwam. Mijn voormalige echtgenoot, socialistische peronist en goed bevriend met de joodse miljoenenbankier van de Argentijnse Monteneros-beweging, had me erop gewezen dat alle revolutionaire harten harder gaan kloppen wanneer een machthebber openlijk sympathie toont voor hun idealen. Ik had Gloria verteld dat de paisa Robin Hood – net als Gaitán zoon van een schooljuffrouw – me had opgedragen op zoek te gaan naar de toespraken van haar vader. Hij wilde ze grondig bestuderen en met mijn hulp zou hij zich deze retoriek dan eigen kunnen maken om het volk te inspireren. Na een enthousiast gesprek van een uur over de participerende democratie en een rondleiding door de faciliteiten van het centrum en het onderzoekscentrum in aanbouw, had Gloria me voor de vrijdag daarop uitgenodigd voor een diner met haar dochters.

Gaitáns dochter is niet alleen een gedistingeerde dame maar ook een geweldige kokkin en terwijl we genieten van de heerlijke maaltijd, vertel ik haar dat Pablo Escobar een deel van de presidentiële campagne van Alfonso López heeft gefinancierd en dat zijn conservatieve partners, Gustavo Gaviria en Gonzalo Rodríguez, iets dergelijks hebben gedaan met de campagne van president Betancur. Gloria kent zowat alle socialistische leiders ter wereld en ook verzetsleiders in vele landen. Ze vertelt me onder meer dat ze de minnares van Salvador Allende is geweest, de vermoorde Chileense president, alsook ambassadrice van López Michelsen bij de Roemeense dictator Nicolae Ceauçescu en ook is ze goed bevriend met Fidel Castro. Ik weet niet of het komt omdat ze in reïncarnatie gelooft en in het concept van cyclische tijd, maar Gloria toont bijzonder veel interesse voor mensen die in 1949 zijn geboren, het jaar na de moord op haar vader. Pablo en ik nodigen haar uit in Medellín en verheugd accepteert ze onze uitnodiging. We luisteren uren geboeid naar haar analyse van de Colombiaanse geschiedenis. De alomtegenwoordige afwezigheid van haar vader klinkt nadrukkelijk in haar uiteenzetting door. Ze vertelt over haar onherstelbare verlies, en over de leegte die geen enkele andere Colombiaanse leider heeft weten op te vullen, omdat allen die na hem aan de macht kwamen niet beschikken over zijn integriteit, zijn waarde en zijn grandeur. Bovendien ontbreekt het hun aan zijn magnetische aantrekkingskracht; aan dat talent om zijn geloof in het volk over te brengen op het ontroerde publiek, zonder enig onderscheid in klasse, geslacht of leeftijd; aan zijn meeslepende stem die zijn idealisme met exact de juiste dosis redelijkheid en hartstocht aan de man wist te brengen; aan zijn altijd zo intens krachtige blik; en aan de macht die deze mannelijke, indrukwekkende en charismatische man uitstraalde.

Terwijl we in Pablo's jet terug naar Bogota vliegen, vraag ik Gloria's mening over hem. Na het debiteren van wat beleefde oneliners over zijn ambities en zijn honger naar kennis, zijn sociale betrokkenheid en zijn nobele intenties, zijn hartstocht en vrijgevigheid jegens mij, zegt ze liefdevol en zonder blikken of blozen: 'Kijk Virgie, Pablo heeft een heel slechte eigenschap. Hij kijkt je niet recht aan. En als iemand die met je in gesprek is naar de grond kijkt, dan komt dat onbetrouwbaar over. Maar ik moet zeggen dat jullie wel een mooi stel vormen! Net Bonnie en Clyde!'

Van alle vrouwen die ik ken, is Gloria zeker de intelligentste en scherpzinnigste. Zij is een van de drie enige personen, samen met Margot en Clara – ook zeer pientere dames – die ik aan Pablo voorstel. Tijdens de komende zes jaar blijven we zeer goed bevriend. Deze vrouw, geboren onder het teken maagd en in de Chinese astrologie een os – toevalligerwijs ook mijn tekens – leert mij door haar heldere inzichten dat ware intelligentie herkenbaar is aan een gestructureerd en analytisch denkvermogen. Bovendien is een snelle geest vereist, zoals je bij Pablo Escobar ziet, maar het is vooral herkenbaar aan de wijze waarop een strategie wordt uitgestippeld. En ook al hoort Gloria me vaak genoeg zeggen dat ik het betreur dat het verlies van mijn onschuld een hoge prijs was voor het verkrijgen van inzicht, ben ik hier gaandeweg toch van teruggekomen. Ik begrijp inmiddels dat het niet alleen de beste ruil was, maar ook de enige mogelijke.

Als Escobar me vraagt naar de ideeën van Gaitáns dochter, vertel ik hem eerst wat hij graag wil horen en daarna wat ik hem beslist moet overbrengen, namelijk het belang van de te volgen tactiek en de dwingende noodzaak de stemmers uit Antioquia gedetailleerd in kaart te brengen.

Ten slotte – voor het eerst en ik weet zelf niet precies waarom – praat ik met hem over het met kogels doorzeefde, naakte lichaam van Bonnie Parker dat naast dat van Clyde voor het oog van de verzamelde pers op de vloer van het mortuarium lag uitgestald.

Terwijl we naast de brandende open haard zitten, neemt Pablo me teder in zijn armen. Hij heeft een treurige blik in zijn ogen. Even daarna krijg ik een kus op mijn voorhoofd en een paar klopjes op mijn schouder, wat een troostende werking heeft. Dan, met een diepe zucht, blijft hij lange tijd zwijgend naar de vlammen kijken. Wat we beiden maar al te goed beseffen, maar nooit met zoveel woorden zullen uitspreken is dat ik in de ogen van de oude machthebbers niets meer ben dan een burgerlijk televisiesterretje en hij gewoon een vermogende bandiet.

Ik ben denk ik een van de weinigen die niet constant aan dat enorme kapitaal van Pablo denkt. Het zal echter niet lang op zich laten wachten voordat ik doordrongen raak van de ware omvang van het fortuin van de man van wie ik zielsveel hou en die ik denk te begrijpen zoals niemand anders daartoe in staat is.

AAN DE DUIVEL OVERGELEVERD

Pablo en ik zijn vroeg opgestaan – iets wat we zelden doen – want hij wil dat ik kennismaak met zijn zoontje Juan Pablo. Het kind zit met zijn lijfwachten in hotel Tequendama en inmiddels zou hij wel wakker moeten zijn.

Als we vanuit mijn slaapkamer naar de lift lopen, komen we langs mijn studeerkamer. Pablo stopt daar even om bij daglicht naar de tuinen van mijn buren te kijken. Mijn appartement beslaat de gehele zesde etage en biedt een mooi uitzicht. Hij vraagt me van wie het enorme huis in het appartementenblok aan de overkant is. Van Sonia Gutt en Carlos Haime, het hoofd van de Moris Gutt-groep, zeg ik, de rijkste joodse familie van Colombia.

'Weet je, binnen zes maanden zou ik ze kunnen ontvoeren. Dit raam is een perfecte uitkijkpost! Kwestie van observeren en nog eens observeren.'

'Dat wordt heel moeilijk, Pablo. Ze wonen afwisselend in Parijs en in het zuiden van Frankrijk, waar ze paarden fokken die bij de renstal van Agha Khan zitten. Ze zijn zelden in Colombia.'

Vervolgens vraagt hij van wie de goed verzorgde gazons zijn die verderop liggen. Die horen bij de residentie van de Amerikaanse ambassadeur, zeg ik.

'Nou, vanaf hier zou ik hem met een bazooka tot gruis kunnen schieten!'

Verbijsterd zeg ik hem dat van iedereen die weleens vanuit dit raam naar buiten heeft gekeken, hij de enige is die het tot uitkijkpost van een middeleeuws fort maakt.

'Ach lieveling, er is niets, maar dan ook niets ter wereld wat ik leuker vind dan de boel op stelten zetten! Als je je zaakjes zorgvuldig voorbereidt, dan lukt alles!'

Vol ongeloof trek ik hem aan zijn arm weg bij het raam. In de lift zeg ik dat hij me echt moet beloven te gaan denken als een toekomstige president van de republiek en niet meer als de baas van een misdadigerssyndicaat. Met een ondeugende glimlach belooft hij dat hij zijn best zal doen.

Juan Pablo Escobar is een lief jongetje met een brilletje. Op zijn leeftijd had ik ook moeite met zien en toen ik een bril kreeg aangemeten, werd ik het slimste meisje van de klas, vertel ik hem. Ik kijk Pablo aan, en voeg eraan toe dat mijn schoolprestaties in die tijd met sprongen omhooggingen. Ik zeg hem dat zijn vader de beste is in autoracen en speedbootracen en eigenlijk in alles, en dat hij een heel erg belangrijke man wordt. Dan vraag ik hem of hij een echte elektrische trein zou willen hebben, met een puffende locomotief en heel veel wagons. Hij antwoordt dat hij dat erg leuk zou vinden, en ik vertel dat ik er als kind van droomde om zo'n trein te hebben, maar dat meisjes nooit treinen krijgen, dus dat je beter een jongen kunt zijn. Bij het afscheid zie ik Pablo door de hotelgang lopen met dat kleine, blije jongetje aan zijn hand en ik moet denken aan Charlie Chaplin en The Kid in die scène die ik zo aangrijpend vind.

Een paar dagen later belt de directeur van Caracol Radio, Yamid Amat, om naar het telefoonnummer van paisa Robin Hood te vragen. Hij zou hem graag willen interviewen, dus ik breng de boodschap aan Pablo over.

'Vertel hem maar niet dat ik altijd pas om elf uur opsta! Zeg maar dat ik 's ochtends van zes tot negen, als de journaals op televisie zijn, Franse les heb. En dat ik van negen tot elf... aan het sporten ben!'

Ik raad hem aan om Amat een week of twee te laten wachten. En ook om eens na te denken over een origineel, maar niet al te expliciet antwoord voor als hem gevraagd wordt naar de aard van onze relatie. Pablo gaat akkoord met het interview en als de journalisten hem vragen met wie hij het liefst de liefde zou willen bedrijven, antwoordt hij 'met Margaret Thatcher!' Na afloop van het programma belt hij me om te vragen wat ik ervan vond dat hij en plein public een liefdesverklaring heeft afgelegd aan de machtigste vrouw ter wereld.

Ik ben vol lof. 'Je bent echt in je element voor de camera, prima gedaan! Natuurlijk heb je ook wel een goede leerschool gehad, en eerlijk gezegd moet ik zelfs mijn meerdere in je erkennen! Die zin over Thatcher is goud waard en zal zeker de geschiedenisboeken in gaan!'

Beiden weten we dat elke andere Colombiaanse multimiljonair en elke man met minder ballen dan Pablo, op zo'n vraag geschokt zou hebben gereageerd met: 'Dat vind ik een belediging!' of met een politiek correct antwoord als: 'Ik bedrijf alleen de liefde met mijn zeer gerespecteerde echtgenote, de moeder van mijn vijf kinderen!' Nadat hij er meerdere keren op heeft gehamerd dat ik echt de enige voor hem ben en 'Thatcher slechts voor het publiek' was, zegt Pablo dat we elkaar zaterdag weer zien en hij hangt op. Ik ben dolgelukkig: hij heeft niet Sophia Loren, Bo Derek, of Miss Universe genoemd, maar het allerbelangrijkste, hij heeft ook niet gezegd: 'met mijn aanbeden echtgenote'.

Escobar komt opnieuw in het nieuws als hij voor het eerst een zitting van het Congres bijwoont en de bewakers bij het Congresgebouw hem niet willen binnenlaten. Niet vanwege zijn criminele inslag of zijn beige linnen jasje, maar omdat hij geen stropdas draagt.

Iemand uit Escobars gevolg spreekt de betreffende agent erop aan: 'Kent u de beroemde paisa Robin Hood soms niet?'

'Robin Hood uit de binnenlanden of Robin Hood van de kust, allemaal prima, maar zonder stropdas kom je hier als man niet binnen!'

Overal vandaan schieten afgevaardigden te hulp en bieden Pablo hun das aan. Hij leent er een van een van zijn begeleiders. De volgende dag is het voorpaginanieuws. Alle media schrijven of spreken erover.

Mijn Pablito Superstar! denk ik.

Een paar weken later ben ik in New York. Eerst koop ik bij FAO Schwartz, de beste speelgoedwinkel ter wereld, een modeltrein van tweeduizend dollar voor Pablo's zoontje, zo eentje waar ik vroeger van droomde. Daarna loop ik over Fifth Avenue, dubbend over een nuttig cadeau voor zijn vader, die heus al iemand heeft gevonden die stropdassen voor hem koopt en verder eigenlijk alles al heeft, vliegtuigjes, bootjes, tractortjes, een James Bond-autootje en giraffen bij de vleet.

Als ik langs een etalage met vrij onalledaagse elektrische artikelen loop, blijf ik even stilstaan. Ik ga naar binnen, werp een blik op het productaanbod en richt me tot de Arabische medewerkers: ze zien eruit als het prototype van een handelaar. Aan een leidinggevende vraag ik of hij weet waar ik ergens afluisterapparatuur voor telefoons kan kopen. Voor in het buitenland, natuurlijk. *No, not in America*! Alsjeblieft, zeg! Hij vraagt hoeveel telefoonlijnen ik in gedachten heb. Ik neem hem even apart en zeg dat het om het hele gebouw van de Geheime Dienst in een tropisch land gaat, want ik ben verliefd op een verzetsman die president wil worden, veel vijanden heeft en zich tegen hen en tegen de oppositie moet beschermen. Hij zegt dat zo'n engeltje als ik nooit zou kunnen betalen wat hij in huis heeft, waarop ik antwoord dat ik zelf niet over zo veel financiële middelen beschik, maar onze beweging wel. Hij vraagt of we vijftigduizend dollar in kas hebben. Natuurlijk, zeg ik. Desnoods tweehonderdduizend dollar, of als het moet zeshonderdduizend. Maar voor zulke bedragen moeten we dan wel praten over high-techproducten. Hij roept er iemand bij die zijn vader en tevens eigenaar van de toko lijkt te zijn. Al nagelbijtend probeert hij hem in het Arabisch uit te leggen waar ik naar op zoek ben. Al zijn zinnen eindigen met een woord dat als 'Watergate' klinkt. Beiden kijken me aan met een stralende glimlach, die ik uit beleefdheid beantwoord. Ze kijken om zich heen en vragen me dan mee te lopen naar achteren. Ze beschikken over alle afgedankte modellen van de FBI en zelfs van het Pentagon. Aanvankelijk tasten ze heel voorzichtig af, maar gaandeweg worden ze steeds enthousiaster en dissen een hele lijst spullen op. Ze hebben diverse apparatuur in de aanbieding, zoals een koffer waarmee je in tientallen talen een miljoen codes kunt ontcijferen, nachtkijkers en wandmicrofoons om de gesprekken in de kamer ernaast op te vangen, bijvoorbeeld in een hotel.

Maar wat vooral interessant klinkt is een apparaat waarmee je minstens duizend telefoonlijnen tegelijk kunt onderscheppen. Richard Nixons campagneleiders zouden een moord hebben begaan voor zo'n apparaat van een miljoen dollar. Ze hebben daarnaast ook apparaten die er juist voor zorgen dat je niet afgetapt kunt worden. Maar eerst willen ze weten of de verzetsorganisatie wel echt in staat is contant te betalen. Omdat ik donders goed op de hoogte ben van het problematische teveel aan contanten van de Beweging op Noord-Amerikaans grondgebied, antwoord ik dat de secretaris van onze leider zich met dit soort zaken bezighoudt. Ik was eigenlijk alleen maar op zoek naar een zakspiegeltje met verlichting. Over een paar dagen zal er iemand contact me ze opnemen. Ik ren terug naar het hotel om Pablo te bellen.

'Onvoorstelbaar, wat een goed idee! Je bent een engel! Ik aanbid je!' roept hij opgewonden. 'Mijn boekhouder, meneer Molina, neemt de eerstvolgende vlucht naar New York!'

Zo langzamerhand weet ik het spel op zijn niveau mee te spelen. Maar verder dan dit ga ik niet, ik laat het scoren liever over aan de echte spelers.

Pablo's dankbaarheid is en blijft mijn mooiste beloning; zijn hartstocht komt op de tweede plaats. Ik word met loftuitingen en liefkozingen overladen als ik terug ben in Medellín. Hij zegt dat hij nu wel wil toegeven wat de echte reden is waarom hij de politiek in is gegaan. Het komt simpel gezegd neer op de parlementaire onschendbaarheid: een senator of afgevaardigde kan niet worden aangehouden, noch door de politie, noch door de belastingdienst, het leger of de inlichtingendiensten. Dit biecht hij me echter niet op omdat ik zijn engel, zijn spindoctor of zijn toekomstige biografe ben, maar omdat *El Espectador*, het dagblad dat aan Galáns kant staat, in zijn verleden is gaan graven. Onder al die gestolen grafstenen vonden ze twee doden die nog om rechtvaardigheid jammeren. Het bleek te gaan om de agenten van de veiligheidsdienst DAS die Escobar en zijn neef Gustavo in 1976 op de grens van Colombia en Ecuador hadden opgepakt met een van hun eerste ladingen pure cocaïne, waarna ze linea recta de gevangenis in draaiden.

Pablo weet als geen ander hoe snel ik geneigd ben medelijden met anderen te hebben. Ik ben me er dus heel goed van bewust dat hij mijn reactie onder een vergrootglas legt tijdens zijn relaas over deze traumatische ervaring, die zijn leven heeft getekend.

'Met handboeien om werd ik in Medellín het vliegtuig ingeduwd. Er was een plekje voor me vrijgemaakt in de gevangenis van Pasto. Boven aan de vliegtuigtrap draaide ik me om zodat ik nog even kon zwaaien naar mijn moeder en mijn vijftienjarige zwangere echtgenote, die hun tranen de vrije loop lieten. Toen heb ik gezworen dat zoiets me nooit meer zou gebeuren. En al helemaal niet in een vliegtuig van de DEA! Daarom ben ik de politiek in gegaan. Want om een afgevaardigde een gevangenisstraf op te leggen, moet eerst de parlementaire onschendbaarheid worden opgeheven. Dat duurt in dit land minstens zes tot twaalf maanden.'

Hij vertelt me ook nog dat Gustavo en hij drie maanden later alweer op vrije voeten waren, dankzij hier wat dreigementen en daar weer wat smeergeld. Maar in 1977 werden ze opnieuw opgepakt door dezelfde agenten. Op hun knieën en met de handen op het hoofd moesten ze voor hun leven smeken. Hij en zijn partner konden toen nog maar één uitweg bedenken om in leven te blijven, namelijk het betalen van een enorme som smeergeld. Nadat ze het geld hadden overhandigd, had Pablo, ondanks Gustavo's tegenwerpingen, eigenhandig de twee DAS-agenten om zeep geholpen. 'Ik heb ze helemaal lekgeschoten. Anders was ik nooit meer van ze afgekomen. Bovendien heb ik ooit in de rechtbank verklaard dat wie met mij wil dollen, zelf voor de gevolgen opdraait. Je vijanden moet je nooit onderschatten, het beste is om ze op tijd uit de weg te ruimen.'

'En heb je de ontvoerders van je vader ook lekgeschoten? En die van Martha Nieves Ochoa?' Zonder zijn antwoord af te wachten, en zonder mijn spot te verhullen, ga ik door: 'Dus, om het plaatje compleet te krijgen, heb je er nu eigenlijk twee, twintig of tweehonderd vermoord?'

Hij verstrakt onmiddellijk en de blik in zijn ogen is angstaanjagend. Hij neemt mijn hoofd tussen zijn handen, en trekt aan mijn haar als om zijn onmacht en zijn pijn duidelijk te maken, een pijn die je als man niet aan een vrouw kunt opbiechten, zeker niet aan mij, en al helemaal niet als je Pablo Escobar heet. Doodsbenauwd kijkt hij me aan, alsof hij dwars door me heen kan kijken. Dan ontsnapt er uit zijn keel een diep geluid, als van een gewonde leeuw, en roept hij: 'Ze weten allang dat ik er heel wat om zeep heb geholpen! En ze zullen me echt niet met rust laten! En ik zal nooit president worden! Dus vóórdat we verdergaan,

Virginia, wil ik eerst van je weten of je wel bij me blijft als ze straks keiharde bewijzen tegen me hebben.'

Ik moet toegeven dat een nietsvermoedende engel, met plots de met bloed besmeurde handen van een moordenaar om haar keel of de broeierige lippen van een duivel op haar mond, dit als uitgesproken angstaanjagend kan ervaren. Maar de dans van leven en dood is de meest wellustige en erotische van alle. In de reddende armen van de duivel, die haar uit de tentakels van de dood heeft gesleurd, wordt de arme engel ineens overvallen door een verrukkelijke tweespalt aan perverse en wondermooie gevoelens, waar ze niet tegen is opgewassen. In extase belandt ze in de hemel om, terechtgewezen, weer terug te vallen op aarde. De engel, reeds veroordeeld een zondige menselijke gedaante aan te nemen, zal uiteindelijk in het oor van de vergeven duivel fluisteren dat ze hem nooit zal verlaten en hij voor altijd deel van haar zal zijn, in haar hart, in haar geest en in haar hele wezen, tot aan haar laatste ademtocht. En de moordenaar, gerustgesteld en met zijn gezicht in de tranen die langs mijn hals lopen, geeft zich ook volledig over om ten slotte op te biechten: 'Ik aanbid je, daar kun je je geen voorstelling van maken... Ja, die ontvoerders van mijn vader heb ik ook vermoord. En dat deed me dubbel goed! En iedereen weet inmiddels dat ik me door niemand, maar dan ook niemand ooit nog zal laten afpersen en geen mens die ooit nog een vinger zal uitsteken naar mijn familie. Iedereen die een bedreiging voor me vormt, kan kiezen: of een pak geld aannemen of een stuk lood tussen zijn ogen krijgen. Wat zouden al die rijken in dit land er niet voor over hebben om eigenhandig de ontvoerder van een familielid af te kunnen maken? Toch...?'

'Ja, ja, zeg dat wel. Die zouden er heel wat voor overhebben! En hoeveel ontvoerders van Martha Nieves heb je om zeep geholpen?' vraag ik zo kalm mogelijk.

'Dat van die M-19 ligt veel ingewikkelder. Daar hebben we het nog weleens over. Genoeg voor vandaag, schat.'

Lange tijd liggen we zwijgend in elkaars armen. Beiden denken we te weten wat er in de ander omgaat. Ineens schiet me nog iets te binnen: 'Waarom loop je eigenlijk altijd op gympen, Pablo?'

Hij kijkt op, denkt even na, springt overeind en roept: 'Denk je soms dat ik alleen maar jouw Pablo Neruda ben? ... Nee, nee, Virginia, ik ben ook... jouw Pablo Navaja!'[20]

Nu straalt hij ineens weer van blijdschap; mijn tranen verdwijnen als sneeuw voor de zon en een lach komt ervoor in de plaats als hij met een van zijn gympen in de hand begint te dansen en te zingen:

> Usa un sombrero de ala ancha de medio la'o
> y zapatillas por si hay problema salir vola'o!
> Un carro pasa muy despacito por la avenida
> no tiene marcas pero to's saben que es policia
>
> Een hoed met een brede rand schuin op het hoofd
> En gympen voor het geval je moet gaan rennen
> Langzaam rijdt een auto door de straat
> Zonder markering, maar iedereen weet dat het politie is

De zanger Rúben Blades wendt zich zo tot ons ter ere van de onschendbaarheid, en op het ritme van de salsa zingt hij dat 'het leven je verrassingen brengt en verrassingen je het leven brengen'.

Ons leven verandert in een ware achtbaan als in juni 1983 een opperrechter uit Medellín het verzoek bij de Kamer van Afgevaardigden neerlegt om de parlementaire onschendbaarheid van congreslid Pablo Emilio Escobar Gaviria op te heffen, voor zijn mogelijke betrokkenheid bij de dood van de agenten Vasco Urquijo en Hernández Patiño van de DAS, de Colombiaanse Geheime Dienst.

---

20 Persoon die voorkomt in een liedje over een messentrekker

EEN LORD EN EEN DRUG LORD

Mijn eerste versie van 'de rijkste man van Colombia' heb ik in 1972 leren kennen in het presidentiële paleis. Ik was tweeëntwintig en hij achtenveertig en gescheiden. Een tijdje daarvoor had mijn eerste minnaar me bekend dat hij de tweede rijkste man van Colombia was. Maar een paar weken later stond ik oog in oog met die glimlachende reïncarnatie van Tyrone Power, die aan mij werd voorgesteld als Julio Mario Santo Domingo. Hij was erg onder de indruk van mijn hotpants onder een openvallende jas tot op mijn enkels en de vonk sprong over. De rest is geschiedenis. Gedurende de volgende twaalf jaar van mijn leven, zou ik bijna altijd een verloofde of geheime minnaar hebben die de troon van 'rijkste man van Colombia' bezette.

Als puntje bij paaltje komt zijn extreem rijke en machtige mannen net zo eenzaam als beroemde vrouwen met hun glamour en sexappeal. Die vrouwen hopen in de armen van een groot en machtig man bescherming en zekerheid te vinden. De mannen mogen al blij zijn als ze wat gelukkige momenten met zo'n schoonheid beleven, voordat ze weer een nieuwe liefde nodig heeft en met de noorderzon vertrekt. De rijkste man van het land – wat in Colombia gelijkstaat aan de gierigste – heeft als verloofde of minnaar twee voordelen te bieden en die hebben niets met geld te maken. Het eerste voordeel is dat een groot en machtig man als de dood is voor zijn vrouw en voor de pers. Dat is de reden dat hij zijn sexy vriendin niet als een jachttrofee behandelt en ook niet tactloos over haar praat in bijzijn van zijn vrienden. Het tweede voordeel is dat zo'n man zijn manipulatietalent zal delen met de vrouw die hij op het oog heeft, als zij tenminste tot dezelfde maatschappelijke klasse behoort. Als dat niet zo is, dan valt er over niets en niemand samen te lachen. En iedereen weet dat eensgezind lachen een erotiserende uitwerking heeft.

We schrijven januari 1982. Al mijn exen weten inmiddels dat ik die arme, lelijke Argentijn heb verlaten met wie ik in 1978 was getrouwd en die er, als een echte joodse theaterman 'vandoor was gegaan met het revuemeisje'. Mijn 'joodse Rothschild' zou hier hartelijk om gelachen hebben. Maar wie vandaag belt, is levensgenieter Julio Mario Santo Domingo: 'Jij bent de enige Colombiaanse vrouw met wie je je overal ter wereld kunt vertonen. Ik wil je dan ook graag voorstellen aan mijn grote vriend David Metcalfe. Hij is niet steenrijk en ook geen adonis, maar vergeleken met die vent met wie je nu getrouwd bent, is hij multimiljonair en bovendien lijkt hij precies op Gary Cooper. Hij heeft een reputatie hoog te houden als minnaar en hij is denk ik precies degene die jij nodig hebt, nu je die echtgenoot van je het huis uit geschopt hebt. Deze man past echt bij je, poppetje, grijp je kans vóórdat je weer zo'n loser aan de haak slaat!'

Santo Domingo, de Colombiaanse biermagnaat, legt me uit wie David Metcalfe nou precies is. Hij is de kleinzoon van lord Curzon de Kedleston, onderkoning van India en tweede man van het Britse rijk in het victoriaanse tijdperk. Curzons dochter, Lady Alexandra, en haar man 'Fruity' Metcalfe, hadden de Mountbattens, de laatste onderkoningen van India, als getuigen bij hun huwelijk. En 'Fruity' en 'Baba' Metcalfe waren op hun beurt getuigen bij het huwelijk van de hertog van Windsor, toen hij na zijn abdicatie van de Britse troon trouwde met de reeds tweemaal gescheiden Amerikaanse Wallis Simpson. De hertog, toen nog Edward de Achtste, en door zijn familie David genoemd, was peetvader bij de doop van de zoon van zijn beste vrienden. En David Metcalfe erfde bij de dood van zijn vader de ring en manchetknopen met het wapen van de hertog van Windsor toen deze nog prins van Wales was. Bovendien is Metcalfe bevriend met alle rijken op aarde, gaat hij op jacht met de Britse *royals* en de koning van Spanje en is hij een van populairste mannen van de internationale jetset.

'Hij komt je vrijdag oppikken voor een dinertje bij mij thuis. Wedden dat je hem leuk vindt? Dag, mijn mooie, lieve poppetje!'

Mijn moeder gaat net weg op het moment dat David binnenkomt en ik stel ze aan elkaar voor. De volgende dag belt ze: 'Dat is de elegantste man ter wereld, zo lang, bijna twee meter, met die zwarte das en die zwarte lakschoenen. Hij lijkt wel zo'n neef van koningin Elizabeth.'

Deze zongebruinde Engelsman is praktisch kaal en breedgeschouderd. Hij heeft flinke handen en voeten, een vierkant, behoorlijk gerimpeld gezicht met milde grijze, tikkeltje kille ogen en draagt een bril op een grote haakneus. Verder kan hij trots zijn op achthonderd jaar pedigree en is hij vijfenvijftig jaar oud. Met een innemende glimlach merkt hij op dat 'Mario' tegen hem had gezegd dat ik de vrouw ben waar iedere man van droomt.

'Volgens onze gezamenlijke vriend dromen alle vrouwen ook van jou,' zeg ik.

Dan verander ik van onderwerp, want eerlijk gezegd is Metcalfe geen man die mijn hoofd op hol brengt. Om maar eens met Brigitte Bardot te spreken: 'Een perfecte minnaar heeft maar één eigenschap nodig, namelijk dat zijn lichaam mij aanstaat.' Deze dierenliefhebster beseft net als ik donders goed dat de ring van de prins van Wales, zes man personeel in een chic huis in de Londense wijk Belgravia en een Van Gogh aan de muur, niet de doorslag geven.

De elegante en arrogante lord Curson had een aantal lijfspreuken die geen zinnig mens zou kunnen tegenspreken: 'Een heer draagt geen mokkakleurig pak in de stad' en 'Een heer eet nooit soep bij de lunch'.

Inmiddels zijn we achttien maanden verder en zijn we halverwege 1983. De rijkste man van Colombia is geen Britse lord, noch een Colombiaanse gentleman. Hij staat niet om zes uur 's ochtends op om zijn bedienden aan het werk te zetten, maar roept pas om elf uur zijn geheimzinnige 'jongens'. Hij eet bonensoep bij de dagelijkse brunch en verschijnt in het Congres niet in een mokkakleurig pak, maar in een beige jasje. Hij heeft er geen idee van wat een krijtstreepje is of een prince-de-galles-ruittje, want zijn dagelijkse tenue bestaat uit jeans en gympen. Hij is geen negenenvijftig maar drieëndertig, en weet niet wie Santo Domingo precies is, want als eigenaar van zijn eigen kleine republiek is hij alleen geïnteresseerd in financiële ondersteuning van presidenten en medewerking van dictators. In een land waar niet één van die krenterige magnaten een eigen vliegtuig heeft, stelt hij mij zijn hele luchtvloot beschikbaar. Afgelopen jaar heeft hij zestig ton coke verzonden. Zijn organisatie heeft al tachtig procent van de wereldmarkt in handen en alsof dat nog niet genoeg is, wil hij dit jaar de productie verdubbelen. Hij is slechts 1.70 meter en heeft geen tijd om in de zon te zitten. Hoewel hij niet zo lelijk is als de leider van de FARC, Tirofijo, is hij er zelf van overtuigd dat hij een bepaalde gelijkenis vertoont met Elvis Presley. Koningin Victoria laat hem volkomen koud, maar de schoonheidskoninginnen van Caquetá, Putumayo of Amazonas kunnen op zijn onverdeelde aandacht rekenen. Hij denkt dat hij een geweldige dekhengst is, maar in bed heeft hij nog een hoop te leren. Dus eigenlijk delen de vier rijkste mannen van Colombia maar één passie: ondergetekende. En ik aanbid hem. Omdat hij me vereert, omdat hij de leukste en spannendste man is die ooit op deze aarde heeft rondgelopen en omdat hij verre van gierig is.

'Pablo, ik vind het best wel riskant om met zo veel geld op pad te gaan,' had ik hem gezegd vóór mijn eerste shoppingtrip naar New York.

'De Amerikaanse overheid kan het echt niet schelen met hoeveel geld je binnenkomt. Ze willen alleen maar weten met hoeveel je weer vertrekt! Toen ik in Washington met een koffer met een miljoen dollar kwam aanzetten, kreeg ik tot mijn verbazing voor de veiligheid een politie-escorte mee! Ongelooflijk toch? Maar laat ze je bij je vertrek niet betrappen met meer dan tweeduizend dollar cash! Terwijl je van de Amerikaanse wet tienduizend mee mag nemen! Je moet bij aankomst altijd exact opgeven hoeveel je bij je hebt. Je kunt het uitgeven of je kunt het in kleine bedragen op je bankrekening storten, maar haal het niet in je hoofd om het mee terug te nemen! Als je door de *feds* met geld wordt betrapt, ga je de cel in tot je een ons weegt. Witwassen beschouwen ze als een nog groter misdrijf dan de handel in drugs. Neem maar van mij aan dat ik weet waar ik het over heb.'

Tegenwoordig ga ik altijd op reis met een bundeltje van tienduizend dollar in een doosje tissues in elk van mijn drie Gucci-koffers en nog eentje in mijn Vuitton-tas. Bij aankomst geef ik dat aan bij de douane. Als de douanebeambten me vragen of ik een bank heb overvallen, geef ik steevast hetzelfde antwoord: 'Deze dollars zijn afkomstig van de zwarte markt. Zo gaat dat in Latijns-Amerika, waar de peso de munt is. Ik zit even in een dip, vandaar al die tissues. En ik reis veel, want ik ben televisiejournaliste. Kijk maar. Ik sta op de cover van al die tijdschriften.'

En het standaardantwoord van de beambte is: 'Loop maar door, schoonheid! Als je weer eens verdrietig bent, dan bel je me maar!'

Als een koningin loop ik naar de limo van Robalino, die altijd voor me klaar staat. In het hotel, waar ik altijd wel een Rothschild, Guinness of Agnelli tegenkom, of het gevolg van een Arabische prins, een *première dame* uit Frankrijk of een Afrikaanse dictator, gooi ik de tissues weg en neem ik een bubbelbad. Ik neem mijn shoppinglist voor de volgende dag mee, die kan ik dan mooi nog een keer doornemen. Tijdens mijn eersteklasvlucht had ik al drie uur aan die lijst zitten werken, onder het genot van rosé champagne en kaviaarblini's. Want de Pegasus van mijn minnaar is bijna constant met honderden kilo's coke onderweg naar Norman's Cay op de Bahama's, eigendom van Pablo's vriend Carlitos Lehder. Het is een vast doorvoerpunt voor die andere koningin, dat witte goud.

Elke vrouw zou er rond voor moeten uitkomen dat shoppen op Fifth Avenue met een dikke portemonnee een van de grootste genoegens op aarde is. Zeker als ze al vier steenrijke kerels versleten heeft, bij elkaar goed voor zo'n twaalf miljard dollar, maar die nog te beroerd waren om een bloemetje te sturen.

En bij terugkomst in Colombia staat daar elke keer mijn Pablo met zijn Pegasus of de rest van zijn vloot, met zijn politieke ambities, die hij kan waarmaken dankzij het hartstochtelijke verlangen naar cocaine van miljoenen gringo's. De Valentino of de Chanel belandt op de vloer en de krokodillenleren schoentjes vliegen door de lucht. Elke suite of simpel hutje toveren wij om tot een aards paradijs waarin we onze dans van leven en dood opvoeren. Want tja, hoe belangrijk is het verleden van een verliefde man die zonder blikken of blozen je onbegrensde koopwoede financiert? Net zo onbelangrijk als dat van een Marilyn

Monroe of een Brigitte Bardot in bed met een tevreden minnaar.

Maar het probleem met het verleden van veel uitzonderlijk rijke mannen ligt in het feit dat zij bereid zijn vroeg of laat in de fout te gaan om hun misdaden en hun misstappen te verdoezelen. Margot Ricci, die met afgrijzen op de onthullingen over Pablo Escobars verleden had gereageerd, vernielde onmiddellijk alle kopieën van het vuilnisbeltprogramma. Ze liet me weten voortaan geen prijs meer te stellen op contact met Pablo of met mij. De productiemaatschappij, inmiddels vrij van schulden, verkochten we aan haar verloofde Jaime, een goedaardige kerel, die kort daarop overleed. Niet lang daarna zou ze trouwen met Juan Gossain, directeur van RCN, het radionetwerk van frisdrankmagnaat Carlos Ardila, wiens vrouw eerder getrouwd was met Aníbal Turbay.

De paisa Robin Hood heeft inmiddels geleerd hoe hij de media moet bespelen. Op tijdschriftcovers verschijnt hij net zo vaak als ik, en hij geniet met volle teugen van zijn recent verworven roem. Als Adriana, de dochter van de grote bank- en bouwmanager Luis Carlos Sarmiento, wordt ontvoerd, vraag ik Pablo hem zijn duizend man sterke leger ter beschikking te stellen. Dat is niet alleen uit principe, maar ook omdat het tijd wordt om een netwerk op te bouwen van aanzienlijke burgers uit de gevestigde orde die bij hem in het krijt staan. Luis Carlos vertelt me, zeer ontroerd door Pablo's aanbod, dat de onderhandelingen over de invrijheidstelling van zijn dochter al in een vergevorderd stadium zijn, maar dat hij het edelmoedige gebaar van afgevaardigde Escobar niet licht zal vergeten.

Pablo's leven staat van de ene op de andere dag volledig op zijn kop als president Betancur een nieuwe minister van Justitie benoemt. Het is Rodrigo Lara, de man van de landbouw- en veeteeltkwestie met Evaristo Porras, die driedubbele hoofdprijswinnaar van de loterij. Lara, inmiddels machtig in zijn hoge functie, beschuldigt Escobar onmiddellijk van drugshandel en connecties met de MAS. Pablo's aanhangers, die zich door Betancur verraden voelen, voeren in het Congres Evaristo's cheque van een miljoen peso's ten tonele. De minister, lid van de partij van Luis Carlos Galán, gaat hier als een razende tegenin. Hierop heft de Kamer van Afgevaardigden Pablo's parlementaire onschendbaarheid op, een rechter in Medellín vaardigt een arrestatiebevel tegen hem uit voor de moord op twee agenten van de DAS, de Amerikaanse overheid trekt zijn toeristenvisum in en de Colombiaanse overheid legt beslag op de dieren in zijn dierentuin, omdat het smokkelwaar is. Als de beesten geveild worden, koopt Pablo ze weer terug via stromannen. Er is immers geen mens in dit arme land, met uitzondering van de Ochoa's en El Mexicano, die de beesten een plek om te grazen kan bieden of een dierenarts voor duizenden exotische dieren kan vinden. Om maar te zwijgen van zo'n terrein met rivieren en beekjes voor de olifanten en tientallen nijlpaarden die net zo gehecht zijn aan deze grond als hun eigenaar.

Pablo vraagt me niet te schrikken van zijn tsunami aan problemen en probeert me ervan te overtuigen dat zijn leven altijd al zo roerig was. Ofwel hij is een fenomenale acteur, ofwel hij is de meest zelfverzekerde man die ik ooit heb gekend. Hij is hoe dan ook een groot strateeg die kan rekenen op schier onuitputtelijke geldbronnen voor zowel zijn verdediging als voor vernietigende tegenaanvallen, want het geld blijft maar binnenstromen. Ik vraag hem nooit naar de witwaspraktijken. Maar soms, vooral als ik me bezorgd toon, zinspeelt hij weleens op de omvang van zijn inkomsten. Zo heeft hij meer dan tweehonderd luxeappartementen in Florida en de bundels honderddollarbiljetten komen verstopt in huishoudelijke elektrische apparaten aan op de landingsbaan van Haciënda Nápoles. Er komt genoeg geld het land binnen om de presidentiële campagnes van alle politieke partijen tot in lengte van dagen te kunnen bekostigen.

Vanwege het arrestatiebevel verschijnt Pablo praktisch niet meer in het openbaar. De behoefte om elkaar te zien groeit naarmate de klopjacht op hem wordt opgevoerd. Bovendien wordt zijn telefoon afgetapt. We vinden geen van beiden ergens een uitlaatklep, dus zoeken we weerklank bij elkaar. Maar onze ontmoetingen moeten nu heel zorgvuldig worden gepland en de weekendjes samen zijn praktisch verleden tijd, en al helemaal in Hotel InterContinental.

Gedurende de laatste maanden is niet alleen het vertrouwen toegenomen, maar helaas ook het gebruik van oorlogstaal in mijn aanwezigheid. Ik heb Santofimio dingen horen zeggen als: 'Een oorlog wordt nooit door alle partijen gewonnen, Pablo. Er zijn alleen winnaars en

verliezers. Om echt het verschil te kunnen maken, zul je de vijand moeten uitroeien, of in ieder geval de meest in het oog springende figuren.'
Waarop Escobar steevast antwoordt: 'Zeker. Als ze de boel zo blijven verneuken, zullen we er heel wat moeten afmaken. Zo leren ze tenminste wat respect is.'
Tijdens een campagnetoer door het departement Tolima, waar Santofimio is geboren en waar zijn grootste politieke achterban zit, begint hij ineens in het bijzijn van de lokale leiders ontzettend handtastelijk te doen. Echt heel irritant. Maar als zijn 'caciques'[21] weg zijn, is hij weer een en al zakelijkheid: ik moet Pablo ervan overtuigen nog meer geld in zijn campagne te pompen, want de huidige toelage is absoluut ontoereikend. En per slot van rekening is híj de enige die vanuit zijn positie de garantie kan geven dat Pablo's verleden alsook het uitleveringsverdrag tegelijkertijd van tafel worden geveegd.

Bij terugkeer in Medellín ben ik des duivels. Nog vóórdat Pablo me een kus heeft kunnen geven, begin ik al van wal te steken over de gebeurtenissen van de afgelopen twee weken. Met toenemende stemverheffing stort ik klachten, beschuldigingen en retorische vragen over hem uit: 'Ik heb bij mij thuis een cocktailparty gegeven met alle wijkbeheerders van Bogota om geld voor zijn campagne in te zamelen. Alleen maar omdat jij me dat had gevraagd. Maar wel honderdvijftig rondneuzende figuren in mijn appartement! Pas om elf uur 's avonds kwam Santofimio eindelijk eens aankakken. Hij is een kwartiertje blijven hangen en weg was meneer. En denk maar niet dat hij de volgende dag even belde om te bedanken! Het is een lomp, ondankbaar, dubbelhartig varken! Ons hele volk zal hem aan zijn reet roesten! Jouw idealisme is straks einde oefening en dan word je net als hij! Hier, op jouw terrein en bij je eigen mensen, zou hij me nooit in die meute omarmd hebben zoals in Tolima! Heb je eigenlijk wel in de gaten hoe hoog de prijs is die ik nu al betaal door mijn keurige reputatie op het spel te zetten voor jullie belangen? Om nu ook nog door zo'n Iago, als je tenminste weet wie dat is, te worden gebruikt? En dan op zo'n kleinzielige manier ten overstaan van zo'n stelletje provincialen die het verschil tussen een psychopaat en een heilige niet eens zien!'

---

21 Oorspronkelijke betekenis: grootgrondbezitters

We lijken ineens mijlenver van elkaar verwijderd. Als verlamd blijft Pablo staan. Met ontzetting kijkt hij me aan en gaat zitten. Hij neemt een houding aan als *De Denker* van Rodin, zoekt naar de juiste woorden en heel afgemeten zegt hij: 'Met pijn in het hart moet ik je zeggen, Virginia, dat dat ondankbare varken zoals jij hem noemt, mij bij de hele politieke hiërarchie in dit land introduceert. Natuurlijk bij Alfonso López, maar ook bij onderdelen van de krijgsmacht en veiligheidsorganisaties die niet zijn aangesloten bij de MAS. Ik zou het nooit zonder hem kunnen redden. Juist zijn gebrek aan scrupules maakt hem zo waardevol voor mij. En ik weet inderdaad niet wie Iago is, maar als jij zegt dat Santofimio en hij op elkaar lijken, dan zal dat wel zo zijn.'

Mijn respect voor hem is aan diggelen, als een spiegel waar zojuist op is geschoten. In tranen vraag ik hem: 'Suggereert die rioolrat soms dat het tijd wordt dat ik hem eens met andere ogen bekijk... en ik mijn mogelijkheden eens moet overwegen... omdat jij jouw mogelijkheden al hebt uitgeprobeerd? Was die zogenaamde liefkozing en public daar soms voor bedoeld?'

Pablo staat op en loopt naar het raam. Dan zegt hij met een diepe zucht: 'We zijn allebei volwassen, Virginia. En vrij. We kunnen alle mogelijkheden overwegen die we willen.'

Zonder dat het me ook maar iets kan schelen dat ik mijn grote liefde voor altijd kan kwijtraken, stel ik me voor het eerst in mijn leven als een jaloerse bitch op. Ik heb mezelf niet meer in de hand. Ik kan alleen nog maar schreeuwen en bij alles wat ik zeg zwaai ik met mijn vuist: 'Je bent echt een klootzak, Pablo! Als ik je inruil voor een ander is dat niet zo'n vunzig varken als die bedelaar van jou! Ik kan elke vent krijgen die ik wil! Rijke mannen, knappe mannen... en ik hoef ze ook niet om te kopen, zoals jij! En ik behandel iedereen gelijk, en als ik jou wil omruilen voor een varken, dan is dat voor een stinkend rijk varken! Eentje dat ook president wil worden! Of nee, dictator! En jij, je weet donders goed wat je aan me hebt! Dus je weet ook dat ik altijd doe wat ik zeg. Ik ga je inruilen voor een dictator, maar niet zo een als Rojas Pinilla! Nee, niet zo eentje, maar iemand als... als... als Trujillo! Of als Perón! Iemand zoals een van die twee, ik zweer het je, Pablito!'

Bij dat laatste begint Pablo onbedaarlijk te lachen. Hij draait zich om en nog steeds lachend, pakt hij mijn armen beet zodat mijn vuisten onschadelijk zijn en hij legt ze als een lus om zijn hals. Dan grijpt hij me stevig bij mijn middel en drukt me tegen zich aan, terwijl hij zegt: 'Het probleem met die toekomstige echtgenoot van je is dat hij absoluut niet zonder mijn financiële ondersteuning kan. En als hij jou dan voor dat geld naar mij stuurt, duiken wij weer lekker het bed in, toch? En wat je andere probleem betreft... de enige twee varkens die net zo rijk zijn als ik, dat zijn Jorge Ochoa en El Mexicano... maar dat zijn toch geen types voor jou? Dan blijf ik voor jou toch de enige mogelijkheid? En ja, als het aan mij ligt, jij bent en blijft de mijne, want waar vind ik nou een vrouw die me zo aan het lachen maakt... met zo'n groot hart? En een andere Manuelita met het IQ van Einstein? En een andere Evita met een lichaam als Marilyn? En wil je me uitgerekend nu aan de kant zetten? En me overleveren aan mijn machtige vijanden met een of ander opsporingsbevel? Zodat ik op mijn leeftijd onder een lelijke grafsteen eindig? Niet eens een gestolen grafsteen? Zweer me dat je me nog niet in gaat ruilen voor een of andere Idi Amin Dada, want dan lever ik mezelf uit... Of geef me dan maar meteen een nekschot! Zweer het, pantertje, op alles waar je het meest van houdt! Want dat ben ik, toch?'

'En wanneer mag ik je dan wél inruilen?' vraag ik terwijl ik een tissue zoek.

'Even denken... over zo'n honderd jaar. Nee, doe maar zeventig, anders denk je dat ik overdrijf!'

'Nou ja, meer dan tien jaar geef ik je niet!' antwoord ik, terwijl ik mijn tranen droog. 'En je klinkt net als Augustinus van Hippo die vóórdat hij kerkleraar werd tot God bad: "Heer, geef me een kuis leven, maar nu nog niet!" En reken er maar op dat ik nu wel al die winkels op Fifth Avenue ga plunderen! Ik koop ze helemaal leeg!'

Hij kijkt me aan alsof hij me intens dankbaar is en met een zucht van opluchting zegt hij: 'Pffff! Je doet je best maar! Koop de hele mikmak maar op, zo vaak als je wilt, mijn zoete pantertje! Maar beloof me dat we hier nooit, maar dan ook nooit meer over praten,' waarop hij ook nog vraagt: 'En wanneer werd die Sint Hippolepup eigenlijk impotent, betwetertje?'

Bij het vooruitzicht op een complete Chanel- of Valentino-garderobe is er natuurlijk geen vrouw die zich verder nog afvraagt of Santofimio een grote huichelaar is of niet. Ik droog mijn laatste tranen, antwoord dat het op zijn veertigste was, en zeg daarna dat ik nooit meer meega op campagnetoer. Prima, zegt hij. Het enige wat hij dan echt zou missen, is de warmte van mijn lichaam in zijn bed.

Pablo lijkt te zijn vergeten dat ik nooit iets vergeef. Wat betreft het andere geslacht is elk van mijn mogelijkheden trouwens interessanter dan al zijn mogelijkheden bij elkaar. Dus het volgende lange weekend geef ik me gewonnen en neem ik de uitnodiging aan die ik al achttien maanden lang steeds maar weer heb afgewezen: een eersteklasticket naar New York, een enorme suite in The Pierre en de sterke armen van de elegante David Patrick Metcalfe. En als ik de dag na aankomst voor dertigduizend dollar uit shoppen ga in Saks Fifth Avenue, laat ik de tassen met aankopen achter in de Robalino limousine en in de Saint Patrick's Cathedral steek ik een kaarsje aan voor de beschermheilige van Ierland en nog een voor de Maagd van Guadalupe, die van onze voorouders, generaals in de Mexicaanse revolutie. En hoewel ik de rest van mijn leven nostalgisch zal blijven verlangen naar iets wat voorgoed verloren is gegaan tijdens die avond van dictators en varkens, maak ik me vanaf dat moment niet meer druk over een modelletje voor één nacht of een schoonheidskoningin voor een lang weekend en al helemaal niet over een paar lesbiennes in een bubbelbad in Envigado.

Op een dag loop ik in de Librería Central[22] van mijn vrienden Hans en Lily Ungar tegen mijn eerste programmadirecteur aan, de voormalig politicus Carlos Lemos Simmonds. Hij zegt dat ik eigenlijk weer radioprogramma's zou moeten doen. Hij raadt me de Grupo Radial Colombiano aan, inmiddels het vierde radionetwerk van het land. Die zijn een sterrenteam aan het samenstellen. Het is eigendom van de familie Rodríguez Orejuela uit Cali, tevens eigenaar van banken, drogisterijketens, laboratoria van cosmetische producten, Chrysler in Colombia en tientallen andere bedrijven.

'Het zijn mensen die niet graag de publiciteit opzoeken. Gilberto Rodríguez is een pienter mannetje dat op weg is de rijkste man van dit

---

22 Boekhandel in Bogota

land te worden. Bovendien is hij nog een echte heer ook.'

Een paar weken later ontvang ik een aanbod van de Grupo Radial. Ik ben aangenaam verrast en neem de job graag aan, vanwege Carlos Lemos' lovende woorden over het bedrijf. Mijn eerste opdracht is een verslag te maken van de Feria in Cali[23] en daarna van een schoonheidscompetitie rond de jaarwisseling. Pablo brengt de vakantie door op Haciënda Nápoles met de hele familie en heeft me als kerstcadeautje een prachtig gouden Cartier-horloge met een dubbele rij diamanten gestuurd. Hij heeft het gekocht bij de vriendin van Joaco Builes, Beatriz, een zakelijke dame die sieraden aan de drugsbaronnen van Medellín verkoopt. Ze waarschuwt me: 'Als je het maar niet in je hoofd haalt, Virgie, om dat horloge ooit bij Cartier in New York te laten repareren! Die horloges die Joaco en ik verkopen zijn allemaal gestolen. Het kan in beslag worden genomen of je kunt er zelfs voor worden opgepakt. Ik heb je gewaarschuwd. Maar Pablo is er eerlijk gezegd van overtuigd dat een horloge als cadeau geluk brengt!'

Op een avond zit ik in Cali te dineren met Francisco Castro, de jonge, knappe directeur-president van de Banco de Occidente, de meest rendabele van alle banken van Luis Carlos Sarmiento. Er valt ineens een stilte als twee heren het restaurant betreden. Alle gasten draaien zich om en een tiental kelners schiet naar voren om ze te bedienen. Zachtjes zegt Castro minachtend: 'Dat zijn de broers Rodríguez Orejuela, de cokekoningen uit Valle del Cauca. Een stelletje vuile, vieze maffiagasten. Ze mogen dan elk goed zijn voor een miljard dollar en honderd ondernemingen, Luis Carlos zou zulke types meteen zijn bank laten uitschoppen!'

Zijn opmerking verbaast me, en niet omdat hij komt van iemand met de reputatie van een genie op financieel gebied, maar meer omdat ik, ingeburgerd als ik inmiddels ben in Pablo's wereld, de naam van deze broers nooit eerder heb horen vallen. De dag erna hoor ik van de programmadirecteur dat Gilberto Rodríguez en zijn vrouw me willen uitnodigen voor een kennismakingsbezoek in de presidentiële suite van Hotel InterContinental. Daar houden ze kantoor tijdens de Feria, zodat ze me persoonlijk een toegangskaartje voor de eerste rij van de

---

23 Evenement met muziek en dans dat van 25 tot 30 december plaatsvindt

stierengevechten kunnen overhandigen. (In een arena is eerste rij eigenlijk de derde rij, achter de *contrabarrera* en de *barrera*, de eerste en tweede rij die pal aan de arena liggen. De barrera komt direct uit op de smalle gang waar de stierenvechters, hun helpers, de veehouders en de mannelijke journalisten zich ophouden. Daar zijn vrouwen nooit bij, niet alleen omdat dat ongeluk zou brengen, maar ook om ze te beschermen. Het komt namelijk weleens voor dat de stieren de gang binnenstormen en iedereen die zich daar bevindt opjagen en op de horens nemen.)

Rodríguez Orejuela lijkt totaal niet op de grote drugsbaronnen uit Medellín. Alles wat bij die laatsten prominent in het oog springt, is bij hem slechts in geringe mate aanwezig. Hij gaat gekleed als een doorsnee zakenman en zou overal volkomen onopvallend over straat kunnen, behalve in zijn woonplaats Cali. Zoals gebruikelijk bij rijke mannen als ze een knappe vrouw zien, gedraagt ook hij zich zeer beleefd en hartelijk. Hij straalt een bepaalde geraffineerdheid uit, die in eerste instantie voor verlegenheid of verfijning kan worden aangezien. Ik schat hem rond de veertig of iets ouder; hij is niet lang, heeft een rond gezicht en brede schouders en iedere vorm van mannelijk charisma, zoals Pablo heeft, ontbreekt bij hem. Om eerlijk te zijn hebben zowel Pablo Escobar als Julio Mario Santo Domingo dat specifiek mannelijke sexappeal dat wij aan de Colombiaanse kust *mandarria* noemen; als een van die twee ergens binnenkomt, lijkt zijn hele verschijning te willen zeggen: 'Hier is de koning, keizer, admiraal, de rijkste man van Colombia! Laat me door! Wie in de weg staat, gaat eraan!'

Rodríguez' vrouw loopt tegen de veertig; ze heeft een enigszins pokdalig, nietszeggend gezicht. Ze is vrij lang en haar tuniek, met een patroon in groene tinten, doet vermoeden dat ze een mooi figuur heeft, zoals praktisch alle vrouwen uit Valle del Cauca. Haar haviksogen laten doorschemeren dat haar echtgenoot nog geen vinger zou kunnen bewegen zonder haar toestemming.

Ik ben er altijd van overtuigd geweest dat achter elke uitzonderlijk rijke man een volkomen gelijkwaardige partner dan wel een slavin schuilt.

Zij heeft niets van La Tata van Escobar, denk ik. Dit is meer 'de Furie' van Rodríguez... en het zou me niet verbazen als zij de broek thuis aanheeft!

Terug in Bogota word ik verrast door een telefoontje van Gilberto, die me uitnodigt voor een stierengevecht in gezelschap van de sportcommentatoren van de Grupo Radial. Mijn reactie: 'Dank je, maar dan wil ik wel ergens vooraan zitten, op de eerste rij. Per slot van rekening loop ik me op zo'n Feria altijd flink af te beulen voor jullie. Bovendien ben ik hartstikke bijziend, dus vooraan is sowieso de enige optie voor mij! Tot zondag!'

Na het stierengevecht word ik thuis afgezet. Een paar dagen later krijg ik telefoon van Myriam de Rodríguez die me vraagt wat ik bij het stierenvechten te zoeken had. Behoorlijk pissig antwoord ik dat ze de eigenaar van de Grupo Radial Colombiano zelf maar moet vragen waarom hij niet alleen zijn sportcommentatoren maar ook mij, de internationale hoofdredacteur, eropuit stuurt om verslag te doen van het stierenvechtseizoen. En vóórdat ik ophang, geef ik haar nog het advies: 'De volgende keer kunt u vragen of u ook mee mag als verslaggever. Dan begrijpt u ook meteen waarom niemand zijn plekje op de barrera zomaar afstaat als Silverio in de arena staat!'

Naderhand heb ik er spijt van dat ik die furie niet het vuur na aan de schenen heb gelegd. Waarom heb ik haar niet duidelijk gemaakt dat die man van haar me totaal koud laat? Heeft hij haar dan niet verteld dat ik stapelgek ben op zijn rivaal? Die veel rijker is dan hij. Die me aanbidt ook al is hij dan getrouwd. Die niet kan wachten om zich in mijn armen te storten, steeds als hij terugkomt van zijn landgoed. Die president van dit land wordt mét een verleden of dictator zonder strafblad? En die, of ze het nu leuk vindt of niet, de enige, ware, onbetwistbare Universele Koning van de Cocaïne is?

En waarom heb ik haar niet gevraagd hoeveel procent van de markt haar Gilberto in handen heeft, om me te verkneukelen als ze antwoordt: 'Nou mijn echtgenoot heeft tachtig procent!' Ik weet wel beter!

Als mijn woede is weggeëbd, denk ik aan de vier magnaten van het establishment, met hun uitzonderlijke intelligentie, met een hart van steen, een volkomen gebrek aan mededogen en een ingebakken wraakzucht. Glimlachend denk ik ook aan hun faam als ladykillers, hun aanstekelijke lach, hun onvolkomenheden, hun wraakzucht, hun geheimen, hun lessen, hun verleidingskunsten, hun presidentskandidaten...

Hoe zouden die vier reageren als ze wisten van Pablo's ambities voor het presidentschap? Als hij zijn business de rug toe zou keren... wie van hen zou dan zijn bondgenoot worden? Wie zijn rivaal en wie zijn vijand? En voor wie zou Pablo nog het meest moeten uitkijken? Nou... waarschijnlijk voor geen van alle vier, want ze weten allemaal al dat hij meer geld heeft, slimmer is en meer ballen heeft. En hij is ook nog eens twintig of vijfentwintig jaar jonger... Machiavelli zei het al: 'Hou je vrienden dichtbij maar je vijanden nog dichterbij.'

Ik verzink in gedachten en kom tot de slotsom dat het niet mannen zijn die vrouwen gek maken, maar vrouwen die mannen het hoofd op hol brengen.

DE ZEVENDE RIJKSTE MAN VAN DE WERELD

De eerste omhelzing in 1984 wordt meteen al verknald: Pablo overweegt zich terug te trekken uit de politiek en wil weten hoe ik erover denk, vóórdat hij zijn familie, zijn partners en natuurlijk zijn kandidaat erover inlicht. Je hoeft geen Einstein te zijn om te weten wat al die anderen zullen zeggen en ik vraag hem nadrukkelijk of hij nou eens één keer in zijn leven iedereen naar de hel wil laten lopen en alleen aan zichzelf gaat denken. Ik zeg hem nadrukkelijk niet het hoofd te buigen voor minister Lara, noch voor de galanisten, de publieke opinie of de gringo's. En dat hij zijn familie maar eens moet helpen herinneren waar alle diamanten, Mercedessen, Botero's en Picasso's vandaan komen. Ik raad hem aan om, in plaats van keihard oppositie te voeren tegen het uitleveringsverdrag en miljoenen in politici te pompen, in Bogota een sociaal project op te zetten dat kan tippen aan dat van Medellín sin Tugurios. Daarmee zou zijn populariteit weer een vlucht nemen en hem kunnen beschermen. Sterker nog, het zou hem onaantastbaar kunnen maken. Dan moet hij natuurlijk wel overwegen om zich terug te trekken uit de business en het over te dragen aan zijn partners. Dat zijn types die net zo trouw zijn als dat ze stevig in hun schoenen staan.

'Denk je soms dat je in dit land de enige kandidaat met een gouden toekomst bent die ook nog twee doden te verantwoorden heeft?

Het enige verschil met al die anderen is dat jij op je vierendertigste al een of twee miljard dollar bezit! En in dit land waar iedereen corrupt is en stemmen koopt, is er niets nieuws onder de zon, behalve dat jij ze betaalt met huizen en sportcomplexen in plaats van met belegde broodjes! Ik zal wel nooit snappen waarom Belisario Betancur een minister van Justitie heeft aangesteld die een gezworen vijand is van de geldschieters van een groot deel van de presidentiële campagne. Alfonso López zou nooit zoiets stoms hebben gedaan. Jij hebt Santofimio helemaal niet nodig. En hou nou eindelijk eens op met dat "gemeneer", want mensen zoals jij en ik zeggen "meneer" tegen iemand als Álvaro Gómez, maar niet tegen Alberto!'

Pablo verliest nooit zijn geduld. Pablo klaagt nooit. En als ik uit mijn slof schiet, onderbreekt Pablo me nooit. Hij heeft allang begrepen dat ik alleen mijn mond hou en tot rust kom als hij me in zijn armen neemt. Dus stelt hij zich met me op als zo'n paardenfluisteraar die de beesten kalm krijgt door alleen in hun oor te fluisteren. Dat is al zo sinds de dag waarop ik hem bekende dat als ze mij in de hel voor eeuwig aan hem zouden vastplakken, ik me nog geen minuut zou vervelen en zou denken in de hemel te zijn beland. Dat vond hij de mooiste liefdesverklaring aller tijden.

Diezelfde avond vertelt hij me dat hij en zijn kandidaat zijn overeengekomen officieel afstand van elkaar te nemen, maar dat de samenwerking heimelijk doorgaat, omdat hij en zijn 'vakbond' nu meer dan ooit afhankelijk zijn van Santofimio's meesterlijke talent om de congresleden te overtuigen het uitleveringsverdrag te laten vallen. Maar er is nog een zwaarwegender reden waarom hij heeft besloten de politiek voorlopig aan de experts over te laten. De route van Norman's Cay met Carlos Lehder zit op dit moment zwaar in de problemen en zal vroeg of laat zeker vallen. Zijn partner is namelijk een gestoorde drugsverslaafde aan het worden en maakt het de regering van Lynden Pindling op de Bahama's wel heel erg moeilijk.

'Ik heb al contact gelegd met de sandinisten. Die zouden een moord voor wat centen plegen. Ze zijn tot alles bereid. Zolang ik Nicaragua maar als tussenstop en basis voor de distributie van de handelswaar naar Miami ga gebruiken. Over een paar weken gaan jij en ik samen naar Managua, dan kunnen we meteen een van mijn paspoorten inwijden. Ik wil graag dat je de junta daar leert kennen en me zegt hoe je over ze denkt. Je hebt heus wel gelijk met alles wat je net zei, maar je moet snappen dat mijn handel ver boven de politiek uitsteekt. Ik moet ermee doorgaan tot ik erbij neerval. Dat zou wel het moment zijn dat ik serieus zou overwegen om eruit te stappen. Dan zou ik ook terug naar het Congres willen, als al die heisa voorbij is. Je zult zien dat over zo'n maand of zes de boel min of meer begint te bedaren. Je weet toch dat ik altijd alle problemen maanden van tevoren zie aankomen! Als het dan zover is, heb ik de oplossing allang zorgvuldig uitgeknobbeld en kan ik meteen actie ondernemen. Alles, maar dan ook alles, is met geld te regelen... op een natuurlijke dood na uiteraard. En je weet, bij mij blijft het geld maar binnenstromen.'

Ik vraag hem hoe de oprichters van de MAS het eigenlijk op een akkoordje kunnen gooien met een communistisch regime, dat zich zo dicht bij guerrillastrijders van Colombia bevindt. Als we daar eenmaal zijn, dan snap je alles, zegt hij. Eindelijk ben ik gerustgesteld.

Twee weken later kondigt Pablo officieel aan dat hij de politiek verlaat. Ik denk dat het een wijze stap is, als het inderdaad maar een voorlopig en geen definitief besluit is, want zo onttrekt hij zich aan alle publieke commotie.

In de weken daarop zijn we immens gelukkig samen. Bijna niemand is op de hoogte van onze relatie, behalve zijn partners, drie van mijn vriendinnen en een handjevol bedienend personeel: Fáber, de secretaris – een goedaardige man die me altijd van en naar het vliegveld brengt – en drie mannen die volkomen betrouwbaar zijn, Otto, Juan en Aguilar. Pablo en ik ontkennen onze romance categorisch, uit consideratie met zijn echtgenote, maar ook vanwege mijn carrière, die echt in de lift zit. *De sterrenshow*, mijn zaterdagavondprogramma, is al in verschillende landen te zien en heeft hoge kijkcijfers. In Colombia zijn er in 1984 namelijk maar drie televisiekanalen en naar het officiële kanaal van de publieke omroep kijkt niemand. Mijn andere programma, *Maandagmagazine*, haalt kijkers weg bij het nieuwsbulletin van Andrés Pastrana Arango, dat tegelijkertijd wordt uitgezonden. Het helpt dat ik mijn benen heel sensueel over elkaar sla. Daarom heeft nylonkousenfabrikant Medias Di Lido, eigendom van ene familie Kaplan uit Caracas en

Miami, me benaderd voor een tweede commercial in Venetië, nadat met de eerste eenenzestig procent van de nationale markt is veroverd. Om naar Venetië te gaan heb ik Di Lido als voorwaarde gesteld dat ik een honorarium wil dat gelijkstaat aan dat van de honderd bestbetaalde modellen samen, dat ik uitsluitend eersteklas reis en een suite wil in het Cipriani of in het Gritti Palace. Opgetogen zeg ik tegen Pablo dat de Kaplans me straks het salaris van een filmster moeten uitkeren! En dat in een land dat niet eens een eigen filmindustrie heeft! Hij glimlacht, want hij weet dat ik een jaar terug een aanbod heb ontvangen van een producer uit Hollywood voor een film met Michael Landon, Priscilla Presley en Jürgen Prochnow. Een verblijf in een bungalow in het Bel Air, het favoriete hotel in Beverly Hills van prinses Grace hoorde er ook bij. Margot had het voorstel meteen getorpedeerd: 'Wat wil je nu eigenlijk, een serieuze journaliste zijn of een filmster? En laat je me nu hier in mijn eentje achter met die productiemaatschappij nu we eindelijk uit de schulden zijn?'

Op een ochtend krijg ik zo rond elf uur verrassend genoeg bezoek van Pablo. Hij zegt dat hij afscheid komt nemen, want hij gaat naar Panama en Nicaragua. Helaas kan hij me niet meenemen. De lui die als tussenpersoon optreden tussen hem en de sandinisten hebben hem verzocht absoluut alleen te komen, dus zonder een televisiejournaliste. Het gaat hooguit een week duren. Hij belooft me samen op reis te gaan zodra hij terug is, wellicht naar Cuba om Fidel Castro te ontmoeten. Ik geloof er allemaal geen woord van, en al helemaal niet als hij voorstelt dat ik gedurende zijn afwezigheid maar eens flink de bloemetjes moet gaan buitenzetten als goedmakertje voor zijn plotselinge vertrek. Ik ben witheet, maar ik klaag niet: New York is absoluut veel chiquer dan Managua en The Pierre is een waarlijk paradijs op aarde. En dat niet alleen omdat het op loopafstand ligt van Bergdorf Goodman, maar ook omdat mijn wraak zoet is.

Een week later beleef ik een surrealistische scène in mijn enorme suite: in zijn kamer zit David lachend aan de telefoon met 'Sonny', de hertog van Marlborough. In de andere kamer zit ik lachend aan de telefoon met Pablito, de Koning van de Coke, die me vraagt alle exemplaren van het tijdschrift *Forbes* te kopen vóórdat ze uitverkocht zijn, want hij is net verkozen tot de zevende rijkste man van de wereld! En als we beiden ophangen, zit Julio Mario, de Koning van het Bier, in de kleine salon die tussen onze kamers in ligt, te gieren van het lachen, want Metcalfe loopt met zijn gedrag het risico dat Pablo hem gaat laten *waistcoaten*! (De Capi van de beroemde families Genovese, Bonnano, Gambino, Lucchese en Maranzano hebben de eigenaardige gewoonte hun vijanden met een verzwaard vest in zee te laten verdwijnen. Het is de hedendaagse versie van 'een molensteen om de nek binden', zoals de gewoonte was wanneer een vrouw door haar echtgenoot werd bedrogen.)

Julio Mario vraagt me hoe rijk 'al die daglonervrienden' van mij wel niet zijn, waarop ik hem fijntjes vertel dat ze tot de rijkste mensen ter wereld behoren. Waarop hij weer zegt dat ik vast mijn verstand ben verloren met al dat geshop. En omdat die twee met al hun titels zo in hun nopjes zijn vandaag, laat ik Metcalfe en Santo Domingo in hun hotelkamer achter. Zo kunnen ze zich lekker bescheuren om alles en iedereen, en ga ik de straat op om sigaretten te kopen. Ik koop alle exemplaren van *Forbes* die ik maar kan vinden. Als ik weer in de hotelkamer ben, geef ik beiden een tijdschrift, opengeslagen op de pagina met de lijst van de rijksten van dit jaar. De Ochoa's staan op nummer zes en Pablo Escobar op zeven.

'Dus de concurrentie heeft drie *billion*...' zegt David. 'Nou, met zulke hoeveelheden kun je toch wel wat meer dan alleen maar wat giraffen kopen, 'The Dirt' (El Mugre) betalen of jouw shopaanvallen bekostigen? Hij zou eens wat meer in stijl moeten gaan leven, zoals Stavros Niarchos!'

'Wordt het geen tijd om eens aan kinderen met hem te denken, poppetje?' vraagt Julio Mario konkelend. 'Je wordt er tenslotte niet jonger op, of wel soms?'

Ik kijk Julio Mario aan en zeg in het Spaans, zodat David het niet verstaat: 'Ja, en als ik met jou, zo'n knappe vent, al geen kinderen heb gekregen, waarom denk je dan dat ik dat wel zou willen met zo'n 'dagloner'? En vergeet alsjeblieft niet dat ik toch nog altijd zesentwintig jaar jonger ben dan jij.'

Ik merk op dat ze allebei een tikkie jaloers zijn, want de nieuwe Colombiaanse magnaten zijn heel grote jongens en spelen niet alleen maar thuiswedstrijden. En ook omdat mijn vrienden superintelligente dagloners van mijn leeftijd zijn.

'My god, darling! Henry Kissinger, die is pas intelligent!' David maakt een elegant handgebaar en klinkt als lord Curzon die net heeft ontdekt dat Pablo bij de brunch soep eet.

'Maar nu weet ik wel zeker dat je de flinkste vent aller tijden bent!' zegt Julio Mario schaterlachend. 'Verrek, David! Ga de dagen maar vast tellen totdat Robin Hood je gaat waistcoaten!'

Nu mijn twee favoriete mannen me met andere ogen bekijken, kan ik wel zeggen dat dit een topdag is. En ik zeg tegen mezelf dat God blijkbaar weet hoe de zaken geregeld moeten worden, want daarom zit ik nu hier gezellig met die twee te lachen naast een berg shoppingbags in mijn kamer, en hoef ik niet tegen het gezicht van 'La Piña' (*pineappleface*) Noriega of dat van Danielito Ortega aan te kijken.

Een paar dagen later lig ik weer in Pablo's armen. We zijn allebei, om verschillende redenen, in de wolken. En ook al is de Koning van de Coke, samen met de kleinzoon van de onderkoning van India, de flinkste vent van de wereld, als het erop aankomt is hij net zo menselijk als de Koning van het Bier. 'Ai, ik ben duizend doden gestorven, mijn lief! Ik stond daar helemaal alleen, omringd door al die enge gasten in militair uniform... en ik kon alleen maar denken dat ze me zo de zee in zouden kunnen kieperen! Alleen omdat ik had gezegd dat geen zinnig mens met vijftig miljoen dollar cash op zak loopt, ongelooflijk toch? Dat is wat die klootzakken als vooruitbetaling wilden! Een kleine aanbetaling zeiden ze! Die communisten denken zeker dat het geld hier aan de bomen groeit! We stonden in een tuin met zo'n wit muurtje eromheen van zo'n meter hoog. Ik bleef daar maar naar staren, terwijl ik ondertussen inschatte of ik eroverheen zou kunnen springen. En dan als een speer naar mijn vliegtuig, vóórdat ze me zouden ontvoeren of aan de gringo's zouden overleveren. De hele tijd dacht ik: waarom heb ik mijn mooie meisje toch niet meegenomen, mijn schoonheid? Ik mis haar zo! Want de vrouwen daar zijn spuuglelijk! ... Nou ja, het belangrijkste is dat we nu weer samen zijn. En dat ze de prijs hebben verlaagd tot een fractie van wat ze eerst vroegen. Die route zit nu mooi in mijn zak, voor als de gringo's Noriega in de tang nemen. Sinds hij heeft

bemiddeld in die zaak van Martha Ochoa, is hij een van ons. Maar ja, hij kan zomaar, van het ene moment op het andere, als een blad aan een boom omdraaien. Hij gaat altijd voor de hoogste bieder. Hoe was New York trouwens?'
'En de sandinisten gaan je zeker voorstellen aan Fidel Castro?' vraag ik nog vóór ik hem antwoord geef.
'Ja, maar pas later. Pas als we een deal hebben, denk ik.'
'En waarom wil je Fidel Castro zo graag ontmoeten?'
'Zijn eiland ligt veel dichter bij de kusten van Florida dan welk land ook. En we weten nu dat communisten ook niet vies zijn van geld.'
'Ja, maar Fidel is wel intelligent en rijk; geen ongelikte armoedzaaier zoals die sandinisten. Je kunt echt niet op hem rekenen, Pablo, want Fidel zit niet dicht bij de gringo's. Niet ver van de kust zitten de gringo's boven op hém én in Guantánamo!'
Ik verander van onderwerp en vertel hem dat ik tijdens een lunch in Le Cirque tegen Santo Domingo en een Britse lord, ook een kennis van me, ben aangelopen. Ze hadden ergens iets over ons gehoord en stierven van nieuwsgierigheid over wat er in *Forbes* stond; ze vroegen me het hemd van het lijf over hem en ze waren zelfs een beetje jaloers over die drie billion. En Julio Mario had zelfs het gore lef te insinueren dat ik hem een opvolger moest geven. Pablo wil weten hoe ik reageerde en ik zeg dat hij echt wel wist dat in mijn familie de vrouwen al generaties lang snugger genoeg zijn om eerst te trouwen en dan pas aan kinderen te denken. 'En dat jij al dolgelukkig getrouwd bent.'
Pablo denkt even na, alsof hij mijn antwoord goed tot zich wil laten doordringen. Ik ben me er niet van bewust dat ik blijkbaar een zwakke plek bij hem heb geraakt, tot hij begint te praten: 'Dat was een goed antwoord, echt goed... En nu ga ik je iets vertellen wat ik nog niet eerder aan een vrouw heb verteld... Vóórdat ik jou leerde kennen, was er ook een vrouw waar ik helemaal gek op was. Ze heette Wendy... Ja, zoals die in Peter Pan, lach er maar om. Maar Wendy Chavarriaga was zeker geen katje om zonder handschoenen aan te pakken! Iedere keer dat ze dacht dat ik vreemdging, reed ze haar auto in de prak tegen de mijne, sloopte de autodeuren, schopte en sloeg, kwam met een hamer achter me aan, dreigde me te vermoorden, me in stukken te hakken of me te

villen. Ze schold me de huid vol met alles wat mooi en lelijk was... Ik liet het allemaal maar gebeuren, liet alles over me heen komen, en waarom? ... Omdat ik haar aanbad, haar verafgoodde. Voor Wendy had ik willen sterven, simpel gezegd. Ze ging niet in haar eentje naar New York, zoals jij, maar nam een hele sliert vriendinnen mee. En ik maar schuiven natuurlijk. Maar ondanks al mijn waarschuwingen was ze op een dag zwanger. Ze liep bij de kapper binnen waar mijn vrouw op dat moment zat en schreeuwde: 'Zo, dit is wél een liefdesbaby, en niet een baby van zo'n verplicht nummer zoals bij jou!' De dag erna heb ik haar door vier gasten laten ophalen. Ze hebben haar naar een of andere dierenarts gesleurd. Die kreeg opdracht om het kind weg te halen, zonder verdoving. Daarna heb ik haar nooit meer gezien. Ik was blij dat ik van haar af was. Godzijdank heb jij wél klasse. Je mag dan soms van die buien hebben, vergeleken met Wendy ben jij een oase van rust, Virginia.'

Ik ben sprakeloos. Helemaal perplex. Het enige wat ik nog met moeite kan uitbrengen is: 'Ja, het is maar goed... dat ik geen Wendy heet... en ook geen Chavarriaga.'

Die avond begint mijn adoratie voor hem barsten te vertonen. Dat afschuwelijke verhaal is zo pijnlijk dat iedere vrouw er helemaal kapot van zou zijn. En weer denk ik bij mezelf dat Gods wegen ondoorgrondelijk zijn. Ik realiseer me dat deze man een held is voor het volk, maar tegelijkertijd heel wreed kan zijn voor wie hem voor de voeten loopt. Ik vraag me af of al die wreedheid zich op een dag ook tegen mij zal keren, al lijkt dat me heel onwaarschijnlijk. Ik ben in alles het tegenovergestelde van dat arme meisje. Hij noemt me toch niet voor niets 'zijn zoete pantertje'?

☙

Voor geen goud wil Pablo zijn zevende plek op de lijst van *Forbes* met iemand ruilen. Maar tijdens een radio-interview zegt hij dat niemand écht zo veel geld heeft, en ze het bedrag in peso's niet eens kunnen uitspreken! Dat *Forbes* het niet goed op een rijtje heeft, want de kapitalen van Santo Domingo en Ardila hebben ze verward met de zijne. Dat als hij echt 3 miljard dollar zou hebben, er 2,9 miljard naar de armen zou gaan. Van de resterende honderd kon zijn familie het wel een eeuw uithouden.

Pablo heeft het niet zo op peso's, maar hij weet wel meer van dollars dan menig Zwitserse bankier. We praten niet alleen maar over dollars, we dóén alles in dollars, in tientallen, in honderden en in miljarden dollars. Ten eerste omdat zijn business nou eenmaal met dollars werkt, en in 1984 is die muntsoort nog een van de meest stabiele ter wereld. En ten tweede omdat we er beiden van overtuigd zijn dat de waarde van de peso zowel op middellange, als op lange termijn aan te grote veranderingen onderhevig is. Want de constante devaluatie van het Colombiaanse geld, die de vijfendertig procent per jaar benadert, zorgt ervoor dat alle berekeningen met rijen nullen aan de rechterkant na verloop van tijd aangepast moeten worden. Een miljoen peso's, dat is in 1974 nog een hele smak geld. Twintig jaar later is dat door inflatie niet meer dan een fooi, terwijl de dollar in diezelfde periode tenminste nog de helft waard blijft.

Een week later kondigt Pablo aan dat hij een cadeau voor me heeft. Het zit ergens op zijn lijf verstopt en ik moet het heel, heel langzaam zoeken. Met gespreide armen en lege handen staat hij doodstil voor me. Het moet wel iets kleins en heel waardevols zijn, zoals een druppelvormige smaragd of een duivenbloedrode robijn. Ik begin mijn zoektocht vanaf zijn kruin en langzaam kleed ik hem uit, waarbij ik elk plekje betast. Eerst gaat zijn overhemd uit, dan maak ik zijn ceintuur los, zijn broek... en niets! Als ik bij zijn schoenen ben, zie ik ineens een pistool verstopt in zijn sok zitten. Een volledig geladen Beretta negen millimeter met een ivoren kolf waarop zijn vier initialen staan.

'Kijk nou! Nu is het mijn beurt, meneer de adjunct-afgevaardigde! Mijn wraak voor die avond met die revolver is zoet! Handen omhoog!'

In een fractie van een seconde draait hij mijn arm op mijn rug, grijpt het pistool en steekt het in mijn mond. Mijn eerste gedachte is dat hij dat van David heeft ontdekt. Hij gaat me vermoorden.

'Dit is geen spelletje, Virginia. Vanaf nu draag je dit bij je, omdat je het hard nodig zult hebben. Hij staat op mijn naam, maar je mag hem lenen. Als je hem ooit gebruikt, staan de beste schoonmaakploegen van het land klaar. Geen druppel bloed laten ze achter. En dan nu de waarheid. Niks geen politiek meer voor mij. Je bent de vrouw van een crimineel. Ik ga je precies vertellen wat je moet doen als de veiligheidsdiensten hier aankloppen. En hoe je een kogel effectief door je eigen hoofd moet schieten, zodat je niet de rest van je dagen in een rolstoel hoeft te slijten. Die lui zien meteen of je aarzelt om de trekker over te halen. In een fractie van een seconde pakken ze je wapen af. En het eerste wat die beulen doen is alles van je lijf afrukken... bij jou... het mooiste op aarde... Dus nu gaat eerst die drieduizenddollarjurk uit. Anders scheur ik hem zelf los. Naar de badkamer! Bij al die grote spiegels. Kom op! Waar wacht je nog op?'

Ik gehoorzaam. Zonde als mijn Yves Saint Laurent naar de knoppen gaat. Ik voel zowel opluchting als nieuwsgierigheid. Eerlijk gezegd ben ik er gek op als zijn ogen zo vlammen, dat is een voorbode van fantastische seks. Pablo staat achter me met de Beretta. De kogels zijn eruit. Als je een wapen trekt om iemand te doden, zegt hij, moet je wel je kop erbij houden. Anders raak je de controle kwijt. Zo zet je je voeten neer, zegt hij, en zou houd je je bovenlijf als je een stel klootzakken voor je hebt, maar wel een wapen in je hand. Hoe ik mijn lichaamstaal moet gebruiken, legt hij uit, wat ik moet voelen, denken en wat die kerels gaan proberen te doen. Ik zie een merkwaardige glans in zijn ogen als hij me uitlegt wie ik als eerste moet afknallen als ze met z'n tweeën, drieën of vieren zijn, als ze ongewapend zijn of op veilige afstand. Want als het er vijf of meer zijn, bewapend of niet, dan wordt het een heel ander verhaal. Dan moet ik een kogel door mijn kop jagen vóórdat ze me te pakken krijgen. Ook dat laat hij me zien: hoe ik mijn vingers moet krommen en waar ik de loop exact moet plaatsen. Keer op keer drukt hij op de trekker, waarbij hij steeds mijn arm op mijn rug draait tot ik het uitschreeuw van de pijn. Gaandeweg leer ik hoe ik mezelf niet moet laten ontwapenen. Terwijl ik in de spiegels onze naakte lichamen om het wapen zie vechten, kan ik het niet nalaten aan twee Atheense discuswerpers of twee Spartaanse worstelaars te denken. Hij is honderdmaal sterker dan ik, dus het lukt hem telkens me te overmeesteren. Zonder pardon haalt hij alles uit de kast om me te dwingen doodsangst te voelen, doodsangst opzij te zetten, de controle over te nemen, me een voorstelling te maken van de pijn... en te sterven... uit liefde. Ineens smijt hij de Beretta tegen de grond. Aan mijn haren trekt hij me naar zich toe voor het laatste deel van de les. Zijn vrije hand op mijn huid, zijn mond bij mijn oor. Ik begin te huiveren van zijn ijzingwekkende en onvoorstelbare verhalen waar geen einde aan komt. Gedetailleerde beschrijvingen van martelingen, misselijkmakende manieren om te folteren; ik wil dat hij stopt, probeer mijn vingers in mijn oren te duwen, maar hij houdt mijn beide armen in een ijzeren greep en drukt een hand op mijn mond, terwijl hij maar door blijft gaan. Als hij dan eindelijk al die lijfstraffen heeft beschreven, al dat lijden, een kolfje naar de hand van een benedictijner inquisiteur, fluistert deze duivel die mijn leven in handen heeft, deze man die me liefheeft zoals ik nooit voor mogelijk had gehouden, sissend in mijn oor dat dit nog maar een fractie is van wat me te wachten staat als ik niet leer me te verdedigen tegen zijn vijanden. Ik moet leren ze net zo intens te haten als hij. Zonder met mijn ogen te knipperen moet ik de trekker kunnen overhalen op het moment dat ze me met de rug tegen de muur zetten en vragen waar hij is.

Na een heerlijke, korte stilte waarin ik even tot rust kan komen vraag ik hoe het komt dat hij hier zo bedreven in is. Ik hoor hem, nog enigszins buiten adem, zeggen: 'Daar heb ik veel ervaring mee... ook met ontvoerders. Daardoor, mijn lief.'

Na nog een korte stilte vraag ik hem hoeveel ervaring precies. Hij wacht even, zucht, en zegt dan doodrustig dat het er zeker wel tweehonderd zijn. Na weer een korte pauze vraag ik hem hoeveel van die tweehonderd 'erin gebleven zijn'. 'Veel... heel veel,' geeft hij opnieuw zuchtend toe. Ik wil ook weten wat er is gebeurd met degenen die het hebben overleefd. Geen antwoord. Dan sta ik op van de plek waar onze 'veldslagen' normaliter eindigen, en laad ik de Beretta. Met het pistool in mijn hand pak ik uit mijn kluisje een extra paar sleutels van de lift die rechtstreeks op mijn appartement uitkomt. Met het pistool nog steeds in mijn hand geef ik hem de sleutels: 'Jij bent de eerste aan wie ik ze uitleen, Pablo. Mocht je op een dag nergens meer heen kunnen, dan kun je je altijd nog hier verstoppen. Geen zinnig mens zou het in zijn hoofd halen je hier te komen zoeken. Ze kunnen voor mij komen, maar niet voor jou. Hier in dit hartje zit de combinatie van mijn kluis. Als ik buiten de stad ben, weet je dat het pistool daar ligt. Ik zal het voortaan altijd bij me dragen, behalve als ik voor zaken het vliegtuig moet nemen. Verzin maar een naam, dan licht ik de conciërge in. Dan kun je van de garage en de lift gebruikmaken als ik er niet ben.'

Deze geweldige, unieke en gevreesde man toont me zijn oneindige dankbaarheid met een zwijgende, tedere liefkozing, een melancholieke blik in zijn ogen en vier woorden die ik nooit zal vergeten. Ik krijg van hem een pistool, hij krijgt er een gouden hartje voor terug.

Bij het afscheid besef ik dat mijn geweten honderden zielen met zich mee moet dragen.

✥

'Als je de vogel wilt doden, hak dan de boom om waarin hij zijn nest heeft' zegt het spreekwoord. In maart 1984 valt Tranquilandia, de grootste cocaïneraffinaderij ter wereld. Het bolwerk in het oerwoud bij de Yarírivier is opgespoord door een Noord-Amerikaanse satelliet. De Amerikaanse overheid heeft die informatie doorgespeeld aan minister Lara en de Colombiaanse politie. Het geheel van veertien laboratoria, verspreid over een oppervlakte van vijfhonderd hectare, produceert vijfendertigduizend kilo cocaïne per week. Het bolwerk beschikt over eigen startbanen om de drugs direct naar het buitenland te vervoeren, een eigen wegennetwerk en comfortabele behuizing voor de ongeveer driehonderd werknemers. De politie heeft veertien ton cocaïne in de rivier de Yarí gedumpt en beslag gelegd op zeven vliegtuigen, een helikopter, een heel wagenpark, wapens en zo'n twaalfduizend metalen vaten voor de verwerking van cocaïnebasis naar pure cocaïne.

Ik spreek Pablo nog een paar dagen vóór mijn vertrek naar Venetië. Hij blijft nogal rustig onder die situatie. De laboratoria van Tranquilandia en Villa Coca zijn niet van hem, zegt hij, maar van Jorge en Gonzalo, en de echte waarde van de in beslag genomen goederen is slechts een fractie van wat de politie beweert. Maar, legt hij me uit, ze hebben 'de vakbond' wel een belangrijke les geleerd. Vanaf nu zullen de 'cocaïnekeukens' mobiel zijn en in de guerrillagebieden gaan ze tol betalen aan de rebellen. In ieder geval vertegenwoordigt de handel die is 'gevallen' slechts tien procent van het geheel, en is dus verwaarloosbaar.

Hij verdient namelijk zeker vijfduizend dollar per kilo per transport en aan elke kilo netto – als hij het transport niet hoeft te betalen omdat de vliegtuigen en routes van hemzelf zijn – houdt hij meer dan het dubbele daarvan over. Zelfs na aftrek van de kosten, zoals piloten, kerosine en smeergeld aan de autoriteiten in diverse landen, in het jargon van de 'vakbond' beter bekend als 'de route'. De bemanning verdient met de ladingen van honderden kilo's coke zo'n miljoen dollar per trip. Dus als ze in handen vallen van de autoriteiten en smeergeld niets uithaalt, kunnen zijn piloten de beste advocaten in dienst nemen en borgsommen betalen zonder Colombia te hoeven bellen.

Zo langzamerhand kom ik erachter dat smeergeld altijd en overal werkt, behalve in de Verenigde Staten en Canada. De sleutelfiguren op een route zijn de dictator of de gouverneur, de commandant van de luchtmacht of van de politie of de douanedirecteur van het tropische land waar het vliegtuig een tussenstop heeft om bij te tanken. Iedereen die erbij betrokken is, van chemici, 'cokebereiders', bewakers, piloten tot aan de boekhouders, krijgt een vorstelijk salaris zodat het niet bij ze opkomt te gaan stelen of hun meerderen in de organisatie en de routes te verraden. Pablo heeft het altijd over zijn 'handelswaar' en gebruikt nooit het woord 'cocaïne'. Hij vertelt me al deze dingen zodat ik me niet druk maak over de vlucht die het opsporingsonderzoek van minister Lara Bonilla inmiddels neemt.

Nu ik naar Italië ga, krijg ik een shoppingbudget van tienduizend dollar mee. Ik heb voor drie weken televisieprogramma's van tevoren opgenomen en vraag verlof aan bij Grupo Radial. Opgetogen reis ik af naar Venetië, die schitterende stad op dit grensgebied tussen zee en land.

Dus begin 1984 ziet mijn wereldje er zowat perfect uit; mijn minnaar is waarschijnlijk de meest royale 'koopman' van zijn tijd en dankzij hem voel ik me de gelukkigste, mooiste en meest gekoesterde vrouw op aarde. We maken eerst een stop in Rome om kleding aan te schaffen voor de commercial die in Venetië zal worden opgenomen. Ik verlaat net de schoonheidssalon van Sergio Russo en vraag mezelf af waarom ik er in Colombia nooit zo uitzie: waarschijnlijk omdat ik er net honderden dollars voor heb neergeteld, wat overigens een fractie is van de prijs van mijn Odicinipakje en mijn krokodillenleren tas en schoenen.

Na Pablo is er niets wat me gelukkiger maakt dan jaloerse en bewonderende blikken terwijl ik door de met luxewinkels verfraaide hoofdstraat van een Europese stad wandel, geflankeerd door twee knappe, elegante, lachende mannen in onberispelijke donkerblauwe blazer en met een ring met het familiewapen aan de vinger. Op deze perfecte dag loop ik in het centrum van Rome met Alfonso Giraldo y Tobón en met Franco, graaf van Antamoro y Céspedes door Via Condotti. Alfonso is een legendarische playboy en de meest verfijnde man die Colombia heeft voortgebracht. Het enorme fortuin, door zijn vader met de antiroosshampoo Caspidosán vergaard, heeft hij er compleet doorheen gejaagd, dansend met Soraya, die droom van een Perzische keizerin, en boemelend met prinsen zoals Johannes von Thurn und Taxis, de rijkste van het hele heilige Romeins-Germaanse rijk, 'Princy' Baroda uit India en Raimundo Orsini d'Aragona, die van de Heilige Stoel.

Daar komt nog bij dat hij flink achter de vrouwen heeft aangezeten met Porfirio Rubirosa, schoonzoon van Trujillo en een van de rijkste mannen van zijn tijd. Maar nu woont Alfonso in zijn favoriete stad in een vleugel van een palazzo dat aan de familie Orsini toebehoort. En Franco is partner bij een particuliere bank in Genève en kleinzoon van Carlos Manuel de Céspedes, de prominente man die aan de wieg stond van de bevrijding van Cuba en de eerste van de grootgrondbezitters die zijn slaven de vrijheid verleende. Mijn twee oude vrienden maken me danig aan het lachen, geven me koosnaampjes en zijn zeer complimenteus. Franco roept uit: 'Vierendertig jaar is nog heel jong, Colombianetta, en mooie vrouwen zijn met veertig op hun best. Waarom woont zo'n vrouw als jij helemaal in Colombia? Zo'n prachtig schepsel heeft dringend een rijke man nodig, een knappe vent met een titel. En een casanova in bed!'

'Morgen', zegt Alfonso, 'ga je uit eten met een polospeler, de knapste man van Rome. Dan nodigt hij je vast uit voor de poloclub op zondag. Daar komen de aantrekkelijkste mannen van heel Italië, wat je noemt *eye candy*, liefje! Ik heb al mijn vrienden al verteld dat de mooiste vrouw van Colombia naar Rome kwam, en nu sterft iedereen van nieuwsgierigheid!'

Verheugd glimlach ik, want eindelijk heb ik nu ook een titel! Glimlachend denk ik bij mezelf dat ik met hart en ziel van de zevende rijkste man ter wereld hou, een alternatieve minnaar van het niveau van Porfirio Rubirosa heb en mijn hoofd voorlopig nog niet heb verloren aan de mooiste polospeler van Colombia. En omdat Alfonso een perfecte smaak heeft voor alle must haves, vraag ik hem met me mee te gaan naar Battistoni om overhemden te kopen. Bovendien wil ik naar Gucci voor de meest goddelijke schoenen en leren jasjes voor 'een ongetemde dekhengst die altijd in jeans en op gympen loopt en met een rijzweep in zijn hand honderden pony's in bedwang houdt'. Als Aldo Gucci zijn winkel binnenloopt, stelt Alfonso ons aan elkaar voor. Lachend laat hij hem zien dat ik vijfentwintigduizend dollar voor krokodillenleren tassen heb neergelegd. Hoewel het eigenlijk maar vijfduizend is, komt de opgetogen eigenaar even later aanzetten met twee foulards als cadeautje, een met polopaarden en de andere met een bloemmotief, die ik tot op de dag van vandaag nog in mijn bezit heb.

Ik reis door naar Venetië met zo'n zes koffers vol peperdure spullen, en neem mijn intrek in een suite in het Gritti Palace. Opgewekt dwaal ik door deze stad, koop Murano-kristal en op verzoek van Pablo een bronssculptuur voor La Tata, waarna ik me klaarmaak voor de opnames van de commercial. Alles is tot in de puntjes voorbereid, maar werken op het Canal Grande blijkt simpelweg onmogelijk. In mijn spectaculaire witte pakje met bloemmotief van Leonard, met een breedgerande strooien hoed, mijn diamanten sieraden en mijn benen in een perfecte hoek over elkaar gekruist, ben ik een bezienswaardigheid. Als de toeristen de camera's opmerken, worden we algauw omringd door zeker zes of zeven bootjes. Onder het roepen van *'Un' attrice, vieni! Un' attrice!'* wijst de gids mijn richting op en het volgende moment storten tientallen Japanners zich boven op ons om foto's te nemen en mijn handtekening te vragen. In het begin vind ik dit alles wel hilarisch. Maar na honderd pogingen tot opnames die drie dagen in beslag nemen, besluiten we de scène te verplaatsen naar een *canaletto* met een bruggetje waarvandaan een *ragazzo* in een middeleeuws pak me een roos toewerpt, die ik glimlachend en met een luchtkus ontvang. Die *bello ragazzo biondo* opduikelen was weer een ander drama, want in Venetië leeft iedereen van het toerisme en een blond model vraagt algauw duizenden dollars. Uiteindelijk komt alles op z'n pootjes terecht, en door de jaren heen zou mijn Venetiaanse commercial zich tot een van de meest vermeldingswaardige in de Colombiaanse reclamegeschiedenis ontpoppen. Voor de rest van mijn leven, en vanwege die onvergetelijke reis gekoppeld aan een vorstelijk salaris, zouden mijn collega's zich laatdunkend uitlaten dat ik 'niet meer dan een modelletje' was. Het gerucht ging zelfs dat Alas Publicidad een groot deel van Venetië zou hebben nagebouwd bij de Rio Grande de la Magdalena, om te besparen op kosten van overtocht en hotel!

Pablo heeft me tijdens die trip zeker twee keer per week gebeld. Alles ging goed, volgens hem, en de situatie was enigszins gekalmeerd. Onderweg terug naar Colombia tel ik de uren die me nog van hem scheiden. Straks, als ik in zijn armen lig, zullen we zeggen hoe we elkaar gemist hebben. Ik zal hem zijn cadeautjes geven en hem vertellen hoe goedgezind het leven me is en hoe aardig de mensen buiten Colombia zijn, want er altijd stralend bij lopen is in andere landen blijkbaar geen doodzonde of halszaak. En ik verheug me erop hoe hij me vol trots en tederheid zal toelachen, want hij begrijpt me als geen ander en hij weet ook als geen ander wat jaloezie kapot kan maken.

Wie had ooit, na een maand afwezigheid en bij zo veel redenen tot vreugde, kunnen bedenken dat de eigenaren van een bolwerk van vijfhonderd hectare zo woedend en haatdragend zouden reageren op hun verlies? En op de inbeslagname van een 'onbeduidende' veertien of zeventien ton coke van veertig- en vijftigduizend dollar per kilo straatwaarde in de Verenigde Staten, plus vliegtuigen, investeringen, et cetera? Hoe had ik ooit kunnen weten dat Tranquilandia ook eigendom van Pablo was, en dat de waarde van de verliezen zou oplopen tot zo'n miljard dollar van toen, zo'n tweeënhalf miljard vandaag de dag?

De bom die de dag na mijn aankomst in Bogota ontploft, is tot in alle uithoeken van Colombia te horen en is een hot item in alle nieuwsbulletins en kranten ter wereld. Het nieuws explodeert in mijn hoofd, mijn vreugde vervliegt ter plekke en al mijn hoop wordt de bodem ingeslagen. Mijn wereld stort in en mijn dromen liggen aan diggelen. Ik besef dat niets ooit meer hetzelfde zal zijn. Dat alles waar ik in mijn leven om gaf voorbij is en we nooit meer zo van het leven zullen genieten. Dat ik zo lang als ik leef geen dag meer volledig gelukkig zal zijn. Dat het meest vrije wezen op aarde enkel nog op de loop voor justitie zal zijn tot de dag dat ze hem vinden of de nacht dat ze hem liquideren.

Waarom snapte ik op die dag van de Beretta niet dat hij van plan was de minister van Justitie te vermoorden? Waarom moest ik zo nodig naar Italië in plaats van bij hem te blijven en met duizenden argumenten te voorkomen dat hij zo'n stommiteit zou begaan? Waarom heeft hij alleen maar de verkeerde mensen om zich heen, die niet in staat zijn de gevolgen van zijn daden te overzien en huurmoordenaars die hem blind gehoorzamen alsof hij God zelf is? En waarom straft u me, Heer, als ik nooit iemand kwaad heb gedaan? En waarom is het leven zo wreed, is alles zo vluchtig en duurt niets voor eeuwig? En waarom moest hij zo nodig op mijn pad komen, als hij al een gezin, familie en andere vrouwen had, en partners en politici, aanhangers en een heel leger, terwijl ik niets en niemand had?

Op de begrafenis van Rodrigo Lara Bonilla kondigt president Belisario Betancur de ondertekening van het uitleveringsverdrag met de Verenigde Staten aan, dat ipso facto in werking treedt. Telkens weer zie ik op televisie de jonge weduwe Nancy Lara in tranen, bittere tranen, even bitter als de mijne. Twee uur daarna belt Pablo me op. Hij smeekt me niets te zeggen, hem niet te onderbreken en elk woord dat hij zegt goed te onthouden: 'Je snapt wel dat ze me deze moord in de schoenen gaan schuiven. Ik moet het land uit, een heel eind hiervandaan. Ik kan je niet schrijven of bellen, want vanaf nu word je dag en nacht in de gaten gehouden. Zorg dat je dat stuk ivoor altijd bij je hebt en oefen goed op de dingen die ik je geleerd heb. Vertrouw niemand, en al helemaal niet je vriendinnen of andere journalisten. Tegen iedereen die naar me vraagt, zeg je resoluut dat je me al minstens een jaar niet meer hebt gezien en dat ik in Australië ben. Laat de cadeautjes maar bij Beatriz, de verloofde van mijn vriend. Ik stuur later wel iemand om die koffer op te halen. Mocht ik Colombia niet meer in komen, dan laat ik je wel ophalen zodra het wat rustiger is. Dit heeft gewoon even tijd nodig. Vergeet niet dat ik met hart en ziel van je hou en je elke dag zal missen. Tot snel, Virginia.'

'Vaya con Dios, mi vida. Vaya con Dios, mi amor', zingt Connie Francis in dat hartverscheurende afscheid dat me, waarom weet ik niet, van jongs af aan altijd diep heeft geraakt. Maar... hoe kon ik zo'n gewetenloze moordenaar nu toewensen dat hij met God zou gaan, nu ik wist dat mijn vroegere idealist was gestorven en een harteloze wreker was opgestaan? Nu ik wist dat mijn man van het volk zo meedogenloos was geworden?

Het enige wat ik weet is dat ik een vrouw ben, die alleen maar machteloos kan toekijken. Dat hij vanaf vandaag steeds meer een vreemde voor me zal zijn, steeds minder de mijne... Dat hij steeds minder in mijn gedachten zal zijn... Dat zijn verdedigingsmechanismen hem steeds onbarmhartiger zullen maken, zijn honger naar wraak steeds genadelozer... En dat vanaf vandaag elke dode van hem er ook een van mij zal zijn, en het mijn lot is om deze last met me mee te dragen.

COCAINE BLUES

Honderden arrestaties en huiszoekingen. De inbeslagname van vliegtuigen, helikopters, jachten en luxeauto's. In de weken na de moord op Rodrigo Lara Bonilla heeft de Colombiaanse politie de handen vol. Voor het eerst in de Colombiaanse geschiedenis houdt de politie elke chauffeur van een Mercedes of Ferrari als verdacht aan. Op barse toon en soms zelfs met beledigingen wordt bevolen uit te stappen, waarna de agenten zonder pardon de auto in beslag nemen. In dit geval gaat de gebruikelijke 'omkoperij' met biljetten met een flink aantal nullen niet op, want het leger houdt alles en iedereen in de gaten. De belastingbetaler zegt trots dat het land nu 'eindelijk!' uit de greep van de corruptie kan ontsnappen. Want hoe lang kan een land zulke praktijken nou blijven dulden, onze reputatie ligt al aan gruzelementen en we zijn toch verdomme geen Mexicanen? De grote drugsbaronnen smeren 'm massaal naar het buitenland. Naar Panama, wordt er gefluisterd, want daar hebben ze hun geld verstopt zodat de gringo's er niet bij kunnen. Men gaat er al van uit dat de Verenigde Staten ons land zullen binnenvallen om een marinebasis aan de Pacifische kust aan te leggen. Het Panamakanaal droogt namelijk op en er moet nodig aan vervanging ervan worden gedacht. Bovendien zou de Darién ontgonnen moeten worden om dé pan-Amerikaanse snelweg vanaf Alaska tot Patagonië te kunnen realiseren. En ook nog een militaire basis aan de Atlantische kust, zoiets als Guantánamo, want de guerrillabewegingen krijgen meer en meer invloed, zo erg dat onze buren al zeggen dat hun landen aan het colombianiseren zijn, 'en dat is toch ongehoord!' De natie staat in vuur en vlam en iedereen begrijpt donders goed dat keurige burgers de aanleg van de twee basissen toejuichen, want de zestig procent van het volk dat tegen is zit in de drugshandel of is communist.

Mijn leven is deze weken tot een ware hel geworden. Elk half uur gaat de telefoon. Vage figuren overdonderen me met allerlei uitlatingen die ze nooit tegen Pablo zouden durven doen, en die inderdaad verdacht veel lijken op de krachttermen die Pablo die avond van de Baretta in mijn oor siste. Langzaamaan wen ik zelfs aan al die beledigingen en bedreigingen; en ook aan het feit dat de dagen voorbijgaan zonder dat ik iets van hem verneem. Mijn tranen drogen op, noodgedwongen sta ik steeds sterker. Ik begin zelfs te denken dat het beter is zo, want wat had ik nou eigenlijk aan zo'n moordenaar? Hij kan maar beter ver weg in Australië schapen blijven hoeden en de Colombianen – die goede, hardwerkende mensen – lekker met rust laten. En omdat het leven nu eenmaal kort is en ons uiteindelijk niet veel anders rest dan de herinneringen aan een beetje plezier en genot, wil ik mezelf bewijzen dat ik heel goed zonder Pablo kan. Dus ga ik met David Metcalfe naar Rio de Janeiro en Salvador da Bahia om *moqueca baiana* te eten en te luisteren naar Gal Costa, Caetano Veloso, Maria Bethânia, Gilberto Gil en al die anderen uit dat immense, door de hemel geschapen land met de meest genotzuchtige mensen op aarde. We drentelen door de Braziliaanse stad van artiesten en filosofen, die recentelijk een flinke schilderbeurt heeft ondergaan in verband met het succes van *Donna Flor e Seus Dois Maridos*,[24] de film met Sonia Braga, die ik onlangs nog heb geïnterviewd voor een van mijn televisieprogramma's. David Metcalfe ziet er geweldig uit in zijn *resort wear*, zijn blazers van Saville Row en zijn roze, koraalkleurige en kanariegele pantalons uit Palm Beach en ik kan in de *cidade maravilhosa cheia de encantos mil*[25] voor het eerst al mijn bikini's en pareo's aan die ik in Italië heb gekocht. Ik voel me als

---

24 Dona Flor en haar twee echtgenoten
25 Wonderbare stad van duizend charmes vol

de *girl from Ipanema* en kijk naar de schitterende Lagoa onder de sterrenhemel in de cariocanacht. Samba dansen doe ik niet, want een lid van White's van twee meter lang dat ook nog eens tweeëntwintig jaar ouder is dan ik mag dan misschien wel caipirinha's drinken, maar weigert pertinent te dansen op samba-, salsa-, reggae- of vallenatomuziek of op al die 'Spanish music' van mijn Latijns-Amerikaanse leeftijdgenoten. Die paar dagen ben ik in de zevende hemel en ik denk dat het leven me eindelijk weer toelacht, na een rivier van tranen te hebben gehuild voor Pablo, en nog een voor mezelf, een voor zijn doden en nog een voor ons beider land.

Na verloop van een paar maanden is alles weer normaal. Er gaan geruchten dat de OAS Colombia heeft gesteund en zich tegen de Noord-Amerikaanse invasie heeft gekeerd, want tenslotte hadden we al een Guantánamo en twee leek niet zo handig voor de stabiliteit op het zuidelijk halfrond. Wie zit er bovendien te wachten op al die Europese milieubeschermers als het regenwoud van Darién zou worden verwoest onder het mom van vrije handel? Het hele land, inclusief guerrilla, studenten, arbeiders, middenklasse, bourgeoisie en huishoudelijk personeel, is blij dat de gringo's nul op het rekest krijgen en de grote ondernemers investeren weer in banken, drogisterijketens en voetbalclubs.

En wie is er nou beter op de hoogte van wat er werkelijk met Pablo en consorten aan de hand is dan Gilberto Rodríguez Orejuela, zijn emeritus collega en heer en meester van tientallen journalisten? Godzijdank zijn de Rodríguez' geen vijanden van het establishment, maar eerder vrienden van de hele politieke en bureaucratische elite. Ze hebben geen bloed aan hun handen en ze doen evenmin aan martelpraktijken. Wel gaan er gaan geruchten dat ze heel veel jaren terug hebben deelgenomen aan de ontvoering van een aantal Zwitsers in Cali, maar dat is zo lang geleden dat dat niet meer te achterhalen is. Gilberto bewaart zijn geld niet in blikken onder de grond, zoals Pablo en El Mexicano, maar gewoon in de kluizen van zijn eigen banken. Hij vermoordt geen ministers, en is zelfs een persoonlijke vriend van Belisario Betancur. Hij wordt ook wel 'De Schaker' genoemd, omdat hij een verdienstelijk schaker is en niet denkt als een brute seriemoordenaar. In Bogota draagt hij geen beige linnen pakken, maar donkerblauwe. Hij draagt geen gympen zoals

Pedro Navaja, maar Bottega Veneta-schoenen zoals John Gotti. En last but not least, Gilberto Rodríguez is nu de rijkste man van Colombia nadat de eigenaars van Tranquilandia voor een miljard dollar het schip in zijn gegaan. Dat fluisteren al mijn collega's tenminste.
Rodríguez brengt meer en meer tijd in Bogota door en vraagt me dan steeds bij hem op het kantoor van Grupo Radial te komen. Hij wil graag dat ik hem op de hoogte houd van het wel en wee in de stad, want hij doet voorkomen dat hij maar een eenvoudige provinciaal is, die niet zo goed weet hoe het er in de grote stad aan toe gaat. Natuurlijk is Gilberto goed geïnformeerd, want zijn beste vrienden zijn Rodolfo González García, Eduardo Mestre Sarmiento en Hernán Beltz Peralta, het neusje van de zalm binnen de politieke klasse in Colombia. Alle afgevaardigden uit Valle del Cauca en een groot aantal politici uit andere departementen bellen Gilberto op, en hij trekt voor ieder van hen zo'n tien minuten à een kwartier uit. Terwijl ik hem vanaf de bank tegenover zijn bureau gadesla, hoor ik al die namen voorbijkomen. Wat Gilberto me eigenlijk wil aantonen is dat hij wél elegant, populair en machtig is, en dat hij in staat is ministers en senatoren om te kopen; dat mijn minnaar niet meer is dan een simpele voortvluchtige en dat híj op dit moment in Colombia de kardinaal achter de troon is. Eenieder die belt om geld aan hem te vragen – en dat is het enige waarvoor gebeld wordt – krijgt een positief antwoord. Hij legt me uit dat zijn vrienden de volle honderd procent krijgen van wat hij ze belooft. Degenen die hij niet helemaal vertrouwt, krijgen slechts een aanbetaling van tien procent en zodra hij weet wat ze waard zijn, belooft hij ze de rest van het bedrag. Hij heeft grote bewondering voor voormalig president Alfonso López Michelsen vanwege zijn 'uitzonderlijke, volwaardige en meest verdorven brein van het land'. De voormalig president en zijn echtgenote Cecilia Caballero reizen regelmatig naar Europa. De eersteklastickets krijgen ze cadeau van Gilberto. Ze doen Londen en Parijs aan en gaan ook nog af en toe naar Boekarest om injecties met procaïne te halen bij de beroemde gerontologe Anita Aslan, wier patiënten perfect gezond, alert en helder blijven zelfs als ze de honderd al zijn gepasseerd.
Gilberto heeft extreemlinkse denkbeelden, want als kind moest zijn familie op de vlucht voor het rechtse geweld in zijn geboorteplaats

Tolima, het gebied waar rijst en koffie wordt verbouwd. Het gezin vestigde zich vervolgens in Valle de Cauca, het gebied van de suiker. Anders dan Escobar en de Ochoa's in Antioquia, heeft hij de politie, de veiligheidsautoriteiten en het leger in de Valle volledig onder controle. Gilberto en ik praten over van alles, maar Pablo's naam valt nooit, zelfs niet als we het hebben over Picasso's *Guernica* of Neruda's *Nuevo canto de amor a Stalingrado*. Escobar en Rodríguez zijn tegenpolen van het zuiverste water. Als Pablo me ziet wil hij maar één ding: die jurk uit; die acht uur conversatie komt later wel. Als Gilberto naar me kijkt ziet hij ook maar één ding: Escobars minnares. En als ik naar Gilberto kijk gaat er ook maar één gedachte door mijn hoofd: Pablo's concurrent. Als Pablo het drama is, dan is Gilberto komedie, slangenbezweerder en doos van Pandora ineen. Hij staat met een van zijn Italiaanse schoenen in de onderwereld en met de andere in het establishment. En sinds enige tijd zitten we op één lijn; niet alleen vinden we het gezellig samen en zijn we de twee best geïnformeerde personen van het land, rijke man van aanzien en mooie beroemde dame, maar we respecteren ook elkaars belangen en we hebben consideratie met elkaar.

'Hoe kan een man zo'n schoonheid, zo'n prinses, zo'n godin alleen maar als minnares willen hebben? Met zo'n vrouw als jij zou iedere man meteen trouwen, hij zou haar elke dag in de watten leggen en nooit meer in zijn leven naar een andere vrouw kijken! En dan te bedenken dat ik al getrouwd ben... en ook nog met zo'n furie! Je zou mijn bestaan kunnen kenschetsen als samenleven met Kid Pambelé, die me overdag helemaal lens slaat, en met Pele, die me 's nachts verrot schopt. Je kunt er echt met je verstand niet bij, mijn prinses, om dagelijks zo'n furie om je heen te hebben. Ze maakt me het leven zuur, terwijl de omgeving en andere bankiers me ook nog eens minachtend aan de kant zetten. Godzijdank begrijp jíj me wel! Want weet je, rijke mannen plengen soms ook tranen, maar jij bent als een pleister op de wonde...'

Waar Gilberto en Pablo toch ook echt heel essentieel in verschillen is het feit dat de man van wie ik nog steeds hou en die ik nog dagelijks mis, me altijd op waarde heeft weten te schatten. Pablo beledigt mijn intelligentie niet en komt niet opdraven met lege complimentjes, hooguit als hij ziet dat ik door toedoen van hem verdriet heb, waar ik overigens nooit een woord over heb durven zeggen. Pablo accepteert geen nederlagen, van niemand, ook niet van de vrouw van wie hij houdt. Pablo spreekt geen kwaad over zijn handlangers, alleen maar over zijn aartsvijanden, de galanisten. Als Pablo iets belooft, dan houdt hij zich daar voor de volle honderd procent aan. Hij stuurt het geld op en vraagt niet om een ontvangstbewijs. Pablo praat niet over pietluttigheden en is altijd attent, bij iedereen en dus ook bij mij, want voor ons beiden geldt dat het nooit genoeg is: alles moet altijd beter, groter, het toppunt, het maximaal haalbare. Wij denken alleen maar in het groot in onze relatie, ons taalgebruik, onze gesprekken. We zijn beiden gewone aardse stervelingen, ambitieuze dromers, onverzadigbaar in alle opzichten. Het enige waarover we altijd twisten zijn bepaalde ethische gedragscodes. Ik vertel hem dat de wreedheid van de evolutie me angst inboezemt en dat Gods Zoon op aarde kwam om ons mededogen bij te brengen.

Ik heb met Pablo eindeloze discussies gehad over zijn benadering van het hier en nu. Hij denkt alles in no time te kunnen regelen, zonder rekening te houden met de consequenties van zijn daden, wat gelijkstaat aan spelen met vuur.

Pablo en ik blijven elkaar verrassen, wakker schudden, tegenspreken, confronteren en door het slijk halen. Want niets, maar dan ook niets ter wereld streelt het ego meer dan een ontmoeting met je gelijke. Als dat tenminste een gelijke van de andere sekse is.

Tijdens het seksuele spel zwepen we elkaar op tot ongekende hoogte vóórdat we uiteindelijk weer zachtjes op aarde neerkomen, waarbij onze lichamen elkaar perfect als yin en yang omsluiten.

Op een avond nodigt Gilberto me uit voor de viering van een historische zege van América de Cali, de voetbalclub van zijn broer Miguel. Dat is een uitermate vriendelijke, galante en serieuze man die totaal het tegenovergestelde is van zijn charmante, geslepen broer. Mijn instinct zegt me dat het hem ook ontbreekt aan de intellectuele interesse van Gilberto, die zich voornamelijk op het artistieke vlak richt en niet zozeer op het politiek-historische, zoals bij Pablo. Vóórdat ik Miguel Rodríguez een interview afneem en we samen op de foto gaan, wissel ik eerst wat woorden met hem om af te tasten hoe hij op me reageert. Ik weet namelijk zeker dat Gilberto Praatgraag allang met hem over mij heeft gesproken. Ik leer de zonen uit Gilberto's eerste huwelijk kennen, die allemaal heel aardig tegen me zijn, en dan neem ik afscheid.

Hij staat erop me naar de auto te brengen, maar ik heb dat liever niet, want ik weet zeker dat zodra hij mijn Mitsubishi te zien krijgt, de familie Rodríguez meteen doorheeft waar Pablo een steek heeft laten vallen.

'Wat een mooie auto, prinsesje!' roept hij triomfantelijk, alsof hij een Rolls-Royce Silver Ghost voor zich ziet.

'Hou toch op, het is Assepoesters koets niet. Het is de auto van een door Grupo Radial uitgebuite journaliste. En bovendien... denk ik dat het hoog tijd is je te bekennen dat ik niets met garages heb, alleen met hangaars... of eigenlijk met drie hangaars.'

'Oeffff! En wie zit er op dit moment in die driedubbele hangaar, prinsesje?'

'Een man die nu in Australië zit. Maar hij komt gauw terug.'

'Maar... weet je dan niet dat die man al een poosje terug is? En dat zijn hele vloot nu in één hangaar is ondergebracht? Die van de politie... En wanneer kom je eens een keer naar Cali, liefje? Om samen uit eten te gaan?'

Ik antwoord dat er in Bogota al restaurants bestaan sinds de kolonisatie, maar dat ik zaterdag in Cali ben om antiek bij mijn vriendin Clara te kopen. En ik neem afscheid.

Tot zaterdagavond zeven uur zit ik thuis te janken. Clara weet namelijk al, via Joaco's vriendin Beatriz, die naast Pablo's zus woont, dat Pablo terug is en direct de jacuzzi in is gesprongen in gezelschap van zijn vaste modelletjes die hij door alle marihuana ook nog in het kwadraat ziet.

Ik bedenk dat Gilberto godzijdank geen zwak heeft voor lesbiennes en evenmin voor Samarian Gold van de Davila's, niet voortvluchtig is voor justitie en dat hij de Absolute Koning van de Valle del Cauca is. Dat kan wel zo zijn, maar ik behandel iedereen gelijk. Hij en ik hebben al vele uren pratend doorgebracht over alle mogelijke onderwerpen als politiek en financiën, muziek en literatuur, filosofie en religie. Dus nu vraag ik hem bij de eerste slok whisky of hij 'nu eindelijk eens normaal wil gaan doen'. Waarmee ik bedoel te zeggen dat hij gewoon met me praat in hoedanigheid van importeur van de top tien aan chemische consumptiemiddelen, en niet als gerespecteerd bankdirecteur of andere flauwekul: 'Dus... wat is de formule van cocaïne, Gilberto?'

Hij incasseert de klap, en lachend kaatst hij de bal meteen terug: 'Maar je bent toch geen maffialiefje? En je hebt al die tijd toch wel bijles gehad? Waar heb je het dan eigenlijk met die Australiër over gehad? Toch niet over schapen, mag ik hopen?'

'Nee, natuurlijk niet! We hebben de relativiteitstheorie tot vervelens toe besproken, net zo lang tot hij het eindelijk begreep. En begin nooit, maar dan ook nooit meer over die psychopaat! Want ik praat in principe nooit over een ex met een andere man. Dus laten we nu eens kijken... jouw recept... en ik beloof dat ik dat nooit voor minder dan tien miljoen dollar aan iemand zal verkopen...'

'Tja... hij heeft nooit leren accepteren dat je in deze business, zoals in het hele leven, soms wint en soms verliest. Ze pikken weleens tweehonderd kilo van je hier, driehonderd daar, en daar leg je je dan maar bij neer... wat kun je anders? Maar hij laat iedere keer dat ze vijf kilo van hem pikken meteen vijf doden achter! Zo komt er snel een eind aan de mensheid!'

Vervolgens krijg ik een intensieve cursus chemie: zoveel cocaïnebasis, zoveel zwavelzuur, zoveel kaliumpermanganaat, zoveel ether, zoveel aceton, enzovoort, enzovoort. Als hij klaar is met zijn uitleg, zegt hij: 'Goed, liefje, omdat we nu toch op één lijn zitten, wil ik je een voorstel doen voor een volkomen legaal handeltje, waarmee je multimiljonair kunt worden. Hoe is je relatie met Gonzalo, El Mexicano?'

Ik antwoord dat alle grote drugsbaronnen me respecteren. Ik was de enige televisiester die aanwezig was bij de bijeenkomsten tegen het uitleveringsverdrag. Dat ik ervan uitga dat mijn carrière daar vroeg of laat geheid schade van zal ondervinden en dat ik daarom ben komen werken bij Grupo Radial Colombiano. 'Dat is het enige vangnet dat ik nog heb als ze me op een dag al mijn programma's afnemen... en helaas zie ik de dingen altijd ruim van tevoren aankomen.'

'Ach welnee, Virginia! Daar moet je niet aan denken, een prinsesje als jij moet zich niet druk maken om zulke onzin! Kijk, omdat ik steeds meer tijd in Bogota doorbreng en Gonzalo dáár woont, leek het me een goed idee als je me zou helpen hem ervan te overtuigen dat het voor hem, na dat debacle in Yarí, het beste is als hij met ons zou samenwerken. Tenslotte zijn wij de grootste importeurs van chemische stoffen van het land. Hij is wel zo snugger om gebruik te maken van het feit dat in Los Angeles een miljoen Mexicanen elk baantje zouden aannemen dat voorhanden is. En dat zijn de eerlijkste mensen ter wereld. En dus kan El Mexicano er zeker van zijn dat ze geen grammetje van hem pikken! Dit in tegenstelling tot hoe het jouw vriend vergaat, die meneer uit Miami, die met al die *Marielitos*[26] moet werken. Dat zijn moordenaars, verkrachters en dieven die Fidel Castro in 1980 naar het land van de gringo's heeft verbannen en die alles alleen maar kwaadschiks begrijpen. Daarom is die man helemaal doorgedraaid! Ik ben niet zo ambitieus, ik hoef niet altijd alles te winnen; ik heb genoeg aan wat ik verdien op Wall Street en wat de rijkelui in Studio 54 me betalen; daarmee heb ik voldoende inkomsten om een rustig leventje te leiden tot in lengte van dagen. Dat zijn de dingen die je voor je kinderen doet, meiske...'

Ik weet precies hoe Pablo Escobar, Gustavo Gaviria, Jorge Ochoa en Gonzalo Rodríguez handelen: ze staan schouder aan schouder, en zeker nu de hele wereld over hen heen valt. Omdat ik nu eenmaal niet ben opgeleid om chemische bestanddelen te verkopen, maar wel zo veel mogelijk te weten wil komen, laat ik deze gouden kans niet onbenut en maak ik een afspraak met Gonzalo.

El Mexicano ontvangt me in het hoofdkwartier van club Millonarios, zijn voetbalclub. Hij komt naar buiten en vraagt me even te wachten, want hij heeft een paar generaals op bezoek in zijn kantoor en wil niet dat ze me zien. Ik maak een wandeling door de prachtige tuinen vol vijvers met eenden. Ik breng de tijd door met het observeren van hun baltsgedrag. Geduldig wacht ik tot iedereen is vertrokken en Gonzalo tijd heeft om met me te praten. Pablo's partners hebben me altijd correct behandeld, en ik vind het fijn hem te zien lachen als ik vertel dat ik heel wat meer respect heb voor de partners dan voor Escobar zelf. Gonzalo merkt op dat hij nergens meer rustig kan praten, zelfs niet in zijn eigen kantoor, want er kunnen overal wel microfoons verstopt

---

26 Verzamelnaam van criminele organisaties van Cubanen in de vs

zitten. Het is een uitgesproken lelijke man die zijn carrière is begonnen in de diepste krochten van de onderwereld en in de smaragdhandel. Met hem vergeleken ziet Pablo er inderdaad uit als Elvis Presley. Hij is twee jaar ouder dan wij, heel donker van huidskleur, slank gebouwd en ongeveer 1.70 meter, zwijgzaam, berekenend en doortrapt. Hij heeft zeventien haciënda's in de uitgestrekte Colombiaanse Llanos Orientales, grenzend aan Venezuela, en hoewel ze veel minder waard zijn, zijn sommige zelfs groter dan Nápoles. Net als elke grootgrondbezitter is hij een felle anticommunist en heeft hij een bloedhekel aan de guerrilla, die van ontvoeringen en veediefstal leven. Daarom is het leger altijd hartelijk welkom op zijn terreinen en ontvangt hij ze met een sappige kalfsbiefstuk en nieuwe laarzen voor de soldaten, die door geldgebrek altijd met gaten in hun schoeisel lopen. Als ik hem Gilberto's voorstel doorgeef, blijft El Mexicano een poosje peinzend voor zich uit staren om ten slotte te zeggen:

'Ik weet niet hoe het met Pablo en jou zit, Virginia... En ik wil me nergens mee bemoeien, want hij is mijn vriend, maar die man is vanaf de dag dat hij je heeft leren kennen, stapelgek op je geweest. Ik persoonlijk denk dat hij je niet meer onder ogen durft te komen na wat er is gebeurd... Maar je snapt vast wel dat we een enorme klap hebben gehad die wat ons betreft onvergeeflijk is... En de situatie kan natuurlijk niet zo blijven, want we moeten wel duidelijk maken met wie ze te maken hebben.'

Vervolgens hoor ik over alles wat er in Panama is gebeurd en hij legt me uit dat alles vrij snel weer bij het oude zal zijn, dankzij de hulp van voormalig president Alfonso López. Hij voegt eraan toe dat al hun vliegtuigen veilig in verschillende Centraal-Amerikaanse landen aan de grond staan, want in zulke situaties is het wel zo handig om de directeur van de burgerluchtvaart in je zak te hebben.

Ik vertel hem over de bedreigingen waar ik iedere dag mee word geconfronteerd sinds de moord op minister Lara. En ook dat mijn leven een nachtmerrie is geworden. Hij biedt aan een paar van zijn mannetjes te laten uitzoeken wie me het leven zuur maken met telefonische dreigementen, om ze dat voorgoed af te leren. Ik antwoord dat ik met die doden die Pablo heeft veroorzaakt al genoeg te verduren heb en dat ik helaas tot het soort behoor dat liever geen slachtoffers veroorzaakt. Maar het verbaast me niet dat sommige mensen in een land als het onze het recht in eigen handen nemen. Hij zegt dat ik altijd op hem kan rekenen, zeker als Pablo er niet is, want hij zal zijn leven lang dankbaar zijn voor mijn programma over Medellín sin Tugurios en voor mijn aanwezigheid op de bijeenkomsten tegen het uitleveringsverdrag. Ik merk op dat zijn vriend me nog nooit ergens voor heeft bedankt, waarop hij beslist en met een stem die steeds hoger klinkt zegt: 'Natuurlijk doet hij dat niet, daar is hij veel te trots voor. Toen hij jou had veroverd, voelde hij zich de koning te rijk! Hij heeft me zo vaak verteld hoe waardevol je voor hem bent en hoe trouw. Deze man heeft je echt broodnodig, Virginia. Je bent de enige beschaafde, volwassen vrouw die hij ooit heeft gehad en je bent ook de enige die hem tegenwicht kan bieden. Of denk je soms dat een andere vrouw in jouw positie alles op het spel zou zetten voor zo'n bandiet, zonder er iets voor terug te verwachten? Maar, nu even iets anders... hoe kun je in godsnaam zo naïef zijn? Wist je echt niet dat Gilberto Rodríguez Pablo's meest doortrapte vijand is? Hoe is het mogelijk dat zo'n vuile klootzak zo'n vrouw als jij voor zijn karretje spant? Als hij met mij in zee wil, moet hij eerst maar eens ophouden met de grote meneer uit te hangen. Laat hij zijn handen maar eens in het bloed van de MAS dopen, laat hem eerst maar eens een paar ontvoerders en communisten uit de weg ruimen! Want hij is niet meer dan een 'omhooggevallen indiaan', net als wij allemaal, en een drogisterijkoerier! Ik weet tenminste de grenzen van mijn territorium en wie mijn partners zijn. Hij weet dat allemaal niet! Zeg hem maar dat ik genoeg voorraad heb tot het jaar 3000! En dat hij voor dit soort zaakjes niet een engel als jij moet sturen, maar een klootzak van zijn eigen soort, en graag eentje met ballen zoals Escobar! Ik pieker er trouwens niet over ook maar iets van dit gesprek aan Pablo door te geven. Maar vertel vooral aan meneer De Schaker dat er in het leven niets, maar dan ook niets riskanter is dan Pablo Escobar een mes in zijn rug te steken!'

Gonzalo weet donders goed dat ik evenmin over ons gesprek kan reppen tegen Gilberto. Na hem bedankt te hebben voor zijn tijd en vertrouwen, neem ik afscheid. Ik heb net een belangrijke les geleerd: dat de oppermachtige 'vakbond' van drugssmokkelaars heel wat verdeelder is dan wie ook gedacht zou hebben en dat Pablo, waar hij ook is, altijd door de *hardliners* beschermd zal worden.

Ik heb nooit begrepen hoe Pablo bij zulke diehards zo veel trouw en bewondering wist af te dwingen. Gonzalo heb ik drie of vier keer gezien en toen ze hem in 1989 genadeloos afschoten, wist ik dat Pablo's dagen geteld waren. Over Gonzalo wordt gezegd dat hij 'nog zo'n psychopaat' was, die een hele linkse politieke partij naar God hielp en dat hij een van grootste monsters was die Colombia ooit had voortgebracht. Dat en nog veel meer is helaas meer dan waar. Maar om eerlijk te zijn, deze spuuglelijke man, deze schurk die in de jaren tachtig met behulp van het leger en veiligheidsorganisaties honderden zielen van de Unión Patriótrica naar de hemel heeft gestuurd, had een karaktertrekje dat ik zelden in Colombia ben tegengekomen: Gonzalo Rodriguez Gacha was een echte vriend en 'Gacha' zoals hij werd genoemd in onderwereldkringen, was een echte vent en een man uit één stuk.

Het allereerste wat ik doe als ik terug ben in Bogota is Luis Carlos Sarmiento Angulo bellen. Ik breng hem ervan op de hoogte dat de directeur van zijn Banco de Occidente pertinent weigert een rekening te openen voor de familie Rodríguez Orejuela, nu de rijkste van Valle del Cauca, met een paar miljard dollar en tientallen legitieme bedrijven waaronder de Banco de los Trabajadores en de First Interamericas de Panamá en ook nog honderden drogisterijen.

'Waaaaaat?' brult de rijkste man van het Colombiaanse establishment.

Gilberto en ik treffen elkaar opnieuw in Cali, op zijn verzoek, want hij vermoedt dat mijn telefoon wordt afgetapt en bovendien dat ik geschaduwd word. Ik zeg hem dat ik goed en slecht nieuws heb. Het slechte nieuws is dat Gonzalo hem hartelijk bedankt voor zijn aanbod, maar voorraden heeft tot het jaar 3000.

'Waarmee hij me duidelijk wil maken dat ik naar de hel kan lopen... En hij zei vast ook dat de paisa's zijn partners zijn en niet ik, toch? En hij zei natuurlijk ook dat ik een mietje ben, omdat ik geen lid ben van de MAS... Hoe lang hebben jullie eigenlijk gesproken?'

Ik antwoord dat het gesprek slechts een kwartiertje duurde, want hij had het erg druk.

'Neem me niet in de maling, prinsesje, want met al die informatie die jij hebt, ben je toch algauw een uur of drie aan de praat! Niemand praat maar een kwartiertje met jou! Wat zei hij nog meer?'

'Nou ja, dat hij best wel begrijpt dat jij en Miguel er niets voor voelen om communisten om te brengen... dat hij respect heeft voor de ideologische verschillen tussen jullie en dat jij met jouw intelligentie wel weet wat dat betekent. En hij vindt het jammer dat hij dit via mij aan je moet overbrengen. Maar het goede nieuws is dat Luis Carlos Sarmiento geen reden ziet waarom jouw drogisterijen geen klant van zijn banken zouden kunnen zijn! Ik vertelde hem dat jij de fiscus altijd tot de laatste cent netjes betaalt. En dat is niet uit vaderlandsliefde, toch? Hoe dan ook, dat beviel Luis wel, want hij betaalt in dit land de meeste belasting. En mijn bescheiden theorie luidt nog altijd dat hoe meer magnaten hun reële bijdrage betalen, hoe meer de rest van de bevolking wordt ontzien. Het probleem is alleen dat iedereen, behalve jullie twee, bij het horen van zo'n uitlating meteen beginnen te loeien '*Vade retro Satanas!*' Sarmiento kan je ontvangen wanneer het je maar uitkomt.'

'Nou ja, jij bent echt ongelooflijk! Elke man wil jou wel als zijn vriendin! Of nee, toch niet, niet als vriendin, jij bent in de wieg gelegd voor veel belangrijker dingen!'

'Ja, ja, om beschermengel te spelen. Om allerlei zaakjes voor iedereen op te knappen zonder er iets voor terug te vragen. Maar niet om te onderhandelen over voorraden, Gilberto. En ik snap ook wel dat niemand twee miljard dollar op slechts één bank wil stallen. En nu je op de goede weg bent... zet het in godsnaam uit je hoofd om mijn paisavrienden van de MAS lastig te vallen. Niet doen, nooit.'

Om het goede nieuws te vieren, gaan we dansen in de disco van Miguel. Die avond drinkt Gilberto veel te veel, en ik merk dat alcohol hem geen goed doet, hij raakt de grip op zichzelf kwijt. Als we terug zijn in Hotel InterContinental, wil hij per se mee naar mijn kamer. Ik voel me echt erg opgelaten als we door de lobby lopen, want iedereen in Cali kent hem en iedereen in Colombia kent mij. Bij de deur dringt hij erop aan om hem zelf te openen. Hij duwt me naar binnen en de rest is geschiedenis: het mes in Pablo Escobars rug is nu een feit.

Enkele dagen later komt Gilberto naar Bogota. Hij verontschuldigt zich voor het incident en zegt dat hij zich er niets meer van kan herinneren, en ik zeg dat ik er godzijdank evenmin nog iets van weet. Daar klopt helemaal niets van, want ik heb een geheugen als een olifant, zelfs voor de meest onbeduidende zaken. Omdat hij me wil laten zien hoe belangrijk ik voor hem ben, nodigt hij me uit om op bezoek te gaan bij voormalig president Alfonso López in Panama. Hij wil weten of ik hem ken.

'Natuurlijk. Toen ik nog maar net tweeëntwintig was, zat ik al aan tafel bij president López en president Turbay. Dat had Julio Mario Santo Domingo toen voor me geregeld tijdens de presidentiële campagne. En omdat Pablo Escobar me ook al had ingedeeld aan de hoofdtafel bij twee bijeenkomsten tegen het uitleveringsverdrag, waar jij overigens schitterde door afwezigheid, denk ik bewezen te hebben dat ik kan zwijgen als het graf.'

In Panama maak ik kennis met de leidinggevenden van de bedrijven van Gilberto en zijn partners. Het lijkt wel alsof hij ze allemaal heeft opgeroepen voor een kardinalenconclaaf, maar Alfonso López Michelsen is nergens te bekennen. Het is een tiental mannen uit de middenklasse en verder nog wat experts in financiële, boekhoudkundige kwesties. Het valt me op dat Pablo zich steeds omringt met mensen die het over politiek hebben, terwijl Gilberto en consorten alleen maar over zaken praten. In mijn optiek bestaat het niet dat hij die lui heeft uitgenodigd om mooi weer met mij te spelen. Het enige wat ik wél zeker weet is dat ik vier dagen later bij terugkeer in Bogota word geconfronteerd met de allereerste versie van het verhaal dat me de volgende twintig jaar van mijn leven zou blijven achtervolgen. En waar mijn carrière op zou sneuvelen. In mijn afwezigheid is de productiemaatschappij Jorge Barón Televisión, producent van *De sterrenshow*, zeker tien keer gebeld. Degene die zich als mij voordeed had zich keer op keer verontschuldigd voor mijn afwezigheid bij de programmaopnames. Als reden was aangevoerd dat mijn gezicht afgrijselijk was toegetakeld met een scheermesje in opdracht van Pablo Escobars vrouw, om me vervolgens een enorme zwarte SUV afhandig te maken die haar man me cadeau had gedaan! Als ik de opnamestudio zongebruind en stralend in mijn maxi-jurk binnenwandel, hoor ik de assistentes en technici fluisteren dat ik net terug ben uit Rio de Janeiro. Daar ben ik in het weekend onder handen genomen door de beroemde plastisch chirurg Ivo Pitanguy die wonderen voor mijn gezicht heeft verricht, want tja, niets is nou eenmaal onmogelijk met Pablo's miljoenen. Het hele land geniet mee met de ontelbare versies van het verhaal, en ook de auto die me werd ontnomen krijgt verschillende modellen en kleuren toegedicht (weer anderen maken er een prachtige juwelencollectie van). Bijna al mijn collega's van de pers en de dames uit de gegoede kringen roddelen erover dat Ivo en ik sinds mijn neusoperatie in 1982 zúlke goede vrienden zijn en ik er sindsdien toch 'jonger en beter uitzie dan ooit'.

Het duurt even tot het tot me doordringt dat een meedogenloze schaker in één klap een hele zwerm vliegen heeft geslagen. Ik ben dan wel niet geslagen, geschopt en verminkt, maar in de fantasieën van een ziekelijk jaloerse vrouw, journalisten van *El Tiempo* en *El Espacio*, tientallen collega's van het nieuws en een miljoen vrouwen die geloven dat jeugd en schoonheid te koop is bij de plastisch chirurg, speel ik de hoofdrol in een smerig schandaal. Pablo Escobars onschuldige echtgenote wordt als gevaarlijke, wraakzuchtige misdadigster bestempeld en Pablo zelf als een loser die toestaat dat zijn minnares hardhandig wordt beroofd en als een lafaard die nog geen vinger heeft uitgestoken om het te verhinderen of om de schuldigen te straffen.

Op een avond kom ik thuis na de productlancering voor een reclamebureau. Iedereen was het erover eens, na me urenlang onder een vergrootglas te hebben bestudeerd, dat ik er in mijn witte maxi-jurk van Mary McFadden en met opgestoken haar, veel beter uitzie dan twee weken daarvoor. Als ik mijn appartement binnenkom, verbaast het me dat het licht brandt. Nog twee stappen verder en ja hoor, daar zit hij. Doodleuk in mijn fotoalbums te kijken. Hij kijkt opgelucht als hij ziet dat ik nog intact ben. Genietend van het leven, alsof hij niet minister Lara onlangs uit de weg zou hebben geruimd. Lachend, alsof ik niet al maanden word bedreigd met marteling en verkrachting en al twee weken roddels over een pak rammel en verminkingen moet weerleggen. Gelukkig, alsof we elkaar gisteren voor het laatst gezien hebben. Stralend, alsof hij van alle acht miljoen volwassen Colombiaanse mannen mijn enige gegadigde is. Hoopvol, alsof ik zijn Penelope ben, hunkerend naar de terugkeer van Odysseus, en me smachtend in zijn armen zal storten. En dat enkel en alleen omdat hij dagelijks de voorpagina van kranten en tijdschriften siert met zijn boeventronie, moordenaarskop, psychopatensmoel, een uitleverbare schurk, op de vlucht voor de luxe gevangenis van Bogota!

Ik besef meteen dat hij niets van mijn vluchtige affaire met Gilberto weet, want ik zie geen spoortje verwijt in zijn blik; slechts absolute adoratie. Maar het dringt ook meteen tot hem door dat ik me anders gedraag. En hij bezwijkt voor de verleiding zijn toevlucht te nemen tot cliché-uitspraken waarmee hij me voorheen nooit vermoeide: ik ben de mooiste vrouw die hij ooit heeft gezien, hij had zich er nooit een voorstelling van kunnen maken dat ik er in mijn lange jurk en met opgestoken haar zou uitzien als een godin die van de Olympus afdaalt, enzovoort, enzovoort.

Ik schenk een flinke borrel in en zeg dat ik er mijn hele leven al goed uitzie. Hij vraagt waarom ik in werkelijkheid zo veel knapper ben dan op al mijn coverfoto's. Mijn commentaar is dat Colombiaanse tijdschriften geen budget hebben om zich een Hernán Díaz te kunnen permitteren, een fantastische fotograaf met een perfect oog voor detail. Dus het tijdschrift *Semana* heeft zijn toevlucht al genomen tot coverfoto's van seriemoordenaars.

Ik zie hoe zijn gezicht steeds somberder wordt naarmate ik doorratel: 'En vertel 's, hoe was het in Panama? Heb je López nog gezien? En is het waar dat als Belisario Betancur het uitleveringsverdrag terugdraait, je "vakbond" in ruil daarvoor vliegtuigen en routes inlevert en fiks in dit land gaat investeren? En hoe denkt Alfonso López de inflatie in de hand te houden, als die kapitaalinjectie doorgaat? Het totaal is meer dan de buitenlandse schuld!'

'Van wie heb je dat allemaal gehoord? En wie belt je ieder kwartier, op dit late uur, Virginia?'

Ik zeg dat we maar even moeten afwachten. Met een beetje geluk kan hij bij het volgende telefoontje een complete scheldkanonnade horen. Heel overtuigend zegt hij dat ik me geen zorgen hoef te maken, want die bedreigingen kunnen hooguit afkomstig zijn van ongevaarlijke galanisten. Als ik geen reactie geef, verandert hij snel van onderwerp en van toon: 'Waar zijn die spullen die je uit Rome voor me hebt meegenomen? Beatriz zegt dat je niets bij haar hebt achtergelaten en dat Clara dat kan beamen.'

Nu breekt mijn klomp. 'Dat is helemaal van de zotte, Pablo! Ik heb deze keer voor meer dan tienduizend dollar spullen voor je gekocht. Je zou me beter moeten kennen inmiddels! Maar als je dat in twijfel trekt... ga vooral je gang! Waar komt al dat geroddel toch vandaan? En dat terwijl ik die bitches vóór mijn vertrek elk duizend dollar heb gegeven! Konden ze lekker in Saks gaan shoppen! Ze dachten zeker dat je niet meer terugkwam... of dat jij en ik niet meer on speaking terms waren... Nou ja, ze zijn allebei goed in zakendoen... Dus ik denk dat ze de inhoud van je koffer mét de bronssculptuur hebben verkocht! God mag weten voor hoeveel!'

Hij vraagt me er alsjeblieft niet met ze over te praten, want voor hun beider veiligheid, mag niemand weten dat wij elkaar hebben gezien. Hij voegt eraan toe dat het tijd wordt om eens in te zien dat iemand als ik nooit vriendinnen zal hebben en dat vrouwen als Clara en Beatriz nu eenmaal een moord zouden doen voor tienduizend dollar. Dan haalt hij ineens een koffertje tevoorschijn en legt zo'n twintig cassettebandjes verspreid over de vloer. Hij zegt dat dit mijn telefoongesprekken zijn, door de F2 van de politie opgenomen, die dus blijkbaar klusjes voor hem opknappen. Ze kunnen echter niet worden afgedraaid want ze zijn beschadigd. Omdat hij ziet dat ik hem niet geloof, noch verrast ben en evenmin geschrokken en dat ik emotioneel veel te uitgeput ben om nog eens uit mijn slof te schieten, vraagt hij dreigend: 'Waarom wordt er verdomme in de media beweerd dat mijn vrouw jou zou hebben verminkt? Welke halvegare maffiosa heeft dat de wereld in geholpen? En met wie is die jaloerse bitch getrouwd? Want we weten allebei donders goed dat dit niet het werk is van een of andere kapsonesmadam uit Bogota, maar van de vrouw van een maffioso!'

'Ik denk echt dat het alleen maar galanisten zijn, Pablo... En doe jezelf niet tekort, want ik zal altijd een minnaar hebben die tot de rijkste mannen van Colombia behoort en niet een of andere maffioso. Vraag de banden van de F2 maar op, dan kom je er vanzelf achter hoe hij heet. Ik ben in ieder geval blij dat het goed met je gaat. En ik heb net vijf uur achter de rug waarin ik mooi ingepakte beledigingen heb moeten slikken. Ik ben doodmoe, dus als je het niet erg vindt... wens ik je een goedenacht.'

Hij zegt dat ik hem nooit meer zal zien. Zwijgend loop ik naar mijn slaapkamer en in de verte hoor ik het geluid van de lift die naar beneden gaat. Om niet te hoeven denken aan de gebeurtenissen van vanavond, plaats ik een cassettebandje met mijn favoriete liedjes in de recorder en gooi al het badzout dat ik maar kan vinden in de badkuip. Met mijn ogen dicht bedenk ik dat het toch wel een geluk is dat hij me de laatste keer in een mooie lange jurk en niet in een pyjama heeft gezien, en met mijn haar mooi opgestoken en niet met rollers erin. En ik vraag me af waarom ik me zo nodig moest inlaten met zo'n seriemoordenaar. Voor niets natuurlijk, niets, niets, helemaal niets, hooguit om mezelf van kant te willen maken! Maar waarom moet ik dan nu zo huilen, terwijl ik naar 'Smoke Gets in Your Eyes' van Sarah Vaughan en 'Something' van Shirley Bassey luister? Ik denk dat het komt doordat ik niemand op deze aardkloot kan vertrouwen. Ik ben veroordeeld tot absolute eenzaamheid en ook nog omringd door slangen... Ja, want dat zijn ze, al die moddervette journalistes, al die kapsonesmadams, die afgewezen mannen en ook die twee dievegges van wie ik dacht dat ze mijn beste vriendinnen waren.

Met een plons valt er iets zwaars in de badkuip. Doodsbenauwd open ik mijn ogen. Daar drijft, tussen de zeepbellen en het schuim, de Virgie Linda I, het mooiste bootje ter wereld, met gestreepte zeilen en de naam in witte letters op de romp.

'Hier is je eerste jacht, en als je de naam van die maffioso niet zegt, ben je hem meteen weer kwijt! Nee... beter nog, dan verzuip ik je in deze badkuip... ja... Wel jammer dat ik niet bij je voeten kan, dan zou ik ze stevig omhoogtrekken, langzaam, heel langzaam. Nee, geen goed idee, dan wordt dat mooie kapsel nat. En je laatste foto in *El Espacio* moet toch een goddelijke mooie zijn... Lekker contrast met al die bloederige lijken... en dan met een onderschrift als... mmm... "Adiós godin". Lijkt je dat iets? Toch beter dan "Vermoord door maffiosa!" of niet soms? Vertel me wie die klootzak is! Dan laat ik hem in stukken hakken! En ik laat het gezicht van zijn vrouw toetakelen! Dan blijft

ze tenminste met haar jatten van de mijne af! Of van mijn echtgenote!'
'Goed zo Pablo! Zo ken ik je weer! En die maffiosa gaan we samen lekker opsnorren en dan laten we haar in puzzelstukjes achter, ja, ja! En de vriendin van die vent ook!' roep ik, met mijn vuisten in de lucht maaiend. Ik kan mijn lachen niet inhouden. Ondertussen probeer ik het zeilbootje te pakken.
Woedend graait hij hem uit mijn hand. Met zijn andere hand grijpt hij de recorder. Knielt naast de badkuip en zegt dat het echt geen geintje is. Dat hij alleen maar is teruggekomen om me te elektrocuteren. Ook al zou hij daar de rest van zijn leven spijt van hebben. Dit beeld van hem, met gespreide armen en dan die angst om me kwijt te raken op zijn gezicht, is zo grappig! Maar tegelijk ook zo zielig! Dit doet me namelijk denken aan mijn eigen wanhopige gezicht toen ik bijna verdronk in de Rio Grande, in het bijzijn van al die vrienden. Al zeg ik nog zo vaak dat alleen het verleden en de toekomst bestaan, ineens besef ik dat hij de enige is die het heden zin geeft. De enige die mijn bestaan vult en vervult. De enige die alle doorstane ellende rechtvaardigt. Ik strek me naar hem uit, trek aan de mouw van zijn overhemd, leg mijn armen om zijn hals en zeg: 'Zeg, Pablo, waarom doen we het niet gewoon samen? Lekker samen naar de hemel... tot in de eeuwigheid?'

Hij wankelt, en heel even denk ik dat hij met recorder, bootje en alles uitglijdt en in de badkuip zal belanden. Maar hij laat alles uit zijn handen vallen, trekt me uit het water, bezweert me dat hij alleen in de hel welkom is, wikkelt me in een handdoek en wrijft me stevig droog. En alsof er niets aan de hand is, begin ik mijn eigen vertaalde en ritmische versie te zingen van 'Fever', het liedje dat nu te horen is. Ondertussen bewonder ik de details van dat schitterende speelgoedbootje en zeg dat de Virgie Linda II toch op zijn minst dertig meter lang en een maffiosawaardig zal moeten zijn... En dan, op het ritme van 'Folsom Prison Blues', komen alle fantasieën van die duivel van hem en alle nachtmerries van die arme engel van mij weer los. Ik voel niet de minste behoefte om die macholiedjes voor veroordeelde moordenaars van Johnny Cash voor hem te vertalen, want hoe zou je op zo'n moment nou voor Pablo Escobar in zijn eigen taal kunnen zingen:
I shot a man in Reno just to watch him die?

NIET DAT VARKEN DAT RIJKER IS DAN IK!

'Liever een graf in Colombia dan een kerker in de Verenigde Staten!' Zo luidt de slogan van de net opgerichte groep oproerkraaiers 'De Uitleverbaren'. Hoewel de media beweren de namen van de leden niet te kennen, zijn de identiteit van de oprichters, het beroep dat ze allen gemeen hebben, hun bewezen talent tot ultieme vergelding en de som van hun gezamenlijke kapitaal, bekend tot in alle uithoeken van Colombia, tot en met de laatste dorpsgek. Wat het vuur heeft aangewakkerd en tot deze oorlogsverklaring heeft geleid is het besluit van de nieuwe minister van Justitie, de galanist Enrique Parejo. Slechts enkele dagen nadat hij Rodrigo Lara opvolgde, tekende hij voor de uitlevering van Carlos Lehder en Hernán Botero, bankier en voornaamste aandeelhouder van de voetbalclub Atlético Nacional. Hij wordt gezocht door de Noord-Amerikaanse justitie wegens het witwassen van meer dan vijftig miljoen dollar. Lehder vlucht het land uit, maar Botero wordt uitgeleverd. Alle voetbalwedstrijden worden als teken van rouw gecanceld en de foto waarop hij met geboeide handen en voeten wordt meegetrokken door FBI-agenten, wordt het symbool van de nationalistische zaak van De Uitleverbaren. Gilberto Rodríguez en Jorge Ochoa zijn met hun gezin in Spanje gaan wonen. Gilberto heeft me gezegd dat zij twee eraan denken zich terug te trekken uit de business en een groot deel van hun kapitaal in Europa willen investeren, dat hij me erg gaat missen en me snel weer wil zien. Hij beseft dat ik waarschijnlijk de enige vrouw en journaliste ben met wie hij rustig over zijn besognes en problemen tussen de partners kan praten zonder dat hij een seconde bang hoeft te zijn dat ik mijn mond voorbij zal praten. Nu ik op de hoogte ben van de zwakke punten van zijn professie, is ruzies veroorzaken of bijdragen aan bestaande wel het laatste wat bij me op zou komen. Ik ben me er heel goed van bewust dat elke vorm van ontrouw me de kop zou kunnen kosten en dus heb ik mezelf, om me staande te kunnen houden in dit wereldje, een omerta opgelegd, helemaal in de stijl van de cosa nostra. Ik voel oprecht een tikje heimwee vanwege Gilberto's vertrek, zoals wanneer je een goede vriend moet missen. Niet een minnaar, want dat zijn we nooit geweest. Ook al zeg ik hem dat ik onze lange gesprekken zeker zal missen, moet ik eerlijk toegeven dat ik hem de indiscrete manier waarop hij is omgegaan met onze vluchtige affaire, niet snel zal vergeven.

In de maanden daarna leren Pablo en ik weer opnieuw van elkaar te genieten zoals in het begin, alleen moeten onze ontmoetingen nu wel van tevoren zorgvuldig gepland worden. Dus iedere minuut die we samen intens gelukkig kunnen doorbrengen wordt ten volle benut. Pablo huurt de vliegtuigen waarmee ik naar hem toe ga, en alleen de twee met R16-geweren bewapende mannen die me van het vliegveld komen halen, weten dat ik voor hem kom. Omdat mijn appartement zich op slechts honderd meter afstand bevindt van de tuinen van de residentie van de Amerikaanse ambassadeur in Bogota, maakt Pablo zich er vreselijk druk over dat de DEA me zou kunnen schaduwen of dat ik zelfs in handen zou kunnen vallen van de Geheime Dienst. Om die reden, en ook om hem gerust te stellen, vraag ik nooit aan zijn piloten of mannen waar ze me heen brengen of waar Pablo zich verbergt. We ontmoeten elkaar altijd 's avonds, in huisjes die zich immer in het eindstadium van aanbouw bevinden met een nog zeer simpele afwerking. De weg ernaartoe voert ons uren over modderige wegen vol kuilen. Naarmate we ons einddoel naderen begin ik steeds meer verkenningsposten te ontwaren aan beide kanten van de weg. De mannen vertellen dat we onderweg zijn naar een van de vele huisjes die Pablo verspreid over het platteland van Antioquia bezit. Uit het feit dat we bij vertrek altijd binnen vijf minuten op de snelweg zijn, maak ik op dat de hele route zo is opgezet dat Pablo voldoende tijd heeft om te vluchten, mocht hij omsingeld worden. Pas veel later heb ik begrepen dat veel van die onafgebouwde huisjes zich op het terrein van Haciënda Nápoles bevonden, want dat was de enige plek op aarde waar hij zich volkomen veilig voelde. In dat gebied regelde hij schuilplaatsen waarin hij zich verstopte tijdens die lange jaren van strijd. In de jaren die hem nog restten bleek dat zijn lot te zijn; hij wist het en ik voelde het al aankomen.

Hoewel we het nooit ronduit tegen elkaar uitspreken, beseffen we beiden dat elke ontmoeting de laatste kan zijn, die dan ook in het teken staat van het laatste afscheid. Elke keer dat ik hem zie vertrekken, breekt mijn hart en vraag ik me af wat er van mij moet worden als ze hem doden. Ik blijf nog steeds hopen dat hij zich ooit uit zijn business terugtrekt en het op een of ander akkoordje gooit met de regering of met de Noord-Amerikanen. Ik mis Fáber, de secretaris die me voorheen op het vliegveld afhaalde en me altijd geld bracht vóórdat ik op reis ging. Pablo legt me uit dat zijn trouwe werknemer een prima vent is, maar dat hij zich nu beter kan omringen met jonge kerels die niet bang zijn iemand overhoop te schieten. En daar zijn ze uitermate bedreven in. Bij elke ontmoeting word ik door steeds andere mannen opgehaald en weggebracht. We zijn allemaal bewapend, ik met mijn Beretta, Pablo met een M-5-machinegeweer of een Duits pistool en zijn mannen met machinegeweren, mini-uzi's, en R15- en AK47-geweren, dezelfde die de guerrilla gebruikt.

Ik wacht hem altijd op in het huisje, met het pistool in één zak en de vergunning in de andere. In volkomen stilte. Als ik de jeeps hoor aankomen, doe ik het licht uit en kijk door een van de raampjes om me ervan te vergewissen dat het niet de Dijín is – de Geheime Dienst van de politie – de DAS of het leger. Pablo heeft namelijk instructies gegeven om mezelf een kogel door het hoofd te jagen vóórdat ze me aan een verhoor kunnen onderwerpen. Wat hij niet weet is dat ik me geestelijk heb voorbereid om ook hém neer te schieten, mochten ze hem in mijn nabijheid aanhouden, want ik weet dat hij anders binnen vierentwintig uur in een cel belandt, waar hij zijn leven lang niet meer uitkomt. Ik knal hem dus liever neer, dan dat ik moet aanzien dat hij wordt uitgeleverd.

Ik zit rustig te wachten als ik hem zie aankomen, omringd door een klein leger van mannen die zich onmiddellijk na aankomst terugtrekken. Dan hangt er een volkomen stilte die alleen wordt onderbroken door tjirpende krekels en ritselende bladeren. Die vijftien of twintig man lijken niet te weten dat we elkaar hier treffen, behalve natuurlijk die twee die me halen en brengen. Vanuit het raam kijkend zie ik echter wel een paar mannen staan. Later ben ik erachter gekomen dat zij zijn meest bekende huurmoordenaars zouden worden, in Colombia bekend als *sicario's* en in de media en door journalisten in dienst van Pablo aangeduid als 'De Militaire Vleugel van het Medellínkartel'.

Eigenlijk zijn die sicario's niet meer dan een bende moordenaars afkomstig uit de sloppenwijken van Medellín en in bezit van een geweer of een machinegeweer. Zij ronselen op hun beurt weer andere kandidaten uit al die honderdduizenden ontevreden jongeren die opgroeien met een diepgewortelde haat tegen de maatschappij. Ze beschouwen Escobar als hun idool in de strijd tegen het imperialisme en zijn dus tot alles bereid, in de stille hoop een graantje te kunnen meepikken van het legendarische financiële succes van de 'Baas'. Sommigen hebben afzichtelijke koppen en weer anderen, zoals 'Pinina', een engelachtige uitstraling. Pablo heeft geen plaatsvervangers of vertrouwenspersonen, want ook al mag hij zijn 'jongens' erg graag, hij heeft in niemand een rotsvast vertrouwen. Hij is zich ervan bewust dat elke huurmoordenaar, hoe goed betaald ook, altijd ontvankelijk blijft voor het bod van de hoogste bieder, zeker in deze business, en dus zijn ziel en zaligheid samen met alle informatie zou verkopen. Enigszins verdrietig merkt hij op dat, mocht hij komen te overlijden, ze allemaal meteen zouden overlopen naar degene die hem heeft laten doden. Meer dan eens heb ik hem horen zeggen: 'Met mijn boekhouders praat ik niet over wat er in de "keuken" gebeurt. Met mijn piloten praat ik niet over politiek, en met Santofimio niet over mijn routes. Ik zeg geen woord over mijn vriendin tegen mijn familie of mijn mannen, en ik houd jou buiten familieproblemen of de missies van mijn mannen.'

De 'Financiële Vleugel van het Medellínkartel' – het klinkt als een ingewikkelde constructie van banken en corporaties op de Bahama's, de Cayman Eilanden of in Luxemburg – bestaat uit niet meer dan zijn broer 'Osito' Escobar, meneer Molina, Carlos Aguilar, oftewel El Mugre, een paar bankbiljettentellers en nog wat mannetjes die de pakken geld in huishoudelijke apparaten in Miami verstoppen. Het is absoluut veel ingewikkelder om honderd miljoen dollar wit te wassen dan ze gewoon ergens in vrieskisten, koelkasten en televisies te stoppen en vanuit de Verenigde Staten naar Colombia te versturen, waar de spreekwoordelijke vriendelijke douanebeambten de boel simplificeren en meewerken aan een van de grootste ondeugden van de Colombiaanse staat: het omzeilen van formaliteiten. Overbodig te vermelden dat formaliteiten gemaakt zijn voor de dommen, dus de eerlijke burgers, want wie durft er eigenlijk te beweren dat rijkelui in de rij moeten staan en formulieren moeten invullen, of de inhoud van hun koffers aan douanebeambten moeten laten zien? Het zijn toch verdomme geen smokkelaars?

Van alle grote drugsbaronnen is alleen Gilberto Rodríguez, de man die ervan droomt dat zijn kinderen ooit door de maatschappij erkend zullen worden als nazaten van ondernemers en niet van drugssmokkelaars, degene die de belasting voor zijn legitieme bedrijven tot de laatste cent betaalt en traditionele banken nodig heeft. In het geval van Pablo en Gonzalo dienen zulke instellingen hooguit om via een of andere vage vennootschap de aanschaf van onroerend goed, vliegtuigen en voertuigen voor de fiscus te rechtvaardigen. Maar als het aankomt op het echte serieuze geld en de aankoop van wapens, giraffen en luxespeeltjes, lachen ze de lokale en zelfs de Zwitserse bankiers hartelijk uit. Ze bezitten haciënda's van vijfentwintighonderd tot tienduizend hectare inclusief start- en landingsbanen, en ze weten dat ze hun geld prima in blikken onder de grond kunnen stoppen en het in geval van nood tevoorschijn kunnen halen, zonder toestemming te hoeven vragen aan een of andere bankdirecteur. Dat geld dient om bescherming te kopen en wapens voor elke mogelijke strijd en verder om zo veel mogelijk de bloemetjes buiten te zetten, zonder zich druk te maken over de belastingdienst.

In die dagen verdient een arme hoofdcommandant van politie in Bogota zo'n vijfduizend dollar per maand en de beklagenswaardige agent in een dorpje in het regenwoudgebied strijkt met een paar kleine klusjes algauw twintig tot vijftigduizend dollar op zonder zich een seconde druk te hoeven maken om zijn ouderdoms- of arbeidsongeschiktheidsuitkering, om doorgroeimogelijkheden of om meer van die flauwekul. Al die eeuwenlang door de centrale overheid vergeten gebieden beginnen zich in een razend tempo te ontwikkelen en raken barstensvol discotheken met veelkleurige lichteffecten en meisjes van lichte zeden. Daar zie je vaak genoeg de commandant van politie staan praten met de lokale drugsdealer, de legerkapitein met de paramilitair en de dorpsburgemeester met het kopstuk van de guerrilla. Als je de kranten in Bogota zou moeten geloven, staan al die figuren elkaar constant naar het leven om politionele of militaire akkefietjes, ideologische, nationalistische of wettelijke kwesties, terwijl het in werkelijkheid altijd gaat om door overmatig alcoholgebruik uit de hand gelopen ruzies tussen rokkenjagers of om herrie vanwege oplichterij bij bepaalde financiële overeenkomsten tussen lieden die nog nooit een notariskantoor vanbinnen hebben gezien. Iedereen in het zuidoostelijke gedeelte van het land drinkt exclusieve Royal Salute-whisky, het stikt van de narco-Toyota's in de dorpen, en de bewoners van het regenwoudgebied hebben het beter naar hun zin dan de bezoekers van de discotheken van 'Pelusa' Ocampo in Medellín of van Miguel Rodríguez in Cali. En het is daar absoluut veel gezelliger dan in Bogota, waar het altijd regent, waar de mensen gestoord worden van de files, van de ellenlange rijen in de staatsinstellingen, van de zakkenrollers en tasjesdieven en van duizenden bussen die overdag zwarte rook uitbraken en 's avonds witte. Wat in de hoofdstad ook een probleem is, want Bogota is nu eenmaal niet het regenwoudgebied, is dat er een taboe rust op drugsdeals. Drugssmokkelaars worden sociaal niet geaccepteerd; niet omdat ze illegaal bezig zijn, want wie maakt dat nou iets uit, maar omdat ze uit de lagere klassen komen, donker van huidskleur en klein van stuk zijn, onaantrekkelijk en patserig, zich volhangen met gouden kettingen en armbanden en diamanten ringen dragen. Wat wel wordt geaccepteerd in Bogota en zelfs goede sier maakt, zoals trouwens in elke zichzelf respecterende metropool, is het gebruik van rocks pure cocaïne in de hogere kringen, die trouwens ook weleens uitstapjes maken naar de basuco en de crack, want met drugs gaat het natuurlijk net zoals met prostitutie en abortus: het is bij wet verboden, maar iedereen knijpt een oogje dicht.

De geheime minnares van de Koning van de Coca, tevens oprichter en spil van De Uitleverbaren, neemt ook schietles samen met officieren van het politiekantoor El Castillo. Ook komt ze geregeld, in steeds elegantere outfits, op bezoek in het presidentiële paleis, bij cocktailparty's van de ambassades en op trouwerijen van haar neven in de Jockey Club in Bogota en Club Colombia in Cali. Als om drie uur 's nachts een wastafel in haar appartement zomaar ineens van de muur afbreekt, het water alle kanten op spuit en haar hele appartement blank komt te staan, staan binnen drie minuten vier brandweerauto's met loeiende sirenes voor de deur, gaat het alarm in de residentie van de Amerikaanse ambassadeur af, denken haar buren dat ze opnieuw overvallen is, wordt ze uit die tsunami gered en staat zij, met een Burberry-regenjas over haar negligé, tot half vijf 's ochtends handtekeningen uit te delen aan haar heldhaftige redders in nood.

Op weer een andere avond haalt een zeer belangrijk iemand haar thuis op en rijden ze in haar autootje naar een restaurant. Als hij haar dan vraagt wat al die rode en zwarte rollen stof achter in haar auto doen, antwoordt ze: 'Jij hebt zo'n goede smaak en een perfect gevoel voor meetkunde, dat ik dacht dat je me wel zou willen helpen bij het uitzoeken van de nieuwe vlag voor JEGA, de meest gevreesde stadsguerrilla aller tijden!'

Iedereen die een beetje op de hoogte is weet dat enkele van de interessantste, aantrekkelijkste of belangrijkste vrouwen van de Colombiaanse media een affaire hebben met M-19-commandanten. Niemand van ons praat daar echter over, want we zijn er allemaal op getraind geen woord los te laten en daarom blijven we liever op eerbiedwaardige afstand van elkaar. In 1984 zijn er in de Colombiaanse media echt bloedmooie vrouwen werkzaam, sommigen uit de hoogste klasse en een enkeling is ook nog eens echt een stoere meid. De mannen daarentegen zijn grauwe, doodsaaie journalisten, acteurs en nieuwslezers, zelfingenomen, superbekrompen, uit de lage middenklasse en ook nog eens lelijk. Het komt niet bij mijn collega's noch bij mij maar een seconde op om met deze mannen te daten. Wel hebben ze allemaal een troef: de mooiste, welluidendste stemmen die ik ooit in een Spaanssprekend land heb gehoord. Niemand van mijn collega's informeert ooit naar Pablo Escobar en ik vraag hun evenmin naar de commandanten Antonio Navarro of Carlos Pizarro, want na de ontvoering van Martha Nieves Ochoa, is het niet zo moeilijk te concluderen dat De Uitleverbaren en de M-19 een godsgruwelijke hekel aan elkaar hebben. Maar ik ga er wel van uit dat zij alles aan hun minnaars vertellen, zoals ik alles aan Pablo vertel.

Pablo moet erg lachen om het verhaal van de brandweerlieden, maar dan vraagt hij ineens heel serieus en ongerust: 'En waar was je Beretta toen je in je negligé zo druk handtekeningen aan het uitdelen was?'

Ik antwoord dat hij in de zak van de regenjas zat die ik eroverheen had aangetrokken. Hij reageert dat ik zijn intelligentie niet moet beledigen want hij weet donders goed dat ik hem altijd in de kluis opberg als ik in Bogota ben. Ik beloof dat ik hem voortaan onder mijn kussen zal leggen, maar hij kalmeert pas als ik het hem meerdere keren verzeker terwijl ik hem overlaad met kusjes. Ook al worden we gekscherend 'Coca-Cola' genoemd – want Pablo's bijdrage is bekend en ik heb naar men zegt de mooiste 'cola' oftewel achterwerk van heel Colombia – bijna niemand is eerlijk gezegd op de hoogte van onze huidige clandestiene relatie, en iedereen die ook maar voorzichtig naar hem durft te informeren krijgt steevast als antwoord dat ik hem al in geen tijden meer heb gezien. Ik vraag hem nooit naar wat hij antwoordt op zo'n vraag over mij, want ik wil het risico niet lopen hem iets te horen zeggen wat me kan kwetsen.

Pablo is overigens van mening dat vrouwen het zwaarder hebben dan mannen. Dat is wel zo, zeg ik, maar alleen in de oorlog, want normaal gesproken hebben vrouwen het makkelijker dan mannen: wij weten tenminste altijd wat we moeten doen, zorgen voor kinderen, voor mannen, voor ouden van dagen, voor dieren, voor de planten in de tuin en zorgen voor het huis. Met een meelevende blik voeg ik eraan toe 'dat mannen het veel moeilijker hebben en elke dag weer voor een nieuwe uitdaging staan'. Het wordt hoog tijd dat hij wat van zijn onzinnige seksistische superioriteit laat varen, want Pablo heeft alleen bewondering voor andere mannen. De vrouwen die hij werkelijk respecteert zijn op één hand te tellen en ook al zegt hij dat dan niet recht in mijn gezicht, ik weet dat hij de leden van het vrouwelijke geslacht in drie categorieën verdeelt: die van het gezin en familie, de enige van wie hij houdt, ook al komen ze hem zijn neus uit; mooie vrouwen, die hem wél amuseren en die hij altijd betaalt voor een nacht liefde vóór hij ze uit veiligheidsoverwegingen voorgoed de deur uitwerkt; en de rest, vrouwen die lelijk of 'kippetjes' zijn en hem volkomen onverschillig laten. Ik denk dat ik een speciaal plekje in zijn hart inneem, omdat ik uit een ander sociaal milieu kom en totaal niet onder de indruk van hem ben, want hij is niet lang, noch aantrekkelijk, elegant of wijs; omdat ik honderd procent vrouw ben, hem aan het lachen maak en er niet bepaald mismaakt uitzie; omdat ik 'zijn pantertje' ben, een wapen op zak heb en hem met mijn leven bescherm; omdat ik met hem over mannenzaken praat in zijn eigen jargon; en omdat Pablo alleen maar respect heeft voor mensen met ballen. Dat plekje moet ik wel delen met Maggie Thatcher, die totaal niet vrouwelijk is, maar absoluut wel past in zijn mannelijke universum.

Zijn partners zijn na zijn familie bijna heilig voor hem. Hoewel hij me dat nooit met zo veel woorden zou zeggen, heb ik de indruk dat de mannen van zijn familie, zijn neef Gustavo en Osito daargelaten, hem vervelen omdat ze zo bekrompen zijn. Zijn vrienden Gonzalo, Jorge, en die maffe Lehder zijn zo veel meer *exciting*, en net als hij rijk, onverschrokken en vastberaden, echte levensgenieters zonder enige scrupules. Ik weet dat het vertrek van Jorge Ochoa, van wie Pablo houdt als van een broer, hem heel erg heeft geraakt, want hij komt wellicht niet meer terug naar Colombia. Met uitzondering van Lehder ligt er voor geen van hen een aanvraag tot uitlevering, omdat de Verenigde Staten nog geen harde bewijzen hebben dat ze drugsdealers zijn. Maar dat staat op het punt te veranderen.

Na een paar weken waarin we samen dolgelukkig zijn, komt Pablo met het bericht dat hij naar Nicaragua terug moet. Ik ben ervan overtuigd dat de sandinisten hem ongeluk brengen, dus ik zet alle mogelijke argumenten in om hem van zijn plannen af te houden. Dat zij communisten zijn en hij een drugssmokkelaar, is nog te overzien, maar dat die gezworen vijanden van Uncle Sam graag zijn miljarden narcodollars ontvangen is toch op zijn minst bedenkelijk. Ik hamer erop dat de gringo's zich niet interesseren voor marxistische dictaturen zolang ze geen bedreiging vormen of arm zijn; maar dat dictaturen die door de drugshandel nu goed bij kas zitten, en bij hen en Fidel Castro om de hoek zitten, gaandeweg steeds meer een onaanvaardbare bedreiging vormen. Ook dring ik erop aan dat hij niet zijn leven, zijn handel en zijn gemoedsrust mag riskeren voor Hernán Botero en Carlos Lehder. Diep beledigd antwoordt hij dat de zaak van ieder van de afzonderlijke Colombiaanse Uitleverbaren, of ze nu groot, klein, rijk, of arm zijn, altijd de zijne zal blijven. Hij belooft dat hij snel terug zal zijn of dat we elkaar wellicht zullen treffen ergens in Centraal-Amerika om een paar dagen samen door te brengen. Voordat hij afscheid neemt helpt hij me er opnieuw aan herinneren behoedzaam met mijn telefoon, mijn vriendinnen en zijn pistool om te gaan. Nu ik hem deze keer zie vertrekken, blijf ik niet alleen verdrietig achter, maar ook erg bezorgd over zijn gelijktijdige flirt met zowel ultralinks als ultrarechts. Waarbij ik me afvraag welke groep Colombiaanse guerrillastrijders als kruiwagen heeft gediend voor het contact tussen hem en de sandinisten, want altijd als ik het onderwerp aanroerde, antwoordde hij dat ik daar te zijner tijd nog wel achter zou komen. Niet alleen wordt er volkomen onverwacht een tipje van de sluier opgelicht van het antwoord op de vraag naar die kruiwagen, maar besef ik ook onmiddellijk dat wat op het spel staat veel complexer is dan het op het eerste gezicht lijkt.

Hij heet Federico Vaughan, en zijn foto's waarop Escobar en Rodríguez Gacha 7.5 ton cocaïne in een vliegtuig laden op een startbaan van de Nicaraguaanse regering, brengen een schok teweeg in de hele wereld. Een van de piloten van de organisatie, door de Amerikanen inmiddels omgedoopt tot 'Medellínkartel', was in handen gevallen van de DEA. Die had hem strafvermindering beloofd als hij ermee zou instemmen undercover naar Nicaragua te gaan met verborgen camera's in de romp van het vliegtuig. Zodoende kunnen de Verenigde Staten later op basis van fotografisch bewijsmateriaal aantonen dat Pablo Escobar en zijn partners wél drugssmokkelaars zijn en bij de Colombiaanse regering een officiële aanvraag tot hun uitlevering indienen. Maar er speelt voor de Noord-Amerikanen nog iets veel, veel belangrijkers dan alleen Escobar, Ochoa, Lehder en Rodríguez Gacha in een kerker te kunnen smijten en de sleutel in de plomp te gooien. Het is namelijk het bewijs dat het sandinistische bewind betrokken is bij de smokkel van verdovende middelen, wat moreel gezien een militair ingrijpen zou rechtvaardigen in een gebied dat zich razendsnel ontwikkelt tot een levensgevaarlijk brandpunt midden in een strook van dictatoriale, communistische, militaire of corrupte besturen. Bovendien zou dit alles een domino-effect in de hand kunnen werken, wat weer een massale migratie naar de Verenigde Staten tot gevolg zou hebben. In Mexico heeft de onwankelbare Partido Revolucionario Institucional, de PRI, zich uitgesproken ten gunste van Fidel Castro en enkele van de meest linkse regeringen ter wereld. Deze natie met de sterkste culturele identiteit van heel Latijns-Amerika, 'zo ver weg van God en zo dicht bij de Verenigde Staten', behoort zo langzamerhand ook al tot het verplichte traject van de drugssmokkelaars, waarbij zowel de grote Azteekse leiders, de legendarisch corrupte politie, alsook de gewapende strijdkrachten, van de ene op de andere dag ineens goudgeld verdienen.

Met de foto's van Pablo en Gonzalo in Nicaragua staat het eerste hoofdstuk van de Iran-Contra-affaire te boek en ze betekenen het begin van het einde van het tijdperk van generaal Manuel Antonio Noriega in Panama. Als ik ze in alle grote kranten ter wereld zie verschijnen, dank ik God op mijn blote knieën dat Pablo weigerde me mee te nemen op zijn eerste trip naar Nicaragua, alsook na de moord op minister Lara en nu al helemaal. Omdat zijn taalgebruik steeds meer doorspekt is van anti-Amerikaanse leuzen, ben ik doodsbenauwd dat de man van wie ik hou tot de meest gezochte ter wereld gaat behoren. Hij kan dan wel zo goed inschatten wat hem boven het hoofd hangt en een afdoende verdediging of een gevat antwoord klaar hebben, zijn grootste tekortkoming is zijn absolute zelfoverschatting, waardoor hij voorbijgaat aan fouten en ze dus ook niet kan bijstellen, wat bovendien tot gevolg heeft dat hij absoluut niet in staat is de consequenties van zijn acties te overzien.

Op een dag kondigt Gloria Gaitán aan dat ze me thuis komt opzoeken samen met verslaggever Valerio Riva uit Rome. Zodra ze binnen zijn, begint de cameraman de lichten te installeren. Van het ene moment op het andere is de Italiaan me aan het interviewen voor de Italiaanse televisie. Na afloop vertelt hij me dat de producenten Mario en Vittorio Cecchi Gori – samen met Dino De Laurentiis de grootste van Italië – aan de realisatie van een film over het leven van Pablo Escobar denken. Ik zeg hem dat ik hierop terugkom zodra Pablo terug is uit Australië. Dan kan ik met Riva en de producenten in Rome afspreken, waar ik sowieso binnenkort denk heen te gaan. Ja, naar Rome, maar ook naar Madrid, want terwijl de dagen dat we gescheiden zijn zich aaneenrijgen tot alweer twee maanden waarin ik niets van hem hoor of zie, vind ik het nu echt mooi geweest. Ik ben niet van plan te wachten tot hij eens een keer genoeg heeft van al 'die lelijkerds in uniform' of van zijn amoureuze escapades in Nicaragua. Bovendien heb ik net een uitnodiging van Gilberto Rodríguez geaccepteerd om naar Europa te komen. Gilberto mist me wél vreselijk en hij kan geen lange gesprekken met me over de telefoon voeren. Want met wie anders in Madrid moet hij het hebben over 'Piña' Noriega en Daniel Ortega, over Joseph Conrad en Stefan Zweig, M-19 en de FARC, Peter de Grote en Toscanini, El Mexicano en de PRI, over zijn favoriete kunstwerken – Sophia Loren en alle Renoirs –, de veroordeelde bankier Jaime Michelsen en Alfonso López Michelsen, Kid Pambelé en Pelé, Belisario Betancur, over zijn furie en over hoe asperges te eten volgens de etiquette? En met wie anders zou ík moeten praten over Carlos Lehder, de opgepakte piloot Barry Seals, de CIA en over al die andere onderwerpen die ik paraat heb, zonder dat degene die naar me luistert het spoor bijster raakt?

Enkele dagen voor vertrek loop ik langs Raad Automobilen, eigendom van mijn vriend Teddy Raad, op wiens huwelijk Aníbal Turbay en ik getuigen waren. Evenals de schilder Fernando Botero, de designer Santiago Medina en de helikopterverkoper en kunsthandelaar Byron López zijn de Raads steenrijk geworden met de verkoop van luxeproducten aan de nieuwe opkomende klasse. In zijn geval betreft het dus de verkoop van automerken als Mercedes, BMW, Porsche, Audi, Maserati en Ferrari. Ik ga naar binnen om een paar aanbiedingen van een kwart miljoen dollar en meer te bewonderen, en vraag Teddy hoe vaak hij auto's in die prijsklasse verkoopt.

'Ik verkoop elke dag een Mercedes, Virgie. Al is het natuurlijk altijd afwachten of ik m'n geld wel krijg van die lui! Maar wat wil je, ik kan ze toch moeilijk een auto weigeren, als ze er iedere keer zes stuks moeten hebben na een geslaagde lading? Kijk, daar komt een van onze beste klanten, Hugo Valencia uit Cali.'

Hugo is de vleesgeworden maffiabaas voor wie de hogere klasse en eerlijke Colombianen de neus ophalen. Pas een jaar of vijfentwintig, brutale blik, heel donkere huid, bijzonder zelfverzekerd en maar 1.60 meter lang; zeven gouden kettingen om zijn nek, vier om zijn pols en enorme diamanten aan elke pink. Hij ziet eruit als een enorme levensgenieter, en is heel erg aardig. Binnen een seconde hebben we een klik. En na twee seconden wordt die klik nog eens bevestigd als hij zegt:

'Wauw, Virginia, wat ben jij een superelegante vrouw! En je gaat naar Rome, hoor ik? Komt dat even goed uit! Ik heb namelijk dringend iemand met een perfecte smaak nodig. Zou jij de eigenaar van Brioni zover kunnen krijgen een kleermaker met duizenden stalen stof naar Cali te sturen? Dan kan die even mijn maten opnemen, want ik wil minstens tweehonderd pakken en driehonderd overhemden bestellen. Je bent toch niet beledigd als ik je alvast tienduizend dollar vooruitbetaal voor de moeite? O ja, voor ik het vergeet, wie zorgt ervoor dat jij op je coverfoto's zulke mooie sieraden draagt? Want daar wil ik er heel wat van hebben voor al mijn vriendinnetjes! Die zijn allemaal zo mooi! Al kunnen ze natuurlijk niet aan jou tippen...'

Natuurlijk ben ik bereid hem te helpen en ik beloof hem er verschillende paren Guccischoenen als extraatje bij te leveren. En omdat ik graag wil dat iedereen tevreden is, vergeet ik voor het gemak de diefstal van Pablo's koffer en stuur Hugo naar Clara en Beatriz. Die kunnen hem dan mooi helpen zijn vriendinnetjes helemaal vol te hangen met diamanten en robijnen. En ze verdienen er en passant een klein fortuin mee. Wij drieën vinden hem hilarisch met dat enorme ego van hem, en geven hem de bijnaam 'El Niño'. Wie ook behoorlijk onder de indruk is van Hugo met al zijn miljoenen in cash, is die jonge bankdirecteur van de Banco de Occidente, die de koninklijke drugssmokkelaarsfamilie uit Valle als 'smerige maffiosi' omschreef. Als El Niño bevriend raakt met de briljante bankier, besluit deze dat Hugo Valencia de juiste man op de juiste plek is voor zijn filiaal in Panama, en niet een 'gore drugssmokkelaar' met concurrerende banken in Colombia en Panama zoals Gilberto Rodríguez.

Voordat ik naar Madrid ga, maak ik een tussenstop in Rome om Valerio Riva en de producenten Cecchi Gori te treffen. Die zijn in geen velden of wegen te bekennen, maar de aspirant-scenarioschrijver van de film *De Colombiaanse Robin Hood* nodigt me uit voor een zondagse lunch in het landhuis van Marina Lante della Rovere, die zegt een goede vriendin van voormalig president Turbay te zijn, Aníbals oom, die tegenwoordig ambassadeur van Colombia is bij de Heilige Stoel.

Ontzet laat Alfonso Giraldo me de volgende dag een van de belangrijkste dagbladen zien, waarin aandacht wordt besteed aan het interview waarin Valerio Riva me als de 'minnares van Latijns-Amerikaanse potentaten' heeft voorgesteld. En terwijl we weer lekker lopen te shoppen in Via Condotti, Via Borgognona en Via Fratinna, vraagt mijn vurig tot het katholieke geloof bekeerde hartsvriend me hem al mijn zonden op te biechten: 'Liefje, je kunt me rustig vertellen wie het zijn. Want als die vier verloofdes van jou die ik ken potentaten zijn, dan ben ik de kardinaal van Brunei! En zeg me niet dat die knul van de honderden pony's die vent is van de kuddes giraffen en olifanten en een privéleger! Dat wordt je ondergang! Het is dus hoog tijd dat je eens gaat lunchen met een echte prins zoals mijn vriend Giuseppe, in wiens palazzo in Palermo de film *Il Gattopardo* is opgenomen! En waar koningin Elizabeth trouwens overnacht als ze in Sicilië is.'

Omdat ik nu eenmaal gezegend ben met de *Midas touch*, leg ik hem lachend uit, voor zowel de producten die ik aanprijs en de tijdschriften die me op de cover plaatsen als voor de mannen die ik verkies, behoren al mijn exen nu tot de rijkste mannen van Colombia, wat overigens niet aan mij ligt maar meer moet worden toegeschreven aan hun ambities. Om hem gerust te stellen, verzeker ik hem dat ik die barbaar van de pony's en de dierentuin allang heb verlaten, en dat in Madrid de eigenaar van twee banken me staat op te wachten samen met zijn partner, zo'n multimiljonair die volbloeds en Percherons fokt en wiens familie, volgens *Forbes* en *Fortune*, de zesde meest rijke ter wereld is.

'O, chique boel, hoor, Miss Universe!'

Hij vraagt of die Brioni-pakken voor de bankier zijn, want volgens hem dragen elegante mannen toch liever Saville Row.

'Nee, nee, nee. Laat die Britse kleermakers maar kleding maken voor Sunny Marlborough, Westminster en Julio Mario. Die pakken had ik beloofd mee te brengen voor een nog heel jonge, door tienermeisjes omringde vent in Cali, een nieuwe rijke die de absolute tegenpool is van die dekhengst. Die geeft helemaal niets om luxe kleding, gouden horloges of al die andere nichterige spullen.'

Als ik tijdens mijn gesprek over Hugo's verzoek met de chef van Brioni sta te praten en Colombia sta aan te prijzen, de kooplust van El Niño – en hij is niet de enige –, de legendarische schoonheid van de vrouwen uit Cali, hoe modellen plat gaan voor Italianen uit de haute couture, de elegante mannen uit Valle del Cauca, de salsadiscotheken in Cali en het klimaat in het nabijgelegen gehucht Pance, zie ik dat zijn ogen van pure opwinding beginnen te glanzen. Hij zegt dat hij een verschijning van de Heilige Maagd heeft gezien, geeft me een hele lading geschenken en reserveert een eersteklasticket bij Alitalia voor de zondag erop.

Lunch is met Alfonso en prins San Vincenzo op het terras van Hassler, waarvandaan je rond het middaguur de eeuwige stad in een gouden sluier ziet liggen. Bij de ingang van het restaurant zien we alle broers Fendi zitten, die vrolijk de verjaardag van een van hen aan het vieren zijn. Aan een Siciliaanse prins naar de cosa nostra vragen is net zoiets als bij een Duitser naar Hitler of een bij Colombiaan naar Escobar informeren, en dus besluit ik een veilig gesprek te voeren met Alfonso en Guiseppe over Luchino Visconti en de opname van *Il Gattopardo*.

Als de charmante prins me bij het afscheid uitnodigt om in het weekend een tochtje te maken door Emilia-Romagna, zeg ik dat ik helaas op vrijdag in Madrid moet zijn, want de week daarop moet ik alweer aan het werk.

En op vrijdag zit ik inderdaad aan tafel met Gilberto en Jorge Ochoa in Zalacaín, in 1984 het beste restaurant van Madrid. Het is duidelijk dat ze blij zijn me zo te zien stralen, ze luisteren met interesse naar mijn verhalen en vinden het prachtig dat ik een uitnodiging van een echte prins heb afgeslagen om bij hen te kunnen zijn. En ik ben blij dat ze zich hebben teruggetrokken uit de business en eraan denken hun oneindige fortuin te investeren in iets stijlvols, zoals het fokken van vechtstieren of onroerend goed kopen in Marbella, en niet in nijlpaarden en legers huurmoordenaars met R-15-geweren. De naam van de rivaal van de eerste en partner van de tweede komt niet één keer aan bod, alsof hij eenvoudig niet bestaat. Maar om een of andere reden die ik niet precies kan verklaren, hangt zijn aanwezigheid toch in de lucht als een verontrustende stoorzender in die hele weelderige omgeving. In het weekend gaan we speenvarken eten vlak bij het Alcázar van Segovia. Gilberto wijst me op een piepklein raampje op honderd meter hoogte, waaruit eeuwen geleden een Moorse slavin een klein prinsje had laten vallen om er vervolgens zelf achteraan te springen. De hele middag blijf ik bedroefd denken aan wat dat arme meisje op zo'n moment wel niet moet hebben doorgemaakt. Op zondag neemt een aantal van Gilberto's stafleden me mee naar Toledo om naar *De Begrafenis van de Graaf van Orgaz* van El Greco te kijken, een van mijn favoriete kunstwerken in het land van de grootste schilders ter wereld. Een onverklaarbare droefenis maakt zich opnieuw van me meester. 's Avonds diner ik samen met Gilberto en hij vraagt hoe het met mijn carrière gaat. Ik antwoord dat roem en schoonheid in Colombia slechts leiden tot jaloezie, die over het algemeen via de media wordt geuit of via telefonische bedreigingen van gestoorde bitches. Hij merkt op dat hij me erg heeft gemist en een nijpende behoefte voelde aan de vrouw met wie hij in Caribisch Spaans over van alles en nog wat kon praten. Hij pakt mijn hand en zegt dat hij me het liefst voor zichzelf zou willen hebben. Niet in Madrid, maar in Parijs, want hij houdt meer van de lichtstad dan van alle andere steden en had nooit gedacht dat iemand met zo'n bescheiden afkomst zoals die van hem die stad ooit zou leren kennen.

'Ik heb je geen brandende passie te bieden. Maar we begrijpen elkaar zo goed, dus gaandeweg zouden we wel verliefd op elkaar kunnen worden, en zelfs meer dan dat. Je zou je eigen bedrijf kunnen beginnen, en in de weekenden zouden we dan samen kunnen zijn. Wat denk je ervan?'

Ik word door zijn voorstel eigenlijk een beetje overvallen. Hij heeft echter absoluut gelijk dat we goed samen door één deur kunnen. En het centrum van Parijs is inderdaad niet alleen duizend keer mooier dan de meest elegante wijk van Bogota, maar de lichtstad bevindt zich echt, in alle mogelijke opzichten, op lichtjaren afstand van de stad van de eeuwige lente: Medellín. Bedachtzaam begin ik een antwoord te formuleren, ik bedoel dus de voorwaarden te noemen die ik noodzakelijk acht om de Parijse minnares te worden van een van de rijkste mannen van Latijns-Amerika – zonder mijn vrijheid op te geven. Alleen maar een appartementje inclusief autootje is niet genoeg, want dat krijg ik ook als ik trouw met een of andere saaie Colombiaanse minister met penthouse, Mercedes en lijfwachten of met zomaar een Fransman uit de middenklasse. Het komt erop neer dat hij me echt op handen zal moeten dragen. Dat doen alle uitzonderlijk rijke mannen overal ter wereld met representatieve vrouwen met wie ze niet alleen goede sier maken buiten de deur, maar nog veel meer binnenshuis. Mijn verfijnde levensstijl zou hem namelijk heel wat levensgenot kunnen bieden en mijn waardevolle vrienden zouden vele deuren voor hem openen. Als we werkelijk verliefd op elkaar zouden worden, zou ik hem elke dag die we samen zouden doorbrengen het gevoel geven een koning te zijn. Hij zou zich geen minuut met me vervelen. Mocht hij me echter op een dag verlaten, dan zou ik alle juwelen mogen houden. Mocht ik zelf beslissen hem te verlaten om met een ander te trouwen, dan zou ik alleen recht hebben op mijn haute-couturegarderobe, die in Parijs natuurlijk sowieso onderdeel uitmaakt van het eisenpakket.

Met een dankbare glimlach hoort hij me aan, want niemand zou een man met meer dan een miljard dollar voorwaarden voorleggen waar zo eenvoudig aan te voldoen is. Hij antwoordt dat we elkaar weer zullen treffen zodra hij goed en wel zijn zaken in Spanje op de rit heeft en een investeringsplan heeft opgesteld. Dat is onderdeel van het meest ingewikkelde aspect van de verhuizing, het doorsluizen van kapitaal. Hij durft me niet te bellen vanwege het feit dat mijn telefoon wordt afgetapt. Als we vol verwachting over ons ophanden zijnde weerzien afscheid van elkaar nemen, raadt hij me aan zo snel mogelijk mijn spaargeld bij de First InterAmericas in Panama weg te halen, want de Amerikanen oefenen druk uit op generaal Noriega en zouden zomaar de bank kunnen sluiten en alle activa bevriezen.

Ik volg zijn raad op vóórdat het inderdaad zover komt. Twee weken later reis ik naar Zurich om Gilberto's aanbod te bespreken met mijn persoonlijke Orakel van Delphi. Ik ben er nog steeds behoorlijk verbaasd over en wil graag de mening horen van iemand die goed op de hoogte is van de spelregels in de internationale high society. Als ik David Metcalfe bij onze suite in het Baur au Lac zie aankomen, met Wellingtonlaarzen, geweren en munitie, vraag ik hoe een 'White's-terrorist' het in hemelsnaam voor elkaar krijgt verkleed als een fazantenmoordenaar de hele wereld rond te reizen. Hij heeft wel lol in mijn beschrijving en vertelt dat hij op jacht gaat met de koning van Spanje, een hele sympathieke man die niet zo'n *stiff upper lip* heeft zoals de Engelse royals. Als ik hem uitleg wat deze keer de aanleiding is voor onze ontmoeting, roept hij ontzet: 'Ben je nou helemaal belazerd? Wil je de maîtresse van een Don worden? En denk je soms dat *Le Tout-Paris* er niet als de wiedeweerga achter komt hoe hij zijn fortuin heeft vergaard? Wat jij moet doen, darling, is zo snel mogelijk naar Miami of New York vertrekken en daar werk vinden bij de Spaanstalige televisie!'

Ik vraag hem wat hij zou doen in mijn geval: stel dat een vrouw met een miljard dollar op zak, met wie hij op één lijn zit, en die hem ook nog aan het lachen maakt, hem zou aanbieden in Parijs te komen wonen. En dan niet zomaar ergens, maar in een *hôtel particulier* ingericht als het huis van de hertogin van Windsor. Bovendien zou hij ook nog een redelijk budget ontvangen dat voldoende is om in Sotheby's en Christie's kunstwerken aan te schaffen. Daarnaast een Bentley met chauffeur, een uitzonderlijke chef-kok, dagelijks de mooiste bloemen, altijd de beste tafels in luxerestaurants, de beste plaatsbewijzen voor concerten en opera, en droomreizen naar exotische oorden...

'Nou jaaaaa... ik ben ook maar een mens! Wie zou daar nou geen moord voor doen?' antwoordt hij met zo'n lachje van iemand die net betrapt is.

'Zie je wel? Je lijkt prinses Margaret wel, die Elizabeth Taylors diamant aan haar eigen vinger bekijkt: "It doesn't look so *vulgar now, does it*?"'

Tijdens het diner in het restaurant naast de brug bij het Baur au Lac, vertel ik hem dat Gilberto eigenaar is van meerdere laboratoria en dat ik altijd heb gedroomd van mijn eigen cosmeticabedrijf. Met mijn doorzettingsvermogen en mijn kennis op het gebied van schoonheidsartikelen zou ik toch zeker een succesvol bedrijf kunnen opzetten. Serieus en ietwat weemoedig merkt hij op dat ik duidelijk begrijp waar ik iemand met een miljard dollar voor kan gebruiken, maar dat zo'n Don nooit van zijn leven zou beseffen wat een lot uit de loterij ik ben.

De volgende ochtend schuift Metcalfe me bij het ontbijt de krant *Die Zeitung* door, zelf leest hij alleen *The Times* uit Londen, *The Wall Street Journal* en *The Economist*.

'Zijn dat niet je vrienden? Wat heb je toch weer een mazzel, darling!'
Ja hoor, daar staan ze, in alle Zwitserse, Amerikaanse en Britse kranten: foto's van Jorge Ochoa en Gilberto Rodríguez. Ze zijn samen met hun echtgenotes gearresteerd in Madrid, en worden mogelijk uitgeleverd aan de Verenigde Staten.

Ik neem afscheid van David, pak een vliegtuig naar Madrid en ga linea recta naar de Carabanchel-gevangenis. Bij de ingang wordt me gevraagd naar de aard van mijn relatie met de gevangenen en ik zeg dat ik een Colombiaanse verslaggeefster ben. Ik krijg geen toestemming om naar binnen te gaan en, terug in mijn hotel, zeggen Gilberto's stafleden dat ik beter maar zo snel mogelijk kan teruggaan naar Colombia, voordat de Spaanse autoriteiten me aanhouden voor ondervraging.

Op het vliegveld word ik flink in de gaten gehouden door politie en douane. Ik adem pas weer rustig als ik het vliegtuig instap. Eerlijk gezegd is rosé champagne een pleister die op alle soorten wonden een gunstig effect heeft, en je kunt nog altijd beter in businessclass huilen dan in economyclass.

En bij een tragedie is het natuurlijk een grote troost als er een elegante man met een sprekende gelijkenis met agent 007 van de eerste James Bondfilms naast me komt zitten. Even later biedt hij me een zakdoek aan, verlegen vragend: 'Waarom moet je zo huilen, schoonheid?'

Gedurende de volgende acht uur geeft deze geweldige Madrileense versie van een veertigjarige Sean Connery me een intensieve workshop over March en Fierro, de economische groepen waar hij mee samenwerkt en die de grootste in Spanje zijn. Bovendien word ik een beginnende expert in kapitaalstromen, aandelen, 'junk bonds' en onroerend goed in Madrid, Marbella en Puerto Banús. En passant bespreekt hij ook de zussen Koplowitz, de koning, Cayetana de Alba, Heini en Tita Thyssen, Felipe González, Isabel Preysler, Enrique Sarasola, de stierenvechters, het Alhambra, flamenco, de ETA en hoeveel een Picasso tegenwoordig waard is.

In mijn appartement luister ik mijn berichten af. Honderd doodsbedreigingen op mijn gewone telefoonnummer, en op het antwoordapparaat van de telefoon waarvan maar drie mensen het nummer hebben, hoor ik iemand tientallen keren meteen afbreken. Om maar niet te hoeven nadenken over het nare einde van mijn reisje naar Europa, besluit ik te gaan slapen, maar ik laat deze keer beide telefoons wel aangesloten staan voor het geval er nieuws is over Gilberto.

'Waar ben je geweest?' hoor ik hem vragen. Een stem die ik al elf weken niet meer heb gehoord en die in mijn geheugen gegrift staat.

'Laat me even nadenken,' zeg ik nog half in slaap, 'vrijdag was ik in Rome in het Hassler en daarna uit eten met een Siciliaan. Een prins, dus niet een van jouw collega's. Op zaterdag zat ik in het Baur au Lac in Zurich, in overleg met een Britse lord, dus geen *drug lord*, over mijn mogelijke verhuizing naar Europa. En op maandag was ik in Hotel Villa Magna in Madrid, om die mogelijkheid nog eens nader te onderzoeken. Op dinsdag stond ik te huilen bij de poorten van Carabanchel, omdat mijn Parijse avontuur niet doorging. Omdat ik niet naar binnen mocht, zat ik woensdag in een vliegtuig van Iberia mijn vochtbalans aan te vullen met Perrier-Jouët. Dat was hard nodig vanwege het verlies van liters tranen. En gisteren heb ik om me niet van kant te maken na die hele toestand, de hele avond gedanst met een kopie van James Bond. Dus je snapt wel dat ik helemaal kapot ben en weer lekker ga slapen. Adiós.'

Hij heeft zes of zeven draagbare telefoons en gebruikt die nooit langer dan drie minuten. Voordat ik ophang, zegt hij: 'Ik wissel.' In de regel belt hij dan binnen enkele minuten weer terug. 'Je leven lijkt wel een sprookje, prinsesje! Probeer je me nu duidelijk te maken dat je de meest hoogstaande en knapste man te pakken hebt, omdat je de twee rijkste net kwijt bent?'

'Eentje maar, want jij en ik zijn elkaar allang kwijt, sinds je in Sandiland met een of ander schoonheidskoninginnetje bent gaan hokken. En wat ik je probeer duidelijk te maken is dat mijn sociale agenda overvol zat, ik erg verdrietig ben en alleen nog maar wil slapen.'

's Middags om drie uur belt hij weer. 'Ik heb alles geregeld om je op te halen. Als je niet goedschiks komt, laat ik je in je negligé hiernaartoe slepen. Vergeet niet dat ik nog steeds je sleutels heb.'

'En vergeet niet dat ik nog steeds je ivoren speeltje heb. Ik schiet ze overhoop en zeg dat het zelfverdediging was. Adiós.'

Nog een kwartier later probeert hij het weer, maar nu met zijn gebruikelijke manipulerende, zoetgevooisde stem. Hij zegt dat een paar heel belangrijke vrienden van hem me willen leren kennen. In onze geheimtaal – bestaande uit de namen van de dieren in zijn dierentuin en met cijfers – maakt hij me duidelijk dat hij me wil voorstellen aan Tirofijo, de leider van de FARC, en andere guerrillacommandanten. Ja hoor, zeg ik, iedereen, arm of rijk, links of rechts, uit de hogere of lagere klasse, wil altijd dolgraag een televisiester ontmoeten, en ik hang op. Bij het vijfde telefoontje geeft hij me duidelijk te verstaan dat hij en zijn partners zich uit de naad werken om de Spaanse overheid zover te krijgen zijn beste vriend en 'mijn minnaar' niet naar de Verenigde Staten maar naar Colombia te sturen. Hij wil me persoonlijk op de hoogte brengen van de details, want dat is telefonisch nou eenmaal onmogelijk. Oké, genoeg, mijn wraak is zoet: 'Hij is mijn minnaar niet... maar dat was hij wél geworden als het anders was gelopen. Ik kom eraan.'

De stilte aan de andere kant spreekt boekdelen. Mijn schot was raak. Hij waarschuwt: 'Het regent pijpenstelen. Breng je laarzen en een poncho mee, goed? Je bent hier niet in Parijs. Dit is het oerwoud.'

Ik stel voor om de volgende dag af te spreken, want ik heb nog steeds last van een jetlag en ik wil liever niet natregenen.

'Nee, nee, nee. Ik heb je al drijfnat in een rivier gezien, met emmers water over je heen, in de zee, in een modderpoel... in de badkuip, onder de douche, in tranen... dus je loopt heus niets op van dat beetje water, prinsesje. Tot vanavond.'

Ik besluit dat als ik dan toch ga kennismaken met Tirofijo, ik echt geen poncho aantrek, maar een jas van Hermès. En een foulard om mijn hoofd en een Vuitton-tas aan mijn arm. En dan 's kijken hoe hij daarop reageert. En ik trek mijn Wellington-laarzen aan, geen guerrillalaarzen, om duidelijk te maken dat ik niets heb met het communisme.

Ik ben nog nooit in een guerrillakampement geweest, maar dit hier ziet er godverlaten uit. Je hoort alleen, heel ver weg, een radio, honderden meters verderop.

Die guerrilla's zullen wel heel vroeg naar bed gaan. Ze moeten natuurlijk vroeg opstaan om vee te gaan stelen, om degenen die ze willen ontvoeren nog half slapend bij de kladden te grijpen en om Pablo's cocaïne in te pikken voordat het licht wordt en de politie op de proppen komt,

is mijn slotsom. Oude mensen staan natuurlijk altijd vroeg op, en Tirofijo is zeker al vijfenzestig...
   Twee mij onbekende mannen laten me achter bij een huisje in aanbouw en verdwijnen weer. Het eerste wat ik doe is een rondje om het huis maken, met mijn hand in mijn jaszak, om zeker te weten dat er niemand is. Het huisje is van gemetselde stenen en heeft plastic dakpannen. Het kleine witte deurtje bij de ingang sluit simpelweg met een hangslot. Binnen zie ik dat de woonkamer zo'n twaalf tot vijftien vierkante meter meet. Het is binnen veel kouder en net zo donker als buiten, maar ik kan nog wel een matras op de grond ontwaren, een kussen dat er redelijk nieuw uitziet en een bruine wollen deken. Ik bekijk de plek nog eens goed en zie een radio, een zaklamp, een overhemd, een klein machinegeweer tegen de muur en op een tafeltje een uitgedoofde petroleumlamp. Als ik me over het tafeltje heen buig om te proberen de lamp aan te steken met mijn gouden aansteker, springt er van achteren uit het donker een man boven op me, die mijn hals omklemt met zijn rechterarm. Het voelt alsof hij mijn nek wil breken, terwijl hij met zijn linkerarm mijn middel vastgrijpt en me tegen zich aandrukt.
   'Kijk 'ns waar ik verplicht ben te overnachten, zowat in de openlucht! Kijk hoe degenen moeten leven die vechten voor een ideaal, terwijl het prinsesje fijn op reis is door Europa, nota bene met een van mijn vijanden! Kijk nog maar eens goed om je heen, Virginia,' zegt hij terwijl hij me loslaat en de lamp aansteekt, 'want dit, en niet het Ritz in Parijs, is de laatste plek die je ooit nog zult zien!'
   'Het is je eigen keus, Pablo, om te leven als Che Guevara in het Boliviaanse oerwoud. Hij had alleen geen drie miljard dollar. Niemand dwingt je. En jij en ik zijn allang verleden tijd! En zeg me nu maar wat je van me wilt. Waarom loop je zonder hemd in dit koude huis? Je denkt toch niet dat ik hier met jou de nacht ga doorbrengen! Op die matras vol teken zeker!'
   'Nee, natuurlijk kom je hier niet met me slapen. Zo meteen snap je wel waarom je hier bent. De vrouw van de Capo di tutti capi bedriegt hem niet met zijn vijand! En al helemaal niet ten overstaan van zijn vrienden!'
   'En de *Diva di tutti divi* laat zich niet bedriegen met modelletjes

ten overstaan van de hele wereld. En hou eindelijk eens op met me "je vrouw" te noemen, ik ben La Tata niet!'

'Goed, mijn divaatje, begin nu eerst maar eens met al die duizenddollarkleding eens fijn uit te trekken. Zo niet, dan roep ik mijn mannen wel eventjes. Die weten er wel raad mee! Die scheuren en snijden de hele boel van je lijf!'

'Vooral doen, Pablo. Ga gerust je gang! En als je me afmaakt, bedankt, daar bewijs je me alleen maar een heel grote dienst mee! Zo leuk vind ik het leven niet. En als je me verminkt, kun je er donder op zeggen dat er nooit, maar dan ook nooit, nog een vrouw bij je in de buurt komt! Toe maar, roep ze maar! Al die huurmoordenaars van je! Waar wacht je nou nog op?'

Hij rukt mijn jas uit, scheurt mijn blouse kapot en smijt me op de enorme blauw-wit gestreepte matras. Hij schudt me door elkaar alsof ik een lappenpop ben. Drukt een kussen op mijn gezicht. Dan neemt hij me met geweld, kermend en huilend als een wolf: 'Je zou me inruilen hè? Had je toch gezegd hè? Voor net zo'n rijk varken als ik... Waarom juist hij? Die klootzak! Weet je wat-ie zei? Over jou... tegen mijn vrienden? Morgen hoort hij dat je weer terug bent bij mij. Gisteren moest je nog zo janken... om hem! Dat komt aan hoor... in de bajes! El Mexicano heeft me alles verteld. Pas nog... Die opnames van de F2 heb ik pas nog gecheckt... Ik vroeg hem waarom je hem gebeld had... Hij wilde er eerst niets over zeggen maar hij moest wel. Ik wist niet wat ik hoorde... Dat dat nichterige varken je naar mijn partner had gestuurd, jou, mijn minnares... En jou bij zijn smerige zaakjes wilde betrekken. En die bitch... die... bitch van hem heeft natuurlijk naar die zender gebeld... Toch? Zo stom! Dat ik dat niet snapte! Wie anders? Terwijl ik voor al die lui mijn leven op het spel heb gezet! En me op m'n ziel heb laten trappen! En in de tussentijd probeert hij m'n liefje af te pakken! En ook m'n beste vriend... mijn partner... zelfs de president! Die lafaard! Die streber! En je dan ook nog meenemen naar Parijs! Asjemenou! Als hij daar niet met Jorge opgesloten zat zou ik die Spanjaarden eens flink betalen om hem naar de gringo's te sturen! Virginia... ik heb zo de pest aan je... Je hebt geen idee... Ik wil maar één ding: jou afmaken! Ik aanbad je en je hebt alles kapotgemaakt! Waarom heb ik je toen niet laten verzuipen?

Voel dan nu maar wat het is om te stikken! Geniet er maar van, engeltje, want nu ga je wél de pijp uit... in mijn armen! Kijk me aan! Ik wil dat... goddelijke gezichtje zien als je je laatste adem uitblaast! Loop naar de hel! Val dood! Met mij in je! Kolerewijf!'
Keer op keer drukt hij het kussen op mijn gezicht. En keer op keer klemt hij met zijn vingers mijn neus dicht en duwt hij zijn hand op mijn mond. Keer op keer knijpt hij mijn hals fijn. Die avond maak ik kennis met alle mogelijke vormen van verstikking. Ik zet alles op alles om in leven te blijven. En om geen kik te geven. Op een gegeven moment denk ik echt het licht in de tunnel des doods te zien. Maar dan laat hij weer heel even los, kan ik een hap lucht nemen en hoor ik zijn stem, steeds verder weg, eisen dat ik schreeuw, dat ik voor mijn leven smeek, om genade smeek. Hij draait volledig door omdat ik geen woord uitbreng, hem niet aankijk. Plotseling geef ik de strijd op, want ik weet al niet eens meer of ik nog in het land der levenden ben. Ik vraag me allang niet meer af waar die kleverige, plakkerige, vochtige laag troep van is. Van zweet, van lichaamssappen, van tranen. Als ik bijna het bewustzijn verlies en hij geen puf meer heeft me af te straffen, te beledigen, te kwellen, te vernederen, te haten, te verkrachten, wraak te nemen op een andere man of op wie of wat dan ook, hoor ik zijn stem, die veraf en dichtbij tegelijk klinkt: 'Je ziet er niet uit! Lelijk wijf! Ik hoef je gelukkig nooit meer te zien! Vanaf nu alleen nog meisjes of anders hoeren! Je terugreis wordt geregeld. Over een uur ben ik terug! En als je niet klaarstaat, pleur ik je zo het oerwoud in!'
Als ik weer enigszins bij mijn positieven ben, kijk ik in mijn spiegeltje om zeker te weten dat ik nog besta. Ik moet even goed kijken hoe erg mijn gezicht te lijden heeft gehad. En ook of ik anders uit mijn ogen kijk, zoals na het verlies van mijn maagdelijkheid. Ja, inderdaad, ik zie er niet uit. Maar ik zie ook dat dat niet door een kapotte huid komt, maar door mijn tranen en door huidirritatie van het schuren van zijn baard. Op het moment dat hij weer binnenkomt, ben ik weer een beetje opgeknapt. Ik meen zelfs een schuldbewuste blik in zijn ogen te zien. In het afgelopen uur heb ik tijd genoeg gehad om te kunnen nadenken. Nu ik voor altijd uit zijn leven verdwijn, wil ik per se het laatste woord hebben. Ik heb woorden van afscheid bedacht die geen man koud zouden laten. En

een man die er dagelijks een sport van maakt zo viriel mogelijk over te komen, vergeet zulke woorden van zijn leven niet.

Met langzame passen komt hij binnen en neemt plaats op de matras. Ellebogen op de knieën, het hoofd in zijn handen. Veelzeggend. Schuldbewust. Het is overduidelijk. Maar ik onthoud nu eenmaal alles wat ik hoor en voel. Zelfs als ik het zou willen vergeet ik niets. Daarom weet ik heel zeker dat ik hem nooit zal vergeven. Ik zit in een regisseursstoel, mijn linker laars op mijn rechterdijbeen. Ik kijk van boven op hem neer. Nu leunt hij met zijn rug tegen de muur, zijn blik op oneindig. Ook ik kijk naar een punt ergens ver weg, en besef hoe een bijna grenzeloze liefde kan omslaan in minachting en afkeer. Maar wraak moet nu eenmaal koelbloedig worden voorbereid, dus ik vraag hem zo lieftallig mogelijk naar een pasgeboren baby: 'Hoe gaat het met je Manuelita, Pablo?'

'De mooiste baby van de wereld. Maar jij hebt geen enkel recht om naar haar te vragen.'

'Waarom heb je haar de naam gegeven die je eerder aan mij gaf?'

'Ze heet Manuela, niet Manuelita.'

Ik krijg mijn zelfrespect weer een beetje terug. En omdat het me niets meer uitmaakt hem te verliezen, want er is hier vandaag maar één verliezer, herinner ik hem aan de reden van mijn bezoek: 'Klopt het dat Enrique Sarasola zijn invloed aanwendt om ze naar Colombia terug te krijgen?'

'Ja, maar daar moet de pers buiten blijven. Dat zijn zaken die alleen de families van mijn "vakbond" iets aangaan.'

Na die twee beleefdheidsvragen, bereid ik nu mijn aanval voor: 'Weet je, Pablo? Ik ben er ooit op gewezen dat een fatsoenlijke vrouw niet meer nodig heeft dan één bontjas... en de enige bontjas die bij mij in de kast hangt, heb ik met mijn eigen geld gekocht, zo'n vijf jaar terug.'

'O, nou, mijn vrouw heeft er kasten vol mee, en die is veel fatsoenlijker dan jij. Als je soms denkt dat ik je nu ook nog een bontjas ga geven, ben je echt niet goed bij je hoofd!' roept hij, nu verrast opkijkend. Minachtend kijkt hij me aan.

Dat was precies het antwoord dat ik verwachtte en dus ga ik door: 'En eigenlijk zou een vrouw ook moeten weten dat een fatsoenlijke man hooguit één vliegtuig heeft... En daarom wil ik nooit meer ver-

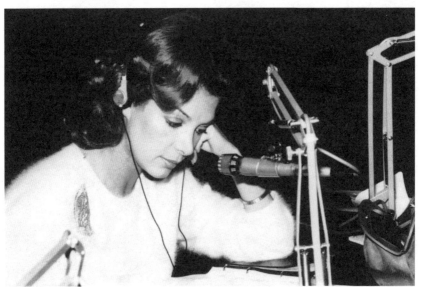
Virginia Vallejo, radio- en televisiepresentatrice (persoonlijk archief).

1985

1987

1984

1985

'Ik kan niet leven zonder dat gezicht op mijn hoofdkussen,' zei Pablo zodat ik weer bij hem terug zou komen (persoonlijk archief).

Met Álvaro Gómez, de eeuwige presidentskandidaat voor de Conservatieve Partij, vermoord in 1995 (persoonlijk archief, 1986).

Een van Pablo's favoriete foto's, die hem inspireerde de versregels van Neruda aan mij op te dragen. 'In de diepte van jouw ogen slaat de nacht zijn vleugels uit.' (persoonlijk archief, 1972).

Mijn televisieprogramma, opgenomen op de vuilnisbelt, maakte Pablo in één klap bekend (persoonlijk archief, 1983).

Virginia en Pablo in typische klederdracht van Antioquia (*El Tiempo*).

Alberto Santofimio en Pablo Escobar. De enige foto van Pablo waarop hij een donker pak en een stropdas draagt (*El Espectador*).

In gesprek met president Belisario Betancur (persoonlijk archief, 1984).

Een ondeugend glimlachende Pablo, zijn echtgenote, zijn minnares en de kandidaat (*El Colombiano*).

Het sportvliegtuigje waarmee Pablo zijn eerste vrachtjes succesvol vervoerde, bij de ingang van Haciënda Nápoles (*El Espectador*).

Van links naar rechts: Julio Mario Santo Domingo, Virginia Vallejo, senator Miguel Faciolince en toekomstig president Turbay, die naar een toespraak van presidentskandidaat Alfonso López Michelsen luisteren (persoonlijk archief, 1972).

Pablo Escobar, Jairo Ortega en Alberto Santofimio op campagne (*El Tiempo*, 1982).

Een tv-persoonlijkheid is een troef tijdens een verkiezingscampagne (*El Colombiano*, 1983).

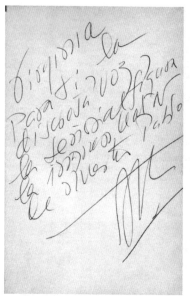

'Virginia, voor jou, de ingetogen stem, de elegante verschijning, de [onleesbaar] van onze Pablo.' AS
Opdracht van Santofimio voor Virginia (persoonlijk archief).

'In de diepte van jouw ogen slaat de nacht zijn vleugels uit. Twee koele bloemenarmen, rozenschoot.'
Enkele verzen van Neruda, door Pablo opgedragen aan Virginia (persoonlijk archief).

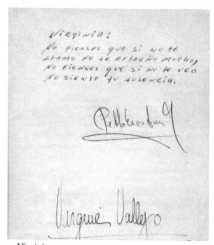

Virginia,
Denk niet als ik niet bel,
Dat ik je niet mis.
Denk niet als ik je niet zie,
Dat ik je afwezigheid niet voel.
Pablo Escobar G.

Het enige wat ik nog van Pablo bezit, zijn deze handgeschreven regels (persoonlijk archief).

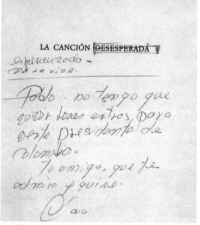

De ijdele hoop die mijn vriendin Clara voor Pablo koesterde. Ze heeft in mijn gedichtenbundel geschreven dat ze niet kan wachten totdat hij president van de republiek is (persoonlijk archief).

De lach van die gelukkige jaren (persoonlijk archief, 1984).

In mijn gondel in Venetië, voor de reclamecampagne van de nylonkousen van Di Lido, een maand vóór de moord op Rodrigo Lara (persoonlijk archief, 1984).

'Ik ben intens gelukkig en kan bijna niet geloven dat ik, na twintig jaar bedreigingen en beledigingen, nu eindelijk mag genieten van zoveel schoonheid, zoveel vrijheid en rust totdat het licht voorgoed uit mijn ogen verdwijnt.' – Virginia Vallejo (Hernán Diaz).

liefd worden op een man met een hele vloot, Pablo. Zulke mannen zijn zo vreselijk wreed.'
'Nou ja, zo veel zijn er daar niet van. Hoogstens... met hoeveel zijn we?'
'Met drie. Of dacht je soms dat je uniek was? En uit ervaring weet ik dat zulke mannen als de dood zijn te worden ingeruild voor een rivaal. Want het is een kwelling, voortdurend te moeten denken aan de vrouw die je liefhad... in bed met de concurrent. En zich voor te stellen hoe ze de grootste lol hebben over je povere prestaties in bed.'
'O, snap je dan nog steeds niet dat ik daarom het liefst van die onervaren jonge meisjes heb, Virginia?' Triomfantelijk kijkt hij me aan. 'Heb ik je nooit verteld dat ik zo gek op ze ben omdat ze geen enkel vergelijkingsmateriaal hebben?'
Met een diepe zucht pak in mijn tas en sta op. Dan – als, de beroemde stierenvechter Manolete, die op het punt staat met uitgelezen precisie de stier de genadesteek toe te brengen en op een toon die ik gedurende het laatste uur keer op keer geoefend heb – zeg ik tegen Pablo Escobar wat geen andere vrouw ooit tegen hem heeft gezegd: 'Tja... weet je, er zijn ook niet veel vrouwen met zo veel vergelijkingsmateriaal als ik, lieveling. En wat ik je altijd al heb willen zeggen – en dat meen ik echt – is dat jij zo van jonge meisjes houdt, niet omdat ze geen vergelijkingsmateriaal hebben, maar omdat ze nog niet goed weten wat een seksueel aantrekkelijke man is. Adiós, Pablito.'
Ik neem niet eens de moeite om zijn reactie af te wachten. Ik verlaat die afschuwelijke plek. Ik voel een loden last van mijn schouders afglijden en langzaamaan voel ik alle woede wegebben en plaatsmaken voor een onbeschrijfelijk gevoel van vrijheid. Na ongeveer tweehonderd meter lopen in de regen die begint te vallen, krijg ik Aguilar en Pinina in het oog. Zoals altijd staan ze glimlachend op me te wachten. Ik hoor de karakteristieke fluittoon van De Baas achter me en ik kan me zijn gezichtsuitdrukking voorstellen als hij die twee beveelt zijn instructies over te brengen aan de zes mannen die belast zijn met de lastige taak mij veilig thuis af te zetten. Deze keer geen arm om mijn schouders of een kus op mijn voorhoofd bij het afscheid. Ik houd de Beretta in mijn jaszak stevig vast tot het moment dat ik voet in huis zet; pas als ik hem op

zijn plek leg, dringt het tot me door dat het pistool het enige is wat hij me niet heeft afgenomen.

Een paar dagen later verschijn ik in het veelbekeken programma *Mens en Werk*, dat op primetime wordt uitgezonden, en waarin ik een uur lang word geïnterviewd over mijn werk als presentatrice. Voor deze uitzending vraag ik de meest opvallende juwelen te leen bij de juwelier en tijdens het interview spreek ik me op een gegeven moment vierkant uit tegen het uitleveringsverdrag. Na de uitzending word ik meteen gebeld. Het is Gonzalo, El Mexicano, die zijn dankbaarheid namens alle Uitleverbaren uitspreekt. Ik ben de dapperste vrouw die hij kent, zegt hij, en de volgende dag krijg ik min of meer dezelfde reactie van Gustavo Gaviria. Ik antwoord dat het wel het minste is wat ik kan doen om mijn solidariteit met Jorge en Gilberto te tonen. Het was het best bekeken programma van het jaar volgens mijn redactiechef; maar geen woord van Pablo of de families Ochoa en Rodríguez Orejuela.

※

Jorge Barón heeft besloten dat er geen derde seizoen van *De sterrenshow* zal komen, zoals wel was afgesproken. Hij geeft me er geen verklaring voor, hooguit dat het publiek op de show afstemt voor de zangers en niet voor mij. Het programma heeft de hoogst behaalde kijkcijfers in de geschiedenis van de media, want in die tijd bestaat er in Colombia nog geen kabeltelevisie. Het wordt uitgezonden in verschillende landen, en ook al verdien ik er maar duizend dollar per maand mee en kost het me een vermogen aan representatieve kleding, elke productlancering in de advertentiebranche levert me wel weer duizenden op. Ik waarschuw Barón dat hij de internationale markt nu wel op zijn buik kan schrijven. Binnen een paar weken hebben alle buitenlandse kanalen hun contracten geannuleerd. Barón compenseert zijn verliezen echter door zich aan te sluiten bij voetbalagenten uit zijn geboortestad Tolima, die miljoenendeals sluiten. Die deals zullen overigens na verloop van tijd onderzocht worden door de algemene belastingdienst van Colombia. Als ik in 1990 word benaderd om een getuigenverklaring af te leggen tijdens het proces tegen Jorge Barón wegens onrechtmatige verrijking, kan ik onder ede bevestigen dat het enige contact van puur persoonlijke aard dat ik ooit met dit individu heb gehad, hooguit tien minuten heeft geduurd.

Hij vroeg mij toen naar mijn romantische liaison met Pablo Escobar. Toen ik hem antwoordde dat mijn contact met Escobar niet verder ging dan politieke kwesties bleef hij bij zijn standpunt dat mijn contract gecanceld moest worden. Zijn productiemaatschappij kon het zich niet veroorloven mij duizend dollar per maand te blijven betalen. Om op dat hongerloontje van mij te kunnen besparen had die vuile hufter niet al zijn verdiensten van het Noord-Amerikaanse publiek opgeofferd, nee, dat had gewoon te maken met zijn nieuwe partners die hadden geëist dat mijn kop zou rollen.

Eigenlijk zijn al die gebeurtenissen in dat horrorjaar 1984 de aanleiding dat ik later zou worden beschouwd als een soort katalysator van een lange en complexe serie historische processen. Het resultaat was dat de hoofdrolspelers in het graf of in de gevangenis belandden of bankroet gingen, en dat allemaal door het karma van oorzaak en gevolg, waarvoor ik altijd ontzag en angst heb gehad. Wellicht dat diezelfde twee emoties een geliefde soefidichter uit de dertiende eeuw ertoe hebben aangezet zijn kosmische visie op misdaad en straf te bundelen in slechts twee daden en twaalf woorden. Wij kunnen niet anders dan huiveren bij zijn uitspraak, als we de impact van zijn woorden over absolute genade begrijpen: 'Trek een bloemblad van een lelie los en een ster zal twinkelen.'

ONDER DE HEMEL VAN NÁPOLES

Alle elf vliegtuigen van Pablo Escobar passen in dit bakbeest van een vliegtuig en de man die uitstapt, omringd door zijn bemanning en door vier jonge echtparen, maakt de indruk een heerser te zijn. Hij is vijfenzestig jaar en bijzonder zelfverzekerd. In zijn armen houdt hij een baby van een paar maanden oud.

We schrijven begin 1985 en ik ben op het vliegveld van Bogota waarvandaan ik met een twintigtal genodigden vertrek naar Miami en Caracas voor de boeklanceringen van *Liefde in tijden van cholera*, het meest recente werk van Nobelprijswinnaar Gabriel García Márquez en van *Meesters van de Universele Literatuur*. Beide boeken worden uitgegeven door het Venezolaanse mediabedrijf Bloque Dearmas. We vertrekken als genodigden van het Colombiaanse filiaal, samen met een aantal van de plaatselijke CEO's van de Latijns-Amerikaanse mediamagnaat. Een paar andere stafleden zijn slechts naar het vliegveld gekomen om hun baas de hand te schudden. Een groot deel van alle Spaanstalige boeken die verschijnen worden door Armando de Armas uitgegeven en hij is bovendien eigenaar van tientallen tijdschriften, kranten en radiozenders in Venezuela. De baby is niet zijn kleinzoon, maar zijn jongste aanwas en het ziet ernaar uit dat de moeder in Caracas is gebleven.

Al in het vliegtuig hoort De Armas dat ik de bekendste presentatrice van Colombia ben en dat de *Cosmopolitan* met mijn foto op de cover binnen één dag uitverkocht was. Even voor de start krijgt hij een telefoontje; als hij weer naar zijn zitplaats terugloopt kijkt hij me aan, en ik begrijp meteen wat een van zijn stafleden die in Bogota is achtergebleven hem heeft ingefluisterd. Het is overduidelijk dat deze man, dertig jaar ouder dan ik, niet met zich laat sollen. Maar het staat ook als een paal boven water dat een vrouw, bekend bij een miljoenenpubliek, gehuld in een mantelpakje van drieduizend dollar, met accessoires van krokodillenleer van vijfduizend en sieraden van dertig- of veertigduizend dollar echt geen 'drugskoerier' is. Zeker niet als ze een vrouw is die met drie koffers meereist met het grootste privévliegtuig van heel Latijns-Amerika om vijf dagen door te brengen in Miami en Caracas. Bij het eerste glas Cristal Rosé-champagne vraag ik Armando me de cover van *Bazaar* te geven, 'de enige die nog ontbreekt in het rijtje'. Het boeit hem totaal niet wat er over mij gezegd wordt en hij reageert onmiddellijk met een nonchalant 'Alsjeblieft!' Niemand om ons heen heeft in de gaten dat hij en ik binnen een half uur met een minimum aan woorden en gebaren een curieuze vriendschap zijn aangegaan, die jaren zal standhouden.

We komen aan in Miami en De Armas stapt samen met een spectaculair model dat ook deel uitmaakt van het gezelschap in de donkerpaarse Rolls-Royce die onder aan de vliegtuigtrap voor hem klaarstaat. Die avond, terwijl ik aan een lange tafel zit, met hem aan het hoofd, kom ik via zijn loslippige stafleden te weten dat Carolina Herrera, het merk dat de naam draagt van zijn elegante landgenote en dat eigendom is van Bloque Dearmas, in een financieel dal zit. De ontwerpster, die ik pas geleden heb ontmoet tijdens een diner van de graven Crespi in New York, waar ik op uitnodiging van David aanwezig was, is getrouwd met Reinaldo Herrera, wiens vriendschap met de upperclass van onschatbare waarde was voor een ambitieus en machtig man als Armando. Armando geeft de beroemde modefotografe Iran Issa-Khan, nichtje van de sjah van Perzië, opdracht een close-up coverfoto van me te maken, als bewijs dat ik een puntgaaf gezichtje heb. En hoewel ze er uren en uren werk aan besteedt, ben ik erg teleurgesteld met het eindresultaat. Het is dan wel een stijlvol plaatje, maar ik herken me totaal niet in het uitgesproken serieuze gezicht op de foto. Terug in Caracas zegt De Armas in een lang gesprek onder vier ogen dat hij verliefd op me aan het worden is en me graag zo snel mogelijk weer wil zien.

Armando belt me niet dagelijks op, nee, hij belt 's ochtends, 's middags en 's avonds. 's Ochtends om zes uur belt hij me wakker, waar ik geen punt van maak. Om drie uur 's middags wil hij weten met wie ik geluncht heb – want er ligt elke dag wel een uitnodiging klaar – en tussen zeven en acht uur 's avonds belt hij weer om me goedenacht te wensen. Hij gaat al zo vroeg onder de wol omdat hij de gewoonte heeft om drie uur 's nachts op te staan, een tijdstip waarop wij jonge mensen nog maar net in bed liggen. Het probleem is dat op exact ditzelfde uur een psychopathische, uitleverbare verkrachter belt om me om vergeving te smeken, om vast te stellen dat ik thuis ben en te vragen of ik echt alleen maar in Morpheus' armen lig. Ik hang op, en zeg tegen mezelf: 'van de regen in de drup', want met zowel het generatie- als het tijdsverschil, zorgen deze twee mannen, de een in Caracas en de ander in Medellín, ervoor dat ik zowat stapelgek word.

Ik werk nu voor een nieuwsstation met zendtijd om twaalf uur 's middags, de enige zender die me nog wilde aannemen als nieuwslezer. Met bovenmenselijke inspanning en een slavenloontje, is het ons gelukt de kijkcijfers iets op te krikken. Maar dat is voor de eigenaar en directeur van de zender, de oudgediende journalist Arturo Abella, niet genoeg om uit de kosten te komen.

Mijn romance met Pablo is publiek geheim bij ingewijden in ons beider vakgebied, maar het grote publiek weet van niets, net zomin als de Europese dames of die uit Bogota met wie ik ga lunchen bij Pajares Salinas of La Fragata. Bovendien hebben we het beiden altijd categorisch ontkend. Gedurende de laatste twee jaar heb ik de collega's die ik het meest vertrouw, verzocht om Escobar niet als 'narco' aan te duiden, maar als voormalig afgevaardigde. Met enige tegenzin hebben ze hierin toegestemd, wellicht in de hoop dat Pablo ze op een dag iets meer dan alleen een interview zal gunnen.

Elke week krijg ik wel een serenade met mariachi's. Een niet nader te benoemen wurger belt me na de uitvoering op met de mededeling dat El Mexicano hem deze muziek heeft aangeraden, een autoriteit op het gebied van Mexicaanse volksliederen. Persoonlijk houdt hij meer van hardrock, folkloremuziek is niet echt zijn ding. De volgende strategie is gericht op mijn mededogen met de armen en de lijdende medemens: 'Moet je kijken, ik heb nog maar acht vliegtuigjes over, want de rest is me afgenomen!' roept hij uit. Zonder een woord hang ik op. Op dat moment worden er tachtig orchideeën bezorgd. De keer daarop: 'Kijk eens, nu heb ik er nog maar zes!' begeleid door zestig bloemen in een andere kleur. Woedend smijt ik de telefoon tegen de muur en ik vraag me vervolgens af van welk materiaal die apparaten in godsnaam gemaakt zijn, zodat ik aandelen kan kopen bij het bedrijf dat zulke onverwoestbare telefoons fabriceert. En de week daarop luidt het: 'Heb je al gezien dat ik nu een arme jongen ben met nog maar vier vliegtuigjes?' met veertig vlinderorchideeën, alsof ik niet weet dat de vliegtuigen die niet door de politie zijn geconfisqueerd, zich in Panama, Costa Rica en Nicaragua bevinden. En alsof ik er niet van op de hoogte ben dat hij voldoende middelen heeft om gewoon een paar nieuwe te kopen, en trouwens ook meer dan voldoende contanten om mij een sieraad met robijnen of smaragden te sturen in plaats van al die inheemse bloemen. En hij bekijkt het maar met dat hele repertoire van José Alfredo Jiménez en Jorge Negrete en consorten.

Keer op keer houd ik mezelf voor: waarom zou een vrouw als ik een verkrachter met een luchtvloot nodig hebben, als ik ook met één knip van mijn vingers een eerlijke man met maar één vliegtuig en honderd tijdschriften kan krijgen? Een man die altijd leuke mensen om zich heen heeft, met toelages strooit voor Reinaldo en Carolina Herrera en me drie keer per dag belt met de mededeling dat hij gek op me is?

'Denk je eens in dat je de bazin van Carolina Herrera zou worden!' zegt David lachend als hij me uit Londen belt.

Armando vertelt me dat een televisiezender in Miami op zoek is naar een Spaanstalige nieuwspresentator. Ik word uitgenodigd voor een screentest. Mijn performance is onberispelijk, en ik krijg te horen dat ze over een paar maanden zullen besluiten of ze met me in zee gaan. Die avond in Miami ga ik uit eten met Cristina Saralegui, die voor Armando werkt, en haar echtgenoot Marcos Ávila, die in een opperbeste stemming is, want zijn band met Gloria Estefan gooit op dit moment wereldwijd hoge ogen met het liedje 'La Conga'. Nadat Armando me maandenlang telefonisch het hof heeft gemaakt, aanvaard ik eindelijk zijn uitnodiging om samen een trip naar Mexico te ondernemen. Deze keer zijn wij de enige passagiers. Op het vliegveld wordt de rode loper voor ons uitgerold, vanaf de vliegtuigtrap tot aan de douane, alsof we de president en first lady van alle Andeslanden zijn. Omdat de steenrijken nu eenmaal nergens door de douane worden gecontroleerd, onder invloed verkerende rockbands daargelaten, begeven we ons, omgeven door stafleden, rechtstreeks naar de Mexicaanse vestigingen van zijn imperium. Hoog vanaf een balkon binnen in het gebouw heb ik zicht op een soort warenhuis helemaal volgestouwd met boeken en tijdschriften op metershoge stapels. Op mijn vraag aan Armando wat dat allemaal voorstelt, antwoordt hij dat het de titels zijn die de komende week verspreid zullen worden. 'Binnen een week?' vraag ik quasi geschokt. 'En hoeveel verdien je per boek?'

'Vijftig procent van de opbrengt is voor mij. De schrijver krijgt zo tussen de tien en vijftien...'

'Wauw! Dus je kunt beter in jouw schoenen staan dan in die van García Márquez of Hemingway!'

We komen aan bij de suite van het Sheraton María Isabel, waar we twee slaapkamers tot onze beschikking hebben. Daar komt de aap uit de mouw. De koning der uitgeverijen biecht zijn grote wens op: hij wil samen met mij een hele rits kinderen produceren, want hij is dol op kinderen en heeft mij uitverkoren als de moeder van zijn laatste kroost. Dat zou dan ongetwijfeld het meest verwende van zijn vruchtbare bestaan worden, want naast de kinderen uit zijn wettelijke huwelijk heeft hij ook nog een dozijn buitenechtelijke kinderen.

'Ik kan je alles geven wat je wilt! Je kunt de rest van je leven in ongekende weelde doorbrengen!' zegt hij, opgetogen bij het idee, naar me kijkend alsof ik een of andere koe met een stamboom ben van zo'n agrarische veiling.

Ik antwoord dat ik kinderen echt enig vind, maar dat ik niet van plan ben een paar bastaards op de wereld te zetten, zelfs niet met een Karel de Grote of een Louis XIV, de zonnekoning. Hij vraagt of ik wel kinderen met hem zou willen als we getrouwd zouden zijn. Na een indringende blik zeg ik dat ik dan evenmin aan kinderen zou denken, maar dat we samen ongetwijfeld de tijd van ons leven zouden hebben. Hij reageert woedend en begint op te sommen wat ze altijd over mij in de pers zeggen: 'Ik heb allang gehoord dat je een hekel aan kinderen hebt en dat je ze niet wilt omdat je bang bent je mooie figuurtje kwijt te raken! En je hebt me ook nog ongeluk gebracht, want er is net een staking uitgebroken!'

'Nou, als je er niet voor zorgt dat ik morgen terug ben in Colombia, sluit ik me aan bij het stakingspiket! Dan roep ik voor alle televisiecamera's "Weg met die buitenlandse uitbuiters!" Ik heb zo genoeg van al die magnaten met luchtvloten, jullie zijn allemaal tirannen! Adiós, Armando.'

Een week later belt hij om zes uur 's ochtends om te vertellen dat hij na het regelen van de staking in Colombia was om me op te zoeken, maar dat hij de benen moest nemen, want Pablo Escobar had geprobeerd hem te ontvoeren.

'Pablo Escobar heeft drie miljard dollar, niet driehonderd miljoen zoals jij. Hij is vijfendertig jaar, net als ik, en niet vijfenzestig zoals jij. Hij heeft zeker tien vliegtuigen, en niet maar één zoals jij. Verwar vooral Escobar niet met Tirofijo, want met eventjes simpel en logisch nadenken kom je al tot de slotsom dat jij er eerder aan zou moeten denken Pablo te ontvoeren, dan andersom. En hou nou eens op me op dit uur te bellen, want ik sta pas om tien uur op, net als Pablo, en niet om drie uur 's nachts zoals jij!'

'Ja, nu snap ik waarom je geen kinderen met me wilde! Je bent gewoon nog steeds hartstikke gek op die cocakoning! Ik had allang gehoord dat je het liefje van die misdadiger bent!'

Ik antwoord dat als ik de minnares van de zevende rijkste man van de wereld was, ik nooit van mijn leven een voet in zijn vliegtuig zou hebben gezet – niet in januari met die groep genodigden en al helemaal niet om met hem naar Mexico te gaan – en ik hang op.

Ik geloof geen woord van die zogenaamde ontvoering. Twee dagen later ontvang ik tien orchideeën, een krantenknipsel met mijn foto en een kattenbelletje van een man met nog maar één vliegtuig, die zegt dat hij er niet aan moet denken mij nooit meer naast hem in bed te zien liggen. Hij belt me nog een keer en weer hang ik op. Het volgende lange weekend neem ik het besluit dat ik schoon genoeg heb van al dat stalken en terug wil naar mijn rustige leventje van weleer. In het Fontainebleau in Miami zit David Metcalfe op me te wachten onder een parasol met een rumpunch met parasolletje. De volgende dag komt ook Julio Mario Santo Domingo aan, die me omhelst en me twee keer in de lucht ronddraait, waarbij hij roept: 'David, kijk eens! Dit is een echte vrouw! Ze is terug! Terug uit de wereld van rijkste mannen ter wereld naar die van ons armoedzaaiers!' En terwijl David naar ons kijkt en – daar lijkt het tenminste op – voor het eerst in zijn leven een greintje jaloezie voelt, zingt Julio in een opperbeste stemming: *'Hellooo, Dolly! It's so good to have you back where you belong! You're looking sweeelll, Dolly, we can teeelll, Dolly...'*

In de taxi naar het vliegveld zitten David en hij onophoudelijk grapjes te maken over de patiënten van Ivo Pitanguy, vrouwen met wie beide mannen bevriend zijn. Julio Mario zegt dat David hem veel geld heeft bespaard door zijn hotelkamer te betalen en dat maakt hem zo blij dat 'hij het liefst de rest van zijn leven lachend met ons zou doorbrengen in deze taxi'. We nemen de vlucht terug met Avianca, Santo Domingo's luchtvaartmaatschappij. In Bogota neem ik afscheid van hen. Onderaan de vliegtuigtrap staan zeker vijftien auto's en een heel leger aan lijfwachten te wachten. Met grote snelheid vertrekt de hele stoet. We hoeven niet door de douanecontrole, en iemand die voor de Grupo Santo Domingo werkt, neemt mijn paspoort aan en loodst me snel naar een andere auto. Ik denk bij mezelf dat mensen als Julio Mario en Armando – en niet Pablo en Gilberto – de ware heersers over de wereld zijn.

Een paar dagen later krijg ik van een mij bekende verslaggever het verzoek om hem te ontvangen. Hij wil me, zo discreet mogelijk, om een gunst vragen. Eigenlijk moet ik naar een black tie diner, maar ik zeg dat ik hem graag te woord sta. Hij heet Édgar Artunduaga en was voorheen hoofdredacteur van *El Espacio*, het avondblad dat toentertijd met de twee lijken van Pablo op de proppen kwam. Hij vraagt me Pablo te verzoeken hem financieel bij te staan, want ten gevolge van het verspreiden van de opnames met het vermeende bewijsmateriaal van de deal tussen Evaristo Porras en Rodrigo Lara, wil geen krant nog met hem in zee. Hij zit helemaal aan de grond. Ik leg hem uit dat tientallen verslaggevers regelmatig bij me aankloppen met hetzelfde verzoek, en dat ik iedereen altijd direct doorstuur naar Pablo's kantoor om zodoende de beslissing aan hemzelf over te laten. Ik heb er eigenlijk helemaal geen behoefte aan om geconfronteerd te worden met de ellende van mijn collega-verslaggevers, en ik trek het ook niet om als tussenpersoon op te treden bij dit soort zaken. Maar voor hem wil ik wel een uitzondering maken, want wat hij me vertelt, laat me niet koud en bovendien is een snelle oplossing vereist.

Pablo weet donders goed dat ik een man voor wie ik een bepaalde romantische interesse heb opgevat, nooit of te nimmer zou opbellen, zelfs niet om zijn vergeefse telefoontjes alsnog te beantwoorden. Als ik zijn persoonlijke nummer intoets, neemt hij zelf op en het doet hem duidelijk plezier mijn stem te horen. Maar als ik hem zeg dat ik in het gezelschap ben van Artunduaga, en hem het doel van diens bezoek uitleg, raakt hij buiten zichzelf van woede. Voor het eerst in zijn leven zegt hij 'u' tegen me. 'Gooi die rioolrat meteen uw huis uit! Ik bel over vijftien minuten terug. Als hij dan nog niet weg is, vraag ik El Mexicano, die bij u om de hoek woont, om drie kerels te sturen die hem uw huis uittrappen!'

Ik heb geen idee of Artunduaga Pablo's geschreeuw en getier kan horen: hij maakt hem uit voor alles wat mooi en lelijk is, addergebroed, afperser, schoft, chanteur en schooier van het laagste allooi. Ik voel me vreselijk opgelaten. Als ik ophang, zeg ik maar dat Escobar onaangenaam verrast was omdat ik normaal gesproken dit soort zaken, betalingen aan anderen, niet met hem bespreek. Ik voeg er nog aan toe dat ik de dag erop eventueel een goed woordje voor hem kan doen bij Arturo Abello. Die heeft misschien wel een baan voor hem als politiek redacteur. Om hem op te vrolijken zeg ik dat mijn voorstel praktisch zeker aangenomen zal worden, omdat Abello op dit moment aan het onderhandelen is met een paar zeer rijke investeerders over de verkoop van aandelen van het nieuwsstation.

Op het moment dat Pablo terugbelt ben ik al onderweg naar een diner met David Metcalfe. Tijdens dat diner loop ik ook voormalig president López tegen het lijf, die me vraagt wie die boomlange Engelsman is die me begeleidt. Ik stel beide heren aan elkaar voor, waarbij ik vermeld dat

David de kleinzoon is van lord Curzon en petekind van Edward VIII.

De dag erna hoor ik van Arturo Abella dat de nieuwe eigenaar van het nieuwsstation, Fernando Carrillo, ons heeft uitgenodigd voor een etentje in Pajares Salinas. Hij wil Artunduaga graag ontmoeten om een beslissing te kunnen nemen over diens aanstelling. Abello vertelt me dat Carrillo, voornaamste aandeelhouder van het voetbalteam Santa Fe in Bogota, een nogal gevarieerde vriendenkring heeft. Zo is hij een persoonlijke vriend van César Villegas, de rechterhand van Álvaro Uribe van de burgerluchtvaart, maar ook van Tirofijo. Hij voegt eraan toe dat Carrillo heeft aangeboden mij en een collega in zijn helikopter naar het kampement van de FARC te brengen, zodat we de legendarische guerrillaleider kunnen interviewen. Ik heb het gevoel dat ik dit soort zaken maar beter niet in het bijzijn van Artunduaga kan bespreken. Een paar uur later neem ik afscheid van de heren om me bij David te voegen, die vast al klaar is met zijn zakendinertje en me nu opwacht om afscheid te nemen vóór hij weer vertrekt naar Londen.

Abella belt om te zeggen dat hij liever heeft dat ik even op kantoor langskom dan dat we elkaar in de studio treffen. Hij wil iets belangrijks met me bespreken. Als ik binnenkom geeft hij me mijn ontslagbrief. Artunduaga heeft Carrillo ervan overtuigd om mijn contract te ontbinden en hem als presentator bij de zender aan te nemen. Ik kan mijn oren en ogen niet geloven! Arturo bedankt me voor mijn aandeel in de stijging van de kijkcijfers, en legt me uit dat de kosten voor de overheid hem de das om hebben gedaan. Met tranen in zijn ogen zegt hij dat hij geen andere keus had dan zijn gehele zender te verkopen aan 'die heren van het voetbal'. Bij het afscheid voorspel ik hem dat het nieuwsstation waarschijnlijk al binnen zes maanden zal ophouden te bestaan. Want wie wil er nou rond lunchtijd tegen het gezicht van Édgar Artunduaga aan kijken? De man die door de prestigieuze Pablo Escobar wordt omschreven als 'rioolrat'! (Nog vóór het eind van het jaar is het nieuwsstation bankroet en is Carrillo zijn miljoeneninvestering kwijt aan de betaling van passiva.)

Een eenzame violist staat tegenover mijn raam mijn favoriete tango 'Por una cabeza' te spelen. Dit doet hij drie opeenvolgende dagen en dan verdwijnt hij. Twee dagen later belt Pablo: 'Je bent gesignaleerd toen je met Santo Domingo en een buitenlandse man uit een vliegtuig van Avianca stapte. Ik heb dan wel geen luchtvaartmaatschappij zoals hij, maar wel een eigen vliegtuig sinds mijn dertigste! Je snapt dat ik niet naar Bogota kan komen. Maar laten we alsjeblieft al die flauwekul eens een keer achter ons laten, het leven is kort, en die bajesklant zal ons toch verder worst wezen. Ik sterf van verlangen naar dat gezichtje van je en ik ben niet van plan jou aan een ander te gunnen, punt uit! Als je nú niet instapt in het laatste vliegtuig dat ik nog heb – en me vertelt hoe het komt dat je zonder werk zit – dan moet ik straks als je wél besluit te komen nog een ticket bij die Santo Domingo van Avianca kopen! En dan wordt die gierige rijkaard nog honderd dollar rijker!'

Zelden heb ik iemand zo overtuigend horen praten. Pablo mag dan de meest gezochte man ter wereld zijn, in onze relatie ben ik degene die de voorwaarden stelt. Dus zeg ik opgewekt: 'Oké, ik kom eraan. Maar als je me niet staat op te wachten op het vliegveld, ga ik desnoods te voet terug!'

Het is een klein vliegtuig en ik ben alleen met de piloot. Op een gegeven moment komen we in een hevige stortbui terecht en plotseling valt de radioverbinding uit. Het zicht is nul komma nul. Geestelijk bereid ik me met een onverklaarbaar vredig gevoel voor op het feit dat mijn laatste uur heeft geslagen. Het vliegtuigongeluk van Jaime Bateman schiet heel even door mijn hoofd. De jonge piloot verzoekt me plaats te nemen op de plek van de copiloot, want twee zien nu eenmaal meer dan één. Ik vraag hem of het mogelijk is pas na zes uur 's avonds te landen, als het vliegveld van Medellín al is gesloten en de kans dat we te pletter slaan op een ander vliegtuig minimaal is. Hij antwoordt dat dat precies de actie is die hij zich voorneemt. Zodra het zicht weer beter is en we de landingsbaan vanuit de verte zien liggen, landen we zonder problemen.

Ik weet heus wel dat Pablo zelf natuurlijk niet eens in de buurt van het vliegveld kan komen, maar op de vertrouwde plek staan twee mannen me op te wachten. Ze brengen me eerst naar het kantoor om zich te verzekeren dat ik niet ben gevolgd. De firma van Armando de Armas mag dan op een warenhuis lijken, die van 'Armando Guerra', de alias van de neef en partner van Pablo, lijkt eerder op een fastfoodrestaurant tijdens lunchtijd. Bij Gustavo Gaviria wisselt de blijdschap me terug te zien zich af met de opwinding die wordt veroorzaakt door een aan een stuk door rinkelende telefoon, in wat lijkt op een crisis door overmatige vraag naar een bepaald product.

'Wat fijn dat je weer terug bent, Virginia! Maar het is hier vandaag een gekkenhuis... hoe zit het met die zevenhonderd kilo van El Negro, hè? Ik stuur zo'n zes vliegtuigen, ja natuurlijk, gehuurd... De vierhonderd van La Mona, jezusmina! Als ze daar niet in zitten, snijdt dat mens me morgen mijn ballen af! Pablo staat erop dat er voor niemand iets gewijzigd wordt, dus je gaat hem niet zeggen dat ik je heb verteld... Die zeshonderd van Yáider, kijk uit! Hoe krijg je het toch voor elkaar er altijd zo uitgerust uit te zien, hè? Wat? Zit die laatste vol? Je hebt geen idee van de stress in dit beroep! Maar dat is een ramp, jongen! Weet je, honderdduizenden hebben brood op de plank door deze business en indirect nog eens zo'n miljoen... Zorg dan dat ik verdomme een ander vliegtuig krijg! En dan al die verantwoordelijkheid... voor al die lui... Wat? Zijn alle vliegtuigen in dit land soms op? Hoezo? Moeten we soms die jumbo van Santo Domingo huren?! En al die cliënten tevreden houden valt ook niet mee... O nee, god! Wat doen we met die tweehonderdvijftig van Pitufin? Dat is een nieuwe klant! Zijn ze die soms vergeten?! Kijk, die daar, die komen voor jou, Virginia... Die kloteneef van me heeft wel mazzel, hoor! Niet dat arme werkpaard dat ik ben!'

Nu snap ik pas waarom Pablo dat kleine vliegtuig heeft gestuurd. Het was niet de laatste die hij overhad: het was de laatste die over was in heel Colombia! Onderweg zit ik te denken dat de economische clusters van de magnaten werkgelegenheid scheppen voor zeker duizend of tweeduizend mensen, waarmee ze dus zo'n tienduizend mensen in hun onderhoud voorzien, en ik vraag me af of de getallen die Gustavo me net heeft voorgeschoteld uiteindelijk niet onze waardeschaal zullen verstoren... een miljoen mensen...

Na zo'n twee uur rijden worden we ineens door drie auto's omsingeld. In paniek denk ik dat ze me gaan ontvoeren of dat de Dijín me gevolgd is. Iemand pakt mijn koffertje en eist dat ik in een andere auto stap. Na die paar momenten van paniek zie ik ineens dat Pablo aan het stuur zit! Hij kust me verheugd en als een raket scheuren we op Haciënda Nápoles af.

'Dat ontbrak er nog maar aan, dat je na al die maanden ook nog een soort Amelia Earhart werd! De piloot zei dat je je geen moment beklaagd hebt en de rust zelve bleef! Dank je wel, schat. Kijk, ik kan me niet permitteren die gehuurde vliegtuigen op mijn eigen landingsbaan te laten landen. Ik moet steeds strengere veiligheidsmaatregelen toepassen. Je kunt je niet voorstellen hoe voorzichtig ik wel niet moet zijn! En ik moest ook zeker weten dat je niet gevolgd werd! Maar nu kunnen we er in ieder geval van genieten dat je niet hoeft te werken! We hebben al die verloren dagen in te halen. Al die flauwekul ook... Beloof je me dat je dat van vorig jaar vergeet? Zullen we het er niet meer over hebben?'

Ik zeg dat ik helaas nooit iets vergeet, maar dat ik er al een hele tijd niet meer aan denk. Later, en al in zijn armen, vraag ik hem of we niet een beetje op Charlotte Rampling en Dirk Bogarde lijken in *The Night Porter*. Die film speelt zich jaren na de Tweede Wereldoorlog af en gaat over een mooie, ongeveer dertigjare vrouw die getrouwd is met de dirigent van een orkest. Op een dag is Bogarde, de bewaker die haar in het concentratiekamp heeft verkracht, aanwezig bij een concert van de beroemde musicus. Rampling en Bogarde ontmoeten én herkennen elkaar en vanaf dat moment begint er tussen de elegante dame en de nu gerespecteerde nazi een seksueel geladen relatie, gekenmerkt door obsessieve en perverse afhankelijkheid. Ik vertel Pablo maar niet dat de rollen van slachtoffer en dader nu omgekeerd zijn, want dat zou iets te ver gaan voor de criminele geest van iemand die het met jonge meisjes doet tegen betaling, alleen omdat ze hem herinneren aan zijn vrouw, op wie hij verliefd werd toen ze dertien jaar oud was en nog een rank figuurtje had.

'Sorry hoor, maar ik vind die films die jij bekijkt afschuwelijk! En hoe kom je erbij dat we op dat stel lijken... Jij bent toch nooit ontrouw aan je echtgenoten geweest en ik ben toch geen naziverkrachter! Morgen neem ik je mee naar de mooiste plek op aarde, een paradijs. Ik heb het nog maar pas ontdekt en het aan niemand laten zien. Daar kun je een nieuw begin maken, alle ellende vergeten en zeker alles wat ik je heb aangedaan uit je hoofd zetten. Ik weet heus wel dat ik een duivel ben... en me niet kan inhouden... maar vanaf nu telt nog maar één ding, en dat is jou gelukkig maken, intens gelukkig. Ik beloof het je.'

Hij wil dat ik hem precies vertel wat er met Jorge Barón en Arturo Abella is gebeurd. Zwijgend hoort hij mijn verhaal aan. Terwijl ik hem mijn versie geef van de recente gebeurtenissen, zie ik zijn blik steeds somberder worden: 'Ik ga ervan uit dat het te maken heeft met een vergeldingsactie van Ernesto Samper. Jij hebt hem er toentertijd openlijk van beschuldigd dat hij geld van je had aangenomen voor de presidentiële campagne van Alfonso López. Samper heeft Artunduaga, die van twee walletjes eet, opdracht gegeven uit te zoeken of ik smeergeld heb overhandigd aan journalisten. Dat is tenminste wat mijn vieze, vette collega's achter mijn rug om fluisteren. Ze willen natuurlijk niets liever dan ook eens een reisje in jouw jet maken en in je bed belanden. Diezelfde collega's proberen me onder het mom van vriendschap allerlei details over jou te ontfutselen. Vergeefs overigens, want ik laat nooit één woord los. En omdat jij Artunduaga heel duidelijk hebt gemaakt dat hij geen cent van je krijgt, heeft die rat aan Samper doorgegeven dat jij en ik nog steeds contact hebben met elkaar, oftewel, dat je me nog steeds alles vertelt. Ernesto Samper is daarop naar zijn vriendje César Villegas gestapt. Villegas ging met Sampers verzoek naar zijn vriendje Fernando Carrillo. En Carrillo heeft de hele onderneming, met honderd procent van de aandelen, van Abello overgenomen. Samper en Artunduaga hebben me mijn baan afgepikt, de een omdat je hem een berg geld hebt gegeven en de ander omdat hij bot bij je heeft gevangen. Ik weet het niet, Pablo, maar ik ben toch bang dat je deze twee verkeerd hebt ingeschat! Hou toch 's op die lui van je "vakbond" alles maar te vertellen! Ze zijn zelfs nog jaloerser dan al die verslaggeefsters die ik om me heen heb. Die sowieso toch nooit een magnaat in hun bed krijgen...'

Pablo zegt dat hij weleens kan gaan praten met Carrillo, die gewoon een klant van El Mexicano is, zodat Artunduaga de zak krijgt. En dan heb ik ook weer mijn baan terug.

Ik bedank hem voor alle moeite die hij wil doen, maar zeg ook dat hij wel moet begrijpen dat hij niet zomaar als kruiwagen kan dienen om mij terug te krijgen bij de televisie. Mijn carrière heb ik helemaal alleen opgebouwd, op eigen kracht, met mijn talent, elegantie en onafhankelijkheid en ik heb nog nooit iemand uit politieke kringen gebruikt om hogerop te komen. Ik ben zelfs nog nooit met iemand uit die kringen ook maar een kopje koffie gaan drinken. Ik maak hem duidelijk hoe ongelooflijk het eigenlijk is dat nu zijn 'vakbond' de mijne infiltreert, die derderangs maffiosi hand in hand gaan met politici die de Capo di tutti capi had omgekocht en bij de autoriteiten had aangegeven. Diezelfde maffiosi laten nu mijn kop rollen en pikken me de baan af waar ik nota bene al dertien jaar van leef.

'Op die manier nemen ze wraak op jou, Pablo, maar voor mij hoef je echt geen contact te leggen met die rotzak. Hij zit op zijn plek in de burgerluchtvaart alleen omdat Doptor Varito dat voor jullie had geregeld! Kijk, als een onbeduidend maatje van El Mexicano en de gabber van Alvarito mij al zoiets flikken, wat moet je dan nog verwachten van de rest van dat stelletje ondankbare honden van de "vakbond", voor wie jij door het vuur gaat? Nou ja, wat ik je ook nog wilde vertellen is dat het praktisch zeker is dat ik word aangenomen als presentatrice van een nieuwe zender in Miami. Die gaat binnenkort de lucht in. De mensen die mijn screentest hebben gezien zeggen dat ik misschien wel de beste Spaanstalige nieuwslezer van dit moment ben. Ik denk zelf ook dat ik maar beter zo snel mogelijk Colombia moet verlaten, voor het te laat is.'

'Wat...? Wat vertel je me nou? Je kunt me nu, nu je net weer bij me terug bent, toch niet in de steek laten, schat? Wacht nou maar af, je zult zien dat je binnenkort wordt benaderd voor andere programma's. Kom nou, je kunt niet eens autorijden! Dan kun je toch niet in Miami gaan wonen! Denk maar niet dat een Spaanstalige zender een auto met chauffeur voor je gaat regelen! Je zult zien dat ze uiteindelijk voor een Cubaanse gaan! Bovendien, als jij weggaat, ga ik kapot. Ik ben zelfs bereid me te laten uitleveren, dan kun je me in de bak in Miami komen opzoeken! En hoe denk je dat de pers in Florida gaat reageren als die erachter komt dat zo'n grote televisiester iedere zondag gezellig op bezoek gaat bij een bajesklant? Die zet dan de hele boel op stelten, jij wordt op straat gesmeten, naar Colombia teruggestuurd en dan is het einde verhaal voor ons! Sta je daar eigenlijk wel bij stil? Morgen, morgen komt het allemaal goed! Dan kun je weer een beetje bijkomen van al die ellende... En vanaf nu beloof ik je dat het je aan niets zal ontbreken! Dat zweer ik je op het liefste wat ik heb, en dat is mijn dochtertje Manuela!'

De volgende dag, de enige vierentwintig uur in mijn leven in Colombia die ik als perfect heb ervaren, begint ons dagje in de buitenlucht rond het middaguur op een spectaculaire motor, bestuurd door de beste motorrijder ter wereld. Aanvankelijk klamp ik me krampachtig aan hem vast, met wapperende haren en mijn ogen stevig dichtgeknepen van angst en spanning. Maar na ongeveer een uur kan ik meer ontspannen en hou ik zo nu en dan alleen zijn hemd of riem vast terwijl ik gebiologeerd naar het landschap kijk dat hij tot op dat moment nog met niemand heeft willen delen.

De mooiste plek die God op aarde heeft geschapen ontvouwt zich voor mijn ogen vanaf een heuveltje met prachtig grasland, niet te hoog en niet te laag, waar we niet alleen bescherming vinden tegen de brandende tropische zon, maar waar we ons ook prima kunnen verschuilen. In de schaduw van een boom van gemiddelde grootte is de temperatuur die dag ook perfect. Zelfs een willekeurig briesje, dat ons eraan herinnert dat de tijd ook voor twee geliefden niet stilstaat, kan daar niets aan veranderen. We kijken uit op een kilometerslange vlakte van jadegroen fluweel in een praktisch perfecte cirkel met hier en daar spikkels water die schitteren in de zon. Er is in de hele wijde omgeving geen mens te bekennen, geen spoor van een paadje, geen huis, geen geluid, zelfs geen huisdier. Niets wat erop wijst dat tienduizend jaar beschaving aan ons vooraf is gegaan. Samen ontdekken we dit gebied, wijzen elkaar hier en daar op dingen en voelen ons als Adam en Eva in het paradijs op de eerste dag van de schepping. We staan stil bij het wrede lot van dat paar en ik zeg tegen Pablo dat als God bestaat, Hij toch wel een sadist moet zijn om de mensheid zo te vervloeken en onnodig te laten lijden. Dat Hij van de mens een genadeloze survivor heeft gemaakt. Ik vraag Pablo of alles wat zich tot aan de horizon uitstrekt bij Haciënda Nápoles hoort of dat hij het recentelijk gekocht heeft. Hij glimlacht en zegt dat niets echt van hem is. Daarna, turend naar de horizon, voegt hij eraan toe dat God hem heeft opgedragen de ongereptheid van dit gebied in stand te houden en de dieren te beschermen. Even is hij in gedachten verzonken en ineens vraagt hij me: 'Zouden we echt vervloekt zijn? Denk je dat ik vervloekt geboren ben, zoals Judas... of zoals Hitler? Hoe kan zo'n engel als jij nou vervloekt zijn?'

Ik zeg dat ik me soms echt wel als een duivelin kan gedragen, met hoorntjes en al. Hij moet erom lachen en voordat hij me het woord ontneemt, voeg ik eraan toe dat zolang we verplicht zijn om te overleven we vervloekt zullen blijven. Geen levende ziel kan aan dat lot ontsnappen. Terwijl ik naar alle schoonheid om me heen kijk, schiet me ineens iets te binnen: 'Ken je de tekst van "Imagine" van John Lennon? Hij moet dat hebben geschreven op een moment zoals dit... op een plek als hier... maar in tegenstelling tot wat hij zingt, is alles wat we hier nu zien *to kill or die for*! Toch, Pablo?'

'Inderdaad, ja. En die lucht hierboven ook... die moet ik vrijhouden, want ik denk dat ik vanaf nu praktisch niet meer weg kan hier...'

Die laatste woorden breken mijn hart. Omdat ik niet wil dat hij ziet hoe emotioneel ik word, zeg ik dat hij met al die paspoorten toch eigenlijk Colombia zou moeten verlaten. Met een nieuwe identiteit zou hij ergens anders als een vorst kunnen leven.

'Om wat te doen, lieveling? Hier spreek ik mijn eigen taal, hier heb ik de leiding over praktisch iedereen en kan ik kopen wat ik maar wil. Ik heb de best lopende business ooit en woon in een aards paradijs! En hier ben jij, op mijn eigen stukje grond en onder mijn eigen stukje hemel! Waar kan ik ooit nog een plek op aarde vinden waar de mooiste vrouw van me houdt zoals jij me liefhebt en me de dingen zegt die jij tegen me zegt? Jij mag het zeggen... want het enige wat ik naar de hel wil meenemen als ik sterf, is de aanblik van al deze perfectie met jou in het middelpunt ervan.'

De immense tederheid die uit deze woorden spreekt kan het meest gebroken hart onmiddellijk helen, ik ben tenslotte ook maar een mens. Op deze dag in mei is alles transparant, de lucht is ijl en ogen liegen niet. Kijkend naar die onmetelijke hemel, komt er ineens iets in me op: 'Weet je hoe ik de roman ga noemen die ik ooit over jouw leven ga schrijven? Als we allebei oud en wijs zijn en alles achter ons hebben gelaten? *De hemel van de vervloekten*!'

'Oef, nee zeg, alsjeblieft! Wat een vreselijke naam, Virginia! Het klinkt als een Griekse tragedie! Je luist me er niet in, toch? Ben je nu al bezig met mijn biografie?'

'Besef je dan niet dat elke willekeurige journalist jouw biografie zou kunnen schrijven als hij een beetje zijn best zou doen? Jouw levensverhaal, Pablo, is anders dan van wie dan ook. En het is ook het verhaal van alle soorten macht die dit land manipuleren. Ik denk dat ik het wel zou kunnen schrijven, want ik ken het verhaal achter jouw "vakbond" en *la petite histoire* van de presidentiële families... en de rest.'

'In de komende dagen kun je me dit alles toch mooi vertellen?'

'En wat krijg ik ervoor terug?'

Hij denkt even na en dan, met een zucht en een streling over mijn wang, zegt hij: 'Je zou getuige zijn van een paar zaken die niemand anders te weten zou komen, want... als ik vóór jou kom te overlijden... zou je wellicht heel veel waarheden aan het licht kunnen brengen. Kijk om je heen. Omdat je zo'n slecht oriëntatiegevoel hebt en dus nooit weet waar je bent, denk ik dat ik je wel kan opbiechten dat dit alles wél van mij is. Ook dat wat voorbij de horizon ligt. Daarom heb ik nergens een zwak punt. En kijk nu eens naar boven. Wat zie je?'

'De hemel... en de vogels... en een wolkje daar, kijk! Dat hele grote stuk hemel dat God je in bruikleen heeft gegeven om alles te beschermen wat zich daaronder bevindt. En dat ook jou beschermt...'

'Nee, lieveling. Jij bent een dichter en ik een realist. Alles wat zich hierboven bevindt heet het luchtruim van de Colombiaanse overheid! Als ik er niet voor zorg dat dat uitleveringsverdrag van de baan is, wordt dat een probleem voor me. Daarom overweeg ik zelfs een raket aan te schaffen...'

'Een raket? Maar Pablo, je klinkt als Genghis Khan! Beloof me dat je hier nooit met iemand over zult praten, want dan denken ze dat je gestoord bent! Maar goed... mocht je zo'n ding in je bezit krijgen, want tenslotte kun je met jouw geld alles aanschaffen en met die landingsbaan kun je hem zelfs tot in je voortuin laten slepen, dan denk ik toch niet dat je er veel aan zult hebben. Voor zover ik weet, kun je een raket niet twee keer gebruiken... weg is weg. Maar goed, stel je hebt er één, of voor mijn part tien! En je hebt alle vliegtuigen van de luchtmacht neergehaald, die jouw luchtruim hadden geschonden. Wat doe je dan met al die gringovliegtuigen die de dag erop je luchtruim komen schenden, tien raketten op je af vuren en geen spaan heel laten van je paradijs?'

Hij is een moment stil. Dan, alsof hij hardop denkt, zegt hij heel ernstig: 'Ja... je zou ze eigenlijk in één keer af moeten schieten!'

'Stop nou toch eens met al die onzin! Als je veertig procent van de berooide Colombianen een som geld geeft om voor "Pablo president" te stemmen, ben je goedkoper uit en hoef je je ook minder druk te maken. En dan is dat uitleveringsverdrag geheid van de baan! En waar ga ik getuige van zijn? En wanneer?'

'Ja, je hebt gelijk... laat maar zitten. En op verrassingen moet je wachten, schatje.'

Het gevoel van eenheid is weg. Net als Adam en Eva hebben we het ineens koud en willen we ons bedekken met kleding. Hij ligt in gedachten verzonken, starend naar het luchtruim, met de handen onder zijn nek. Ik lig ook in gedachten, mijn blik op die hemel van de vervloekten, mijn hoofd op zijn borst. Hij droomt over zijn raket, ik over mijn boek. Hij denkt na over zijn tactiek, ik haal de puzzelstukjes van mijn leven van hun plaats en leg ze weer terug. Onze lichamen liggen in een T-positie en ik vertel mezelf dat we erg gelukkig zijn, dat al die perfectie overeenkomt met het beeld van een paradijs dat ik meeneem naar de hemel als ik sterf. Maar... hoe kan ik ooit een hemel op aarde hebben als Pablo niet bij me is?

In de maanden daarop zien Pablo en ik elkaar zo'n één tot twee keer per week. Om de achtenveertig uur verandert mijn verblijfplaats en ik leer nog beter op te letten dan hij. Zonder ophouden schrijf ik aan mijn teksten voor Pablo. Ik kijk geen televisie, luister niet naar de radio en lees geen kranten. Daardoor mis ik het nieuws dat rechter Tulio Manuel Castro Gil, die het proces naar de moord op Rodrigo Lara Bonilla heeft heropend, vermoord is. Zodra Pablo mijn teksten heeft gelezen, en hier daar opmerkingen heeft geplaatst, verbrandt hij ze. Gaandeweg maak ik hem wegwijs in de wereld van de drie grote machten in Colombia en de modus operandi van de rijkste families van het land. Verder doe ik mijn best hem te laten inzien dat hij met al dat geld en land dat hij bezit, best wel een beetje meer 'vorstelijke' criteria zou mogen hanteren.

'Als je ze beter leert kennen, kom je er vanzelf achter dat sommigen zó kleinzielig en zó wreed zijn dat jij met hen vergeleken een keurig mens bent, Pablo. Precies zoals ik het nu zeg, en ik hoop dat je niet beledigd bent. De presidentiële families en financiële grootheden hadden dat arme volk allang vertrapt, als ze niet waren tegengehouden door hun eigen gebrek aan ruggengraat en natuurlijk die verrekte guerrilla. Daar hebben we wel een bloedhekel aan, maar het is toch het enige waar die lui bang voor zijn en wat ze een halt toeroept. Ze hebben echt allemaal, zonder uitzondering, bloed aan hun handen. Zij zelf, hun vaders tijdens de Violencia, hun grootouders als grootgrondbezitters, hun overgrootvaders als slavendrijvers en hun betovergrootvaders als inquisiteurs en encomenderos.[27] Zorg dat je je zaakjes goed voor elkaar hebt, want je mag wel veel hebben meegemaakt, maar je bent nog jong. Je hebt nog tijd om je fouten te herstellen, want je bent rijker, slimmer en moediger dan zij allemaal bij elkaar! Denk eraan dat je nog zeker vijftig jaar voor de boeg hebt om dit land vrede te brengen in plaats van oorlog. Maak alsjeblieft geen fouten meer die je duur komen te staan, Pablo! En ik kan je daarbij helpen! Want samen zijn jij en ik veel meer dan twee handen op één buik!'

Alles wat ik hem bijbreng, zuigt hij als een spons op. Hij luistert aandachtig, leert zaken te onderzoeken. Hij vergelijkt en onthoudt, en leert keuzes te maken. Ik schrijf alles voor mezelf op en zo onthoud ik alle gesprekken en gebeurtenissen van die dagen, de laatste gelukkige dagen die we samen doorbrachten, totdat ons sprookje als een luchtbel uit elkaar zou spatten in vele duizenden stukjes die nooit meer teruggevonden of herkend kunnen worden. Want het leven is wreed en onvoorspelbaar en 'Gods wegen zijn ondoorgrondelijk'.

'Morgen komt Santofimio,' kondigt Pablo op een avond aan. 'Ik hoef je vast niet uit te leggen dat hij om een berg geld komt bedelen voor de verkiezingen van komend jaar. Dus eigenlijk wil ik dat je erbij bent. Doe gewoon je best. Laat dat oud zeer toch even los! Hij loopt overal rond te bazuinen dat hij me sinds '83 niet meer gezien heeft. Dus als jij er morgen bij bent, heb ik bewijs dat hij liegt. En waarom ik dat nodig heb? Dat weet ik nog niet precies. Maar ik heb je er wel bij nodig. Je mag er met geen woord over praten. En morgen alleen luisteren, kijken en zwijgen.'

---

[27] Beheerders van een encomienda. De encomienda was een systeem om in Latijns-Amerika aan grond te komen in de tijd van de Spaanse overheersing

'Je kent me Pablo. Zwijgen is niet mijn sterkste kant. Als dat me lukt, verdien ik minstens een Oscar!'

De volgende dag zijn we in een van de huizen die Pablo en Gustavo huren. Ze blijven nooit ergens lang hangen, het zijn iedere keer weer andere huizen. Het is avond en we zijn alleen, Pablo's lijfwachten gaan altijd weg als er een belangrijke gast komt. Pablo is aan de telefoon als ik Santofimio zie binnenlopen. Hij draagt het rode overhemd dat hij altijd aanheeft bij politieke demonstraties. Zodra hij mij in het oog krijgt, lijkt hij even zijn pas in te houden, maar hij realiseert zich dat het al te laat is. Hij komt het kantoortje binnen en begroet me met een kus. Pablo vraagt ons even op hem te wachten in de woonkamer. Hij moet nog een zakelijke kwestie oplossen. Iemand brengt twee glazen whisky en verdwijnt weer.

Santofimio vraagt wanneer ik ben aangekomen en ik antwoord dat ik er al een paar dagen ben. Dat verbaast hem blijkbaar. Hij probeert me zover te krijgen te vertellen waarom ik niet meer op televisie te zien ben. Dus ik laat hem weten dat ook ik, net als hij, een hoge prijs heb moeten betalen voor mijn relatie met Pablo. Ook Gustavo komt binnen en ik weet dat hij me op een gegeven moment zal verlossen van mijn opdracht. Dan kunnen Pablo en 'de meneer' samen hun financiële zaakjes bespreken. Over slechts tien maanden zijn de verkiezingen van 1986 al. De gedoodverfde winnaar is de officiële kandidaat van de liberalen, de ingenieur Virgilio Barco, uit een rijke, traditionele familie en getrouwd met een Noord-Amerikaanse. De twee andere kandidaten zijn Álvaro Gómez van de conservatieve partij – een briljante man, gehaat door links, niet zozeer zijn eigen schuld, maar meer van zijn vader die een rol speelde in de Violencia – en Luis Carlos Galán, van Nuevo Liberalismo. Die partij heeft zich afgesplitst van de meerderheidspartij, waar de voormalig presidenten López en Turbay de scepter zwaaien. Geduldig luister ik naar de voorspellingen van Pablo en 'El Santo' over het stemgedrag in de naburige gemeenten van Medellín. Maar voordat ik me terugtrek zodat ze kunnen praten over wat ze allebei toch wel het leukst vinden, besluit ik het gesprek een wending te geven naar wat ze allebei het ergst vinden: 'Ik hoorde pas nog van Arturo Abella dat volgens een "heel betrouwbare bron" Luis Carlos Galán overweegt voorrang te geven aan Barco zodat hij er niet opnieuw van wordt beschuldigd een tweedeling in de partij te veroorzaken. Galán zou zich zelfs kunnen aansluiten bij de regeringsgezinde lobby. Dan zou er een verpletterende overwinning op de conservatieven worden behaald. Op die manier heeft hij dan in 1990 met hulp en dank van de vorige liberale president de grootste kans op het ambt van president.'

'O, nou, die bron van Abella is niet goed wijs! De liberale partij vergeeft Galán nooit of te nimmer!' roepen Pablo en Santofimio bijna in koor. 'Heb je soms nog niet gezien dat hij in alle peilingen op de derde plaats staat, op lichtjaren afstand van Álvaro Gómez? Galán heeft zijn tijd heus wel gehad. Virgilio Barco zit niet op die paar stemmen van hem te wachten!'

'Ja, ja, dat weet ik allemaal wel, maar in de politiek kan het vriezen of dooien. Galán is nu natuurlijk verleden tijd, omdat hij in zijn eentje heeft opgebokst tegen de hele liberale partij. Maar als hij straks in '89 die partij achter zich heeft staan, krab je dan maar 'ns goed achter de oren vóórdat je met een mening klaarstaat. Ernesto Samper is in '90 gewoon nog veel te jong om al president te worden, dan is hij nog geen veertig.'

'Ik zou nog liever Galán met geld ondersteunen dan die gore klootzak!' roept Pablo.

'Ja, maar Galán zou je de dag na zijn inhuldiging meteen al uitleveren.' Santofimio heeft flink de pest in. 'Maar als je hem uitschakelt, dan heb je iedereen in je zak! Virginia, zorg jij 's dat hij het snapt...'

'Nee, Alberto. Als jullie Galán uitschakelen, worden jullie allebei de dag erna al uitgeleverd. Zet het maar uit je hoofd! Alsof we nog niet genoeg ellende met Lara hebben gehad! Het enige wat ik duidelijk probeer te maken is dat jullie rond '90 op zoek moeten naar een andere kandidaat.'

'Galán is verleden tijd. Voor het 1990 is, zijn we vijf jaar verder.' Pablo steekt zijn ongeduld niet onder stoelen of banken. 'We hebben nu met die Barco te dealen, daarom is meneer Santofimio hier...'

'Virginia, kom je naar mijn nieuwe diamanten kijken?' komt Pablo's neef tussenbeide. Ik neem afscheid van Santofimio en spreek met Pablo af voor de volgende dag.

Terwijl Gustavo de etuis uit de kluis haalt zegt hij: 'Ik ben al die politiek zo zat, het komt me de strot uit. En dan ben ik nog wel conservatief! Ik vind het leuk om bezig te zijn met de business, raceauto's, motoren en mijn diamanten. Kijk 'ns hoe mooi... Nou, wat vind je ervan?'

Ik heb ook een bloedhekel aan politiek, zeg ik, maar helaas hangt de hele kwestie van die uitlevering ervan af. En als dat uitleveringsverdrag erdoor wordt gedrukt, ben ik straks de enige die hier overblijft.

'Ik mag toch hopen dat Barco wijzer is dan Betancur. Want als Galán minister van Justitie wordt, dan zijn de rapen gaar!'

Honderden ringen die schitteren op zwart fluweel. Ik kijk er vol bewondering naar. Gustavo heeft duidelijk liever diamanten dan koelkasten vol rolletjes geld of blikken met geld onder de grond. Ik heb eigenlijk nooit behoefte gehad aan sieraden of waardevolle schilderijen. Maar als ik al deze schitterende stenen zie, vraag ik me toch enigszins weemoedig af waarom die man met drie miljard die zegt dat hij van me houdt, me er nooit eentje heeft laten uitzoeken. Al was het er maar één. Ze zeggen toch niet voor niets 'diamonds are forever'.

HET PALEIS IN BRAND

Er is bijna niemand met vooruitstrevendere ideeën dan Pablo Escobar. Hij is een expert op het gebied van Caribische geopolitiek. In minder dan tien jaar heeft hij een industrie opgezet die inmiddels meer rendement opbrengt dan ooit voor mogelijk werd gehouden. Nu regeert hij met harde hand over zijn eigen 'multinational'. Hij weet een uitzonderlijk vooruitziende blik te combineren met een soort oude wijsheid waardoor hij in een fractie van een seconde met praktische oplossingen voor de dagelijkse problematiek komt. Voor elk ander urgent probleem komt hij doorgaans met nogal drastische besluiten. Anderen zouden niet eens aan zulke extreme maatregelen dénken, laat staan ze uitvoeren.

Eigenlijk heeft Pablo maar één ware passie: het uitoefenen van macht ten gunste van zijn eigen belangen. Zo richt hij zijn hele leven in, zijn relatie met mij uiteraard inbegrepen. Omdat ik van hem hou, maar hem ook terechtwijs en nooit het achterste van mijn tong laat zien, ervaart hij onze relatie als een uitdaging. Dus op het persoonlijk vlak gebruikt hij bij mij dus dezelfde verleidingstactieken als die hij op collectief terrein inzet voor het land. Colombia beschouwt hij min of meer als een verlengstuk van Haciënda Nápoles.

Ik ben niet alleen de enige vrouw van zijn eigen leeftijd met wie hij ooit een verhouding heeft gehad, maar ook de enige hoogopgeleide vrijdenker in zijn omgeving. En ik zal vanwege mijn beroep altijd de minnares zijn die regelmatig in de media verschijnt. Als hij wil weten hoe een politiek betoog op het publiek zal overkomen, ben ik simpelweg zijn proefkonijn. Ik vervul de rol van advocaat, openbaar aanklager, getuige, rechter of publiek. Als hij zijn verleidingstechnieken op zijn vrouw loslaat, blijft hij er echter wel van bewust dat hij tegelijkertijd door diezelfde vrouw wordt gadegeslagen alsof ze achter een camera stond. Ze stelt hem confronterende vragen en vergelijkt hem ook zeker met anderen.

Deze natie – onderhand toch wel gewend aan mensen voor wie haat, afgunst en wraak dagelijkse kost is – heeft nooit een genadelozer man dan Escobar gekend. Maar gaandeweg heb ik mijn beeld van hem toch moeten bijstellen, waar ook mijn groeiende liefde voor hem aan heeft bijgedragen. Ik beschouw hem nu als een groot kind dat een steeds zwaarder lot draagt. De verantwoordelijkheden die hij zichzelf heeft opgelegd komen namelijk voort uit een controledwang met betrekking tot zijn toestand, zijn omgeving, zijn lot en iedereen die maar enige invloed kan uitoefenen op zijn verleden, heden en toekomst.

Mijn minnaar is niet alleen een van de best geïnformeerde personen van het land, hij is, als brave zoon van een schooljuffrouw, in zijn hart ook nog een moralist. Hij hanteert een strenge ethische code voor mensen van wie hij loyaliteit en respect verwacht. Elke week krijg ik wel een aanbod van iemand die hem via mij de prachtigste huizen en landgoederen voor belachelijk lage prijzen aanbiedt. Pablo zegt op alles 'nee', met een glimlach en een liefkozing voor mij. Een mooi voorbeeld hiervan is zijn reactie op een voorstel van de woordvoerder van minister Carlos Arturo Marulanda: 'Hij wil je twaalfduizend hectare in het zuiden van het departement Cesar aanbieden voor maar twaalf miljoen dollar. Bellacruz grenst wel niet direct aan Nápoles, maar met wat extra aankopen hier en daar, die geen godsvermogen hoeven te kosten, kun je dan alles bij elkaar voegen. Zo creëer je in het centrum van het land een breed doorgangsgebied tot aan de kust en Venezuela. En het zal al snel heel veel meer waard worden, want met de grote vraag vanuit jouw 'vakbond' rijzen de prijzen voor grond en onroerend goed de pan uit.'

'Marulanda is de zwager van Enrique Sarasola. Zeg maar tegen die afgezant dat ik heus wel weet dat Bellacruz de grootste haciënda is, op een paar van El Mexicano in de Llanos na. Maar daar is de grond niets waard. Ik geef hem er zelfs nog geen miljoen dollar voor, hij kan het vergeten. Dacht je soms dat ik net zo'n schurk was als de vader van de minister? Ja, natuurlijk wordt het snel genoeg het dubbele waard! Daar moet hij dan maar een gewetenloze zak voor vinden! Zo'n type als hij zelf of zijn broer! Die kan dan alle nakomelingen van de stakkers die zijn vader tijdens de Violencia van hun landgoederen heeft geschopt, wegjagen.'

Volgens Pablo is Bellacruz een kruitvat dat vroeg of laat tot ontploffing zal komen en in een bloedbad zal eindigen. De vader van de minister, Alberto Marulanda, kocht de eerste zesduizend hectare in de jaren veertig. Hij slaagde erin de omvang van het landgoed te verdubbelen met behulp van *chulavitas*, gewapende bendes die in opdracht boerderijen in brand staken en de werknemers verkrachtten, martelden en vermoordden. De zus van Carlos Arturo Marulanda is getrouwd met Enrique Sarasola, die banden heeft met het Spaanse bedrijf Ateinsa van Alberto Cortina, Alberto Alcocer en José Entrecanales. Sarasola, een goede vriend van de Spaanse president Felipe González, had ervoor gezorgd dat het Duits-Spaanse consortium Metromed samen met zijn persoonlijke partners, waaronder Ateinsa, het 'ingenieurscontract van de eeuw', de metro van Medellín, in handen kreeg. Daarmee streek hij zelf 19,6 miljoen dollar aan commissie op. De beheerder van het metroproject, Diego Londoño White, is een goede vriend van Pablo en is samen met zijn broer Santiago eigenaar van de herenhuizen die hij en Gustavo als kantoor gebruiken. Diego had over het contract onderhandeld en de commissie geregeld. Een getuige van het geweld en de hebzucht van de groep onder leiding van Sarasola merkte op – en Pablo was het daar helemaal mee eens – dat de toewijzing van het metrocontract 'meer op een trukendoos in een of andere gangsterfilm leek, dan op de aanbesteding van een contract'. Bij het project was sprake van extravagante betalingen aan advocaten, onder wie Puyo Vasco, en aan de Duitse meesterspion Werner Mauss.

Het kruitvat op de haciënda van Enrique Sarasola's zwager ontplofte in 1996, toen Carlos Alberto Marulanda ambassadeur bij de Europese Unie was tijdens de regering van Ernesto Samper Pizano. Eskaders vergelijkbaar met de chulavitas van destijds, voerden acties uit die bijna vierhonderd boerenfamilies verplichtten uit Bellacruz te vluchten. Huizen werden in brand gestoken en hun leiders werden gemarteld en vermoord. En het leger stond erbij en keek ernaar.

Marulanda werd uiteindelijk beschuldigd van het vormen van paramilitaire groepen en schending van de mensenrechten. Hij werd in 2001 in Spanje aangehouden en uitgeleverd aan Colombia. Twee weken later liep hij weer vrij rond, omdat de misdaden door paramilitairen waren gepleegd en niet door dit miljonairsvriendje van de president. Amnesty International beschouwt de gebeurtenissen op haciënda Bellacruz als een van de zwarte bladzijden in de geschiedenis van Colombia. Diego Londoño White en zijn broer Santiago zouden later vermoord worden. En alle anderen die een graantje hebben meegepikt van de bouw van de metro en de misdaden op Bellacruz, zitten nu al lang en breed heel comfortabel in Madrid of Parijs.

'Het wordt tijd dat je mijn vrienden leert kennen die me in contact hebben gebracht met de sandinisten,' zegt Pablo bij het afscheid een paar dagen later, voorafgaand aan mijn terugkeer naar Bogota. 'We zijn iets aan het voorbereiden en wil ik graag weten wat je van ze vindt. Als alles uitpakt zoals ik hoop, zijn we voorgoed verzekerd van rust. Ik kan je deze keer uit veiligheidsoverwegingen niet eens bellen. Over tien of vijftien dagen word je gebeld door een piloot, die je vraagt om ergens in een of ander restaurant te komen eten. Dat is de code en jij besluit zelf op welk tijdstip je vertrekt in de twee dagen daarop.'

In Bogota ligt een brief van het televisiestation in Miami. Ze willen nogmaals een screentest doen en over een eventueel contract praten. Mijn salaris zou vijfduizend dollar per maand bedragen en ik zou elke ochtend om vijf uur voor de make-up in de studio moeten zijn voordat de uitzendingen beginnen. Een paar dagen later belt Armando de Armas en zegt dat ik deze kans niet mag laten lopen. Dat het hoogstwaarschijnlijk de beste manier is om mijn carrière weer nieuw leven in te blazen. Ik zeg dat ik dit bedrag al in 1980 in Colombia verdiende met de presentatie van slechts één programma, *24 Horas*, om zeven uur 's avonds. Wat ik hem niet durf te vertellen – wat ik eigenlijk niemand durf te vertellen – is dat ik bang ben dat mijn contract met de Noord-Amerikaanse zender meteen zal worden ontbonden als een krant in Miami foto's van Escobar en mij in handen krijgt. Om van het daaropvolgende schandaal maar niet te spreken. Als ik terug ben in Medellín laat ik Pablo de brief met het voorstel zien. Ik begrijp meteen dat hij nog steeds mijn telefoon afluistert.

'Iedere dag vijf presentaties voor vijfduizend dollar per maand? Wie denken die Cubanen wel niet dat ze zijn? Hij verbrandt de brief onmiddellijk: 'Oké, laten we dit afspreken, mijn lief. Ik geef je tachtigduizend dollar, terwijl jij probeert om bij een productiemaatschappij aan de slag te komen. Maar dan bij eentje waar ze wel waarderen wie je bent. Of bij een zender in een land waar ik wél gewoon af en toe naartoe kan. Maar ik geef je het geld niet in één keer, want dan ben jij zo met een of andere Venezolaanse miljonair naar Miami vertrokken. Dan zie ik je nooit meer terug. Want ook al zien we elkaar niet iedere week, ik heb je nu meer dan ooit nodig. Ik wil je als getuige hebben van een paar cruciale ontwikkelingen de komende maanden in dit land.'

Dus wat Armando mij een tijdje terug vertelde klopt inderdaad. Escobar zat achter hem aan. Wat er bij mij niet in wil, is het idee dat Pablo heeft geprobeerd hem te ontvoeren. Omdat Pablo blijkbaar weet wie er achter het Miami-aanbod zit, besluit ik er maar niet meer over te praten. Ik vertel hem liever over de Italiaanse journalist die mogelijk met de producent Cecchi Gori een film wil maken over zijn leven. Hij barst bijna uit elkaar van trots bij het idee dat een verhaal over zijn leven op het witte doek te zien zal zijn. Maar hoe dan ook, hij blijft een zakenman: 'Zie je nou wel dat er voor iemand als jij ook andere mogelijkheden zijn om aan werk te komen? Die veel meer opleveren! Zeg maar tegen die Valerio Riva dat als hij me wil ontmoeten, alles alleen via jou loopt. En dat hij je honderdduizend dollar moet betalen voor de voorbereidende gesprekken en als voorschot voor het script. Als hij het script niet samen met jou wil schrijven, gaat het niet door. En als hij niet wil betalen, weten we meteen dat die producent er helemaal niet bij betrokken is. Dan probeert hij alleen maar via jou een paar dollars te verdienen aan een verhaal dat de hele wereld doet watertanden. En helemaal met wat er nu op het punt staat te gebeuren, want straks kunnen ze me niet meer uitleveren. Straks kunnen jij en ik overal samen naartoe, behalve naar de Verenigde Staten dan. Jij kunt er natuurlijk wél alleen naartoe, als je even van mij wilt bijkomen... een paar dagen.' Precies twee weken later, half augustus 1985, ben ik terug in Medellín. Aan het eind van de middag word ik opgepikt door twee jongens in een onopvallende auto. Ze blijven tijdens de rit regelmatig in hun achteruitkijkspiegel kijken om zeker te zijn dat ik niet ben gevolgd. Iemand met een beetje doorzettingsvermogen zou Pablo's verblijfplaats op die manier weten te achterhalen. Ik stel geen vragen en dommel een beetje weg. Ik word wakker als ik de mannen via de radio tegen hun baas hoor zeggen dat we op het punt staan aan te komen. Dicht bij de ingang van Nápoles rijdt een kleine witte auto met daarin drie mannen ons met een rotgang tegemoet. De jongens zeggen dat het de auto is van Álvaro Fayad, de commandant van M-19. Dat verbaast me nogal, want ik was ervan overtuigd dat de MAS en de guerrillagroep elkaar haten als de pest. Op het moment dat de auto langszij komt, draai ik me om, want ik wil een glimp van hem opvangen. De man achter in de auto doet hetzelfde en een fractie van een seconde kruisen onze blikken elkaar.

We scheuren over het landgoed en de auto stopt precies tegenover het hoofdverblijf. Aan het eind van de gang zie ik in het gele licht twee of drie mannen staan, die onmiddellijk verdwijnen samen met mijn 'escortes'. Ik krijg geen goed zicht op de gasten, omdat ze zich verbergen zodra Pablo naar buiten stapt. Ik leid hieruit af dat Pablo's gasten zich niet alleen heel terughoudend opstellen, maar waarschijnlijk ook in opperste discretie hun zaken bespreken, afstand houden tot ondergeschikten en extreme veiligheidsmaatregelen eisen.

Pablo is een expert in communicatie. Via radio of walkietalkie is hij altijd binnen de kortste keren op de hoogte van wat er in zijn omgeving gebeurt. Hij komt onmiddellijk naar buiten, opent de deur van de auto en neemt me in zijn armen. Dan houdt hij me met gestrekte armen voor zich en bekijkt me vol trots. Hij is zo enthousiast over iets wat hij blijkbaar aan het bekokstoven is dat hij niet kan wachten me aan zijn gast voor te stellen. Inmiddels weet ik dat het er maar één is. Pablo vindt dat ik maar moet raden wie het is en ik begin aan een opsomming van mogelijkheden. De prins van de Saoedische familie die enorme hoeveelheden geld voor hem in zijn diplomatenvliegtuig verplaatst, een revolutionair uit Centraal-Amerika, een hooggeplaatste Mexicaanse generaal, een of andere Aztekenleider, of een afgezant van Stroessner, de president van Paraguay. Maar als hij me vertelt wie het is, valt mijn mond open van verbazing.

'Ik had je graag kennis laten maken met twee van de hoogste bazen en oprichters van de M-19. Ik ben al een poos goed met ze bevriend, maar dat kon ik je niet zeggen totdat ik helemaal zeker van je was. Na de ontvoering van Martha Nieves Ochoa zijn we een non-agressiepact met hen overeengekomen. Maar Álvaro Fayad is net weg, ik denk dat hij het ongemakkelijk vond om je te ontmoeten. Iván Marino Ospina, de *hardliner* van alle commandanten, zit wél binnen. Hij heeft geen idee wie je bent, want hij leeft al jaren in het oerwoud waar geen televisie is. We kijken het wel even aan, en dan beslis ik of ik hem vertel wie je bent. Maar misschien is het beter als je incognito blijft.'

Hij legt een arm om mijn schouders en zegt opgetogen: 'Ach, een beetje anonimiteit daar krijg je niets van, toch, mijn lief?'

'En hoe oud mag deze wereldvreemde figuur dan wel niet zijn, Pablo?'

Lachend zegt hij dat hij ongeveer drieënveertig is, waarop ik vaststel dat de enige Colombiaanse mannen van die leeftijd die mij niet kennen, uit etnische groepen diep in het oerwoud komen die niet eens weten dat de Spanjaarden het land hadden veroverd.

'Hij is een tropero uit Valle del Cauca, die zelfs voor mij niet bang is en zich niet met allerlei intellectuele flauwekul bezighoudt! Beloof me dat je voor één keer het spel meespeelt! En dat je voor één keer alleen praat over dingen die het volk hier aangaan. Geen gezeik over Pol Pot of de Culturele Revolutie!'

'Probeer je me nu echt duidelijk te maken dat ik met de hoogste commandant van de meest selecte guerrillagroep van dit land niet mag praten over de werkwijze van de Montoneros of Sendero Luminoso, de IRA of de ETA, de Rode Brigade, Baader Meinhof, de Zwarte Panters of de Tamiltijgers, Hamas of Fatah?' grap ik. 'Wat moet ik dan? Moet ik soms over 9 april,[28] de sandinisten en Belisario praten? Of over de overval op de Cuartel Moncadakazerne? Mag ik hem daar wel naar vragen?

---

28 De dag dat Jorge Eliécer Gaitán werd vermoord. Aansluitend begon de Bogotazo.

Want Havanna ligt zowat om de hoek, tussen Cartagena en Miami...'
'Laat hem gewoon over Simón Bolívar praten of waar hij zin in heeft. Want over Fidel Castro gaat hij het echt niet hebben... Dit is precies de man die ik nodig heb om aan al mijn problemen een eind te maken... Kom, we laten hem niet langer wachten. O, en alsjeblieft! Zet niet zo'n gezicht op van 'hier ben ik'! Die jurk is al genoeg! Kom gewoon bij ons zitten, mooi en charmant, als een braaf meisje, oké...? O, ik moet je nog wel even zeggen dat hij knetterstoned is... maar voor ons... is dat een gepasseerd station. Toch, mijn lief?'

Ik stel me zo voor dat een commandant uit de Amazone er toch op zijn minst uitziet als een sergeant uit het leger, camouflagepak en al. En die zit er natuurlijk niet op te wachten dat er een vrouw bij is. Hij zal er vast alles aan doen me zo snel mogelijk het gevoel te geven dat ik moet opkrassen. Dan kan hij met Pablo over geld praten. Iván Marino Ospina blijkt een middelgrote man met grove gelaatstrekken te zijn. Hij is enigszins kalend en heeft een snor. Vergeleken met hem ziet Escobar eruit als een adonis.

Pablo glundert van trots als hij ons aan elkaar voorstelt. Mijn korte zijden jurkje en hoge hakken vallen bij hem in de smaak. Vanaf het moment dat de legendarische guerrillaleider die voor niets en niemand bang is zijn blik op me vestigt, laten zijn ogen me niet meer los. Zelden heb ik een man met zo'n vurige blik naar me zien kijken, naar elk deel van mijn lichaam.

De leider van de M-19 draagt gewoon burgerkleding en vertelt dat hij net een paar maanden in Libië is geweest. Niemand gaat naar Libië om de toerist uit te hangen, dat weet iedereen. Hij heeft daar natuurlijk onderhandeld over olie en wapens en de M-19 is nou niet bepaald de Standard Oil Company. Omdat ik Pablo's fascinatie voor dictators ken, merk ik op dat Muammar Khaddafi had besloten om koning Idris I van Libië af te zetten toen hij hem eind jaren zeventig vijf miljoen dollar in één nacht had zien vergokken in het casino van Monte Carlo. Ik vraag Ospina of hij hem persoonlijk kende, maar hij zegt hem nooit te hebben ontmoet, aangezien de M-19 daar alleen is om gevechtstraining te krijgen. Als ik probeer te peilen of de M-19 goede relaties onderhoudt met de Arabische Liga, zie ik de twee mannen een blik met elkaar wisselen.

Pablo stelt voor niet meer over die verre Afrikaanse woestijn te praten, maar over hoe zwaar het leven in het Colombiaanse oerwoud is.

Iván Marino vertelt dat hij jaren heeft doorgebracht in de oostelijke Llanos van Colombia. In de vlakte van dat regenachtige gebied vind je naast gigantische rivieren ook de tweehonderd voornaamste zijrivieren van de Orinoco. Het bekken van deze rivier bestrijkt een miljoen vierkante kilometer van Venezolaanse, Braziliaanse en Colombiaanse vlakten en jungles. Terwijl hij me indringend aankijkt en mijn reactie op elk woord van hem lijkt te willen peilen, steekt hij van wal over vampiervissen. Hij zegt dat die vissen het de strijders tegen de Colombiaanse oligarchie en het Amerikaanse imperialisme flink moeilijk maken. De activisten zien zich verplicht helemaal beschermd, vanaf hun middel tot aan hun voeten, door de stromen te waden. De doorweekte laarzen en kleding maken alles nog lastiger. Pablo en ik luisteren met afgrijzen naar de verhalen over die beesten, die als stekelige kurkentrekkers in het vlees van hun slachtoffers dringen. De junglearts moet met een soort tang die engerds uit de slachtoffers trekken, wat altijd een strijd van jewelste is, want die beesten weten praktisch van geen opgeven. Ik trap in de val en vraag hem of die verdomde vissen bij iemand door de mond, de neus of de oren naar binnen dringen.

'Veel lager. Ze dringen door alle gaten in het lichaam naar binnen, vooral die gaten die helemaal beneden zitten! Voor vrouwen is dat een dubbel probleem!' zegt Ospina, terwijl hij me met zijn ogen uitkleedt.

Gloria Gaitán beschuldigt me er altijd van dat ik eigenlijk veel te argeloos overkom en daar maak ik nu gebruik van om met wijd opengesperde ogen aan de commandant van de M-19 te vragen: 'En hoe vaak heeft de arts dat al bij u moeten doen, Iván, in al die jaren in het oerwoud?'

Een beetje treurig staart hij naar de muur, alsof hij zich ineens iets heel ongemakkelijks herinnert, en zegt 'best wel vaak'. Pablo geeft me een geërgerde blik en ik sta op om even naar de wc te gaan. Ik zal zijn vriend met rust laten en hem verder geen vragen meer stellen over het onderwerp dat hij zelf had uitgekozen om me enthousiast voor de revolutie te maken.

Als ik terugkom, blijf ik even dralen bij de half geopende deur, want ik hoor de guerrillacommandant op dwingende manier iets van Pablo eisen: 'Nee man, nee, nee. Ik wil haar precies zoals ze is. En niemand anders, punt. Precies zo, er ontbreekt niets aan. Waar heb je dat geile wondertje opgeduikeld? Oefff, als je ziet hoe ze haar benen over elkaar kruist... en hoe ze ruikt... en zich beweegt! Is ze ook zo in bed? Het soort vrouw dat ik mijn hele leven al 'ns heb willen pakken! Nee... eigenlijk... wil ik er wel twee van zulke! Ja, twee in de jacuzzi! Haal het maar van dat miljoen af als het moet!'

'Van het miljoen? Even denken, man... want dat klinkt een beetje als... Maar er zijn twee problemen. Het ene is dat Virginia een beroemde televisiepresentatrice is; ze noemt zichzelf 'een filmster in een land zonder filmindustrie'. Kijk maar naar al die foto's in die tijdschriften als je me niet gelooft. En nummer twee... tja, weet je... ze is míjn parel. Zoals ze over alles kan meepraten... Ik zou heel wat over hebben voor twee van die exemplaren!'

'Maar waarom heb je dat dan niet even gezegd, man? Oké, oké, oké... sorry man! Nu ik erover nadenk, twee zoals Sophia Loren wil ik ook wel, dat lukt je wel, toch? Maakt me niet uit als ze geen stom woord zeggen, hoe stommer hoe beter!' Ospina schaterlacht.

'Natúúrlijk, man! Van zulke kun je er zat krijgen, een donkere Sophia, een blonde of een rooie, je zegt het maar! Allemaal in die jacuzzi!' hoor ik Pablo opgelucht uitroepen. 'En geen probleem, dat gaat heus niet van het bedrag af!'

De verleiding om die twee gewoon alleen te laten en lekker naar bed te gaan is groot, maar toch besluit ik weer naar binnen te gaan. Als ik de deur openduw, zie ik de meest gezochte crimineel ter wereld vragend de ogen zoeken van de meest gezochte guerrillaleider van Colombia, met de duidelijke boodschap alsjeblieft zijn mond te houden. Pablo maakt een uitnodigend gebaar zodat ik naast hem kom zitten, maar ik doe alsof ik dat niet zie. Ik ga naast de tafel staan waar hun machinegeweren tegenaan leunen. Ik zie dat Ospina mijn coverfoto in *Al Día* zit te bekijken, waarop ik geknield zit in een beige bikini, en dus naakt lijk. Ik vraag hem of hij mijn handtekening wil, dan kan hij het tijdschrift meenemen als herinnering.

'Geen sprake van!' roept Pablo, waarop hij alle tijdschriften snel in een la opbergt. 'We kunnen geen enkel risico nemen, want zelfs een simpele handtekening kan zomaar leiden tot de ontdekking van onze verblijfplaats.'

Ik vraag Ospina waarom hij de revolutionaire strijd is aangegaan. Terwijl hij in het niets staart, waar we immers allen onze pijnlijke jeugdherinneringen bewaren, begint hij te vertellen. Na de moord op Jorge Eliécer Gaitán in 1948 werden drie van zijn ooms in zijn geboortestad Tulúa vermoord door de conservatieve *pájaros*[29] uit Valle del Cauca, één zelfs voor zijn ogen met een machete. Ik ben even stil, maar dan vertel ik dat ook mijn familie al hun land in Cartago, vlak bij Tulúa is kwijtgeraakt aan die pájaros. In de eerste jaren van de Violencia vond mijn grootvader, een liberale minister die getrouwd was met een conservatieve grootgrondbezitster, elke week op zijn haciënda's wel het lijk van een bediende, van wie de afgehakte oren, uitgerukte tong en afgesneden ballen op de buik van het lijk van zijn jonge vrouw waren gespietst, of in haar vagina zaten gepropt. Als de vrouw zwanger was, en die jonge boerinnen waren dat bijna altijd, kwam het ook voor dat de foetus in de mond van de vermoorde echtgenoot zat gestouwd of in een van de andere gaten van het lijf van de arme vrouw.

'U en ik weten allebei dat kannibalisme het enige was waar die conservatieve pájaros niet aan deden bij de boerinnen! De mannen in mijn familie hebben nooit naar de wapens gegrepen. Geen idee waarom niet. Misschien waren het lafaards of waren ze veel te vroom. Ze vonden het beter om hun land maar voor een paar dollars aan de suiker verbouwende multimiljonairfamilie De los Caicedo te verkopen. Die ondersteunen die monsters met geld. Het waren zogenaamd "hun vrienden en buren".'

'Ik snap niet dat u uw situatie met die van ons vergelijkt!' roept Ospina. U komt uit een familie van oligarchen, de pájaros vermoordden de bedienden in afwezigheid van de baas. In mijn familie, van plattelandsmensen, werden ze in stukken gehakt voor de ogen van hun kinderen!'

Ik laat hem weten hoe verbijsterd ik ben over alles wat hij moet hebben meegemaakt. En dat ik nu wel begrijp waar zijn drang vandaan

---

29 Letterlijk: vogels. Illegale gewapende bende van conservatieve bewoners, voornamelijk uit Valle del Cauca en Tuluá, die tijdens de jaren van de Violencia (de jaren vijftig) liberale bewoners en boeren bedreigden en vermoordden.

komt om voor de revolutie te vechten. Ook merk ik op wat vreemd het is dat er nu drie mensen met verschillende achtergronden in de duurste haciënda van het land bij elkaar zitten: de guerrillacommandant, de narcobaas, en de vrouw zonder één meter land, maar verwant aan de ene helft van de oligarchie van het land en bevriend met de andere. Het leven kent vele wendingen, laat ik hem inzien, want Pablo, zijn vriend, is nu een veel grotere grootgrondbezitter dan mijn overgrootvader en al zijn broers samen. En dat de haciënda's van een van zijn partners heel wat groter zijn dan die van Pepe Sierra, de rijkste grootgrondbezitter in de geschiedenis van Colombia en bevriend met mijn voorouders. Omdat hij en Pablo blijven zwijgen, vraag ik hem waarom de M-19 in juni de wapenstilstand met Betancur heeft verbroken. Hij zegt dat duistere, extreemrechtse lui ineens begonnen te moorden onder leden van zijn groep en die van andere, die allen amnestie zouden krijgen na het neerleggen van hun wapens. Ik vraag hem of hij met die lui de MAS bedoelt.

'Nee, nee, absoluut niet. Dankzij deze man,' hij wijst naar Pablo, 'hebben we niets met hen te maken en zij niet met ons. Hij en ik hebben een gemeenschappelijke vijand, de regering. En u weet, de "vijand van mijn vijand is mijn vriend"... De minister van Defensie, generaal Miguel Vega Uribe, en het hoofd van de Gezamenlijke Stafchefs, Rafael Samudio Molina, willen per se een eind aan links maken. Niemand van ons zal in leven blijven tijdens de regering Betancur, als we tijdens de regering Turbay al opgesloten en gemarteld werden. Colombia blijft in handen van de pájaros van Laureano Gómez en zijn zoon Álvaro Gómez, alleen zijn het nu militairen die geloven dat je orde kan scheppen op de manier van Pinochet: door onbewapend links als kakkerlakken uit te roeien.'

'Ja, in mijn sociale kring verbergt praktisch niemand zijn bewondering voor het Chileense model, maar Álvaro Gómez is niet Laureano, commandant... Overigens, u gelooft vast niet dat ik in 1981 de bestbetaalde baan bij de televisie heb opgegeven omdat ik steeds maar weer weigerde jullie groep "een bende misdadigers" te noemen in 24 *Horas*. Mijn baas was Mauricio Gómez, de zoon van Álvaro en kleinzoon van Laureano.'

Ospina lijkt zich te verbazen dat ik zo'n riskant politiek standpunt inneem, en ik leg hem uit dat ik momenteel niets te verliezen heb, want ik behoor inmiddels tot de groep die toch niets te maken heeft. Pablo onderbreekt ons: 'Ze hadden Virginia ook al bij een andere zender ontslagen omdat ze de oprichting van de vakbond voor technici had gesteund... dat wil zeggen net een aanbod van een kanaal in Miami afgewezen. Dat komt doordat ik haar ervan heb weten te overtuigen in Colombia te blijven. Ook al hebben al onze vijanden haar nu zonder werk laten zitten. Zo zie je, man, je zit hier tegenover een vrouw die moediger is dan wij twee samen. Daarom vind ik haar zo speciaal en wilde ik dat jullie elkaar leerden kennen.'

Pablo komt naast me staan. De guerrillaleider staat ook op om afscheid te nemen en ik krijg de indruk dat hij nu met andere ogen naar me kijkt. Hij is wel behoorlijk stoned, en ik wijs Pablo erop dat hij hem volgens mij iets beloofd had. Escobar raadt hem aan eerst even te gaan eten en ze spreken af elkaar na middernacht weer te zien. Voordat ik afscheid van hem neem, wens ik hem veel sterkte in zijn strijd voor de kwetsbare medemens. 'Pas goed op uzelf en als u ooit een spreekbuis nodig hebt, kunt u op me rekenen... dat wil zeggen, als ik ooit nog werk vind bij een omroep.'

'Wat vond je van hem?' vraagt Pablo als we alleen zijn.

Ik zeg Iván Marino een moedige, onverschrokken man te vinden, erg overtuigd van zijn idealen en dat hij inderdaad de indruk wekt nergens bang voor te zijn.

'Maar mensen die nergens bang voor zijn, neigen vaak tot zelfmoord... en bovendien vind ik dat hij weinig klasse heeft. Ik denk niet dat Lenin ooit aan Armand Hammer om twee hoertjes heeft gevraagd waar een verslaggeefster bij was. Zelfs niet als hij stoned was. Maar vertel 'ns... waar is dat miljoen voor?'

'Om alle dossiers die er van mij zijn terug te krijgen en ze dan in de fik te steken. Want zonder dossiers kunnen ze me moeilijk uitleveren,' zegt hij triomfantelijk.

'Maar daar krijg je je onschuld niet mee terug, Pablo! Justitie en de gringo's kunnen ze zo opnieuw laten opstellen! Heeft Iván Marino je dat aangepraat?'

'Weet je nu nog steeds niet dat niemand mij ooit iets aanpraat? Maar dit is de enige manier... Het duurt jaren om al die dossiers weer op te stellen. Of denk je soms dat zich een vrijwilliger opwerpt om tegen ons te getuigen? Waar moeten ze zo iemand vandaan halen? Bij Anonieme Zelfmoordenaars?'

Hij zegt dat al zijn dossiers en die van zijn partners in het Paleis van Justitie liggen. Dat alle waarschuwingen bij het Hooggerechtshof niets hebben uitgehaald. Over een paar weken begint de Constitutionele Rechtbank met het onderzoek om aan de uitleveringseisen van de Noord-Amerikaanse justitie te voldoen.

'En je betaalt een miljoen dollar alleen om een zootje papieren ergens weg te halen?'

'Het is geen zootje, liefje, het zijn zesduizend dossiers. Laten we zeggen... een behoorlijk aantal dozen.'

'Goh, ik dacht dat jouw verleden niet meer omvatte dan een paar volle adresboekjes. Geen vrachtwagen vol dozen!'

'Je moet me ook niet onderschatten, mijn lief. Je ligt in de armen van de grootste crimineel ter wereld. Maar weet dat ik over een paar maanden iemand zonder strafblad ben. Niet iemand met een verleden zoals jij...'

Hij lacht en voordat ik kan antwoorden, legt hij me het zwijgen op met een kus.

Hij zit de veters van zijn sneakers te strikken en zegt dat hij de belofte aan zijn vriend nog moet nakomen, want die blijft er maar over doorzeuren.

'Pablo, de M-19 is heel goed in het plegen van aanslagen, maar het Paleis van Justitie is niet de Dominicaanse ambassade... Die aanslag is alleen gelukt omdat de ambassade in een rustige straat ligt met brede uitvalswegen. Maar het Paleis van Justitie komt uit op het Plaza de Bolívar, een groot, open plein. De enige uitvalswegen zijn smal en er staat altijd file. En het Bataljon van de Presidentiële Wacht ligt om de hoek. Wat als ze beginnen te schieten en een arme secretaresse, moeder van drie kinderen of een van die politiemannen bij de ingang wordt geraakt? Dat gebouw ligt zo open en bloot! Er binnenkomen is zo gebeurd. De papieren pikken wordt al wat moeilijker. Maar wegkomen is onmogelijk! Geen idee hoe je dat zou moeten doen... Nou ja, ik wil het ook niet weten.'

Hij zit op de rand van het bed en neemt mijn gezicht in zijn handen. Met zijn vingers volgt hij de contouren, alsof hij die in zijn geheugen wil griffen. Indringend kijkt hij me aan. Hij is duidelijk bang dat ik er, na mijn duidelijke afkeer van het plan, wellicht iets over zou kunnen loslaten en hij waarschuwt: 'Geen woord, hoor je, geen woord mag er naar buiten komen over wat je hier vanavond hebt gehoord. Is dat duidelijk? Ospina heb je nooit ontmoet en Fayad heb je nooit zien wegrijden. En mij heb je ook nooit meer gezien. Vergeet niet dat je in dit land net zolang wordt uitgehoord tot je er dood bij neervalt, alleen om achter de verblijfplaats van die twee te komen... en wie niets weet, komt er nog het slechtste van af... want wie wel iets weet, laat dat gegarandeerd binnen tien minuten los! Mijn vriend weet exact welke tactiek hij moet gebruiken. Iedereen weet wat hij waard is. Maak je nou maar niet druk. Het wordt een snelle, perfect gecoördineerde aanslag. Ze hebben nog nooit slecht werk afgeleverd. Ik weet heus mijn mensen uit te kiezen... daarom heb ik ook jou uitgekozen... uit tien miljoen vrouwen!' Hij kust me op mijn voorhoofd.

'Zo veel... Waarom wilde je eigenlijk dat ik Iván Marino leerde kennen?'

'Omdat hij een invloedrijke leider is. En omdat hij de enige is die dit zaakje voor me kan opknappen. En jij moet eens met beide benen op de grond komen staan. Jouw werkelijkheid is die van de oppervlakkige high society... die mensen leven in een luchtbel. En er spelen nog andere zaken, maar daar kan ik met niemand over praten. Ik kan je wat dingen uitleggen over enkele kwesties. Dan begrijp je ook meteen waarom ik je niet vaak kan bellen of zien. Maar over mijn partners kan ik niets loslaten. En ga nu een beetje uitrusten, want over een paar uur halen ze je op en brengen ze je naar je hotel voordat het licht wordt. Je zult zien, over een paar weken vieren we het succes van deze operatie met jouw rosé champagne!'

Hij geeft me een bemoedigende knuffel, en kust me een paar keer op mijn haar. Mannen die hun vrouw niet willen kwijtraken, doen dit ook

altijd... Hij streelt nog even mijn beide wangen en staat dan op. 'Ik bel je over een paar dagen. En hou in hemelsnaam die Beretta in je jaszak, en niet in de kluis! Ik heb veel vijanden, liefje.'
Eigenlijk weten we nooit of we elkaar nog zullen weerzien. Maar dat zeg ik niet tegen hem, want dat zou betekenen dat ik twijfel aan zijn absolute overtuiging dat hij een ultieme survivor is. Bij de deur blaast hij me nog een laatste kus toe en zeg ik hem nog: 'Pablo, de M-19 heeft ons altijd ongeluk gebracht. Jou en mij. Het is complete waanzin wat jullie van plan zijn.'
Ik kijk hem na als hij de duisternis inloopt, voor de zoveelste keer, met die last op zijn schouders die alleen ik ken. Ik hoor zijn typische fluitje en even later zie ik hem weglopen te midden van een aantal mannen. Ik vraag me af of er behalve ik nog iemand op de hoogte is van zijn grote angst voor uitlevering, al zijn macht en rijkdom ten spijt. Als het op de sterke arm der wet aankomt, voelt hij zich heel machteloos. Ik besef dat er niemand is die ook maar enig medelijden voor hem zou kunnen opbrengen. En ook dat ik bij niemand mijn eigen verstikkende angst kwijt kan. Ik blijf alleen achter en mijn gedachten zijn bij die twee vrienden, van wie de een keihard vecht voor de belangen van de allerarmsten en de ander voor de belangen van de allerrijksten. En ik denk aan de diepe pijn en ontzetting die die dappere mannen in hun hart dragen. Met een mengeling van verdriet en bezorgdheid vraag ik me af of Pablo nou Iván Marino manipuleert met zijn geld of dat juist het omgekeerde het geval is. Dat de guerrillaleider de multimiljonair manipuleert omdat hij de enige is die hem iets te bieden heeft. Maar in het laatste geval zou Pablo mogelijk de rest van zijn leven afhankelijk van hem blijven.
Op 29 augustus 1985, zo'n tien dagen na deze avond, de laatste die ik op Haciënda Nápoles zou doorbrengen, lees ik in de krant dat Iván Marino Ospina in Cali de dood heeft gevonden tijdens een gevecht met het leger. Enerzijds doet het me oprecht pijn dat die strijder is gestorven; anderzijds ben ik erg opgelucht want ik denk dat zonder hem ook dat idiote plan van de baan is, of in ieder geval zal worden uitgesteld. Net als Pablo vereer ik Simón Bolívar die in Colombia is gestorven met een gebroken hart door de ondankbaarheid van het volk dat hij bevrijd

had, en ik stuur een schietgebedje naar Bolívar de Bevrijder voor de ziel van Ospina, met wie ik enkele uren heb zitten praten. Ik vraag me af hoe lang het leger achter Iván Marino heeft aangezeten, en rillend realiseer ik me dat het slachtoffer net zo goed Pablo had kunnen zijn. Ik denk aan wat er allemaal door hem heen moet gaan bij de dood van zijn vriend. En ik weet zeker dat hij de veiligheidsmaatregelen tot een maximum zal opvoeren. De komende weken zullen we elkaar vermoedelijk niet meer zien.

Half september verrast hij me ineens met een serenade van mijn favoriete tango's, waaronder 'Ninguna'[30] en 'Rondando tu esquina'.[31] Dat lied dat ik altijd zo mooi heb gevonden, herinnert me er nu alleen maar aan hoezeer ik in de gaten word gehouden. De volgende dag belt Pablo om te zeggen hoe erg hij me mist en dat ik maar erg mijn best moet doen op het filmscript. Want als de Italianen het niet doen, zegt hij, dan financiert hij het zelf. Begin oktober kondigt hij aan dat hij er een tijdje tussenuit knijpt, vanwege het feit dat de rechtbank zijn uitlevering er misschien wel door weet te drukken. Hij laat doorschemeren dat het plan van het Paleis van Justitie is afgeblazen. En ook dat hij me helaas niet kan meenemen, want dat zou te veel risico voor mij met zich meebrengen. In de hoop dat we niet al te lang van elkaar gescheiden zullen zijn neemt hij afscheid met een serenade van mariachi's met de romantische beloftes van 'Si nos dejan'[32] en 'Luna de octubre'.[33]

'Mijn lijdende en liefhebbende hart daagt de pijn uit...'
'Als ik wegga, denk dan nooit dat ik ver weg van je wil zijn'.
'Ik zal leven met de eeuwige passie die ik voelde toen ik je zag.'
'Vanaf de dag dat ik droomde dat je de mijne was'.

In de weken daarna probeer ik de gebeurtenissen van die warme augustusavond te vergeten. Maar de herinnering aan de overmoed van Iván Marino en Pablo's triomfantelijke toontje laten me geen seconde met rust. Telkens gaan er in de media geruchten dat De Uitleverbaren en de M-19 bedreigingen uiten aan het adres van de rechters van het

---
30 Geen Enkele
31 Rondom Jou
32 Als ze ons alleen laten
33 Oktobermaan

Hooggerechtshof, maar niemand besteedt er verder veel aandacht aan. We zijn er inmiddels aan gewend en ervan overtuigd dat 'blaffende honden niet bijten'.

✤

Op 6 november 1985 ben ik met een collega in de lobby van het Hilton de radio-uitzending aan het verzorgen van de Miss Colombia-verkiezing. Dit evenement, dat in Cartagena plaatsvindt, wordt jaarlijks bezocht door het merendeel van de Colombiaanse verslaggevers, honderden bekende Colombianen en iedereen die iets in de wereld van mode en cosmetica betekent. De schoonheidskoninginnen zijn in gezelschap van hun gevolg uit het departement, waaronder zich altijd de vrouw van de gouverneur en de burgermeester van de regionale hoofdstad bevinden. De dag voorafgaand aan de 'kroning' – die plaatsvindt in het Conventiecentrum en wordt gevolgd door een black tie-gala in Club Cartagena – komen de gouverneur, de familie van de schoonheidskoninginnen, de hoogwaardigheidsbekleders uit elk departement en de mediadirectie uit het hele land aan. Die laatsten komen speciaal om alle politici te interviewen en tegelijkertijd te genieten van al het vrouwelijk schoon. De invloed van de drugshandel op de missverkiezingen is in die jaren een publiek geheim. Iedereen is ervan op de hoogte dat zonder de steun van de plaatselijke drugsbaronnen het bestuur onmogelijk de kosten voor het gevolg van de schoonheidskoningin kan ophoesten. Dit gevolg is namelijk gigantisch groot en bestaat uit zeker honderd tot tweehonderd personen, waaronder familie en vrienden, een twintigtal high society-dames, de voormalige schoonheidskoninginnen en hun echtgenoten en de hele regionale ambtenarij. Niemand kijkt ervan op als de gekozen Miss het vriendinnetje van de drugsbaron of diens zoon is. En het is gesneden koek dat de relatie van de succesvolle evenementorganisator met de winnares in geen enkel opzicht kan wedijveren met die van de politiecommandanten en de legerbrigade met de lokale coca- of marihuanakoning.

Wie ervan overtuigd is dat er geen vrouwenonderdrukking bestaat, zou eens een missverkiezing in Cartagena moeten meemaken. De pakjes en kroontjes lijken op die van de mulatten van de *escola de samba* op het carnaval in Rio de Janeiro, maar die vrouwen dansen en zingen tenminste opgewekt als ze halfnaakt aan de optocht meedoen. Onze arme schoonheidskoninginnen slepen op hoge hakken en in grote capes met veren loodzware fonkelende meerminstaarten achter zich aan bij temperaturen van 40 graden. Zelfs de marineofficieren die de meisjes begeleiden zijn na een week van optochten in versierde koetsen en schepen volledig gesloopt.

Het is elf uur 's ochtends en we hebben nog vijf dagen te gaan voor de kroning plaatsvindt. De enorme lobby van het hotel zindert van spanning door de overweldigende aanwezigheid van radioverslaggevers, fotografen, zangers, acteurs, modeontwerpers, steeds mooiere ex-missen aan de arm van hun trotse echtgenoten en de voorzitters van de bedrijven die het evenement sponsoren. De juryleden zijn eigenlijk de enige personen die zich niet laten zien. Ze zijn als de dood van omkoperij beschuldigd te worden door iemand uit het gevolg van de miss of door een toekomstige schoonvader. De missen zijn zich in hun kamers aan het opdoffen voor de eerste show in badpak. In de gangen van de etages waar ze verblijven, wemelt het van de mannen in uniform. Het zijn lelijke mannen in een groen uniform en knappe mannen in een wit pak. Met minachting kijken ze naar de hele gayscene van visagisten en kappers, die op hun beurt met onverholen afkeer naar de lelijkerds kijken en in adoratie naar de knapperds.

Luid geschreeuw maakt om twintig voor twaalf een eind aan alle interviews en radio-uitzendingen. De M-19 heeft het Paleis van Justitie bestormd en houdt de rechters van het Hooggerechtshof gegijzeld! Mijn collega en ik snellen naar mijn suite om het op televisie te volgen. In eerste instantie sluit ik elke betrokkenheid van Pablo bij wat ik zie volkomen uit. Hij zit tenslotte in het buitenland. Het laatste wat wel bij mijn collega zou kunnen opkomen is dat ik de vriendin van Pablo Escobar ben, of dat prominenten van de MAS deze guerrilla-aanslag zouden hebben gefinancierd. En het laatste wat ik zou denken, is dat mijn collega het vriendinnetje is van een van de leiders van de M-19.

De Plaza de Bolívar is een enorm groot plein, met het standbeeld van de bevrijder Simón Bolívar in het midden, uitkijkend op de Catedral Primada. Daartegenover ligt het gemeentehuis, met daarnaast de Senaat en het Paleis van Justitie. Achter de Senaat ligt het presidentiële paleis onder de hoede van het Bataljon van de Presidentiële Wacht.

In het Paleis van Justitie zetelen zowel het Hoogste Gerechtshof als de Raad van State. Twee dagen eerder was de beveiliging van het gebouw overgedragen aan een particulier bedrijf en precies op dezelfde dag was de Constitutionele Kamer van het Gerechtshof met een onderzoek gestart naar het uitleveringsproces van onder anderen Pablo Escobar Gaviria en Gonzalo Rodríguez Gacha. De bestorming is uitgevoerd door het Commando Iván Marino Ospina in het kader van Operatie Antonio Nariño voor de Rechten van de Mens. Onder leiding van commandanten Luis Otero en Andrés Almarales hebben vijfendertig opstandelingen het Paleis bestormd. Zeven mannen stormden gewoon door de hoofdingang naar binnen en de rest heeft zich met geweld toegang verschaft via de deur in het souterrain. Ze zaten in twee bestelbusjes en zijn het souterrain binnengedrongen dat aan de zijkant van het gebouw ligt, dat grenst aan een van de smalle, drukke straten in het centrum van Bogota. Nadat het commando meer dan driehonderd personen, waaronder rechters, werknemers en bezoekers, gegijzeld had, hebben ze twee bewakers en de beheerder van het Paleis om zeep geholpen. De guerrilla eist dat er via de radio een officiële bekendmaking wordt uitgezonden waarin een sterke veroordeling wordt uitgesproken tegen de misdaden die zijn gepleegd jegens degenen aan wie amnestie was verleend en tegen het falen van justitie in Colombia, wat als gevolg heeft dat Colombianen worden uitgeleverd om in een ander land berecht te worden. Tegelijkertijd eist de guerrilla publicatie van hun programma in de dagbladen en dagelijks radiozendtijd voor de oppositiepartijen. Bovendien wil de M-19 instemming van het Gerechtshof met het wettelijk vastgelegde petitierecht om de president of zijn gevolmachtigde te dagen, teneinde hem te veroordelen voor verraad van de vredesakkoorden met de M-19, de ELP en de Quintín Lame.

Rond het middaguur is het gebouw compleet omsingeld door het leger, dat van de president opdracht heeft gekregen het Paleis van Justitie tegen elke prijs te heroveren. Om twee uur zijn oorlogstanks het souterrain binnengegaan, zijn agenten op het terras van het gebouw gedropt door helikopters van de GOES, en heeft een Cascabeltank de poorten die op het plein uitkomen met de grond gelijk gemaakt. Deze eerste enorme tank heeft zo de weg vrijgemaakt voor nog twee tanks, bemand met soldaten van het Bataljon van de Presidentiële Wacht en het Korps Artillerie. President Belisario Betancur heeft zich met voormalige presidenten, presidentskandidaten, congresleden en de voorzitter van de Senaat teruggetrokken en weigert naar rechters óf guerrilla's te luisteren. Hij wil niets weten van het aanbod van buitenlandse naties om te onderhandelen tussen regering en rebellen. In zijn ogen is de M-19 namelijk schuldig aan het verbreken van het vredesproces dat ten grondslag lag aan zijn verkiezingscampagne. Ook de steun aan De Uitleverbaren uitgesproken door Iván Marino Ospina aan het begin van het jaar – overigens bekritiseerd door de rest van de M-19-leiders – is hem een doorn in het oog: 'Voor iedere uitgeleverde Colombiaan moeten we een Noord-Amerikaanse burger doden!'

Vanuit de tanks wordt geschoten en op de radio is de stem te horen van rechter Reyes Echandía, voorzitter van het Hooggerechtshof en ook van de Strafkamer die enkele jaren terug de uitlevering van Colombianen naar de Verenigde Staten goedkeurde. Hij smeekt de president om een staakt het vuren, omdat het anders op een bloedbad dreigt uit te lopen, maar hij vindt slechts gehoor bij de commandant van de politie. De historische woorden van de jonge kolonel Alfonso Plaza van het Korps Artillerie tegen een verslaggever zijn tekenend voor de situatie: 'Wij verdedigen hier de democratie, meneer!'

En als een staatshoofd in Latijns-Amerika militairen carte blanche geeft om de democratie te verdedigen, weten deze precies wat ze moeten doen. Ook wat het ze oplevert: zich ontdoen van al die opgekropte haat van jaren en jaren antiterreurstrijd. Eindelijk krijgen ze de kans alle beperkingen te laten varen die hen door de wetten ter bescherming van burgers is opgelegd. Een extra motivatie om eens flink huis te houden is ongetwijfeld het feit dat in het Paleis van Justitie – naast de dossiers over Pablo Escobar en consorten – een hele lading dozen staat met processtukken over schending van de mensenrechten, gericht tegen het leger en de staatsveiligheidsdiensten. De heftige brand die op onverklaarbare wijze om zes uur 's avonds het Paleis in lichterlaaie zet, maakt in één keer korte metten met de problemen van een tiental Uitleverbaren, maar ook vooral met die van duizenden militairen.

Helse temperaturen verplichten de guerrilla's en hun gijzelaars hun toevlucht te nemen tot de badkamers en de vierde etage. Andrés Almarales geeft opdracht de vrouwen en gewonden vrij te laten. Aan het eind van de avond zwijgen de telefoons waarmee rechter Reyes en commandant Otero contact onderhielden met het presidentiële paleis. Als Betancur besluit met de voorzitter van het Hof te praten, kan dat niet meer: in feite hebben de militairen een staatsgreep gepleegd. De missverkiezing wordt niet gestopt of uitgesteld, met het argument dat de vrolijke, sterke geest van het Colombiaanse volk niet zal knakken door een tragedie. Bovendien laten de inwoners van Cartagena zich hun feestje niet afpikken voor iets wat 'ver weg in Bogota' gebeurt.

De gevechten duren de hele nacht voort. Als de vertegenwoordiger van de president en de directeur van het Rode Kruis voor dag en dauw bij het gebouw aankomen om met de guerrilla's te onderhandelen, laten de militairen hen niet binnen. Die gesprekken moeten maar gehouden worden in het historische Casa del Florero, waar zich ook tweehonderd door Almarales vrijgelaten of door militairen geredde gijzelaars bevinden, onder wie ook de staatsadviseur Jaime Betancur Cuartas, de broer van de president. Allen die zich in het Casa bevinden, worden rigoureus geregistreerd en ondervraagd door de directeur van de B-2, de militaire inlichtingendienst, kolonel Edilberto Sanchéz Rubiano, met hulp van artillerieofficieren en de F2 van de politie. Onschuldigen worden met guerrilla's verward en tientallen juridische medewerkers, rechters en raadsmannen incluis, weten alleen aan arrestatie te ontkomen omdat hun collega's een dringend verzoek doen aan de ondervragers. Ieder die ook maar enigszins verdacht overkomt, wordt in een militaire vrachtauto vervoerd naar de gebouwen van het Korps Cavalerie aan de noordkant van Bogota. Slechts twee rechtenstudenten worden, na gemarteld te zijn, later vrijgelaten. Ze worden langs de kant van een verlaten weggetje gevonden.

Om twee uur 's ochtends kijkt de hele wereld met stomheid geslagen op tv naar het moment dat een Cascabeltank met een kanonschot een bres slaat in de muur van de vierde etage waar de laatste guerrilla's en de gijzelaars zich bevinden. Via dat gat schieten sluipschutters van de politie op bevel van hun baas, generaal Víctor Delgado Mallarino, vanaf de daken van de omliggende gebouwen lukraak op iedereen die zich in het gebouw bevindt. Ondertussen worden er door het leger granaten naar binnen gegooid en cirkelen helikopters boven het gebouw. Ondanks het feit dat hun munitie op begint te raken, weigeren de guerrilla's zich over te geven aan een humanitaire commissie voor een aansluitend proces vol garanties, en terwijl de kogelregens hun weerstand breken, vreet het vuur de laatste resten van het Paleis op. De militairen hebben bevel gekregen niemand te sparen van die laatst overgeblevenen en niemand overleeft het, ook niet de rechters die getuigen waren van de slachting. Onder hen ook de president van het Hooggerechtshof en de vier rechters die zich hadden moeten uitspreken over de uitlevering, de mensenrechterverdediger Manuel Gaona Cruz inbegrepen. Het ministerie van Defensie geeft opdracht alle lichamen te ontkleden en te wassen, waarbij belangrijk bewijsmateraal verloren gaat. Bovendien wordt verplegend personeel dat de lijken wil wegdragen, de toegang ontzegd.

Terwijl dit allemaal speelt heeft de Minister van Communicatie, Noemí Sanín Posada – nicht van María Lía Posada, de vrouw van Jorge Ochoa – opdracht gegeven om op televisie alleen maar voetbal en nieuwtjes over de missverkiezing uit te zenden. Ongeveer zevenentwintig uur na aanvang van de aanslag is een laatste explosie te horen, waarna alles stil blijft binnen het gebouw. Om half drie 's middags geeft generaal Arias Cabrales de overwinning door aan de minister van Defensie en generaal Vega Uribe licht de president in dat de aanslag is neergeslagen en het Paleis van Justitie heroverd.

'Welk paleis? Een zootje verschrompelde ijzeren platen met honderd verkoolde lijken erin?' vragen we ons verbijsterd af.

Om acht uur 's avonds richt Belisario Betancur zich tot de natie. 'De president van de republiek aanvaardt de verantwoordelijkheid in voor- en tegenspoed.'

'Welke verantwoordelijkheid? De slachting van de gerechtelijke macht met een genadeloos bombardement door het leger en politie?' zeg ik bij mezelf terwijl ik naar die hoogste commandant van de Gewapende Strijdkrachten luister, in wie het Colombiaanse volk, altijd maar verlekkerd hopend op vrede, in 1982 een toekomstig staatsman zag.

Uit die hele slachting zijn drie winnaars gekomen: de militairen, De

Uitleverbaren en de twee traditionele partijen. Want de macht van de M-19 en de andere opstandige groepen is volledig in rook opgegaan. Hun rol in toekomstige projecten is uitgespeeld.

Elf rechters, drieënveertig burgers, drieëndertig guerrilla's en elf leden van de Gewapende Strijdkrachten en de DAS zijn gestorven. De media hebben het moment gefilmd dat soldaten zo'n tien kantinemedewerkers, de beheerder en twee guerrilla's uit het Paleis slepen. Als de familie van de aangehouden mensen de dag erop informeert naar hun verblijfplaats, krijgen ze te horen dat ze voorlopig worden vastgehouden in militaire garnizoenen. Er was geen verklaring voor het wie en waar en er is nooit meer iets van hen vernomen.

Op 12 november kom ik terug van die onheilsmisverkiezing, de laatste waar ik als journaliste verslag van zou uitbrengen. De dag daarna, op 13 november van dat *annus horribilis*, vindt in Colombia de grootste tragedie ooit plaats. De media zijn de honderd slachtoffers van het Paleis van Justitie al snel weer vergeten en storten zich nu op de vijfentwintigduizend doden van Armero, het rijke rijst-en koffiegebied van Tolima. Terwijl ik denk hoe fortuinlijk al die van staatswege gefinancierde beulen wel niet zijn – ze konden tenslotte rustig hun gang gaan – kan ik niet anders dan constateren dan dat er een vloek rust op mijn arme vaderland en zijn inwoners. En ik vraag me af of de man die ik als de moedigste van allen beschouwde, nu een laf monster is geworden. Ik neem een nieuw telefoonnummer en met bloedend hart neem ik me voor Pablo Escobar nooit meer te zien. Ik houd niet meer van hem. Ineens.

TARZAN VS. PANCHO VILLA

In de hele wereld is op televisie te zien hoe de 13-jarige Omayra Sánchez ligt te zieltogen. Alleen haar hoofd en armen komen boven de verharde modder uit waaronder de rest van haar lichaam is bedolven. Het ontluisterende panorama rondom dit tienermeisje toont ons een kilometerslange, oneindige modderstroom waaruit een enkele boomtop of de resten van een gestikte koe tevoorschijn komen. Het zou dagen in beslag nemen om Omayra hieruit te bevrijden. Terwijl haar lichaam door koudvuur wordt geteisterd, is dit meisje vlak voor haar dood nog in staat om een hoopvolle boodschap te sturen naar haar landgenoten en naar iedereen ter wereld die volkomen machteloos haar lijden aanschouwt. Alle Colombianen weten dat ze niet te redden is en er niet veel anders opzit dan haar lijden enigszins te verlichten en te bidden dat het snel voorbij is. Drie dagen later is die engel voor altijd naar de hemel, waar de zielen van die andere vijfentwintigduizend slachtoffers en de honderd van de aanslag op het Paleis van Justitie op haar wachten.

Eenentwintigduizend gewonden hebben het drama van Tolima overleefd. Na de uitbarsting van de Arenaskrater van de Nevado del Ruizvulkaan loopt binnen enkele minuten de rivier Río Lagunilla helemaal vol met lava, vulkanische as en puimsteen. Rond middernacht walst die rivier als een kilometers brede, woest kolkende stortbui over Armero heen. Het bloeiende, negentig jaar oude stadje is door de stroom modder en puin in één klap van de kaart geveegd. Natuurrampen worden in Colombia vaak van tevoren aangekondigd, en deze is absoluut geen uitzondering. Maandenlang hadden vulkanologen gewaarschuwd voor de enorme fumarolen in de krater, maar de staat besloot die waarschuwingen in de wind te slaan. Want hoe kon de regering vijftigduizend mensen evacueren, en waar moesten ze dagen – en misschien wel wekenlang – ondergebracht worden? De twee rampen dompelen de natie in rouw en in een gevoel van complete machteloosheid. Maar de catastrofe in Armero is een zegen voor het leger dat nu zijn prestige weer kan opvijzelen. De soldaten zijn moe van het verkrachten, verstikken, beroven, nagels uitrukken, met zoutzuur overgieten, verbranden, begraven of slingeren van lijken uit het Paleis van Justitie op de vuilstortplaats. Ze willen koste wat het kost hun imago van redders in nood terug en het leger zet alle mogelijke middelen, manschappen, vliegtuigen en helikopters in om de duizenden hulpbehoevende, gewonde en dakloze mensen de helpende hand te bieden. Van schurken veranderen ze van de ene dag op de andere in helden.

Al die ellende, wanhopige verhalen en onherstelbare verliezen zijn dag en nacht op tv te zien. Die bittere tranenvloed en de collectieve smart verenigen zich met de mijne. Ik zal moeten leren leven met het besef van Pablo's egoïsme, van zijn weigering de consequenties van zijn daden te accepteren en van zijn onverantwoordelijkheid. Ik voel me heel schuldig dat ik überhaupt nog leef en heb de vurige wens me bij de doden te voegen.

↭

Ongeveer twee maanden later nodigt mijn vriendin Alice de Rasmussen me uit enkele dagen bij haar door te brengen op de Rosario-eilanden, een kleine archipel op vijfenvijftig kilometer van Cartagena de Indias gelegen. Het Nationale Park is een verzameling koraaleilandjes. Het is officieel eigendom van de staat, maar tientallen vermogende traditionele families uit Cartagena, Bogota en Medellín hebben er allerlei huizen en landhuizen laten bouwen. Dat noemen ze een 'verbetering'. In Colombia wordt de gangbare praktijk altijd legaal, en dat geldt ook hier. Dus ondanks het feit dat de eilanden van de staat zijn, wordt hun oppervlakte eigendom van degenen die zich hebben voorgenomen het te verbeteren met luxe onderkomens. En wie maakt het nu iets uit of het gedeelte onder water van een toeristisch eilandje aan de staat toebehoort of niet? In 1986 ligt er geen centimeter meer braak, elk perceel is een fortuin waard en de prijs van het eenvoudigste huisje is minstens een kwart miljoen dollar.

Rafael Vieira Op Den Bosch is de zoon van een blanke kolonist van het Rosario-eilandenpark en een Caribisch-Nederlandse moeder. Hij is 34 en hoewel hij geen dierentuin heeft, is hij wel milieudeskundige, en wordt hij gerespecteerd door toeristen, eilandbewoners en door de directeur van het reservaat op wiens gebied hij en zijn familie de goedlopende onderneming Acuario de las Islas hebben opgezet. Rafa, zoals iedereen hem noemt, is niet rijk, maar verkoopt wel honderden lunches per dag. Hij is niet klein, dik en lelijk, maar erg lang, knap en atletisch gebouwd. Hij heeft geen speedboten maar wel een grote, oude vissersboot. Hij verzamelt geen olifanten en giraffen, maar barracuda's en dolfijnen. Het enige wat Pablo Escobar en hij met elkaar gemeen hebben is Pancho Villa. Op foto's lijkt Pablo wel een reïncarnatie van de Mexicaanse bandiet in zijn kleurloze pak en met zijn sombrero. Pancho was evenmin een lieverdje, ook hij keek niet op een mensenleven meer of minder. Rafa heeft daarentegen slechts een 'Pancho Villa' ontvoerd, een woeste citroenhaai. Zonder sombrero en in zijn eeuwige piepkleine zwembroekje heeft Rafa meer weg van Kris Kristofferson.

Al maanden ben ik depressief en eenzaam, dus het kost me niet veel moeite om verliefd te worden op zo'n knappe vent als Rafael Vieira. En omdat ook hij ogenblikkelijk valt voor mijn glimlach en mijn borsten noemt hij me 'Pussycat'. Vanaf de eerste dag is het raak tussen ons en blijf ik bij hem. Bij hem en bij zijn vissen, kreeften, dolfijnen en haaien. Bovendien maakt hij me enthousiast voor zijn ideaal: het behoud van het zeeleven. En dat valt nog niet mee in een land en Nationaal Park waar van oudsher met dynamiet wordt gevist, enkel ter verhoging van de productiviteit. Tenslotte is het enige wat telt het gewin van vandaag – na ons de zondvloed.

Op San Martín de Pajarales, het piepkleine eilandje van de Vieira's, vind je geen stranden of palmbomen en het zoete water is er heerlijk. Op dat eilandje wonen ook zo'n twintig afro-Colombiaanse arbeiders, nazaten van de oorspronkelijke eilandbewoners, en Rafaels moeder. Zijn vader en stiefmoeder wonen in Miami en zijn broers en zusters in Bogota. Er staan ongeveer tien huisjes op het eiland en de voordeur staat altijd open. Rafa werkt de hele dag aan de uitbreiding van zijn Aquarium en ik zwem, duik en leer alle namen van de bewoners van de Caribische Zee in het Latijn, Engels en Spaans. Helemaal in de geest van Jacques Cousteau word ik een expert in de gedragsleer van schaaldieren en in de geest van Charles Darwin leer ik te begrijpen waarom haaien een veel langere evolutie hebben doorgemaakt dan mensen. Ze hebben ook een perfecte vorm terwijl de mens met allerlei imperfecties kampt. Mijn bijziendheid om maar een voorbeeld te noemen. Ik begrijp nu dat dit komt doordat de mens niet van zeedieren afstamt, die nieuwsgieriger, vrijer en avontuurlijker zijn dan wij, maar van primaten, die er miljoenen jaren over hebben gedaan om op twee benen te leren lopen en te leren jagen.

Rafa leert me vissen en duiken met een duiktank. Bovendien helpt hij me mijn angst kwijt te raken voor duivelsroggen die weleens met ons komen spelen, en voor barracuda's die om ons heen zwemmen, nieuwsgierig naar de soort die het meeste plundert en als enige ter wereld soortgenoten martelt. Hij overtuigt me ervan dat zeedieren niet aanvallen, tenzij je op ze trapt of ze slecht harpoeneert. Ik heb helemaal geen zin om me daarin te bekwamen, want ik houd er niet van om te doden of schade aan een levend schepsel toe te brengen. Ik verzorg ze liever. Elke dag leer ik steeds dieper duiken zonder snorkel, en mijn longcapaciteit gaat met sprongen vooruit. Ik zwem zeker zes tot zeven uur per dag en kom steeds verder, waardoor ik een atletische bouw ontwikkel en er jaren jonger uit ga zien. Aan het eind van de dag nemen Rafa en ik altijd een borrel op een kleine kade die hij zelf heeft gebouwd, zoals praktisch alles op het eiland. Daar kijken we samen naar de zonsondergang aan een witgloeiende horizon en praten we over milieukwesties, zijn reizen naar Afrika, dieren en de evolutieleer. Net als Pablo is hij evenmin gecharmeerd van boeken lezen, maar wel van verhalen, dus 's avonds lees ik hem voor uit Hemingway. Mijn leven is echt back to basics en we zijn zo gelukkig met elkaar dat we zelfs over trouwen en kinderen praten.

Om de zes weken ga ik een paar dagen naar Bogota. Die stad ervaar ik nu als vreemd en onvriendelijk. Als vrouw moet je je er op een bepaalde manier uitdossen om je te verweren tegen de grote boze wereld: lange gelakte heksennagels, make-up, mantelpak met zijden blouse, nylonkousen en stilettohakken. Bovendien moet je er rekening houden met een hele horde boosaardige stadsmensen die alleen maar praten over ontrouw en complottheorieën. Ze kijken me medelijdend en met een tikje afgunst aan omdat ik mijn carrière, mijn reizen en mijn sociale leven heb opgegeven 'om te gaan wonen op een eilandje voor de liefde van een *beach boy*, die er naar zeggen erg goed uitziet, maar geen cent te makken heeft'. Ik loop mijn hele appartement door, betaal alle rekeningen en ga heel snel weer terug naar mijn bestaan aan zee, verlangend naar de liefdevolle armen van Rafa. Bij het nakijken van de post, op een ochtend tijdens een van die bezoekjes halverwege 1986, open ik een grote bruine envelop.

Niets ter wereld had me kunnen voorbereiden op wat ik onder ogen krijg. De foto's van zestien in stukken gesneden lijken brengen me met een schok terug in het Colombia van het vasteland. Er zit een anonieme brief bij. De afzender schrijft over de man die ik al maanden geleden heb verlaten. Als ik aan hem denk, merk ik dat de bittere gedachten inmiddels weg zijn. Die zijn nu verworden tot steeds vagere herinneringen aan twijfels en hevig leed die net zo pijnlijk als zinloos zijn. Het is duidelijk dat iemand, misschien wel na het ondergaan van afgrijselijke folteringen, tegen een lid van de veiligheidsdiensten of de militaire inlichtingendienst over de ontmoeting met M-19 heeft gepraat. De afzender beschuldigt Pablo en Gonzalo van verschrikkelijke misdrijven die mijn bevattingsvermogen te boven gaan. Hij zweert dat ik hier flink voor zal boeten. Nadat ik eerst een potje heb zitten huilen, bid ik tot de zielen van die slachtoffers met de vraag wat ik moet doen. Dan besluit ik twee personen te bellen. Een ervan is een kennis, een vrouw die mijn hulp had gevraagd bij de verkoop van een tweeënzeventigkaraats diamant. Ik had haar voorstel in eerste instantie afgewezen maar vertel dat ik van gedachten ben veranderd en de diamant toch maar aan een verzamelaar ga aanbieden (de eigenaar vraagt er een miljoen dollar voor en bij verkoop krijg ik daar tien procent van). De ander is mijn vriendin en makelaar Susanita, die mijn appartement te koop moet zetten. Dan, in plaats van naar Cartagena terug te gaan, pak ik de eerste vlucht naar Medellín.

Gustavo Gaviria ontvangt me met dezelfde enigszins afstandelijke, maar oprechte genegenheid als altijd. Terwijl we over zijn zaken, mijn gecancelde contracten en de toestand van het land praten, zie ik in zijn ogen dat hij worstelt met gevoelens van teleurstelling. Na wat beleefd heen en weer gepraat, laat ik hem de diamant zien die, naar verluidt, tot een Europees koninklijk huis behoorde. Met een juweliersloep bekijkt hij de steen aandachtig. Zelfs het kleinste deeltje koolstof in deze ogenschijnlijk perfecte steen met het formaat van een kwartelei kan hij daarmee opsporen. Uiteindelijk komt hij met zijn oordeel.

'Het is echt een van de grootste die ik ooit heb gezien... Hij is zo groot als een vingerkootje. Ja, die moet wel uit een kroon komen. Maar de prijs zegt al genoeg. Hij is gestolen. Hij is niet zo helder... gelig, niet wit, niet kanariegeel. Hij is niet zo duur. En de kleur staat me niet aan. Er zit ook koolstof in...'

'Mijn hemel, Gustavo! We weten allebei heus wel dat als het een *D-Flawless* of *Canary* was, hij vier of vijf keer meer waard zou zijn...'

Iemand klopt op de deur en komt binnen zonder toestemming af te wachten.

'Kijk nou! Wie hebben we daar! Niemand minder dan het zeemeerminnetje in hoogst eigen persoon! Met een lekker kleurtje! Waar hebben we die eer aan te danken?'

'Ze kwam hiermee, Pablo,' zegt Gustavo, terwijl hij Pablo de diamant laat zien. 'Virginia is zelfs haar reclamedeals nu kwijt en met de verkoop hiervan kan ze commissie krijgen.'

Pablo pakt het schitterende sieraad tussen duim en wijsvinger en houdt het ver van zich af. Hij bekijkt het alsof het de vinger van het lijk van zijn ergste vijand is. Hij trekt er zo'n vies gezicht bij dat ik bang ben dat hij die miljoen dollar zo uit het raam zal zwiepen. Daarna richt hij zich tot zijn partner: 'Oké, maar dit hier is het hoofdkantoor van een drugshandel – we heten hier niet Harry Winston! – en met haar doen we geen zaken. Punt. Als ze geld nodig heeft, dan komt ze maar naar mij! O ja, vergeet niet dat we zo een vergadering hebben.'

Met een diepe zucht zegt Gustavo dat hij het zich op dit moment niet kan veroorloven diamanten van dit formaat te kopen. Mocht hij snel contant geld nodig hebben, dan zijn ze niet te ruilen of te verkopen voor hun oorspronkelijke waarde. Ik vraag hoe het in godsnaam mogelijk is dat iemand met een miljard dollar een probleem kan hebben met een miljoen in contanten. Hij haalt zijn schouders op en berustend zegt hij dat rijken ook weleens huilen. Hij neemt met een kus op mijn wang afscheid. Nu we alleen zijn, overhandig ik Pablo de envelop met de foto's en het anonieme briefje. 'Ik denk dat je hier even naar moet kijken. Ik kreeg het met de post en wilde het hier bij Gustavo laten. Het gaat over iets wat in opdracht van jou of van El Mexicano is gedaan. Nu dreigen ze mij net zo toe te takelen als die lui op de foto's. Wie was er verder allemaal op de hoogte van onze ontmoeting met Iván Marino? En wie zit er achter Álvaro Fayads dood in maart?'

Hij verspreidt de inhoud van de envelop over tafel. Stomverbaasd kijkt hij ernaar en gaat dan zitten. Hij ziet zeker niet bleek, want er is niets wat Pablo Escobar zo aangrijpt dat hij er wit van wegtrekt. Escobar is nou eenmaal zo'n type dat zelfs niet beeft waar ieder ander zou flauwvallen. Met Gustavo's juweliersspincet pakt hij alle zestien foto's afzonderlijk vast en bestudeert ze. Dan leest hij hardop wat fragmenten uit de brief voor.

'Ik denk dat we eens even moeten babbelen. Nou ja, even... Ben je getrouwd?'

Ik antwoord van niet, maar dat Rafael me vanavond wel weer thuis verwacht. Dan vraagt hij me die diamant terug te brengen en tegen die vriendin te zeggen dat ik op reis ga. Daarna moet ik op hem wachten in zijn appartement. Hij moet dringend een lang gesprek met me voeren, hij noemt het zelfs een zaak van leven en dood.

'Bel je verloofde of wat hij ook is maar even op en zeg dat je het vliegtuig hebt gemist. Dat je morgen pas aankomt. En wees gerust. Geen hond zal je ook maar een haar krenken. En voor mij hoef je ook niet bang te zijn. Ik doe je niets. Die foto's hou ik even. Ik laat een paar vrienden van me even aan de hand van sporen uitzoeken welke hufter ze genomen heeft. En welke psychopaat ze op de post heeft gedaan. En welke godverdomde klootzak mij hiervan beschuldigt!'

'Nee, nee, alsjeblieft Pablo! Al mijn sporen zitten al op die foto's! Je maakt het alleen maar erger zo! Alsjeblieft zeg! Aan niemand laten zien! En ook niet uitzoeken wie ze genomen heeft! Ik woon gewoon heel rustig op een eilandje met een hele lieve man... en ik heb niets te maken met jullie misdaden!' Terwijl ik de foto's bij elkaar probeer te graaien, barst ik in tranen uit.

Hij staat op en legt een arm om mijn schouders. Zodra ik weer een beetje ben gekalmeerd, stopt hij de foto's terug in de envelop en belooft ze na zorgvuldige bestudering te verbranden. Eerst wil hij weten of het de vermiste slachtoffers van de aanslag op het Paleis van Justitie zijn, als hij tenminste iets van een identiteit kan onderscheiden op basis van de met zoutzuur overgoten lichamen. Hij blijft aandringen dat ik in Medellín moet overnachten en als ik tegenstribbelend akkoord ga, loopt hij snel de deur uit. Zoals hij me heeft opgedragen, bel ik eerst Rafael om te zeggen dat ik de volgende dag pas aankom vanwege een geannuleerde vlucht. Ik zou hem nooit in vertrouwen kunnen nemen over de angst die ik voel en al helemaal niet waarom ik die angst wél met Pablo deel.

Als ik in het appartement wat spullen uit mijn koffer wil pakken, valt mijn oog ineens op iets wat ligt te glanzen in het hoogpolige tapijt. Het is een heel smal gouden armbandje, dat ik even probeer om te doen. Mijn pols is niet veel grover dan die van een meisje, maar dit armbandje is zelfs te klein voor mij.

Een paar uur later komt Pablo binnen. Het afgelopen jaar lijkt hij wel vijf jaar ouder te zijn geworden. Hij is nog maar zesendertig, maar zijn tred is nu al langzamer en onzekerder. Hij is zwaarder geworden en bij zijn slapen begint zijn haar te grijzen. Ik bedenk dat het mijne ook al grijs wordt, maar dat het voor vrouwen nu eenmaal eenvoudiger is dat te verhullen. Hij oogt kalmer dan die middag, maar wel vermoeid en verdrietig, alsof hij een knuffel nodig heeft. Zijn hele gezicht is één groot vraagteken, het mijne één grote aanklacht. Als hij onze ver van elkaar verwijderde reflecties in de spiegel bekijkt, die ons zo vaak dicht bij elkaar heeft weerspiegeld, merkt hij op dat ik er tien jaar jonger uitzie dan hij en op een gouden standbeeld lijk. Beleefd bedank ik hem voor een compliment waarvoor ik hem een jaar geleden met kussen zou hebben overladen. Hij wil weten waarom ik een nieuw telefoonnummer heb genomen zonder hem in te lichten. Met een paar korte, vinnige zinnetjes geef ik hem uitleg. Na een zwaarmoedige stilte laat hij een diepe zucht horen en zegt dan dat hij het begrijpt. Hij kijkt me aan met een soort hunkerende heimwee, glimlacht weemoedig en zegt dat hij echt blij is me te zien en even met me te kunnen praten. Hij vraagt of hij even op bed mag gaan liggen. Ik knik en hij gaat met zijn handen achter zijn nek gevouwen languit op bed liggen. Dan vertelt hij me over 6 november vorig jaar.

'De secretaresse van rechter Carlos Medellín werd met derdegraadsverbrandingen naar ziekenhuis Simón Bolívar gebracht. Het hoofd van de afdeling probeerde de soldaten die haar kwamen ophalen tegen te houden. Toen dreigden ze hem te beschuldigen van samenwerking met de guerrilla en hem op te sluiten! Die arme, onschuldige vrouw werd door het leger letterlijk uren door de mangel gehaald. Nadat die beulen de huid van haar lichaam hadden afgerukt, was het voorbij. Een andere vrouw beviel in een legervrachtauto. De baby werd bij haar weggehaald. Daarna werd ze zo erg gemarteld dat ze erin bleef. Het in stukken gerukte lijk van een andere zwangere vrouw werd op de vuilnisbelt van Mondoñedo gesmeten. Pilar Guarín is een meisje dat die dag in de kantine voor een ander inviel. Ze werd vier dagen lang verkracht in de militaire garnizoenen. Ze stopten haar samen met een paar mannen in een badkuip vol zoutzuur. Anderen werden begraven op het kerkhof van het Korps Cavalerie. Daar liggen ook alle lijken van degenen die tijdens Turbay's regering zijn verdwenen. En weet je waarom allemaal? Alleen omdat ze per se wilden weten waar de zeven miljoen dollar was die ik zogenaamd aan de M-19 had betaald. Die wilden ze lekker voor zichzelf houden. Onder de soldaten en de veiligheidslui verdelen. Al dat gemartel was niet om uit te vinden wie die aanslag had gefinancierd – dat wisten ze allang! Nee, ze moesten en zouden Álvaro Fayad opsporen, want die had volgens hen het geld. Ook dat wat Iván Marino had ontvangen.'

'Hoeveel heeft de M-19 echt van je gekregen?'

'Iván Marino kreeg een miljoen cash. Met de belofte van nog een miljoen, dat hij later in wapens en financiële steun zou ontvangen. Door die landingsbaan op Nápoles konden we zonder problemen springstof aanvoeren. Maar de wapens en de munitie kwamen later dan verwacht. Dat was een drama want de belegering moest ineens eerder plaatsvinden dan gepland. De rechtbank ging zich namelijk over onze uitlevering buigen. Ze hadden een verpletterende hoeveelheid bewijzen tegen ons. De m-19 wilde eigenlijk alleen maar dat er een officiële bekendmaking kwam en de president dwingen verklaringen af te leggen, maar alles liep anders. De militairen openden het vuur op het Paleis en maakten alle rechters af. Dan konden ze niet getuigen over wat daarbinnen allemaal gebeurd was. Gonzalo heeft alles praktisch uit de eerste hand gehoord. Ik weet alles via hem. Weet je, tegenover jou durf ik wel toe te geven dat ik met dat miljoen en nog wat meer, de beste deal van mijn leven had gesloten. Maar hoe goed de relatie van El Mexicano met de b-2 ook is, en hoe erg hij links ook haat, hij en ik zouden nooit het leger betalen om zes commandanten van de m-19 koud te maken! Dat was een gemene rotstreek! Fayad en Ospina waren niet alleen mijn vrienden, maar ook onze link met Noriega, de sandinisten en Cuba. Tegen jou hoef ik er niet over te liegen, Virginia, want je kent me als geen ander. Dus weet je dat ik de waarheid spreek. Daarom kan ik je nu ook wel zeggen dat ik je die avond aan de commandanten van de m-19 wilde voorstellen omdat ik wist dat ze radiozendtijd van de regering wilden eisen. Daar kon jij dan mooi op mee liften.'

Ik vraag hem wie er verder op de hoogte waren van zijn contact met Fayad en Ospina. Volgens hem wisten alleen zijn vertrouwensmannen ervan. En, wil ik weten, hoeveel van zijn mannen hadden gehoord dat ik die avond in augustus 1985 ook aanwezig zou zijn? Die vraag verbaast hem, maar dan antwoordt hij dat alleen de mannen die me altijd heen en weer naar het hotel brachten ervan op de hoogte waren. Dan moet er dus een verrader tussen zijn mannen zitten, is mijn reactie. Zeker weten dat een van hen loslippig is geweest tegen een of ander scharreltje en mijn naam heeft genoemd, waarop dat grietje de veiligheidsdiensten heeft gebeld. Die hebben er belang bij om me te beschuldigen, me te laten verdwijnen of me zo te verplichten het land te verlaten. En nu wil een volkomen gestoorde mij laten geloven dat Pablo en El Mexicano het leger hadden betaald om zowel guerrilla's als rechters om te brengen.

Enkel om bij een geslaagde belegering onder de rest van de beloning voor de M-19 uit te komen.

Pablo zegt dat het leger en de veiligheidsdiensten hem in dat geval voor altijd zouden blijven uitmelken. Dan was hij toch goedkoper uit met de M-19?

'Pablo luister even; het zal me echt een zorg wezen wie er over onze ontmoeting met Ospina heeft zitten babbelen, maar jij moet echt eens een keertje oppassen voor je eigen mannen en voor die dure bitches met wie je tegen betaling omgaat. Weet je, jij bent de hele tijd omringd door je eigen leger, maar ik? Ik moet het maar uitzoeken in mijn eentje. Ik ben een van de bekendste vrouwen van dit land, en als ik in mootjes word gehakt of ik verdwijn voorgoed, komen alle details van onze relatie op straat te liggen. En zeker dat jij dan wordt beschuldigd van mijn dood! En al je prinsesjes, modelletjes en hoertjes rennen dan heel hard van je weg.'

Ik smijt het gouden armbandje op het bed met de mededeling dat het veel te groot is om van zijn dochtertje Manuela te zijn. 'Hier! Dit is van een heel jong meisje! Behalve dat je een slachtoffer van je eigen plannen wordt en een wietverslaafde, ben je ook eigenlijk gewoon een perverse klootzak! Wat zoek je toch in al die maagdelijke grietjes? De ideale vrouw zoals jij haar ziet? Ben je soms op zoek naar een evenbeeld van je vrouw toen ze dertien was? Zo oud was ze toch toen je verliefd op haar werd?'

'Dit accepteer ik niet! Van niemand! Wie denk je verdomme wel niet dat je bent?' Hij springt van het bed, komt op me af en schudt me heftig door elkaar. Ik zit er compleet doorheen en schreeuwend bijt ik hem toe: 'Toevallig ben ik de enige echte vriendin die je hebt, Pablo! De enige vrouw die nooit iets van je geëist heeft! Ik hoefde niet onderhouden te worden, heb je nooit gevraagd je vrouw voor mij te verlaten en ik hoefde ook geen koters met je! De enige representatieve vrouw die van je gehouden heeft! En van je zal blijven houden! De enige vrouw die alles kwijt is! Door mijn liefde voor jou! En ook de enige vrouw die met lege handen is achtergelaten door de zevende rijkste man op aarde! Zonder enige vorm van onderhoud! Schaam je je niet? En toen ik eindelijk dacht dat ik alles zo'n beetje achter me kon laten... en met een lieve man gelukkig kon worden... komt dit op mijn pad! Nog even een verrassing van een professionele beul! Die foto's wilde ik je alleen laten zien om je duidelijk te maken wat al die arme stakkers is overkomen! Door jou! En ik wil met je praten over zaken waar niemand zijn mond over durft open te doen tegen jou. Want ik ben de enige die niet bang voor je is! En ook nog eens de enige in je omgeving die een geweten heeft! Ik ben doodsbenauwd gemarteld te worden. Dat weet je, Pablo. Je kunt me beter nu meteen afmaken! Zo val ik in ieder geval niet in handen van die zieke geesten! Doe jij het zelf maar! Je hebt al tweehonderd man naar de andere wereld geholpen. Ervaring zat! Maakt me niet uit hoe, maar doe het snel!'

'Nee, nee! Hoe kom je erbij? Dat wil ik helemaal niet! Zo'n engel als jij? Ik maak alleen maar misdadigers af! Waar was dat nou voor nodig? Zo'n vreselijke tirade! En dat na al die maanden! Dacht je nou echt dat ik daarop zat te wachten?' Hij probeert me te kalmeren, me het zwijgen op te leggen en me in zijn armen te nemen, terwijl ik op hem inbeuk met mijn vuisten. Als ik niet meer kan en helemaal kapot al snotterend mijn hoofd op zijn schouder leg, kust hij me op mijn haar en vraagt of ik nog steeds een beetje van hem hou. Ik zeg dat ik al heel lang niet meer van hem hou, maar dat ik hem lief zal hebben tot mijn dood. Want hij is de enige man die me echt goed heeft behandeld, en ook om de allerarmsten gaf. We blijven lange tijd in stilte bij elkaar zitten, zijn armen om me heen. Mijn gesnik is het enige wat te horen is. Na een tijdje, als ik enigszins gekalmeerd ben, zegt hij heel teder: 'Misschien is het zelfs wel beter als je een poosje op die eilanden blijft, mijn lief... Beter dan in je eentje in Bogota zitten. Daar ben ik geruster op. Maar ik denk wel dat je je daar heel snel gaat vervelen. Jij hebt nu eenmaal veel reuring nodig, en een echte vent. Zo'n knulletje kan jou toch niet aan. Uitgerekend jij, van alle vrouwen, speelt een beetje Tarzan en Jane in het Aquarium! Wie had dat ooit gedacht?'

Ik zeg dat voor mij alles mogelijk is na die Tarzan met een dierentuin. We lachen een beetje berustend. Hij droogt mijn tranen, zit even na te denken en zegt dan ineens: 'Ik wil je iets voorstellen. Je hebt nu toch zo veel vrije tijd, dus waarom verwerk je in dat filmscript ook niet alles wat er in het Paleis van Justitie is gebeurd? Als die Italianen je er geen hon-

derdduizend dollar voor geven, krijg je ze van mij. Als voorschot.'
'De Italiaanse journalist heeft me al laten weten dat de producent niet van plan is die som te betalen. En om zoiets te schrijven zou ik me ergens ver weg moeten terugtrekken. Dan zou ik mijn leventje met Rafael vaarwel moeten zeggen. En ik kan zeker nu nog niet een soort verontschuldiging van alles wat er is gebeurd opschrijven... En evenmin van wat jou precies beweegt, Pablo.'

Gepikeerd kijkt hij me aan en vraagt of ook ik hem nu als niet meer dan een misdadiger beschouw, een gewone crimineel, maar dan een met geld.

'Als de man van wie ik het meest heb gehouden alleen maar een crimineel was, wat zegt dat dan over mij? Ik weet heus wel dat jij, Belisario en de M-19 geen grip meer hadden op de situatie. Maar ik weet ook dat je voorlopig niet bang meer hoeft te zijn voor die uitlevering. Verwacht geen gelukwensen van me, Pablo. Ik krijg echt de zenuwen van alles wat voortvloeit uit jouw business en jouw beslissingen. En het enige wat ik je nu nog kan zeggen, nu je eindelijk je zin hebt gekregen, is dat het echt zó zinloos is als je maar doorgaat met moorden. Die zogenaamde overwinning, praat daar maar nooit over! Tegen niemand! En je betrokkenheid bij de belegering moet je voor eeuwig en altijd blijven ontkennen. Maar 'ns afwachten of je ooit rust kan vinden in die hel waarin je leeft. Maar laat de rest van ons Colombianen alsjeblieft ook met rust. Ik zal het geheim, als je het zo noemen wilt, echt niet verklappen. Maar jij, jij zult moeten leren leven met alles wat je me net verteld hebt. Vroeg of laat komt het moment dat die beulen ook verantwoording over hun daden zullen moeten afleggen... voor God, of op wat voor manier dan ook. Dat is wat ze zo mooi in Ierland weten te verwoorden, of eigenlijk is het meer een vloek: "The crimes of the father..." en dat gaat altijd op. Kinderen betalen voor de misdaden van hun voorouders. Helaas...'

Pablo verandert van onderwerp, misschien omdat hij niet geconfronteerd wil worden met gedachten aan zijn kinderen. Hij begint te praten over hoe zeer de dood van Iván Marino Ospina hem heeft aangegrepen. Hij vertelt dat het leger hem in Cali heeft vermoord, in een van de huizen van Gilberto Rodríguez. Het schijnt dat de leider van het Calikartel, die nog steeds gevangen zit, kapot was van Iváns dood.

'Jouw vriend en bondgenoot in de belegering stierf in een huis van Gilberto? Het moet niet gekker worden. Dus de beide leiders van de grootste drugskartels zijn in diepe rouw over een commandant van een guerrillagroep. Het ontbreekt er nog maar aan dat Julio Mario Santo Domingo en Carlos Ardila Lülle elkaar snikkend omarmen aan het graf van Tirofijo, die stierf na een overdosis blikjes frisdrank!'

Pablo vraagt waarom mijn reclamedeals eveneens van de baan zijn en ik leg hem uit dat volgens journalist Fabio Castillo van *El Espectador* 'Pablo Escobar me de nylonkousenfabriek van Medias Di Lido cadeau had gedaan en een televisiestudio erbij, zodat ik mijn huis niet meer uit hoefde om programma's op te nemen'. De familie Kaplan was beledigd en beëindigde mijn contracten. Ze kwamen met de smoes dat zo'n bekende Colombiaanse toch wel erg duur was, en vervingen me door een modelletje. Niemand toonde toen nog belangstelling voor hun kousen en het merk kelderde. Zowat iedereen uit het journalistieke vak weet dat er in mijn appartement geen plek is voor een studio, maar er was natuurlijk niemand opgestaan om me te verdedigen na dat valse bericht. En ondanks het feit dat mijn collega's ook heus wel weten dat ik nooit in elkaar ben geslagen en mijn huid er perfect uitziet, laten ze gewoon toe dat een stelletje roddelaars mij een hak zet, want dat verhaal over mijn verminkte gezicht blijft maar de ronde doen. Daar zitten voornamelijk het nichtje van Santofimio en haar dochter, de schoondochter van voormalig president Alfonso López, achter. Die twee blijven maar herhalen tegen iedereen die een luisterend oor biedt dat ik me na diverse plastische hersteloperaties heb teruggetrokken uit de media en nu door Escobar wordt onderhouden.

'Die twee vrouwen zijn net zo erg als de stiefzusters van Assepoester. En *El Espectador* met Fabio Castillo heeft al die laster de wereld in geholpen om te zorgen dat je zonder werk kwam te zitten. Ik heb allang gehoord dat de directeuren van de media één lijn hebben getrokken om je nu eens flink in de wielen te rijden. Dat durfden ze niet toen je nog met mij was. Dezelfde politiekolonel die de DEA op het spoor van de laboratoria in Yari zette, heeft ook een vracht informatie, genoeg om een boek vol leugens op te pennen, doorgespeeld aan die klotejournalist. Maar ik zal die lui wel even aanpakken, mijn lief. 'Je kunt straks met een vlag achter de lijkkoets van je vijand lopen, want jouw vijanden zijn ook de mijne.'

Ik ga aan het voeteneind zitten. Ik vertel hem dat 'Klappen die je niet breken, maken je sterker' en 'Alles gebeurt met een reden' mijn favoriete Chinese spreekwoorden zijn. Als het uitleveringsverdrag inderdaad niet doorgaat, moet hij me beloven om de jaren die hij nog voor zich heeft te benutten om een fatsoenlijk leven te beginnen. En die obsessie met wat de media over hem zeggen los te laten. Bovendien wijs ik hem er ook op dat we geen van beiden over het lot van anderen kunnen beschikken. Verder kan ik wel honderd redenen bedenken waarom ik nu, zo ver van die verdorven wereld, zo gelukkig ben dat ik noch de roem, noch mijn sociale contacten, noch mijn televisiecarrière mis.

Zwijgend luistert hij en kijkt me indringend aan, niets ontgaat zijn priemende ogen. Dit is zijn 'kennersblik' die hij zelden op mij toepast. Dan zegt hij er volstrekt van overtuigd te zijn dat hij me beter kent dan wie dan ook en dat ik mezelf voor de gek hou. Dat ik naar het eiland ben gevlucht om maar niet te hoeven denken aan al het leed dat me aangedaan is en dat ik in Rafaels armen tracht om hém te vergeten. Terwijl hij mijn wang streelt voegt hij er peinzend aan toe hoe vreemd het is dat mijn schone ziel niet is besmet door zijn zwarte. Dan springt hij ineens op, geeft me een kus op mijn voorhoofd en bedankt me dat ik helemaal naar Medellín ben gekomen om hem op de hoogte te brengen van zo'n ernstige zaak. Voordat hij afscheid neemt, laat hij mij nog beloven hem iedere keer op de hoogte te brengen als ik een nieuw telefoonnummer neem. Het is belangrijk voor hem te weten dat we in geval van nood op elkaar terug kunnen vallen. Hij smeekt me niet totaal uit zijn leven te verdwijnen.

'Beloofd. Maar... tot de dag dat ik weer ga trouwen. Je snapt toch wel dat we dan geen contact meer kunnen hebben.'

Ik vertrek iets kalmer uit Medellín dan ik ben aangekomen. Als het uitleveringsverdrag op de schroothoop belandt, ben ik ervan overtuigd dat Pablo, met die vrijgevige instelling en de bijzondere inzichten waar ik vier jaar geleden als een blok voor ben gevallen, zijn leven opnieuw kan inrichten. Tijdens de vlucht naar Cartagena bid ik tot de zielen van die gemartelde vrouwen. Ik vraag om begrip voor mijn stilzwijgen. Ik zou niet weten bij wie ik al die misdaden, gepleegd door van staatswege gefinancierde misdadigers, zou moeten aangeven. Mocht ik ook maar een woord loslaten over de waarheid achter de misdaden die Pablo me net uit de doeken heeft gedaan, dan zouden de media, die onder één hoedje spelen met de machtige politici, meteen eisen dat ik voor joost-mag- weten-wat in een cel zou worden gesmeten. Dit alles ter genoegdoening van de lafaards in dit land, die vrouwen als makkelijk slachtoffer gebruiken omdat ze niet de moed hebben om de confrontatie te zoeken met mannen als Escobar.

Om de huiveringwekkende beelden van die gemartelde slachtoffers uit mijn hoofd te krijgen, taferelen waar zelfs Pablo me die avond van de Beretta niet op had kunnen voorbereiden, ga ik op het eiland meteen het blauwe water in. Ik ben aan het trainen om tot aan het grote eiland te zwemmen dat tegenover het onze ligt, een eiland dat wel zijn natuurlijke status heeft behouden dankzij een stichting van de familie Echevarría die kolonisatie tegenhoudt. Het is zes zeemijl heen en zes terug naar San Martín de Pajarales, wat in totaal neerkomt op zes uur zwemmen mits de zee rustig is. Rafa weet niets van mijn plannen, want mijn borstcrawl is niet om over naar huis te schrijven. Ik wil wel graag goed leren crawlen, dus ik besluit om bij mijn volgende bezoek aan Bogota mijn ogen te laten opereren. Dan kan ik zonder contactlenzen zwemmen.

De eerste keer dat het me lukt het grote eiland te bereiken, dankzij zwemvliezen, de zwembril en de snorkel – waardoor ik door het water glijd zonder dat ik iedere keer mijn hoofd moet optillen om adem te halen – gooi ik hartstikke trots op mezelf mijn armen in de lucht. Ik ben om zeven uur 's ochtends van huis gegaan – op de eilanden begint alles al kort na zonsopgang – en ben om tien uur aan de overkant. Ik kom op mijn eenzame tocht geen haaien of andere grote vissen tegen, en neem aan dat dit door de visvangst met dynamiet en de motoren van de toeristenboten komt, die het koraalrif verwoesten en het enige echte gevaar vormen in deze kleine archipel.

Na even te hebben uitgerust op het verlaten strand waar alleen op zondag toeristen komen, begin ik al veel zekerder aan de terugtocht en om één uur 's middags ben ik terug, precies op tijd voor de lunch. Als Rafa me vraagt waarom ik zo opgetogen ben, draai ik eromheen, want hij zou een hartaanval krijgen als ik hem de waarheid zou vertellen. Dus ik zeg dat ik ga stoppen met die lange zwemtochten om te kunnen schrijven in een verlaten hutje op een vulkanisch eilandje, dat op enkele meters afstand van het onze ligt. Ik vertel hem dat ik, persona non grata in de media en toekomstig blinde, eigenlijk altijd zo graag had gewild dat mijn collega's met hun mooie stemmen luisterboeken zouden maken als ze zonder werk kwamen te zitten, zodat blinden ook van verhalen konden genieten. Hij merkt op dat mensen die te lui zijn om een boek te lezen dat ook wel fijn zouden vinden, maar dat hij zelf toch de voorkeur geeft aan míjn stem. 'En wat ga je schrijven, Pussycat?'

'Maffiaverhalen,' zeg ik, 'zoals die van *The Godfather*. En ik ga schrijven over jagers en vissers, zoals Hemingway.'

'Wauw! Ja, dat verhaal over die haai is fantastisch! Maar alsjeblieft zeg, je gaat toch niet schrijven over die ontaarde maffiosi die dit land naar de knoppen helpen? Narco's zijn van ver al te herkennen, zelfs als ze alleen een zwembroek aanhebben. Al die arrogantie die ervan afdruipt... en hun manier van lopen. Hoe ze naar vrouwen kijken, hoe ze eten... en praten... Nou ja, alles! Ik vind ze walgelijk! Stel je voor, om het minste of geringste sturen ze een huurmoordenaar op je af! Ik moet er niet aan denken!'

De zondag daarop als ik vanaf de tweede etage waar onze slaapkamer en het terras zijn via de touwtrap naar beneden kom, nieuwsgierig naar de herkomst van het enorme jacht dat tegenover ons huis ligt, sta ik oog in oog met Fabito Ochoa, Jorge's broer. Hij is hier samen met zijn vrouw en kinderen. Fabito en zijn vrouw staan opgetogen te kijken naar het kleine aquarium in de eetkamer. Ondertussen vertelt Rafa aan de kinderen dat bij zeepaardjes de mannetjes zwanger kunnen worden. Ik denk dat Rafa een uitzondering maakt voor de koninklijke narcofamilie uit Antioquia, want de Ochoa's houden zich natuurlijk bezig met het fokken van paarden en stieren, en dat andere wat ze doen, is gewoon een hobby die geld in het laatje brengt.

Zowat iedereen die de eilanden bezoekt, komt ook naar het Aquarium. De enkeling die Rafa Vieira niet kent, kent mij dan weer wel, dus ons sociale leven is veel levendiger dan je in eerste instantie zou denken. Op een zondag, tijdens een lunch met Ornella Muti en Pasqualino

De Santis – die in Cartagena de film *Kroniek van een aangekondigde dood*, naar het boek van García Márquez aan het opnemen zijn – neemt de artistiek leider me aandachtig op. Hij vindt me '*veramente, una donna cinematografica*' en begrijpt absoluut niet dat ik de camera's vaarwel heb gezegd. Er zijn er natuurlijk wel meer die zich dit afvragen, en alleen Pablo en ik weten wat er werkelijk achter zit. In ieder geval geeft het compliment van de Italiaanse filmlegende me een aantal dagen vleugels. En ik ben nog tevredener over mezelf als het me in de week daarop lukt mijn krachttoer van twaalf zeemijl te herhalen.

Rafa en ik gaan regelmatig naar feestjes op de naburige eilanden, vooral die van Germán Leongómez, wiens zus getrouwd is met admiraal Pizarro. Hun zoon, Carlos Pizarro Leongómez is de nieuwe M-19-leider geworden na de dood van Iván Marino Ospina en Álvaro Fayad. Pizarro is ook bekend onder de naam 'commandant Papito' en hij is de enige guerrillaleider die er op foto's net zo goed uitziet als Che Guevara en niet doet denken aan een ontsnapte gevangene. En het leven biedt nu eenmaal allerlei verrassingen, want zijn rijke oom Germán, die ik al had leren kennen als huwelijkskandidaat van de veel en veel rijkere weduwe Rasmussen, werd niet veel later de verloofde van het enige Colombiaanse congreslid dat kans zou kunnen maken op een politieke carrière in Frankrijk: Ingrid Betancourt.

Een paar maanden later ga ik terug naar Bogota, want om erachter te komen of ik wel of niet aan mijn ogen geopereerd kan worden, mag ik twee weken geen contactlenzen dragen. Ik breng die dagen liever in mijn appartement door en niet op het eiland, waar ik makkelijk zou kunnen uitglijden of tussen de vinnen van Pancho Villa de haai zou kunnen belanden. Ondanks het feit dat maar twintig personen mijn nieuwe telefoonnummer hebben, en iedereen weet dat ik in Cartagena woon, staan er toch honderden berichten op mijn antwoordapparaat. Natuurlijk hebben David Metcalfe en Armando de Armas gebeld, maar ook veel bellers die gewoon meteen ophangen of ophangen nadat ze eerst allerlei verwensingen aan mijn adres hebben geuit. Slechts een paar dagen nadat ik in Bogota ben aangekomen, belt Pablo al: 'Hè, hè, je bent terug! Heb je genoeg van Tarzan?'

'Nee, zeker niet. Ik moet hier laten uitzoeken of ik aan mijn ogen geopereerd kan worden. Stel je voor dat ik blind word. En jij, heb jij al genoeg van wat je altijd doet?'

'Nee, nee, liefje. Ik geniet zelfs elke dag meer van mijn misdadige karakter. Maar goed, wat doe je eigenlijk de hele dag op dat eiland, behalve zwemmen en zonnebaden? Werk je een beetje aan mijn script of aan een roman?'

'Die roman wil maar niet vlotten... Iedere keer als ik een hoofdstuk afrond, krijg ik al de zenuwen bij het idee dat ik het aan iemand zou moeten laten lezen en verscheur ik het meteen. Jij bent de enige ter wereld aan wie ik wel iets wat ik geschreven heb, durf te laten zien...'

'Nou zeg, dat is fijn om te horen! Een grote eer, liefje! Eventjes... Ik wissel elke drie minuten van telefoon, dat je het weet. Ik wissel nu.'

Pablo heeft op die manier ongeveer zes telefoontjes nodig om me een 'beregoed' aanbod te doen. Het is een unieke kans waarover we alleen in het grootste geheim kunnen spreken en waarover hij voorlopig niets meer kan zeggen. Het enige wat hij er nog over kwijt wil is dat hij zeker wil stellen dat mijn toekomst gebeiteld zit. Hij vond het namelijk heel erg dat hij me hoorde zeggen dat mijn carrière door zijn schuld ter ziele was. Ik bedank hem voor het aanbod en zeg dat bergen geld verdienen het laatste is waar ik me mee bezighoud. De volgende dag belt hij weer en blijft maar aandringen dat hij me schadeloos wil stellen, en dan ook in één keer goed. Hij zegt dat ik me eens in moet denken wat er zou gebeuren als Rafa en ik uit elkaar zouden gaan, niemand me nog een baan zou aanbieden en de artsen onverhoopt mijn gezichtsvermogen niet kunnen redden.

'Realiseer je je eigenlijk wel dat als je dat aanbod in Miami had geaccepteerd je nu niet zo gelukkig was op dat eiland? Som daarbij op wat ik je ga aanbieden. Dan wordt het allemaal wat minder pijnlijk en kun je je toekomst zekerstellen. Het is nu of nooit, mijn lief, want je weet maar nooit, volgende week kan ik wel onder de groene zoden liggen! Beloof me dat je eerst nog even hier komt voor je teruggaat naar Cartagena. Alsjeblieft, het is echt voor je eigen bestwil, en dat van je kinderen. Want dat zei je toch? Dat je kinderen wilde? Of niet?'

'Ik weet het echt niet. Wat wil je dan? Een omroep starten, en mij daar laten werken? Zoiets?'

'Nee, nee, echt niet. Iets veel beters. Maar verder kan ik er niets over zeggen.'

'Oké, oké, ik kom eraan. Maar als het niet de moeite waard is, dan kijk ik je nooit meer aan! En dan komt er ook geen biografie! Dan mogen die schofterige verslaggevers het doen, die gaan zeggen dat je niet meer dan een psychopaat met giraffen bent.'

'Je slaat de spijker op z'n kop, mijn lief! Jíj mag opschrijven dat je als geen ander weet dat ik een gewetenloze psychopaat ben. Zodat ze me respecteren en nog banger voor me worden!'

☙

De artsen zeggen dat ze me niet kunnen opereren, en dat de toestand van mijn ogen niet ernstig is. Ik vind dat gedoe met contactlenzen echt een ramp, maar ja, het is niet anders. Ik sterf van verlangen naar Rafa, die me dagelijks belt om te zeggen hoe erg hij me mist. Op de terugweg naar Cartagena maak ik een tussenstop in Medellín, om mijn belofte aan Pablo na te komen. Pablo heeft een vertrouwenspersoon gestuurd die onze ontmoeting tot in de puntjes moet voorbereiden. Als ik al in het appartement ben, belt hij om te zeggen dat hij oponthoud heeft en of ik een uurtje of twee op hem wil wachten. Als die twee inmiddels vier uur zijn geworden, is het duidelijk dat ik geen andere keuze heb dan in Medellín te overnachten. Als hij dan eindelijk komt binnenstappen, komen er eindeloze excuses over hoe moeilijk het wel niet is om er helemaal zeker van te zijn dat er geen 'kapers op de kust' zijn. Ook vertelt hij tussen neus en lippen door dat hij naar aanleiding van die anonieme brief mijn andere telefoon, waarvan iedereen het nummer kent, weer heeft moeten laten aftappen. Maar ja, dat kon hij me natuurlijk niet over de telefoon zeggen! Ook daar draagt hij een excuus voor aan, want mocht ik ontvoerd worden, dan konden de ontvoerders eventueel door stemherkenning achterhaald worden.

Maar ik vraag me alleen maar af hoe lang het nog gaat duren voordat Pablo Escobar mijn leven probeert te controleren. Zijn aanbod moet echt heel erg de moeite waard zijn en ik moet het ook nog kunnen combineren met het leven dat ik nu leid. Als dat niet zo is, dan geloof ik dat de tijd is gekomen om toch weer een einde aan ons contact te maken, met de smoes dat Rafa en ik verloofd zijn.

Hij vraagt of ik zin heb in *grass* want hij gaat een paar jointjes draaien. Dat verbaast me, want voorheen rookte hij nooit waar ik bij was. Ik antwoord dat ik graag mee zou doen als ik van wiet een goed gevoel zou krijgen. Maar ik word er alleen maar slaperig van en blijf dan zeker weten tot de volgende ochtend onder zeil. Hij vraagt zich af hoe ik dat weet en ik leg hem uit dat mijn Argentijnse echtgenoot regelmatig een jointje opstak. Met hem had ik het een paar keer uitgeprobeerd, maar ik vond het maar niks.

'Die oude zak? Kijk aan!'

Dus vertel ik hem dat de 'Stivel-clan', misschien wel de belangrijkste groep acteurs van Argentinië, in de jaren zeventig regelmatig samen lsd gebruikte onder toezicht van een psychiater die nog gestoorder was dan zij allemaal bij elkaar. Dat het overigens wel de enige drug is die ik eens zou willen proberen om mijn *'Doors of perception'* te openen, zoals Aldous Huxley het in zijn gelijknamige werk beschrijft. Ik vertel over mijn bewondering voor de Britse filosoof, leerling van Krishnamurti, en zijn onderzoek naar peyotl en mescaline. Huxley had op zijn sterfbed aan zijn vrouw gevraagd hem met lsd te injecteren zodat hij pijnvrij en met een volledig helder bewustzijn, maar zonder besef van tijd, ruimte en materie, de drempel naar die andere wereld kon overstappen. Ik vraag Pablo of hij lsd voor me zou kunnen regelen. Ik wil het best een keertje proberen en wat dan over is bewaar ik voor mijn stervensuur.

'Hé zeg, probeer je me soms over te halen om importeur van hallucinogene drugs te worden? Hoe is het mogelijk! Dat jij zoiets voorstelt! Ik ben in shock!'

Iedere keer als Pablo en ik na die dag telefonisch contact hebben en hij zin heeft om de draak met me te steken, krijg ik een opmerking over wat hij noemt mijn 'viervoudige moraal als het op drugs aankomt'. Een bloedhekel aan cocaïne, crack of heroïne, diepe minachting voor zijn zeer gewaardeerde cannabis, mijn belangstelling voor de rituelen van de Meso-Amerikaanse- en Amazonestammen met peyotl en yajé en mijn geheime fascinatie voor een middel dat me zou kunnen helpen tijdens mijn laatste uren. Dat middel zou me, op het moment dat ik de mythologische rivier de Styx zou oversteken, moeten helpen de pijn en angst te vervangen voor een 'absoluut begrip' dat alle ratio te boven gaat. Huxley beschrijft dit begrip als een sensatie van ultiem genot, groter dan alle aardse geneugten, waarbij je het gevoel hebt te drijven op een ijle wolk.

Pablo vraagt of er op de eilanden veel drugsgebruik is en ik antwoord dat iedereen, behalve Rafa, er bergen van gebruikt. Hij blijft maar doorvragen of ik nu meer van Vieira hou dan ik van hem heb gehouden en omdat ik hem echt zijn zin niet wil geven, zeg ik dat er net zo veel soorten liefde zijn als soorten intelligentie. Het bewijs hiervoor is dat het verfijnde ontwerp van slakken dat is gebaseerd op de gulden snede 1:618033, ook wordt gebruikt in de grote renaissancewerken. Het is een terugkerend patroon in zowel de meest succesvolle architectuur als in de meest indrukwekkende natuurverschijnselen, het menselijk gezicht inbegrepen. Ik voeg eraan toe dat ik altijd al gefascineerd ben geweest door het idee dat zulke verschillende entiteiten als God, genieën of weekdieren, instinctief of door verstand gedreven, diezelfde proporties kunnen toepassen op rechthoekige composities om prachtige geometrische vormen te verkrijgen.

Pablo ligt languit op bed naar me te luisteren; hij zwijgt en komt heel kalm en vredig over. Vanaf dezelfde plek waar hij me ooit had geblinddoekt om me te strelen met een revolver, kijk ik recht in de ogen van de koning van de drugs die nu duidelijk het bedwelmende effect ervaart van cannabis. Dan staat hij op en komt langzaam naar me toe, neemt mijn gezicht voorzichtig in zijn handen, alsof hij me wilde kussen en me geen angst aanjagen, en zegt dat hij misschien wel gefascineerd is door mijn gezicht vanwege de proporties van de gulden snede. Een beetje opgelaten zeg ik dat dat niet bij me was opgekomen en terwijl ik me probeer los te wurmen, vraag ik waarom hij eigenlijk met wilde praten. Hij streelt mijn wang en zegt dat hij toch wel graag zou willen weten of ik met andere steenrijke mannen ook over Ierse vloeken en geometrie praat. Verrast zeg ik van niet. Van hen heb ik alleen maar dingen geleerd. Hij kijkt me indringend aan en vraagt, zonder me los te laten, of ik voor die magnaten een vorm van genegenheid voel. Ik zeg 'geen enkele', want ik voel er niets voor om hierop in te gaan en vraag hem nogmaals waarom hij me in godsnaam naar Medellín heeft laten komen. Hij vraagt of ik de portemonnee van die oude vrekken niet eens een stuk lichter zou willen maken. Ik begin te lachen en zeg dat het idee alleen al een mentaal orgasme opwekt. Hij reageert triomfantelijk dat dit precies is waar hij me voor heeft laten overkomen. 'Ik ga de rijkste mannen van het land ontvoeren en ik heb jouw hulp erbij nodig. Je krijgt twintig procent... twintig procent van twintig miljoen dollar, mijn lief...'

Dus Armando de Armas loog toch niet!

Toen ik Pablo leerde kennen was hij eigenlijk nog heel naïef terwijl ik al behoorlijk door de wol geverfd was. Het was dus vanzelfsprekend dat ik hem voor misstappen probeerde te behoeden. Hij kent die mannen niet zoals ik ze ken en vol ongeloof zeg ik: 'Waarom zou je in godsnaam die armoedzaaiers met twee, drie of vijfhonderd miljoen willen ontvoeren als je zelf drie miljard hebt? Je bent rijker dan zij allemaal bij elkaar! Als jij je nou ook met ontvoeringen gaat bezighouden, zeggen je vijanden niet alleen dat je geschift bent geworden, maar ook dat je bankroet bent. Dan maken ze je af! Wat je net hebt zitten roken is geen Samarian Gold maar *Hawaiian Platinum*, Pablo. Kom op, zeg, hoe rijk wil je eigenlijk worden?!'

'Ik heb maar drie jointjes gerookt en als je zo tegen me blijft praten, komen er geen goede voorstellen meer. Moet je horen, ik heb contant geld nodig. Die wetten tegen witwassen hebben ons het leven heel moeilijk gemaakt en bijna al het geld van de business ligt in het buitenland. Ik kan het geld niet meer zoals vroeger in huishoudelijke artikelen laten overbrengen. Investeren is ook problematisch. Want Botero is niet in staat om elke dag een schilderij te produceren, De Beers kan evenmin wekelijks nog meer diamanten op de markt brengen... en de Ferrari's passen al niet meer in de garages. Het uitleveringsverdrag is zeker van de baan, maar als de gringo's een proces in de Verenigde Staten tegen ons opstarten komt er een prijs op ons hoofd, en vooral op het mijne. Dus voor die oorlog, die vroeg of laat zeker begint, heb ik miljoenen dollars hier nodig en niet miljarden ergens anders. Er is niets duurder dan oorlog. Mijn vrienden van de M-19 hebben me alles over ontvoeringen geleerd en jij bent de absolute expert als het op die magnaten aankomt en een van de weinige mensen die ik volledig vertrouw. Ik heb je altijd een moordwijf gevonden en in mijn wereld zou je het helemaal kunnen maken als je niet zo vastzat aan die verdomde scrupules van je. Dus oké... wil je mijn plannen horen of ga je de heilige Maria uithangen?'

Pablo heeft blijkbaar nog niet begrepen dat hij inmiddels deel uitmaakt van de magnaten in mijn verleden. Met mijn lieflijkste glimlach vraag ik wat voor samenwerking hij in gedachten had en hij trapt in de val. 'Die twee frisdrankbazen pak ik het eerst aan. Santo Domingo is veel rijker dan Ardila en ik zou hem het best in New York kunnen ontvoeren. Daar loopt hij rond zonder lijfwachten. Weet je nog dat je gesignaleerd was toen je samen met die Britse vriend van je uit zijn vliegtuig stapte? Het grote voordeel van Carlos Ardila is dat hij in een rolstoel zit, dus dat is een makkelijke prooi, toch? Met Luis Carlos Sarmiento maak jij gewoon weer 'ns telefonisch een afspraak... Sorry dat ik je gesprekken heb afgeluisterd, mijn lief... En dan nog dat joodse vriendje van Belisario, met zijn oliën en zeepjes, je buurman Carlos Haime... Om hem te kunnen vangen heb ik je flat nodig als jij in Cartagena bent.'

Hoe meer hij op de details van de ontvoeringen van de vier rijkste mannen van Colombia ingaat, hoe meer ik begrijp dat hij voor mij een perfect plannetje had bedacht. Ik leg hem uit dat Santo Domingo, Sarmiento Angulo, Ardila en Gutt hele legers keiharde mannen om zich heen hebben, die niet voor die van hem onderdoen en in de Verenigde Staten en Israël zijn getraind met maar één doel: koste wat kost voorkomen dat de guerrilla een van de leden van die families ontvoert. 'Ze praten vaak over hun angst ontvoerd te worden, vooral na de ontvoering van Juan en Jorge Born in Argentinië en die van Camila Sarmiento, Gloria Lara en Adriana Sarmiento hier in Colombia. Weet je, de superrijken haten je echt niet, want hoewel ze dat nooit in het openbaar zouden zeggen, zijn ze wél blij met de oprichting van de MAS. Als je een van hen ontvoert, verspeel je al je goodwill, want dan zullen ze zich als een blok tegen je keren. En je hebt echt geen idee hoeveel lijfwachten Carlos Ardila heeft. Of hoe Julio Mario Santo Domingo zich tegen je kan keren als vijand voor het leven! Hij heeft ooit eens in groot gezelschap moeiteloos een slang gedood. Dus voor jou draait hij ook zijn hand niet om!'

'Ach, dat arme beestje! Maar, ik dacht dat je een hekel aan die lui had? Ze hebben je nooit iets gegeven en nu laten ze je ook barsten!'

'Nou ja, of ik nu wel of niet een hekel aan ze heb doet er niet zoveel toe. De kwestie is: wil ik ze schade berokkenen, ja of nee. Weet je, zeker met Luis Carlos Sarmiento zou je gewoon eens een keer om de tafel moeten gaan zitten. Hij weet alles van bankzaken in Latijns-Amerika en er zou zomaar een oplossing kunnen worden bedacht voor je probleempje met je "uitstaande dollars". Je hebt hem toentertijd je hulp aangeboden nadat zijn dochter ontvoerd was, weet je nog? Je hebt er meer aan dat hij aan jou kant staat dan dat hij je vijand is. Snap je niet dat je hem beter een miljard dollar kan laten legaliseren dan hem vijftig miljoen afhandig te maken? En omdat je toch al hebt gehoord wat ik allemaal aan de telefoon zeg, weet je inmiddels ook wel dat hij er evenmin problemen mee heeft te onderhandelen met Gilberto Rodríguez.'

Zijn ogen schieten vuur. 'Nou, in tegenstelling tot die bajesklant, heb ik helemaal niets met banken en creditcards! Ik houd alleen van de geur van stapeltjes cash! En ik heb net zo'n hekel aan belastingen als Santo Domingo, daarom zijn hij, de FARC en ik de rijksten van het land. Maar goed, laten we die exen van je maar vergeten, want ik denk toch dat je ze wilt beschermen. We zakken gewoon een treetje. Jij kent toch de Echevarría's, die suikerverbouwers uit Valle del Cauca, en die bloemenkwekers van de Sabana de Bogota en al die rijke mensen die jij vroeger je vrienden noemde? Al die vrouwen kijken je nu met de nek aan, vanwege onze relatie. Het enige wat ik wil, is je een mogelijkheid bieden om al die angels er nu eens uit te trekken, een voor een! Ja, en dan ligt er natuurlijk nog een goudmijntje bij de joodse kolonie...'

Ik wil hem laten inzien dat hij naast de overheid van de Verenigde Staten en die van Colombia, ook nog de pers bovenop zich heeft zitten. Dus de rijken moet hij echt met rust laten. En dat bovendien alle guerrillagroepen ook liever niets met hem te maken willen hebben sinds de ontvoering van Martha Nieves Ochoa.

'Kijk, jij bent Pablo Escobar, een van de rijkste magnaten van Latijns-Amerika, de oprichter van de MAS, en niet Tirofijo! Ontvoeringen horen bij de FARC! Hoe zou jij je voelen als Tirofijo ineens de nieuwe cocakoning zou worden?'

'Ik zou hem meteen afslachten! Geen twijfel aan, liefje! Maar ontvoeringen brengen nu eenmaal wel veel geld in het laatje. De FARC is rijker dan ik. Ik ben geen magnaat, snap je? Ik ben de grootste crimineel van Latijns-Amerika en zo gedraag ik me ook. Zet me niet op een lijn met die vieze uitbuiters, want mijn waarden zijn anders.'

Ik wil dat hij begrijpt dat niemand, hoe moedig, afschrikwekkend of rijk hij ook is, op hetzelfde moment tegen de gringo's en tegen iedereen in Colombia kan vechten. Dat staat gelijk aan zelfmoord. En als ik geen argumenten meer overheb, gooi ik het over de sentimentele boeg. Ik zeg dat zijn dood mijn hart zou breken, dat ik meer van hem hield dan van al mijn exen samen en dat ik mezelf zou afschieten op de dag dat al die lui met hem zouden afrekenen.

Zwijgend kijkt hij me aan en streelt mijn gezicht zoals hij dat vroeger deed. Dan omhelst hij me en roept: 'Ik was je aan het testen, heilige Maria! Maar nu weet ik dat, ook al hou je helemaal niet meer van me, ook al haat je me voor mijn part, jij nooit met iemand zou samenspannen om me te laten uitleveren! Zelfs niet met een prijs op mijn hoofd!'

Hij doet een stapje terug en met zijn handen op mijn schouders, voegt hij eraan toe: 'Ik wil je in ieder geval nog één ding leren... Er is maar één manier om iemands trouw te testen. Je moet hem iets vertellen dat niemand anders verder weet, maakt niet uit of het waar is of niet. Als dat geheim terugkomt, een maand, een jaar, twintig jaar later, dan weet je dat die persoon je verraden heeft. Vergeet dit nooit en vergeet ook niet dat ik veel om je geef.'

Ik kan nog net uitbrengen dat als ik ooit iemand vertel wat we net besproken hebben, ze me niet alleen acuut in een gekkenhuis zouden stoppen, maar dat al mijn vrienden, mijn familie en zelfs het huishoudelijk personeel er in paniek vandoor zouden gaan. Ik zou gedoemd zijn op een verlaten eiland de rest van mijn dagen door te brengen, en niet op Rafa's eilandje. Vóórdat we afscheid nemen, zeg ik nog: 'Je bent zo creatief, Pablo, je vindt heus wel een manier om dat geld hier te brengen zonder dat je je op de rijken en de guerrilla moet storten. In hemelsnaam: "Ga in vrede en zondig niet meer". Je strafblad is verbrand, je krijgt nu alle kansen van de wereld!'

'Ik weet altijd van tevoren wat er gaat gebeuren, en jij gaat echt niet de rest van je leven samen met Tarzan doorbrengen, en je krijgt ook geen kinderen met hem. Ik heb je niets te bieden, Virginia, maar binnen drie maanden zit je weer hier bij mij. En of je het nu wilt of niet, je zult iedere dag van je leven mijn gezicht zien en mijn naam horen...'

In het vliegtuig naar Cartagena zeg ik tegen mezelf dat het helemaal niet zo hoeft te zijn dat hij me alleen maar heeft getest. Want ook al heeft hij zijn idee om de grote magnaten te ontvoeren nu laten varen, vroeg of laat zal Escobar een ontvoerder worden, en een goede ook. Ik was degene die hem ooit een keer heeft verteld dat 'degenen die bij de goden geliefd zijn jong sterven' zoals Alexander de Grote. En ook al weet ik het natuurlijk niet zeker, ik geloof echt dat Pablo van plan is zijn leven op het spel te zetten, met Russische roulette of op een andere goed voorbereide manier, voor iets wat veel verder gaat dan het uitleveringsverdrag en veel verder dan de controle over een imperium. Pablo is nu eenmaal iemand die veel verder vooruit kan denken dan zijn tijdgenoten.

BEN JE PARIJS ZO SNEL AL VERGETEN!

Al twee uur lang zwem ik met de grootste moeite door een enorme massa kwallen. Het zijn wel duizenden van die beesten. Als het maankwallen waren, zou het mijn dood hebben betekend, maar godzijdank zijn ze van de onschadelijke soort, die met bruine puntjes. Hier en daar zie ik wel een oorkwal, maar die kan ik ontwijken. Ik draag een horloge met kompas, onontbeerlijk voor wie in zee zwemt, en bovendien heb ik vandaag voor het eerst mijn uit Miami meegenomen lycra swimsuit aan. Daarmee is het dagelijkse probleem van bijtende kwallen van de baan. Om negen uur vanochtend heb ik ons huis verlaten. Hoewel het inmiddels al rond het middaguur is, heb ik vandaag mijn doel helaas nog niet bereikt. Normaal red ik het wel in drie uur.

Pfff, geen oog dichtgedaan vannacht. Daarom ben ik uit vorm. Eigenlijk had ik niet zo laat van huis moeten gaan. Al die familieleden van Rafa, die allemaal voor de kerst naar het eiland komen! En dan nog al die toeristen. Die ben ik ook een beetje zat. Dat eeuwige gegluur, en ze willen altijd maar met me op de foto. En als ik weiger, ben ik verwaand. Alsof ik niet weet waarom al die mannen met mij in bikini op de foto willen. Mijn exen hebben niet eens een foto van mij in badpak. Mijn god, hoeveel van die kwallen zitten er wel niet in de Caribische Zee? Nou ja, ik ben er bijna, en vandaag is het zondag, dus ik kan aan een

paar toeristen vragen me in hun boot mee terug te nemen. Maar moe ben ik gelukkig niet, want dat zou betekenen dat ik een terugval heb. Ik moet trouwens wel uitkijken voor die bootschroeven, die zouden gehakt van me maken...
Het normaal zo verlaten strand is vandaag helemaal afgeladen. Allemaal toeristen die met bootjes aankomen en straks voor de lunch naar het Aquarium gaan. Ik trek mijn swimsuit uit en ga even lekker in de zon zitten. Dan bedenk ik zo wel hoe ik het verder ga doen. De kapitein van een van de boten herkent me en vraagt of ik mee terug wil varen naar San Martín. Maar ik sla het aanbod af en zeg dat ik terug ga zwemmen. Zo'n stunt heeft hij nog nooit meegemaakt. Hij raadt me aan in ieder geval vóór drieën te vertrekken, omdat zwemmen bij opkomende vloed veel moeilijker is. Na ongeveer twintig minuten voel ik me uitgerust genoeg om de terugweg te aanvaarden. Als ik straks echt te moe ben, kan ik altijd nog in de buurt van San Martín iemand vragen me aan boord van zijn bootje te nemen.

Goh, hoe is het mogelijk? Niet één kwal meer! Hoe komt het dat die nou zomaar ineens verdwenen zijn? Het lijkt wel alsof iemand even alles schoon heeft geveegd. Wat een geluk! Nu red ik het wel om in minder dan drie uur terug te zijn.

Een poosje later zie ik dat San Martín veel verder weg lijkt te liggen dan anders. Ik kijk achterom en zie dat de afstand tot het grote eiland ook veel groter is dan anders. Het is in ieder geval volkomen zinloos om nu nog te proberen terug te zwemmen, want de toeristenbootjes zijn allang weg. Ik snap niet zo goed wat er aan de hand is en vraag me af of ik visioenen heb door het slaapgebrek. Ik besluit op volle kracht te zwemmen, waarbij ik elke vijf minuten mijn hoofd uit het water til. Maar de twee eilanden lijken steeds verder weg te liggen. Ineens begrijp ik dat ik niet op een rechte lijn tussen de twee eilanden zit, maar op het hoekpunt van een V. Een krachtige onderstroom, die eerder al die kwallen heeft weggevoerd, sleept me naar open zee. Er is geen schip te bekennen, want het is lunchtijd, en evenmin een vissersboot, want het is zondag.

Het is inmiddels al drie uur 's middags, er staat een fikse wind en de golven zijn twee meter hoog. Ik bereken dat het me vijf uur gaat kosten om San Martín te bereiken. Omdat het in de tropen om half zeven al donker wordt, zullen de eerste lichten over ongeveer drie uur worden aangestoken en misschien kan ik daar dan naartoe zwemmen. Met mijn snorkel en zwemvliezen zal ik zeker niet verdrinken, want ik kan ermee drijven en zwemmen zonder al te vermoeid te raken. Maar in open zee zijn er wel altijd haaien. Verder zou ik op open zee nog hooguit tweeënzeventig uur in leven kunnen blijven. Tenzij een uit koers geraakt jacht me vindt. Ik heb geen andere keus dan me erop voor te bereiden dat ik van de dorst zal sterven. Vreemd genoeg voel ik geen enkele angst. Ik blijf maar herhalen dat degenen die bij de goden geliefd zijn jong sterven. En ik vraag me af waarom Pablo destijds zo nodig mijn leven moest redden.

Alweer Pablo... Wanneer zal hij eens ophouden met iedereen die hem ook maar een beetje in de weg zit te vermoorden? Hij heeft nu de kolonel vermoord die de DEA op het spoor van Tranquilandia had gezet. En ook de directeur van het dagblad dat hem al vier jaar het vuur na aan de schenen legt. Het lijkt wel een wond die blijft etteren: iedere keer als ik de krant opensla, zie ik zijn foto... die boeventronie. Ik ben benieuwd wat er nu weer voor boodschappen op mijn antwoordapparaat staan. Misschien wil God wel dat ik in zee sterf, en niet door toedoen van die beulen. Ja, als er dan toch aan alles een eind moet komen, zou dat eigenlijk een opluchting zijn. Ik houd erg veel van Rafa, maar in dit land trouw je niet met een man maar met zijn hele familie... en die families zijn verschrikkelijk. Zijn vader is een akelige oude man. Ik denk dat ik maar even rustig ga dobberen, het is zinloos om tegen die onderstroom in te willen. Straks heb ik al mijn krachten nodig om achter een boot aan te zwemmen... als er tenminste eentje opduikt.

Om vier uur zijn beide eilanden niet meer dan twee puntjes in de verte. Maar ver weg zie ik eindelijk een mooi jacht dat zich langzaam op zee verplaatst. Ik prijs mezelf gelukkig als het mijn kant lijkt op te komen. Het duurt nog behoorlijk lang, maar dan vaart het schip langszij. Op de boeg kan ik twee elkaar kussende geliefden onderscheiden en een schipper van het eiland staat fluitend op de achtersteven. Ik begin snel achter de boot aan te zwemmen, maar niemand ziet me. Ik besef dat ik een fout heb gemaakt toen ik per se een zwart swimsuit wilde om slanker te lijken. Ik had beter een oranje of gele kunnen kopen zoals Rafa me had aangeraden. Gedurende de twee volgende uren schreeuw ik regelmatig mijn longen uit mijn lijf, maar mijn stem komt niet boven het geluid van de motoren uit. Ik moet zeker niet te dicht bij de boot komen. In het kielzog van de schroef zou mijn duikbril afgerukt kunnen worden. En zonder de adembuis en mijn contactlenzen ben ik helemaal verloren. Als ik om zes uur door uitputting bijna het bewustzijn verlies, lijkt het er eindelijk op dat de schipper oogcontact met me maakt. Hij zet de motoren af en met alle kracht die ik nog over heb, probeer ik nog een keer uit het water omhoog te komen. Hij roept naar het paartje dat er een dolfijn achter de boot aanzit en zij komen een kijkje nemen op de achtersteven. Als ik opnieuw opspring en met het weinige stemgeluid dat ik nog overheb om hulp roep, kunnen ze niet geloven dat ze midden in de oceaan een vrouw zien. Ze hijsen me aan boord. Ik vertel dat ik in San Martín de Pajarales woon, dat ik de borstcrawl niet goed beheers, dat ik al negen uur in het water lig, waarvan vijf in open zee, en dat ik in een onderstroom terecht ben gekomen. Ze kijken me vol ongeloof aan terwijl ik me op een wit plastic bankje laat vallen. Ik vraag me af waarom God me in hemelsnaam voor de zoveelste keer op het laatste moment heeft gered.

Terug in San Martín duwt Rafa me meteen onder de douche en slaat me een paar keer in mijn gezicht in een poging me bij mijn positieven te brengen. Dan belt hij zijn vader en zijn buurman Germán Leongómez, de oom van de M-19-guerrillastrijder Pizarro. Met z'n drieën onderwerpen ze me aan een kruisverhoor en besluiten vervolgens dat ik met het eerste het beste vliegtuig het eiland moet verlaten. Telkens weer probeer ik Rafa uit te leggen dat ik in een onderstroom terecht ben gekomen. Ik smeek hem me in ieder geval tot de volgende ochtend te laten uitrusten, maar zijn vader blijft maar schreeuwen dat hij me niet gelooft. Hij geeft Rafa de opdracht me onmiddellijk van het eiland af te schoppen. Ik krijg zelfs geen tijd om mijn spullen in te pakken en Leongómez blijft herhalen dat ik vast van plan was me van het leven te beroven. Hij verwijt me ook nog dat ik een gevaar vorm voor al zijn vrienden.

Met zijn rug naar me toe gekeerd zit Rafa aan het roer van zijn oude boot. Zwijgend brengt hij me naar Cartagena. Terwijl ik naar het grijze water kijk, realiseer ik me dat de man met wie ik tien maanden heb samengewoond gewoon een vaderskindje is, die zich door anderen laat vertellen wat hij met zijn vrouw moet doen. Pablo had gelijk, Rafa is op zijn 35e nog steeds geen echte vent. Op die leeftijd had Escobar al een imperium opgebouwd en honderden huizen aan vele families geschonken. Als Rafa me een afscheidskus probeert te geven, draai ik mijn hoofd weg en loop snel naar het vliegtuig. Rillend van de kou in mijn zomerjurk kom ik om tien uur in Bogota aan. Noch de Vieira's noch hun buurman Leongómez hadden me zelfs maar een slokje water aangeboden. Tien uur lang ben ik diep in slaap en als ik de volgende ochtend op de weegschaal ga staan, zie ik dat ik kilo's ben kwijtgeraakt in slechts één dag.

Met Rafael Vieira heb ik nooit meer contact, zelfs niet telefonisch. Als ik achter de namen van de schipper en het paartje probeer te komen om ze te bedanken en ze voor een etentje uit te nodigen, kan niemand me iets over hen vertellen. Een paar maanden later zou iemand me zeggen dat 'het maffiosi waren en dat ze vermoord zijn', waarop ik antwoordde dat 'degenen die mooie huizen en bedrijven bouwen op land dat eigenlijk van de staat is, ook maffiosi zijn'.

Een paar dagen na mijn terugkeer heb ik duidelijke tekenen van een luchtweginfectie en ga ik naar de bekende KNO-arts Fernando García Espinosa.

'Wat is er aan de hand, Virginia? Ben je in een riool gevallen? Je hebt drie soorten streptokokken die je normaal alleen aantreft in menselijke ontlasting! Er zit er eentje bij die mettertijd je hart zou kunnen aantasten. Je hebt jarenlang medicatie en injecties nodig.'

Al die gelige mini-eilandjes van een paar meter omvang, van planten in ontbinding gemengd met afval, die ik dagelijks in zee aantrof en rillend van afkeer uit de weg ging, slingerden in werkelijkheid miljoenen microben in de rondte. Maar begin 1987 is die infectie nog maar het begin van alle ellende die volgt op een wonderbaarlijke redding op zee.

Ik heb de hele nacht voorafgaand aan het doktersbezoek liggen huilen, want ik weet dat de media van de presidentiële families me zullen laten boeten voor de dood van die vermoorde krantendirecteur – en dat alles alleen maar om koste wat het kost te beletten dat ik weer op televisie kom. En omdat Pablo al niet meer mijn minnaar is en me dus evenmin kan beschermen, is het heel goed mogelijk dat de staatsveiligheidsdiensten me nu gaan aandoen wat ze zolang ik met hem samen was, niet durfden te doen.

Ook krijg ik een paar dagen na mijn terugkeer een telefoontje van Felipe López Caballero met een uitnodiging voor een dinertje. De redacteur van het tijdschrift *Semana* is door drie personen geobsedeerd: Julio Mario Santo Domingo, Pablo Escobar en Armando de Armas. Ook al ben ik de enige persoon die ze alle drie kent, ik weiger stellig over ze te praten. Felipe is een lange, knappe man met joods-Sefardische trekken, net als zijn broer Alfonso, die al zijn hele leven ambassadeur is in verschillende grote hoofdsteden. Hoewel Felipe beminnelijk en verlegen overkomt, is hij eigenlijk keihard. Hij heeft nooit kunnen begrijpen waarom ik niet voor hem, een machtige en elegante man, ben gevallen, maar wel voor die ongeschoolde, lelijke dwerg – met een universitaire graad in de criminaliteit – die Pablo Escobar heet.

De uitnodiging verbaast me enigszins, want hoewel iedereen weet dat López een open huwelijk heeft, zou hij nooit het risico nemen in het openbaar te worden gezien met de vrouw die door zijn echtgenote en schoonmoeder, de bastaarddochter van Santofimio's oom, al jaren verguisd wordt. Onder het etentje in La Biblioteca van hotel Charleston vertelt hij dat hij besloten heeft te gaan scheiden. Het gonst in Bogota van de roddels over de escapades van zijn echtgenote en dat was voor hem de druppel. Voorlopig woont hij in het huis van zijn broer Alfonso. Hij vraagt of ik het wil zien. Naast een kolossale houten tafel waarop twee enorme zilveren kandelaars staan, vraagt hij me ten huwelijk. Die vraag hoor ik niet voor het eerst in mijn leven, en hoewel het natuurlijk vleiend is, maakt het inmiddels niet veel indruk meer op me.

'*Semana* schreeuwt van de daken dat ik de minnares van Pablo Escobar ben. Jij bent altijd nogal een voorstander van het open huwelijk geweest. Had je soms gedacht om mij met hem te delen?'

López vindt dat ik niet zo op al die nonsens moet letten, hij kan nu eenmaal niet controleren wat ieder van zijn verslaggevers over mij schrijft.

'Tja, wat moet ik je zeggen? Naast de lelijkste vrouw van Bogota ben je absoluut de Koning van de Andes, maar hoe zou je overkomen naast de mooiste? Ik bedrieg mijn echtgenoten of verloofdes niet, Felipe, en al helemaal niet in het openbaar. En als ik ooit nog eens zou trouwen dan weet ik al met wie dat zou zijn.'

Hij vraagt wie dat dan wel is en ik antwoord dat het een Europese man van adel is, een intellectueel die elf jaar ouder is dan ik. Zijn grootste charme is dat hij zelf niet beseft dat hij uiteindelijk de enige voor mij aanvaardbare huwelijkskandidaat is.

✿

De mediabazen hebben alle middelen in werking gesteld om te verhinderen dat iemand mij ooit weer in dienst neemt. Op alle radiozenders, van Caracol Radio tot aan de kleinste zenders, galmt het van de geruchten dat ik me in zee heb geworpen in een poging tot zelfmoord omdat ik aan aids zou lijden. Anderen verklaren dat ik allang dood ben en in het geheim door mijn beschaamde familie ben begraven. Een actrice die er een sport van maakt mijn stem zo goed mogelijk na te doen, belt de praktijk van bekende artsen om huilend uit te leggen dat ik aan de meest gênante en ook nog eens besmettelijke ziektes lijd. Dit verhaal gaat een eigen leven leiden, zodat het op alle cocktailparty's gonst van de geruchten dat ik onder behandeling zou zijn voor syfilis.

Terwijl op de radio een oproep klinkt dat ik, mocht ik in leven zijn, nou eens eindelijk voor de camera's moet verschijnen, lunch ik, gekleed in mijn Chanel-pakje, rustig in Salinas met de echtgenote van de baas van IBM. Ze is eigenaresse van een videowinkelketen en stelt voor dat ik haar vergezel naar het Video Festival in Los Angeles, om alle gebeurtenissen op het eiland en alle roddels gewoon lekker achter me te laten. Beatriz Ángel is een goede vriendin van Felipe López. Ze vertelt dat hij ook meegaat om te onderhandelen over de distributie van zijn film *El niño y el Papa*.[34] López heeft handig gebruikgemaakt van het bezoek van Paus Johannes Paulus II aan Colombia om met behulp van een lening van Focine, waar zijn goede vriendin María Emma Mejía de scepter zwaait, een film te maken. Die lening van achthonderdduizend

---

34 Het jongetje en de Paus

dollar voor onbepaalde tijd, samen met twee uur gratis deelname van de Paus in hoogst eigen persoon, staat in 1986 garant voor een kaskraker in het katholieke Latijns-Amerika, die slechts overtroffen kan worden door producties als *La niña de la mochila azul*.[35]

Op weg naar het vliegtuig – op een drafje, want ik ben laat – word ik in de gangen van het vliegveld door zeker tien journalisten en fotografen gevolgd. Diana Turbay, dochter van voormalig president Turbay en eigenaresse van het tijdschrift *Hoy por Hoy*, heeft ze op me af gestuurd. Op de cover van de volgende editie staat met grote koppen naast een foto van mij, in nertsmantel en met zonnebril: VIRGINIA VALLEJO OP DE VLUCHT. De inhoud van het bijbehorende artikel suggereert dat ik niet voor de paparazzi vlucht maar voor justitie.

Beatriz en ik komen aan bij het Beverly Wilshire. Felipe López, die in een goedkoop hotel logeert, belt met de vraag of hij als mijn echtgenoot bij het belangrijkste evenement van het festival naar binnen mag, om zo vijftig dollar entreekosten uit te sparen. Ik kan niet veel anders dan toestemmen. Hoe zou ik midden in Hollywood een filmproducer in hemelsnaam niet zo'n fortuin willen besparen? Terwijl we daar een tijdje staan te praten, zegt López: 'John Voight staat al een halfuur naar je te staren, want je bent het mooiste meisje van het bal. Ik ben nu eindelijk weer single, wil je echt niet mijn verloofde worden?'

Ik laat mijn blik even op John Voight rusten en zeg dan glimlachend tegen Felipe dat volgens het tijdschrift *Semana* de geduchte narco Pablo Escobar niet van plan is mij te delen met de zoon van de voormalig president, die trouwens Escobar al tot mythische proporties had opgeblazen.

☙

Als ik terug in Bogota mijn koffers aan het uitpakken ben, gaat de telefoon: 'Wat is er nu toch allemaal aan de hand, liefje? Waarom moet ik lezen dat je aids hebt, dat je op de vlucht bent of syfilis hebt? Heb je echt geprobeerd zelfmoord te plegen? Is het allemaal zo erg? Weet je

---

[35] Het meisje met de blauwe rugzak

wat: zeg maar niks over de telefoon. Morgen stuur ik een vliegtuig en vertel je me wat die Vieira's je allemaal hebben geflikt en waar al die laster vandaan komt. Ik maak al die beulen en kwakzalvers af! En bij al die gore verslaggevers laat ik de ballen afsnijden! En bij Tarzan en zijn papa ook!'

Welke vrouw in mijn situatie zou bij deze woorden niet meteen een paar danspasjes van geluk maken en nog een paar als ze 's avonds een serenade krijgt met *Amor del Alma*[36] en *Paloma Querida*?[37] Dat is toch het onweerlegbare bewijs dat haar Sint-Joris haar altijd zal beschermen tegen de draak? De avond daarop omhelst hij me en zegt dat het enige wat telt het feit is dat ik terug ben in zijn armen. Ik voel me de meest beschermde vrouw van de wereld. Niets en niemand kan me nog pijn doen. Een paar dagen lang kan ik alles vergeten: de bedreigingen en de anonieme telefoontjes, de bitches en de beulen, de magnaten en de slangen, de uitlevering en de doden en of de rest van de mensheid van me houdt of me haat. Niets is belangrijker dan dat ik dat gezicht, dat hart, die schouders en die armen van Pablo Escobar weer dicht bij me voel. En terwijl hij me verzekert dat alle vrouwen naar de achtergrond verdwijnen als ik bij hem ben, dat ik de eerste, de enige en de laatste ben, dat een bandiet als hij zich niet meer kan wensen dan een paar uur met mij, drijf ik op die ijle wolk waarover Huxley sprak. Want als ik met deze man samen ben, verdwijnen zowel tijd als ruimte, alles waar ik bang voor ben en alles wat me maar een greintje verdriet laat voelen. Als Pablo en ik samen zijn raken we ons verstand kwijt, en het enige wat dan overblijft is een man die door justitie en een vrouw die door de media wordt opgejaagd. Maar die man en die vrouw kennen elkaar door en door, geven om elkaar en hebben elkaar nodig, ondanks alles wat er mis is, zonder acht te slaan op zijn misdaden en haar misstappen en alle door hen beiden gevoelde pijn.

'Dus die Vieira's hebben je gedwongen in een vliegtuig te stappen nadat je net aan de dood op zee was ontsnapt en kilo's kwijt was van ellende? Wat een stelletje beulen... Maar jij bent een overwinnaar! Ik blaas de boot van die snotneus helemaal aan gruzelementen! Iemand

---
36 Zielsliefde
37 Lief Duifje

van de ETA, een expert op het gebied van explosieven, wil met me komen samenwerken. Hij moet een genie zijn. Dat wil ik weleens meemaken.'

'Pablo, wacht even... Is de ETA niet iets te veel van het goede voor Tarzan? Ik bedoel... San Martín de Pajarales is nou niet bepaald... het Kremlin of het Pentagon!'

'Nee, dat zijn gewoon een stelletje lafaards. Maar die vent moet wel snel aan de slag, want er komt een oorlog aan. Met het Pentagon ben ik trouwens wat anders van plan. Want koste wat kost, die raket gaat er komen. Al moet ik ervoor naar het eind van de wereld.'

Ik vraag waar hij het over heeft en herinner me dat hij al eerder een raket noemde om het luchtruim boven Nápoles te beschermen. Een raket kun je maar één keer gebruiken, en dus heeft hij nu iets anders in gedachten. Hij wil iets raken wat echt de moeite waard is, dus niet de vliegtuigen van de Luchtmacht of het Colombiaanse presidentiële paleis. Dat gebouw en het Bataljon van de Presidentiële Wacht kun je met een paar bazooka's zo platbranden, daar hoef je geen peperdure, moeilijk te verkrijgen raket voor aan te schaffen. Maar als hij het Pentagon in het hart raakt, zijn alle defensiesystemen van de Verenigde Staten en de communicatielijnen met hun bondgenoten uitgeschakeld. Daarom probeert hij nu in contact te komen met Adnan Khashoggi, de rijkste wapenhandelaar ter wereld die voor niets of niemand bang is.

'Het Pentagon? Wow. Asjemenou. Heb je nooit die film van de Pink Panther gezien waar een duizendkaraat diamant door een heleboel zich kruisende stralen wordt beschermd die alleen maar zichtbaar zijn met een speciale lens? Of denk je dat de Russen niet allang raketten naar de gringo's hadden gestuurd als het zo simpel was? We hebben het hier wel over duizenden kilometers luchtruim dat beschermd is door een indrukwekkend net van onzichtbare stralen, laserstralen heten die geloof ik. En om het Witte Huis en Fort Knox hangt precies hetzelfde. Ach, lieveling! Je begint op de schurken in James Bond-films te lijken. Zoals *Goldfinger*, bereid om voor zijn doel de hele mensheid op te offeren. Zó heel verschrikkelijk is dat uitleveringsverdrag nou ook weer niet...'

Uitzinnig van woede kijkt hij me aan en even denk ik dat hij me gaat wurgen. 'Dat denk je maar, Virginia! Alles wat ik doe is alleen maar vanwege dat uitleveringsverdrag! Alles, en waag het niet nog zoiets stoms te zeggen, want ik gooi je het raam uit! Het Pentagon is helemaal niet beschermd door zichtbare of onzichtbare stralen. Ik heb mijn kop erover gebroken hoe ik die raket op ze af kan sturen... Weet je, iedereen denkt maar dat de gringo's onaantastbaar en superintelligent zijn, maar dat is helemaal niet waar. Waarom denk je anders dat ik daar maar tonnen coca blijf leveren? Met een prijs die al gezakt is van vijftigduizend naar veertienduizend dollar per kilo? Wist je wel dat Colombianen veel gezonder leven dan zij?'

Hij zegt dat Reagan alles op alles zal zetten om met hem af te rekenen en Nancy haalt alles uit de kast om zijn business te bestrijden. Daarom komen ze nu met het zinnetje *'Just say no to drugs'* op de proppen, maar hij trekt zich niets van hen of van wie dan ook aan. Ik verzeker hem dat ik echt een film heb gezien waar een Russische raket gericht op het Pentagon tot aan de rand van het Noord-Amerikaanse luchtruim kwam, waarna hij noodzakelijkerwijs werd teruggestuurd naar de terrorist die hem had afgevuurd. Ik probeer hem duidelijk te maken dat als zijn raket op het Amerikaanse luchtruim afketst en terugkomt in Medellín, dit een half miljoen doden tot gevolg zal hebben, zoals in Hiroshima en Nagasaki.

'Mijn God, Pablo, je maakt me echt bang! Zo start je een Derde Wereldoorlog!'

Hij antwoordt dat Hollywoodfilms allemaal door joodse republikeinen zijn gemaakt die de wereld precies zoals Reagan zien. Hij vindt dat ik reageer als een angsthaas, net als alle andere vrouwen.

'Ik heb altijd gedacht dat je mijn zielsverwant was en dat alleen jij me begreep. Maar nu blijkt dat je niet alleen een heilige Maria bent, maar ook nog een moralist. En een imperialist! Dan kan echt niet... Maar wacht 'ns, wát zei je? Hiroshima? Nagasaki? Ach heilige Maria! Je bent een fortuin waard, een genie! Liefde van mijn leven, waar heb ik jou toch aan te danken? En ik dacht nog wel dat ik een basis in een of andere bananenrepubliek moest opzetten! Terwijl het zo simpel is!'

Hij danst en draait me in het rond alsof hij de stelling van Shimura-Taniyama of die van Fermat net heeft opgelost en zingt opgetogen: 'Ik proost op de dag dat je in mijn leven bent gekomen, lief duifje!'

Ik ben bang dat ze hem op een dag nog eens in een dwangbuis zullen opsluiten. Dan vraag ik of hij alsjeblieft wil ophouden alleen maar aan geweld te denken. Ik word er bang van. 'Vroeger hadden we het altijd over politiek of geschiedenis, maar sinds ik op de eilanden heb gezeten, heb je het alleen nog maar over ontploffingen, ontvoeringen en bombardementen. Het Pentagon platleggen! Wie denk je wel niet dat je bent? De minister van Defensie van de Sovjet-Unie? Het leven biedt zo veel moois, Pablo, denk alleen al aan Juan Pablo en Manuela... Gebruik je hoofd en hart om iets op te bouwen in plaats van alles met de grond gelijk te willen maken. Al die bedreigingen, ik word er beroerd van...'

Hij blijft een poosje nadenkend zitten en zegt dan: 'Ja, je moet er even tussenuit. Ga maar even lekker op reis. Als je maar terugkomt! Maar niet naar Europa. Dat is een vat vol verleidingen. En dan blijf je er misschien wel hangen. Naar de Verenigde Staten, dat is dichterbij, oké? Ik kom er wel overheen als ik je maanden niet kan zien, maar ik word gek als je voorgoed verdwijnt. Als je terugkomt, heb ik mijn plannen voor Tarzan klaarliggen. Dan weten ze dat er met jou ook niet valt te sollen. Afgelopen met dat gedonder!'

✥

Ik ga heerlijk even naar Miami op en neer, en bij terugkeer vraagt Pablo of ik naar Medellín wil komen. Hij heeft zijn systeem van 'mannetjes volgen' ingezet voor de Vieira's en alles staat klaar om Rafa's boot op te blazen. 'Ik leg die bom bij de kust waar Rafa zijn boot aanlegt als hij naar Cartagena gaat! Dat is veel eenvoudiger dat het op zee te doen, daar kan de Marine mijn mannen te pakken krijgen.'

Ontzet roep ik uit dat er van een heleboel arbeiders en toeristen in de Club de Pesca niets meer over zou blijven. En dan ook nog eens al die jachten. Hij antwoordt dat dat precies is wat hij in zijn hoofd heeft: 'Ik heb je al veel vaker gezegd dat ik het een sport vind om de boel flink op stelten te zetten, dus kom nou niet aan met dat heilige Maria-gedoe. Met zo'n daad stel ik ook een prima voorbeeld voor al die zieke geesten die jou al jarenlang telefonisch lastigvallen. We slaan zo een heleboel vliegen in een klap! Al die beulen, slangen en heksen moeten maar 'ns een lesje leren. Respect, daar gaat het om! Klaar!'

Een uur lang bid en smeek ik hem om die bom alsjeblieft niet te leggen. Of hij alsjeblieft rekening wil houden met al die onschuldige mensen, met het jacht van de Ochoa's en met het stel dat me heeft gered, maar hij zwicht voor geen van mijn argumenten.

Hij rookt een paar jointjes en als hij gaandeweg iets rustiger wordt, begin ik te beseffen dat die bom een viervoudig doel heeft. Hij wil niet alleen de Vieira's straffen, maar vooral Rafa; en hij wil niet alleen de beulen en verslaggevers waarschuwen, maar eigenlijk iedere man die mij bij hem weg zou kunnen halen. Sinds de rocks cocaïne voor Aníbal en mijn flitsscheiding, heeft Pablo twee multimiljonairrivalen de stuipen op het lijf gejaagd, heeft hij geprobeerd mijn exen te ontvoeren en heeft hij elk excuus aangegrepen om wraak te nemen op wie hij ook maar schuldig achtte aan een verwijdering tussen ons. Bovendien haat hij iedereen die onderdeel uitmaakt van mijn verleden. Hij vraagt of hij zijn hoofd in mijn schoot mag leggen. Ik streel zijn voorhoofd, hij kijkt in het niets en praat door alsof hij het tegen zichzelf heeft: 'Ik heb er zo genoeg van dat ze je vernederen en achtervolgen. En dat allemaal door mij! Ik weet heus wel dat ze je voor altijd bij me willen weghalen. Jij bent mijn enige zielsverwant, de enige vrouw die me nooit iets heeft gevraagd, de enige met wie ik kan praten over dingen die je niet met je echtgenote of moeder bespreekt, maar alleen met andere mannen. Ik kan nog maar drie andere personen vertrouwen, Osito, Gonzalo en Gustavo. Tja, de een is gewoon mijn broer, maar daar heb ik niet zo gek veel aan, El Mexicano woont in Bogota en mijn partner is erg veranderd in de loop der jaren. Bovendien lijken ze alle drie nogal op me en ik heb juist iemand nodig die van me houdt, maar me ook tegengas geeft, die andere waarden en normen heeft, maar me wel begrijpt en me niet veroordeelt. Je hebt me voor veel misstappen behoed en ik wil absoluut niet dat je me weer in de steek laat, zoals toen na het Paleis, toen ik je nergens kon vinden en ik je juist zo nodig had. Je liep altijd weg met iemand die rijker was dan ik, en dan nu ineens met de baas van dolfijnen en een haai! Alsjeblieft zeg!'

Ik laat hem inzien dat juist Pancho Villa niet zo'n ETA-aanslag verdient. Eindelijk weet ik hem ervan te overtuigen het idee van de bom te laten varen. Laat hij maar een paar telefoontjes plegen, met van die dreigementen waar hij zo goed in is. Nog een beetje tegenstribbelend stemt hij ermee in, maar alleen omdat een explosie in de haven ook nog eens in mijn nadeel zou kunnen uitpakken. Met nog vrij recente gebeurtenissen in gedachten, vraag ik hem: 'Pablo, heb je nooit met het idee gespeeld iemand met je blote handen om te brengen?'

Verbaasd vraagt hij wat ik bedoel. Ik vertel dat tijdens een diner bij een bekende Argentijnse theaterimpresario, de bokser Miguel 'Happy' Lora mijn telefoonnummer had gevraagd en ik hem het nummer van de portiersloge van het gebouw had gegeven. Als hij dan zou bellen, zouden de portiers en mijn chauffeur onder de indruk zijn. Genietend voeg ik er nog aan toe: 'Dat is nou wat je noemt een gevecht dat iedereen zou willen zien! *Kid* Pablo Escobar tegen uitdager Happy Lora! In een gevecht van twaalf rondes, zou de inzet op de wereldkampioen zo'n beetje... honderd tegen nul zijn, wat denk je?'

'Nee, lieveling, dat denk je maar! Het zou honderd tegen nul zijn in het voordeel van Kid Escobar! Want, waar denk je anders dat straatvechters vandaan komen?'

Lachend praten we verder over nationale helden. Hij vertelt me dat hij via Gabriel García Márquez in contact kan komen met Fidel Castro. De enige snelle manier om drugs in Florida te krijgen is via Cuba en hij is bereid om Fidel veel meer te bieden dan hij Noriega of Ortega heeft geboden.

'Pablo, als jij denkt dat een Nobelprijswinnaar van de Literatuur je zou helpen om drugsdealtjes op te zetten met Castro, dan is dat zoiets als de schilder Fernando Botero vragen Gorbatsjov zover te krijgen een bordeel op te zetten. Hou toch eens op met dromen, lieveling, want noch García Márquez noch Castro zijn in je geïnteresseerd en ze lachen je gewoon uit. Doe je business maar via de Noordpool of Siberië voor mijn part, maar vergeet Cuba. Fidel heeft Guantánamo al, en na alles wat er is gebeurd met die contrarevolutionairen, terwijl jij met de sandinisten business doet, gaat hij natuurlijk echt niet riskeren dat de Verenigde Staten bij hem in de achtertuin een inval doen! Of dat de hele wereld hem gaat beschuldigen een "narcotiran" te zijn!'

'Wist je eigenlijk dat de gringo's die Contra's hebben gefinancierd met geld van in beslag genomen handel? En deze keer geen cocaïne, maar crack! En dat is veel erger spul, daar gaan mensen echt kapot aan. Ik heb nog geprobeerd die inbeslagname tegen te houden, maar dat was volkomen zinloos. Over een dubbele moraal gesproken... Waarom zegt Nancy Reagan niet tegen Oliver North: *"Just say no, Ollie!"*? Die klojo ging in zee met La Piña, met veroordeelde narco's, tot en met de duivel aan toe, alleen om communisten om zeep te brengen!'

Toch blijf ik ervan overtuigd dat zijn plan met Castro gelijk staat aan zelfmoord en ik raad hem aan de politiek nou eens buiten zijn zaken te houden. Hij haalt zijn schouders op: 'En wie beweert dat je alleen zaken kunt doen met de president? Van die Mexicaanse generaals heb ik allang geleerd dat militairen niet zo moeilijk doen. Als een president dwarsligt, dan willen er altijd wel weer militairen onder hem meedoen. In arme landen heeft elke militair zijn prijs, dat is het voordeel van rijk zijn, mijn lief. Allemaal, echt allemaal willen ze met me samenwerken. En Cuba is toch geen Zwitserland, of wel? Het is gewoon even logisch nadenken: als Fidel of Raúl niet wil, dan wil degene onder Fidel of Raúl wel. Simpel.'

Ik probeer hem te laten inzien dat als Castro erachter komt dat iemand met Pablo Escobar samenwerkt, hij in staat is hem meteen te laten afschieten: 'En dan zullen de gringo's geen Contra's in Colombia inzetten, maar op jou afsturen! Schoenmaker, blijf bij je leest! Pablo, je bent geen ontvoerder en geen communist, maar gewoon drugshandelaar! Maak alsjeblieft geen politieke blunders, want als eigenaar van een imperium kun je je het beste daarop concentreren. Als je oorlogen met contant geld gaat financieren, ben je er heel snel doorheen en eindig je armer dan je begonnen bent! Al die Caribische dictators en generaals vullen hun zakken met jouw geld, en ondertussen doe jij niets anders dan afrekenen met iedereen die je in de weg loopt in je eigen land. Als jij zo nodig de geschiedenisboekjes in wilt gaan als idealist, ben je helemaal verkeerd bezig. Weet je nog: "liefdadigheid begint thuis".'

'En wie heeft jou wijsgemaakt dat ik als idealist te boek wil staan, mijn lief? Je hebt geen idee wat ik van plan ben!'

Gustavo Gaviria heeft me gevraagd even langs te komen op kantoor. Hij wil een nogal persoonlijke kwestie met me bespreken. Als ik bij hem binnenstap, sluit hij de deur en bekent me dat ik de enige ben met wie hij iets kan bespreken wat hem echt van het hart moet. Het lijkt me voor de hand te liggen dat hij met me wil praten over de misdaden – of over *les liaisons dangereuses* – van zijn partner, omdat ik inmiddels genoegzaam bekend ben met het negatieve effect van Pablo's misstappen op de business.

'Ik ben zo moe, Virginia... Pablo en El Mexicano leven praktisch verborgen voor de buitenwereld, Jorge Ochoa zit in de bak en Carlos Lehder is net uitgeleverd. De verantwoordelijkheid van de business rust eigenlijk alleen nog op mij. Ik vraag mezelf weleens af of het dit allemaal wel waard is... Gelukkig doet Pablo iedere keer als jij er bent weer een beetje normaal, maar daarna gaan jullie weer uit elkaar, en is er niemand om hem een beetje in toom te houden. Dan zit hij daar maar jointjes te roken in zijn wereldje van huurmoordenaars en tienermeisjes... en omgeven door zijn familie die hem als een almachtige god beschouwt. En weet je? Ik ben er nu wel achter dat als de toekomst van kinderen en kleinkinderen verzekerd is – en je je geld toch niet aan reisjes kunt opmaken – je van het verzamelen van diamanten echt niet gelukkiger wordt. Het enige wat wél de moeite waard is, is de liefde van een mooie vrouw die net zo veel van je houdt als jij van Pablo. Dat is ook het enige wat iemand een beetje kan afremmen. Je weet wel wat ik bedoel...'

Ik vraag hem of hij op iemand verliefd is en hij vertelt me dat er een actrice is die ik vast wel ken. Hij zegt haar heel erg nodig te hebben, dat hij graag met haar zou willen trouwen, als ze tenminste met hem in zee wil. Hij blijft maar zeggen dat ze het mooiste schepsel op aarde is, dat hij het nu al benauwd krijgt als hij eraan denkt dat ze hem zou kunnen afwijzen, en dat hij met liefde de business voor haar vaarwel zou zeggen. Hij biedt me van alles aan als ik haar er maar van zou kunnen overtuigen naar Medellín te komen, om hen aan elkaar voor te stellen, want om veiligheidsredenen kan hij niet naar Bogota.

'Ik wil niet eens weten hoe ze heet, Gustavo, want ik wens geen vrouw toe wat ik de afgelopen paar jaar heb moeten doorstaan. En al helemaal niet iemand die in de schijnwerpers staat. Ik heb nog nooit voor koppelaarster gespeeld. Bovendien... ook jij bent nog steeds getrouwd... Alsjeblieft zeg, ik heb met Pablo al genoeg te stellen. Ik ben echt heel erg op je gesteld, maar doe me een lol, laat mij hierbuiten. Ik kan dit echt niet voor je doen. En ik wil haar evenmin beschadigen.'

Hij vraagt wat ik het allerliefst zou willen, wat mijn grootste droom is. Ik wil hem best vertellen wat ik graag zou willen. Mijn leven hangt van bedreigingen aan elkaar, dus het liefst zou ik hier weggaan en op de vermaarde school voor congrestolken in Genève lessen in simultaan tolken gaan volgen. Voor mijn levensonderhoud zou ik een eigen bedrijf in cosmetica willen opzetten, maar Pablo heeft helaas andere plannen met me. Hij wil per se dat ik getuige, scenarioschrijfster en kroniekschrijfster word van die lange reeks processen waar hij mee bezig is en die me iedere dag meer angst aanjagen.

'Als jij me aan Ana Bolena Meza voorstelt, beloof ik je dat je daar nooit spijt van zult krijgen. Dan zorg ik dat je het land uit komt en dat je een nieuw leven kunt beginnen, ver weg van hier. Je verdient het echt niet wat je allemaal overkomt door onze schuld. En wat nog gaat komen is erger dan wat je tot nu toe gezien hebt – meer kan ik je er niet over zeggen. Je weet heel goed dat ik geen rokkenjager zoals Pablo ben, ik ben een man voor maar één vrouw. Ik sterf van verlangen naar dat meisje en wil haar heel gelukkig maken. Help me toch alsjeblieft, je hebt zo'n groot hart! Je hebt er echt geen idee van hoe moeilijk ik het heb!'

Ik ben diep geraakt door zijn verzoek, en ik vind het allemaal zo erg voor hem dat ik hem beloof erover na te denken.

Ik vertrek naar San Francisco om de duizend jaar oude reusachtige sequoia's in de Muir Woods te bekijken. Verder bezoek ik nogmaals Sausolito en dat stukje paradijs op aarde dat ooit aan mijn voorvader generaal Vallejo toebehoorde, die me er overigens nog geen meter van heeft nagelaten. Als ik op mijn terugreis het vliegtuig in Miami wil nemen, word ik door twee federale agenten tegengehouden. Ze vragen me of ik contant geld bij me heb. Als ze hun badges tevoorschijn halen, zie ik de hand van de jongste van hen trillen. Pablo boezemt blijkbaar zelfs de FBI angst in. Als ik thuis mijn koffers open om uit te pakken, zie ik dat alles overhoop ligt. Er is zorgvuldig naar geld gezocht. Maar ik heb uiteraard nooit meer dan duizend dollar op zak als ik uit een land vertrek. Dit zijn dus gewoon dingen die je overkomen als je veel reist en tegen de douane zegt dat je *retired* bent omdat je genoeg hebt van al dat harde werken.

Een tijdje terug had Beatriz, de vriendin van Joaquín Builes, me gebeld. Ze vertelde me praktisch in tranen dat Hugo Valencia haar voor meer dan twee miljoen dollar aan juwelen schuldig was en niet wilde betalen. Ze vroeg of ik eens een babbeltje met hem kon maken want hij weigerde aan de telefoon te komen als ze hem probeerde te bereiken. En ik had toch altijd goed met El Niño kunnen opschieten... Ik belde Hugo en legde hem uit dat mijn vriendin financieel echt in zwaar weer verkeerde en dat ze een beroep deed op zijn eergevoel. Of hij haar in ieder geval een gedeelte zou kunnen betalen van de som die hij haar schuldig was? Ik had hem al twee jaar niet gesproken. Zijn reactie deed me de haren te berge rijzen: 'Ongelooflijk! Dat uitgerekend jíj me belt over een rekening van iemand anders. Waarom bel je niet gewoon even een van je minnaars? Die schizofreen Pablo Escobar of die bajesklant Gilberto Rodríguez? Hoe durf je mij te bellen, vuile sloerie?'

'Als je niet met je neus op de feiten gedrukt wilt worden, betaal dan gewoon lekker je rekeningen zoals beschaafde mensen dat doen. En trouwens, je weet donders goed dat ik nooit Gilberto's minnares ben geweest.'

'O, nee? Nou, zijn vrouw laat een of andere nicht alle zenders betalen zodat ze dat uitentreuren herhalen. Maar wie weet heb je dat niet gehoord? Misschien word je wel doof! Of woon je soms niet meer in Colombia?'

Nadat hij nog een poosje was doorgegaan met me uit te maken voor alles wat mooi en lelijk was, had Hugo briesend opgehangen. Twee dagen later had Beatriz me opgetogen teruggebeld om me te bedanken, want El Niño had haar in één keer een miljoen dollar betaald. Toen ik haar vertelde wat ik allemaal op mijn bord had gekregen van Hugo, zei ze dat ik me dat niet zo moest aantrekken, want Hugo was immers nog een kind dat het gewoon even moeilijk had.

Omdat ik voor de lancering van een product in Cali moet zijn, ga ik en passant ook even bij Clara langs. Ik merk meteen dat ze zich anders gedraagt. Nadat ze mijn verhaal over wat er op de eilanden is gebeurd heeft aangehoord, haalt ze een Cartieretui uit haar slaapkamer en laat ze me een ketting en oorbellen zien van smaragden en diamanten die Elizabeth Taylor niet misstaan zouden hebben. Met ingehouden woede zegt ze op beschuldigende toon: 'Wist je eigenlijk dat jouw Pablo opdracht heeft gegeven Hugo Valencia in mootjes te hakken? Ja, precies, El Niño, die met ons bevriend was en voor zijn vriendinnetjes voor miljoenen dollars sieraden kocht. Oké, Virgie, kijk eens even goed naar hoe groot die smaragden zijn en raad dan eens wie ze bij Beatriz heeft besteld. Juist, niemand minder dan Pablo! En raad eens voor wie? Precies... voor een of ander schoonheidskoninginnetje! Zo zie je maar, met dit juweel van tweehonderdvijftigduizend dollar heeft Pablo een weekendje geregeld met een hoertje met een blikken kroontje op haar hoofd. En jou, de populairste televisiester van dit land, zo'n elegante schoonheid die normaal alleen met rijke stinkerds uitgaat, jou heeft hij nog nooit iets gegeven! En door hem zit je ook nog zonder werk, ga je in heel Bogota over de tong en word je aan één stuk door bedreigd! Kijk maar eens wat die minnaar of ex-minnaar van jou met zijn chauffeursponem cadeau geeft aan de eerste de beste slettenbak voor een paar nachtjes! En wat heeft die vuile moordenaar jou in die vijf jaar ooit gegeven? Nou? Wat heeft die beul jou ooit beloofd? Jij bent honderd keer beter dan al die hoertjes bij elkaar! Kijk maar 'ns even heel goed. Een kwart miljoen dollar voor een stomme koe die toch niet welkom is op de bühne of in Monte Carlo! En die het waarschijnlijk aan de eerste de beste scharrelaar voor een habbekrats verkoopt! Kijk er goed naar Virginia! Vergeet niet dat Pablo Escobar alleen van hoertjes houdt die uit dezelfde achterbuurt komen als hij!'

Nooit heb ik om juwelen gevraagd of verwacht dat ik ze cadeau zou krijgen. De juwelen van Chanel, Valentino of Saint Laurent die ik op televisie droeg waren altijd nep; op de covers droeg ik geleende sieraden van Beatriz. En altijd had ik gedacht dat Pablo in vergelijking met die gierige magnaten echt heel gul was, de enige die royaal was, de enige multimiljonair die het belangrijk vond me gelukkig te maken. Maar die smaragden, een koningin waardig, met daarbij de wetenschap wie ze ontvangen heeft, samen met wat El Niño is overkomen en de harde woorden van degene die al jaren mijn beste vriendin is, schudden me hardhandig wakker en brengen me in een klap terug naar de realiteit. Ik bedwing mijn tranen en zeg tegen mezelf dat dit inderdaad echt de druppel is. Ik besluit dat het hoog tijd is de raad van Gloria Gaitán op te volgen en op zoek te gaan naar financiering voor mijn eigen cosmeticabedrijf. Ik vraag om een afspraak met de eigenaar van de helft van alle laboratoria in het land, die net terug is van een langdurig verblijf in Spanje. Ik krijg te horen dat hij me onmiddellijk kan ontvangen.

Ik was nog nooit binnen in een gevangenis geweest, maar het is totaal anders dan ik verwachtte. Het lijkt wel een middelbare school, met opgewekte mensen die de trappen op en af lopen. Er zijn bijna geen bewakers – alleen maar glimlachende, goedgeklede advocaten – en overal is salsamuziek te horen. In de gevangenis van Cali is Gevangene Nummer 1 zowat net zo machtig als de Paus in het Vaticaan. Dat heeft tot gevolg dat niemand naar mijn naam vraagt, ik geen plakkertjes op mijn hand krijg, dat mijn tas niet open hoeft en ik hem ook niet hoef af te geven. Een van de medewerkers brengt me regelrecht naar het kantoor van de directeur.

'De Maagd van de Genade groet de voormalige Uitleverbare!' roep ik, als was ik Scarlett O'Hara in *Gone with the Wind*, die Rhett Butler in de gevangenis opzoekt, gekleed in een jurk met fluwelen draperieën.

'Oef, prinses, ik kan mijn ogen niet geloven!' Gilberto Rodríguez geeft me een welgemeende knuffel.

'Als de pers er lucht van krijgt dat je nu hier zit, denk ik dat het hier straks storm loopt! Wat een geweldig hotel! Denk je dat ze me hier zes maanden onderdak zouden willen verlenen als ik een fortuin aan zwart geld zo groot als het jouwe bij elkaar geharkt heb?'

Hij lacht een beetje weemoedig en zegt dat ik niets veranderd ben. We gaan tegenover elkaar aan een lange tafel zitten en beginnen te praten. Hij vertelt dat hij blij is terug te zijn in zijn eigen land, maar dat de jaren in de gevangenis in Europa verschrikkelijk waren, met constant de angst dat hij uitgeleverd zou worden aan de gringo's. Na het afhandelen van een hele lading formaliteiten tussen de regeringen van Belisario Betancur en Felipe González kregen hij en Jorge Ochoa eindelijk te horen dat ze door de Colombiaanse justitie zouden worden verhoord voor kleine vergrijpen. Dit had voorrang boven de Amerikaanse eis, waarmee uitlevering naar de Verenigde Staten van de baan was.

'Hier krijg ik eten van thuis en van het restaurant dat ik zelf uitkies. Dat was in Spanje wel anders. Als je toch al niet aan dat land gewend bent, krijg je ook nog iedere dag een bord spaghetti zonder zout voor je neus. En dan die herrie van de tralies die elke ochtend, middag en avond met een rotklap naar beneden vallen. Slapen was er niet bij op die manier. Maar het ergste is wel dat je de hele tijd zit te denken dat je vrouw je aan het bedriegen is...'
'Die furie? Met wie zou ze je dan moeten bedriegen? Ik weet zeker dat ze je trouw is!'
'Nee, zij niet, mijn lief, ik heb het niet over haar. Ik bedoel dat jij en ik toch... Ik bedoel Parijs... Weet je nog? Of ben je het al vergeten?' De teleurstelling is duidelijk van zijn gezicht af te lezen.

Ik zou hem nooit van mijn leven kunnen vertellen wat Pablo me heeft aangedaan toen hij achter 'Parijs' kwam. Dat verschrikkelijke voorval is een van onze meest intieme geheimen, ik heb hem er zwaar voor laten boeten en de pijn is bijna vergeten. Bovendien heb ik mezelf beloofd er nooit met iemand over te spreken. Verwijtend zeg ik tegen Gilberto dat ik in die drie jaar maar één brief van hem heb ontvangen en ik vraag wanneer hij uit de gevangenis komt. Hij antwoordt dat het nog een paar maanden zal duren, en dat hij me graag nog een keer wil zien. Hij maakt me ook een compliment over mijn haar en oppert dat ik misschien wel shampoo onder mijn naam zou kunnen uitbrengen. Ik bedank hem voor het compliment en zeg dat ik eerder denk aan een make-uplijn en huidverzorgingsproducten, maar dat ik geen geld heb. Hij belooft dat we op dit onderwerp zullen terugkomen zodra hij op vrije voeten is. Om van onderwerp te veranderen, vraag ik hem waarom Hugo Valencia vermoord is. Ik vertel hem ook dat Hugo een grote schuld had uitstaan bij een bevriende juwelierster, evenals bij mijn vrienden van autohandel Raad.

'Huguito betaalde zijn rekeningen niet en heeft daarom flink wat vijanden gemaakt in Medellín. Hier in de Valle zijn de mensen niet zo heetgebakerd en gebeuren dat soort dingen dus niet. Maar laten we daar maar niet over praten, want ik heb me uit die business teruggetrokken. Echt waar! Geloof je me soms niet?'

Ik zeg dat ik hem geloof, dat hij is gedwongen zich terug te trekken...

en ook dat het tijdelijk is. Het valt me op dat lachen hem niet echt gemakkelijk afgaat en dat hij veel van de hem kenmerkende ondeugende innemendheid verloren heeft. Maar voor de meeste vrouwen hebben mannen die zo'n verslagen indruk maken, naast degenen die volkomen onkwetsbaar zijn, een heel speciale charme. Ik wijs hem erop dat hij zichzelf toch erg gelukkig zou mogen prijzen en hij herhaalt dat de jaren in de gevangenis hem getekend hebben en dat niets meer zal zijn zoals voorheen. Tenslotte zal hij altijd het stempel van misdadiger dragen en ook zijn kinderen zullen daar altijd onder blijven lijden. Ja, zeg ik, dat is de prijs die je betaalt voor het erven van al die gebrandmerkte miljoenen dollars. Toch zullen zijn kinderen hem ongetwijfeld heel dankbaar zijn voor alle offers die hij voor hen bracht. Hij legt me uit dat hij Colombia nooit meer kan verlaten, want in een ander land loopt hij het risico te worden aangehouden op verzoek van de Amerikaanse overheid. Dan zou hij alsnog worden uitgeleverd aan dat land. Dat betekent ook dat hij nooit meer naar Parijs kan, zelfs niet met al het geld van de wereld.

We praten door over zijn studies en de boeken die hij heeft gelezen in de gevangenis, over *Heart of Darkness* van Joseph Conrad, over zijn favoriete schrijver Stefan Zweig en over hoe graag hij dirigent van een orkest had willen worden. Bij het afscheid belooft hij dat hij me de dag na zijn vrijlating meteen zal komen opzoeken. Als ik weer terug ben bij Clara, zie ik in het voorbijgaan de fluwelen etui met de diamanten en smaragden liggen – die waarschijnlijk een paar miljoen waard zijn. Terwijl ik bedenk dat 'de wegen van de Heer ondoorgrondelijk zijn' zing ik het lied van Dinah Washington: '*What a difference a day makes...*'

☙

Armando de Armas vraagt of ik hoofdredactrice van *Hombre de mundo* wil worden, maar ik wijs zijn aanbod af. Hij staat erom bekend dat hij de redacteuren van zijn tijdschriften niet goed behandelt, dus mij zou hij helemaal het vuur na aan de schenen leggen. En omdat iedereen in mijn omgeving wel een imperium heeft opgebouwd van het een of ander, maak ik een beginnetje met het mijne: ik lees de biografieën van Helena Rubinstein, Elizabeth Arden en Estée Lauder. Ik vind het hoog tijd dat er een Latijns-Amerikaans merk op de markt komt met praktische schoonheidsproducten, speciaal ontworpen voor de huidtint en gelaatstrekken van Latina's én voor een redelijke prijs. Al die andere merken zijn alleen maar zo duur vanwege de verpakkingen en advertentiekosten. Ik vraag Hernán Díaz een setje nieuwe foto's van me te maken, en het resultaat mag er zijn. Op mijn zevenendertigste zie ik er beter uit dan ooit. Met een minimale bijdrage van Gilberto en gebruikmakend van zijn enorme distributieketen weet ik zeker dat ik een succesvol bedrijf zal kunnen opzetten. Want waarom zou ik vrouwen niet kunnen wijsmaken dat de crèmes die ik aanprijs al mijn littekens hebben doen vervagen? En dat de voedingssupplementen die ik slik radicaal een eind hebben gemaakt aan mijn syfilis en aids? Ik sla een hele vracht producten in om uit te zoeken welke ik het best zou kunnen laten namaken of verbeteren en bedenk dat een cosmeticalijn voor mannen evenmin een slecht idee is. Ik tel de dagen tot mijn partner op vrije voeten is, want ik ben klaar voor de start. Mijn plannen houd ik nog wel even voor me, want eerst wil ik er zeker van zijn dat hij net zo enthousiast over het idee is als ik.

Een paar weken later raken we weer in gesprek: 'Het is bijna zover. Straks kom ik vrij. Helaas komt er nooit een eind aan de problemen in deze business, prinsesje. Jouw vriendje, die meneer uit Medellín dreigt nu een oorlog tegen ons te beginnen, alleen omdat mijn partners en ik weigeren hem een gunst te verlenen. Ik kan je niet precies vertellen waar het om gaat, dat zijn mannenzaken. Maar ik weet wel dat jij ook moet oppassen, want hij is compleet aan het doordraaien. Hij zou zelfs iemand op je kunnen afsturen om je uit de weg te ruimen.'

Ik vind dat echt waanzin, en dat laat ik hem ook weten. Al ben ik dan niet meer Pablo's liefje, hij vindt me nog steeds zijn beste vriendin en geeft heel veel om me. Ik stel Gilberto voor dat ik Pablo benader om te proberen hem tot rede te brengen. Nu Luis Carlos Galán als officiële liberale partijleider tot volgende president verkozen zal worden, moeten Gilberto en Pablo toch in staat zijn een verenigd front tegen het uitleveringsverdrag te vormen.

'Ik wil absoluut niet dat jullie elkaar afmaken of dat jullie uitgeleverd worden. Het is tijd dat er een eind aan al die ellende komt. Het breekt mijn hart. Laat het me in ieder geval proberen, oké?'

Hij staat er nogal sceptisch tegenover, zeker nu de gemoederen al zo hoog opgelopen zijn, maar hij heeft er geen bezwaar tegen dat ik Pablo overtuig van zijn goede bedoelingen.

Waar ik op dat moment onwetend van ben is de eis die Pablo bij de broers Rodríguez heeft neergelegd. Gilberto en Miguel hebben nog twee partners, 'Chepe' Santacruz en 'Pacho' Herrera, een van de weinige narco's die jongens verkiest boven schoonheidskoninginnetjes. Pablo eist dat zijn aartsvijand Pacho aan hem wordt overgedragen, in ruil voor een klusje dat hij aan het begin van het jaar voor Chepe heeft opgeknapt: geen spaan heel laten van Hugo Valencia. Dat soort dingen doen ze niet in Cali, maar wel in Medellín.

Een paar dagen later ontmoet ik Ana Bolena Meza in de schoonheidssalon. Dat lieflijke meisje reageert zo duidelijk op mijn vraag dat het een lesje in waardigheid is dat ik niet snel zal vergeten. We hebben maar een paar korte zinnen met elkaar gewisseld, maar haar grote blauwe ogen zeggen meer dan woorden kunnen uitdrukken. Diep in mijn hart ben ik opgelucht dat mijn poging tot koppelen is mislukt. En ik ben blij dat er nog steeds mensen bestaan die niet te koop zijn.

✤

Gilberto Rodríguez laat me weten dat hij me heel graag wil zien. Gisteren is hij ontslagen uit de gevangenis en vandaag is hij al in Bogota. Het is vijf uur 's middags en ik loop in de salon alles even na. Alles moet perfect zijn: de champagne, de muziek, de bloemen, het uitzicht en het laatste boek van Zweig dat hij nog niet heeft gelezen. De deur van de lift gaat open en het verbaast me gelach te horen. Ik geloof mijn ogen niet als ik twee uitermate opgewekte mannen zie binnenkomen, onberispelijk gekleed in donkerblauw. Gilberto Rodríguez heeft het gore lef om zich samen met Alberto Santofimio te vertonen en andersom geldt hetzelfde voor Pablo Escobars kandidaat. Ze zeggen slechts een uurtje te hebben want ze hebben een afspraak met voormalig president Alfonso López Michelsen, die op hen wacht in gezelschap van Ernesto Samper Pizano. Ze gaan gezamenlijk Gilberto's vrijheid vieren.

Mijn hele leven sta ik al voor de camera's en ik heb jaren van beledigingen overleefd, dus ik weet perfect te verdoezelen wat ik echt over Santofimio denk. Als de twee mannen afscheid nemen, weet ik dat de broers Rodríguez met Pablo gaan afrekenen. Maar wat ik ook besef is dat Pablo eerst nog met half Colombia gaat afrekenen. Als alleen Pablo en Gilberto zouden overblijven van alle mannen op aarde, zou ik denk ik voor Pablo gaan; hij is genadeloos, maar je weet met hem wel waar je aan toe bent. Escobar is een man uit één stuk.

In die vijf jaar heb ik hem hoogstens een keer of vijf gebeld. Nooit om te zeggen dat ik hem zo mis of dat ik hem zo graag wil zien. Maar vandaag besluit ik mijn hart te volgen. Ik bel hem op om een ontmoeting te regelen. We moeten elkaar dringend over Cali spreken, en deze keer neem ik een gewone lijnvlucht. Ik zeg noch tegen Pablo noch tegen Gustavo dat ik afscheid kom nemen. En evenmin dat het afscheid deze keer definitief is.

In de vijf jaar die achter me liggen ben ik een machteloze toeschouwer geweest van alles wat al die mannen bekokstoofden. Morgen zal ik alles op alles zetten om Pablo van zijn voorgenomen oorlog af te houden, want ik krijg het al benauwd als ik alleen al dénk aan de plannen die hij aan het smeden is. Het dringt tot me door dat ik bijdraag aan het begin van het einde van twee mannen die net komen kijken in de wereld van de machtigen der aarde. Als hij en Gilberto elkaar proberen af te maken en de gevestigde macht vervolgens de genadeklap geeft, dan zal er in dit land niets veranderen. Dan blijven dezelfde bekrompen geesten nog een eeuw aan de macht, hun zakken gevuld met het geld van hen beiden. Voor de laatste keer zal ik morgen de man zien die me compleet gelukkig wist te maken. De man die me altijd als een gelijke heeft behandeld, me nooit heeft onderschat, de enige ter wereld die me het gevoel gaf gekoesterd en beschermd te zijn. Ik kijk in de spiegel en zeg tegen mezelf dat ik over een paar uur alles wat we ooit deelden vaarwel zal zeggen. In de spiegel zie ik mezelf huilen, en heel eventjes meen ik achter mijn eigen beeld *De schreeuw* van Munch te zien.

EEN DIAMANT EN EEN AFSCHEID

Het uitleveringsverdrag is van de baan op basis van procedurele gronden. Pablo werkt weer gewoon vanuit zijn kantoor. Als ik binnenkom krijg ik te horen dat hij en Gustavo in vergadering zitten. Of ik even op ze wil wachten. Het is de eerste keer dat ze me in de wachtkamer neerzetten en gelukkig ook de laatste, beloof ik mezelf. Terwijl ik daar zit, kijkt een van de chauffeurs of sicario's – zoals huurmoordenaars tegenwoordig in Colombia heten – wellustig naar mijn benen, waarna hij tegen een collega de opmerking maakt, net luid genoeg zodat ik het woordelijk kan verstaan, dat mijn opvolgster absoluut niet mijn klasse heeft. Sinds ik de commercial voor Medias Di Lido heb gedaan, kijken veel mannen uitsluitend nog naar mijn benen. Zo werkt de macht van de media nu eenmaal.

Die jongens met hun ongure blik en obsceen taalgebruik steken hun minachting voor de gemeenschap en voor vrouwen niet onder stoelen of banken. Ik bedenk wat een opluchting het zal zijn om voorgoed vaarwel te zeggen tegen dit deel van de onderwereld dat steeds machtiger en steeds akeliger wordt. Gisteravond heb ik besloten om voor het eerst sinds ik Pablo ken geld aan hem te vragen. In die vijf jaar ben ik natuurlijk wel een paar keer naar het buitenland geweest en dan gaf hij me altijd ruim zakgeld mee. Dat heb ik altijd beschouwd als een teken van zijn liefde. Maar sinds die ene keer dat hij mijn schulden van de productiemaatschappij voor zijn rekening had genomen in ruil voor een advertentiecampagne in januari 1983, heb ik hem nooit meer ergens om hoeven vragen. Ik kon altijd prima rondkomen van mijn salaris. Vijftien jaar lang heb ik goed bekeken programma's gepresenteerd en ik heb nooit naar rijkdom of materiële zaken verlangd. Wie had ooit gedacht dat ik op mijn leeftijd zonder werk zou komen te zitten? Dit alles heeft nu wel tot gevolg dat ik net genoeg heb gespaard om het hooguit een jaar zonder werk te kunnen uitzingen.

Gisteren was ik nog vol hoop dat ik met Gilberto in zee zou gaan om mijn eigen cosmeticabedrijf op te zetten, maar toen hij ineens met Santofimio voor mijn neus stond, heb ik dat letterlijk ervaren als een wake-upcall. Mijn intuïtie zegt me dat ik van Gilberto niets hoef te verwachten. Pablo is nu dus mijn enige optie. Ik wil hem vragen me financieel te ondersteunen zodat ik talen kan gaan studeren in Europa. Dat is van jongs af aan mijn droom geweest. Maar toen kwam eerst mijn huwelijk en daarna kwam de televisie op mijn weg. Maar eerst en vooral wil ik mijn uiterste best doen om die op handen zijnde oorlog tussen het Medellín- en het Calikartel, ofwel tussen de twee leiders, Escobar en Rodríguez, te bezweren.

De deur van Pablo's kantoor gaat open en hij komt samen met een vrouw naar buiten. Ze is halverwege de twintig, draagt een rode wollen trui, een zwarte rok en heeft een gouden ketting met een medaillon van de Maagd Maria om haar hals. Hoewel ze niet onaantrekkelijk is, een goed figuur heeft en geweldig haar, zou ze nooit een model of schoonheidskoningin kunnen zijn. Ze ziet er meer uit als een verkoopster op de afdeling cosmetica of woninginrichting van een chic warenhuis. Hij stelt haar aan me voor als zijn vriendin en ik complimenteer hem dat hij zo'n mooi meisje aan zijn zijde heeft. Ze heeft een lieve blik in haar ogen en kijkt zonder een greintje jaloezie naar mijn dure rode Thierry Mugler-pakje, waarin mijn figuur heel goed tot zijn recht komt zodat ik ervan verzekerd ben dat alle blikken zich op me vestigen zodra ik een restaurant binnenkom. Ik heb dit speciaal voor de gelegenheid uit meer dan honderd designerpakjes uit Milaan, Parijs en Rome gekozen, want ik heb weleens ergens gelezen dat de laatste herinnering het langste bijblijft. En ondanks het feit dat ik echt nog heel veel van Pablo hou, weet ik zeker dat vandaag de laatste keer is dat ik hem zie. Ik zeg hem voor altijd vaarwel, niet alleen omdat we geen minnaars meer zijn, maar omdat onze vriendschap een onuitputtelijke bron van problemen, beproevingen en gevaren is geworden voor iemand die zo in de schijnwerpers staat maar tegelijk ook zo onbeschermd is als ik. Met een glimlach en wat beleefdheidszinnetjes neem ik afscheid van het meisje en ik zeg tegen hem: 'Ik wil graag dat je vriendin ons even excuseert, want ik ben helemaal uit Bogota gekomen om je een dringende boodschap van Gilberto Rodríguez te brengen.'

En ik loop zijn kantoor in zonder op toestemming te wachten. Hij wisselt een paar woorden met het meisje, waarop ook hij naar binnen komt, de deur sluit en tegenover me aan zijn bureau gaat zitten. Hij wordt verteerd door woede. Tijdens ons telefoongesprek de dag ervoor had ik de naam 'Cali' uitgesproken en als straf word ik meteen geconfronteerd met een meisje dat eruitziet als een warenhuisverkoopster. En ik, de beroemdheid die alles uit liefde voor hem heeft opgeofferd, heb ten overstaan van een zowel voor hem als voor mij onbeduidende vrouw meteen gereageerd door de naam van zijn ergste vijand te noemen. Pablo kijkt me aan en in een fractie van een seconde zeggen die grizzly ogen alles. Alles wat ik de rest van mijn leven van hem kan verwachten, de rest van mijn leven zonder hem. Niets dus.

'Ik heb maar heel even. Mijn vriendin staat te wachten. Wat heb je op je lever?'

'Dat Gilberto en Samper je gaan afslachten, Pablo. Maar dat kan ik niet "even" vertellen. Want met jou afrekenen is ook niet zo gepiept. En je respecteert me, of ik neem het eerste het beste vliegtuig terug.'

Hij kijkt naar de grond en denkt even na. Dan kijkt hij op. Blijkbaar wil hij toch graag weten wat ik te vertellen heb: 'Prima. Morgen om half tien 's ochtends word je bij je hotel opgehaald. Dan zien we elkaar om tien uur. En trek niet zo'n gezicht, want ik sta tegenwoordig vroeg op. Ja, om negen uur al! Mijn hele dag zit vol met afspraken. Ik moet dus wel bijzonder punctueel zijn. Gustavo wacht op je. Tot morgen, Virginia.'

Een man die voor een paar smaragden tweehonderdvijftigduizend dollar neertelt om een weekend met een of ander schoonheidskoninginnetje door te brengen, maar die bij het horen van de naam 'Cali' datzelfde koninginnetje ineens zijn vriendin noemt, is elk gevoel voor verhoudingen kwijt en dus uitermate kwetsbaar. De vier grote leiders van het Calikartel hebben samen meer macht en meer middelen dan hij. En hij staat alleen, want zijn partners willen niets weten van zijn diepe haat jegens het Calikartel en al helemaal niet jegens Gilberto Rodríguez. Als Escobar koelbloedig is, is hij de berekening zelve. Is hij heetgebakerd, dan is hij echter een ongeleid projectiel. Ik heb altijd geweten dat hij het vurige hart van een strijder had en zijn rivaal een hart van steen, zoals alle bankiers. Ik ken als geen ander de kracht en de kwetsbaarheid van Pablo Escobar. Durf, trots en eigenzinnigheid verenigen zich in hem met ongeduld, arrogantie en koppigheid, wat hem ertoe kan brengen als een razende al zijn vijanden tegelijk aan te vallen – en dat doet hij ook nog eens liever vandaag dan morgen. Ik voel een diep medelijden – voor hem, en ook voor ons twee – en ook een enorm verdriet om alles wat deze unieke, geweldige, nog geen achtendertigjarige man die ik voorbestemd achtte voor grootse daden, had kunnen zijn en nooit meer zal zijn.

Een sterke man laat pas zien dat hij een echte vent is als er een traan over zijn wang loopt. Een heimelijke traan vanwege het onherstelbare verlies van een kind, een vader of een boezemvriend. Of vanwege een onbereikbare vrouw. In een ander kantoor tref ik iemand die erg op Escobar lijkt en hemelsbreed verschilt van al die ondergeschikten die hier rondlopen. Hij is niet in staat zijn verdriet te verbergen om de ene vrouw voor wie hij bereid was alles op te geven en die hij nooit de zijne zal kunnen noemen. Gustavo Gaviria wil de hele waarheid weten, hoe hard die ook aankomt. Ik ben blij dat deze man, van wie ik altijd dacht dat hij bikkelhard was, zo veel vertrouwen in mij stelt. Helaas moet ik hem vertellen dat Ana Bolena Meza alleen al bij het horen van zijn naam en verwantschap aan Pablo Escobar nogal verschrikt reageerde: 'Virginia, je was de grootste ster van dit land en die narco heeft een eind aan je carrière en je goede naam gemaakt. Ik ben maar een gewone actrice die met hard werken de kost probeert te verdienen. Zeg maar tegen die Gaviria dat ik voor geen goud in jouw schoenen zou willen staan, zeker niet als ik zie wat de media je aandoen. Zeg maar dat vrouwen zoals ik alleen maar minachting voor zulke mannen voelen. Dat ik liever doodga dan dat zo'n narco met zijn vieze handen aan me zit!'

Gustavo vraagt me om woordelijk te herhalen wat de voor hem onbereikbare vrouw heeft gezegd. Als hij maar niet wil inzien waarom deze schoonheid met haar grote blauwe ogen hem afwijst, help ik hem eraan herinneren wat de kranten en radiozenders over mij rondbazuinen. Hoe ik in elkaar ben geslagen door mijn narcominnaar vanwege een jacht of landhuis, hoe ik met messen ben bewerkt vanwege juwelen en auto's, dat autoriteiten me uit de weg willen ruimen vanwege betrokkenheid bij drugs- en wapenhandeltjes en dat artsen beweren me te behandelen voor syfilis en aids. De media zetten alle mogelijke middelen in om mij van het scherm te laten verdwijnen en me alle waardigheid, talent, elegantie en schoonheid te ontnemen. En alsof dat niet genoeg is moet ik blijkbaar elk recht op integriteit en werk laten varen.

Ik ben nu echt niet meer in staat mezelf in te houden en hoewel ik weet dat alles wat ik zeg vroeg of laat ook bij Pablo terechtkomt, vertel ik Gustavo nu alles wat ik nooit tegen Pablo heb durven zeggen. Niet alleen over de hoge prijs die ik heb moeten betalen voor mijn steun aan hun strijd tegen het uitleveringsverdrag, maar nog veel meer. Hoe elke arme sloeber wél een vrouw naast zich in bed heeft liggen die echt van hem houdt, terwijl zij allemaal, al die narcomultimiljonairs, donders goed weten dat ze de liefde van een vrouw niet waard zijn. Ze zullen hun hele leven gedoemd zijn mooie vrouwen te betalen voor schijnliefde. Dat in de Bijbel staat geschreven: 'Gooi geen parels voor de zwijnen'. Ik zeg dat mannen als Pablo het verdienen dat ze alleen hoertjes in hun bed kunnen krijgen. En ten slotte zeg ik ook nog dat ik gek ben geweest om niet meteen vanaf het begin heel duidelijk mijn prijs te stellen, toen zijn neef maar bleef aandringen dat ik alles kon vragen wat ik maar wilde. Dat ik zo dom was geweest te antwoorden dat ik niets wilde... want beschaafde vrouwen houden nou eenmaal niet van een man omdat hij rijk is of cadeautjes uitdeelt, maar omdat ze hem gelukkig willen maken en hem willen beschermen.

Gustavo staart uit het raam en hoort me zwijgend aan. Dan erkent hij dat ik inderdaad een vrouw ben die beter bij een vooraanstaand man past dan bij een crimineel. Hij voegt eraan toe dat de vrouwen met wie zij getrouwd zijn heus allemaal wel van hen houden en voor ze zorgen, ongeacht of ze rijk of arm zijn. Waarop ik reageer dat hun vrouwen al die openlijke vernederingen alleen maar slikken omdat ze overladen worden met diamanten en bontjassen. Dat ze hen anders al lang hadden verlaten. Ik beschrijf het sieraad van een kwart miljoen dollar, dat vast niet door het meisje met dat gouden medaillon was besteld. En ik vraag hem me te helpen zijn neef over te halen me honderdduizend dollar te geven. In de tussentijd kan ik mijn appartement verkopen en dan eindelijk dit vijandige land verlaten om te gaan doen wat ik altijd gewild heb: een aantal talen goed leren spreken en schrijven en basiskennis opdoen van de Germaanse talen.

Gaviria legt me uit dat de ophanden zijnde oorlog een berg contant geld gaat kosten. Dat ik me er dus op moet voorbereiden dat Pablo met een keihard 'nee' zal reageren op mijn verzoek, terwijl het nota bene over een som geld gaat die hij een paar jaar geleden zonder twee keer na te denken aan me zou hebben overgemaakt. Bovendien denkt hij dat het bij Pablo niet goed zal vallen dat zijn boezemvriendin het land wil verlaten. Per slot van rekening heeft hij me nodig om over zaken te praten die hij niet met een andere vrouw en zelfs niet met zijn familie kan bespreken.

Gustavo is een kleine, schriele man die keer op keer een sluike lok haar van zijn voorhoofd strijkt en net als zijn neef mensen niet recht aankijkt. Na een korte stilte gevolgd door een diepe zucht, haalt hij zijn zakjes met diamanten uit de kluis en legt ze op een koffietafel. Hij opent de etui's met honderden ringen met briljanten van één en twee karaat en zegt dat hij me er een wil geven omdat hij wél dankbaar is voor wat ik voor hen heb betekend.

Ontroerd bedank ik hem en ik zeg nadrukkelijk dat ik het niet hebben wil. Maar als ik al die schitterende rijkdom zie die hooguit een fractie is van zijn totale bezit, verander ik van gedachten. Met een tissue droog ik mijn tranen en zeg dat ik de grootste wil hebben. Niet alleen omdat ik het verdien, maar ook omdat het hoog tijd is dat ik eens een sieraad van een magnaat krijg! Hij lacht verheugd, zegt dat hij blij is de eerste te zijn die me een diamant geeft en staat erop dat ik de zuiverste, eentje van minder dan één karaat uitzoek. Ik zeg dat ik al die puurheid liever overlaat aan Santa María Goretti, dat die koolstof toch alleen maar met een loep te zien is en dat ik de grootste met de minste gebreken wil. Ik ben net een ovalen diamant aan het passen – die niet veel voorkomt, want de meeste diamanten zijn rond (de maat van briljanten) of vierkant (de maat van smaragden) – en sta met de ring in een hand en een tissue in de andere als de deur opengaat: 'Hè? Wat doe jij hier nou nog? Ik dacht dat je allang weg was! En wat is hier aan de hand? Gaat de ster zich verloven? Gaat ze misschien zelfs wel trouwen met... don Gilberto?'

Gustavo kijkt me met open mond en wijd opengesperde ogen aan en ik kan niet anders dan in lachen uitbarsten. Dan zeg ik dat zijn partner echt rijp is voor het gekkenhuis. Buiten zichzelf van woede schreeuwt Pablo: 'Geen diamanten voor haar! Zij is anders! Ze geeft er niets om!'

'Hoezo anders? Heeft ze soms een snor, of zo?' antwoordt Gustavo. 'Ik moet de eerste vrouw die niet van diamanten houdt nog tegenkomen! Klopt het wat hij zegt, Virginia?'

'Ik vind ze prachtig! Maar ik lieg er al vijf jaar over tegen je neef! Hij mocht niet denken dat ik van hem hield omwille van zijn geld! Maar hij gelooft dat ik hem al jaren bedrieg met een gevangene! En dat ik geen andere keus had dan als een soort Helena van Troje deze oorlog te beëindigen, voordat ze elkaar genadeloos afmaken!'

'Weet je wel dat ze onder één hoedje speelt met Cali, broeder?' schreeuwt Pablo buiten zinnen, terwijl hij naar Gustavo loopt. Ondertussen bekijk ik verrukt mijn eerste solitair en neem ik me voor tot het uiterste te gaan om hem te behouden. 'Die diamanten zijn voor de schoonheidskoninginnetjes die aan onze kant staan!'

'Hou toch eens op met die onzin, man, als Virginia aan Cali's kant stond zou ze nu niet hier zijn!' zegt Gustavo verwijtend. 'Iedereen wil maar dat ze van de honger omkomt. Maar ik wil haar iets blijvends geven. Iets wat ze in geval van nood ook nog kan verkopen. En daar heb ik jouw toestemming niet voor nodig, van niemand trouwens! Bovendien biedt een diamant bescherming. De enige echte koningin die jij in je hele leven hebt gehad, is deze vrouw. Vóórdat ze jou leerde kennen, smachtten miljoenen mannen al naar haar!'

'Laat ze zich maar 'ns aan het schrijven wijden, in plaats van altijd maar voor fotografen te poseren!' zegt Pablo, terwijl hij naar mijn vinger met de ring kijkt alsof hij hem van mijn hand zou willen afsnijden en in de vuilnisbak gooien. 'Ja, boeken! In plaats van al dat geklets! Ze heeft aardig wat stof om over te schrijven!'

'Bespaar me dat alsjeblieft! Beloof me, Virginia, dat je niets over ons schrijft, of over de business!' Gustavo is oprecht ongerust.

Dat beloof ik hem, waarop hij zijn partner uitlegt waarom hij me de ring cadeau heeft gedaan. 'Virginia is hier voor de laatste keer. Ze kwam voor altijd afscheid van ons nemen, Pablo.'

'Huh?' Pablo lijkt onthutst. En dan, op een toon die hij vast en zeker ook gebruikt bij het ondervragen van iemand die hij verdenkt van het stelen van honderd kilo cocaïne: 'Hoe bedoel je voor altijd? Is dat waar, Virginia? Hoezo, ga je trouwen of zo? Waarom heb je daar met geen woord over gesproken?'

Ik negeer hem. Ik beloof Gustavo dat ik iedere keer als er gevaar in de lucht hangt, zoals nu, over de diamant zal wrijven, dat ik hem nooit zal verkopen en er mee begraven wil worden.

Pablo vindt het nog nodig even te vermelden dat hij dacht dat ik anders was dan alle andere vrouwen en dat hij zich blijkbaar heeft vergist. Dat ik net zoals de rest ben. Hij heeft net ontdekt dat ook ik stapel op diamanten ben! Gustavo moet erom lachen. En nog voordat hij de deur uitgaat zegt Pablo berustend: 'Ik ben echt teleurgesteld in je, heilige Maria! Nou ja, morgen praten we verder.'

De plek waar we elkaar de volgende dag voor het laatst zien is een klein wit boerenhuisje met potten geraniums naast de voordeur, op ongeveer een halfuur rijden van het Intercontinental in Medellín. Twee van zijn mannen hebben me opgehaald in het hotel. Hij arriveert even na mij in een kleine auto. Twee auto's met lijfwachten rijden achter hem aan. Die mannen trekken zich na aankomst onmiddellijk terug.

Binnen is een vrouw bezig de vloer van de eetkamer te vegen. Nieuwsgierig kijkt ze me aan. Uit ervaring weet ik dat mensen die om negen uur 's ochtends moeten opstaan, in de regel een slecht humeur hebben. Maar

Pablo spant de kroon. Hij neemt niet eens de moeite om de schoonmaakster te vragen ons even alleen te laten en steekt meteen van wal: 'Ik heb niet langer dan twintig minuten voor je, Virginia. Het is me bekend dat je komt bemiddelen voor je minnaar en verder is me verteld dat je geld nodig hebt. Denk maar niet dat je ook maar één cent van me krijgt. En die minnaar van je sla ik tot moes!'

De vrouw lijkt het allemaal wel interessant te vinden. Ik zeg tegen Pablo dat ik alleen maar ben gekomen om te bemiddelen voor zijn eigen bestwil. Dat een man die al drie jaar in gevangenissen in Cádiz en Cali zit, toch moeilijk de minnaar kan zijn van iemand die op de Rosario-eilanden en in Bogota woont. Ik voeg eraan toe dat ik inderdaad niet ben gekomen om gezellig een kopje koffie te drinken, maar om zijn hulp te vragen me het land uit te krijgen voordat zijn vijanden me in mootjes hakken. Met een blik op mijn diamant zeg ik zo rustig mogelijk: 'Ik heb reden te geloven dat de broers Rodríguez en Ernesto Samper met je willen afrekenen. Als je wilt weten hoe, kan ik je alles tot in detail vertellen waar deze mevrouw bij is.'

Pablo vraagt de vrouw om haar werk later te komen afmaken. Ze werpt een vernietigende blik op me en verdwijnt. Hij gaat zitten op een kleine bamboe tweezitsbank bekleed met bruin gebloemde chintz, waarop ik begin te vertellen over het bezoek van Gilberto en Santofimio: 'Ze waren maar een uur bij me, want ze gingen Gilberto's vrijheid bij Alfonso López vieren. Samen met Ernesto Samper. Ze zagen eruit om door een ringetje te halen en ik kon mijn ogen en oren niet geloven! Als jij in een oorlog verzeild raakt met Cali, Pablo, kun je Santofimio niet blijven vertrouwen! Denk eraan dat zijn neef getrouwd is met Gilberto's dochter en dat zijn partner in Chrysler, Germán Montoya, op dit moment de kardinaal achter de troon is in de regering van Virgilio Barco.'

Ik vraag hem vooral niet het motto van Machiavelli 'Verdeel en heers' te vergeten en smeek hem zich niet in een oorlog te storten die de DEA heel goed uit zou komen om af te kunnen rekenen met de twee grootste drugsleiders. Bovendien zal zo'n oorlog honderden levens kosten, het uitleveringsverdrag weer op de kaart zetten en hun fortuin behoorlijk verkleinen.

'Dat van hem bedoel je. Met mijn fortuin zal dat moeilijker gaan.'
Ik help hem herinneren dat hij me niet zou hebben gevraagd hem te helpen magnaten te ontvoeren als hij echt zo rijk zou zijn, of in ieder geval zo veel cash voorhanden zou hebben. Gelukkig, zeg ik, blijft dat tussen ons. Hij werpt me een woedende blik toe. Onverstoorbaar ga ik door: 'De Rodríguez' hoeven niet een heel leger van duizend man in stand te houden en hoeven evenmin al die families te onderhouden. Dat zijn bij elkaar toch zeker zesduizend mensen...'
'Nou, nou, Virginia, heb jij veel geleerd! Ik ben onder de indruk, hoor! En hoe zit het met zijn leger? Honderden congresleden en verslaggevers die veel duurder zijn dan mijn jongens! Ik denk dat we op het gebied van uitgaven ongeveer quitte spelen. Bovendien investeer ik echt in die mensen en krijg er genegenheid voor terug! Of denk je soms dat een of andere senator zijn leven zou geven voor Gilberto?'
Ik vertel hem dat de Rodriguez' in Cali beschermd worden door de gouverneur, de politie, het leger en duizenden taxichauffeurs die hen van informatie voorzien. Dat de M-19 hen met rust laat omdat Gilberto niet alleen bevriend was met Iván Marino Ospina, maar ook al zijn hele leven goede maatjes is met de familie van commandant Antonio Navarro, over wie hij altijd heeft gezegd dat hij 'gek op geld is'. Ik waarschuw hem dat zijn vijand persoonlijk bevriend is met meerdere presidenten en dat het niet moeilijk kiezen zal zijn tussen het geld van Rodríguez en het lood van Escobar. Op deze manier zaait hij tweedracht tussen de leden van zijn 'vakbond', die toch zo saamhorig is begonnen. Nu zijn het allemaal kleine bondgenootschappen, die enkel botweg met elkaar wedijveren.
'Er zijn heel wat kapers op de kust die hopen dat jullie elkaar afmaken zodat ze daarna de buit kunnen verdelen. Maar als jij en Gilberto gaan samenwerken, worden de kosten tot de helft gereduceerd, de krachten verdubbeld en winnen jullie samen die strijd tegen het uitleveringsverdrag. Want je weet net zo goed als ik dat als Galán president wordt, hij de dag erna het uitleveringsverdrag weer op de agenda zet. Gilberto heeft het vertrouwen van zowat alle machtige lui in dit land, en jij dwingt weer een ander soort respect af. Geen zinnig mens zal dat ontkennen. Vergeet die onderlinge strijd toch! Het kost jullie alleen maar

miljoenen en nog eens miljoenen! En laat de rest van de Colombianen in vrede leven. In dit land krijgt iedereen altijd een tweede kans. Jij hebt altijd geweten hoe je gebruik moest maken van mensen. Maak dan nu gebruik van mij als tussenpersoon, Pablo, om deze oorlog te beëindigen. Kom op, steek je hand naar hem uit, laat zien hoeveel klasse je hebt! En als dat gebeurd is, ben ik de volgende dag uit Colombia vertrokken. Dan zien jullie beiden me nooit meer.'

'Maar hij is degene die de eerste stap moet zetten. En hij weet ook heel goed waarom, maar dat gaat jou verder niet aan. Mannenzaken, waar jij niets mee te maken hebt.'

Waarop ik zeg dat het niet uitmaakt waardoor dat conflict is begonnen. En dat een samenwerkingsverband met Cali heel nuttig voor hem kan zijn.

'Oké, als die meneer dan zo rijk, belangrijk en machtig is, waarom vraag je hém dan niet om geld?'

Ik ben in mijn leven nog nooit eerder zo beledigd. Furieus antwoord ik dat ik niet in staat zou zijn aan iemand anders dan hem geld te vragen. En dat ik met Gilberto Rodríguez geen verhouding heb gehad. Ik voeg er nog aan toe dat ik mijn carrière vaarwel heb moeten zeggen omdat Pablo Escobar gedurende vijf jaar mijn minnaar was. Dat was geen vluchtige affaire waar maar een paar personen iets vanaf wisten. Maar wel een verhouding waarin ik voldoende te weten ben gekomen over hoe eenvoudig presidenten, gouverneurs en congresleden om te kopen zijn.

Omdat ik inmiddels wel inzie dat ik bij Pablo helemaal niets bereik, help ik hem eraan herinneren dat hij een drukbezet man is en dat we al bijna een uur met elkaar in gesprek zijn.

Hij vraagt hoe laat mijn vlucht staat gepland. 'Om vijf uur 's middags,' zeg ik, 'en om drie uur moet ik uit het hotel vertrekken.' Hij staat op en met zijn handen steunend op de balustrade van het balkon tuurt hij in de verte: 'Waarom wil je zo nodig... voor altijd weg?'

Ik leg hem uit dat ik simultaan tolken wil studeren in Genève. Een goede tolk kan makkelijk duizend dollar per dag verdienen. Ik heb maar een lening van honderdduizend nodig, want mijn appartement wil ik verkopen of eventueel gemeubileerd aan een of andere diplomaat verhuren. Ik voeg eraan toe dat een tolk-vertaler in vijf of zes talen ook voor hem reuze nuttig zou zijn, want dan kan hij mij die tapes of documenten laten afhandelen die hij niet aan vreemden wil overlaten.

'Nou, met mijn geld gaat dat niet gebeuren! Er zijn miljoenen vertalers, en straks zit je in Genève, lekker getrouwd met zo'n vetzak van een bankier, terwijl ik hier kapotga. Het maakt me al niet meer uit of je van me houdt of me haat, Virginia, maar je blijft hier en bent getuige van wat er hier gebeurt. Zodat je er later over kunt schrijven. Punt uit.'

Ik wil hem zo graag doen inzien dat hij het onmogelijke van me verlangt, dat ik meteen door al die corrupte lui of door zijn vijanden een kopje kleiner zal worden gemaakt. Vanwege zijn egoïstische houding ben ik nu veroordeeld om van de honger te creperen in een land dat me niets anders meer te bieden heeft dan een dagelijkse portie angst. En ik vraag hem wat er in hemelsnaam met zijn gevoel van eer is gebeurd. Gepikeerd kijkt hij me aan en zegt dat zijn eer begraven ligt naast mijn carrière. En dan, alsof hij zich wil rechtvaardigen, slaakt hij een diepe zucht en zegt: 'Denk je nou echt dat jij en ik enige invloed hebben op ons lot? Welnee! Misschien voor de helft. Maar de rest overkomt je gewoon!'

Ik ga naast hem op het balkon staan, waarvandaan ik een pittoresk uitzicht heb. Onder andere omstandigheden zou ik er zeker van genoten hebben. Ik zeg dat iemand van achtendertig met een paar miljoen dollar zichzelf toch moeilijk kan omschrijven als een 'slachtoffer van het lot'. En dat ik had moeten beseffen dat ook ik op een dag al die wreedheid van hem over me heen zou krijgen.

'Nou ja, mijn besluit is gebaseerd op redenen die ik je nu niet kan uitleggen. Maar eens zul je het begrijpen. Weet je, jij bent degene die me beter kent en begrijpt dan wie ook, en ik ken jou ook door en door. Misschien hou je niet meer van me en respecteer je me niet meer. Maar ik weet wel dat je me altijd rechtvaardig zult beoordelen en mijn herinnering niet zult besmeuren. Zomaar een verslaggever kan nooit mijn echte geschiedenis opschrijven. En ook politici, mijn familie of mijn jongens niet, want niemand van hen heeft zo veel nachten pratend met mij doorgebracht – en dat gaat ook echt niet gebeuren. Wij hebben over zo veel zaken gesproken met z'n tweeën. Ik heb juist jou uitgekozen omdat je zo integer bent.

Daarom denk ik echt dat jij de enige bent die precies kan weergeven wat ik denk en voel, en waarom ik geworden ben tot wie ik ben en wie ik op een dag zal zijn... Ik wil dus zeker weten dat jij in de buurt bent als straks de hel losbreekt, ook al ben je niet meer met me samen. Want je bent de enige die het onbevooroordeeld duidelijk kan maken.'

Ik weet niet zo goed hoe ik moet reageren op deze uitspraken. Ik kan alleen uitbrengen dat we elkaar inderdaad wel weten op te beuren als we voor ons gevoel erg laag zijn gezakt. En dat het hele verhaal natuurlijk een excuus is om me geen geld te hoeven geven. Dat hij een echtgenote heeft en alle andere vrouwen die hij maar wil, en mij dus absoluut niet nodig heeft. Dat ik echt niet begrijp waarom hij, als ik echt zo belangrijk voor hem ben, niet gewoon even een handtekening wil zetten om een einde aan mijn ellende te maken, zoals hij vijf jaar geleden ook heeft gedaan toen hij aanbood om mijn bedrijf te redden.

Als hij antwoordt dat hij binnen afzienbare tijd met een oorlog zal beginnen, kan ik een lach niet onderdrukken. Dan vertel ik dat ik bij een van mijn vriendinnen een sieraad van een kwart miljoen dollar heb gezien voor een vrouw die hij bijna zeker alweer vergeten is. Hij komt naar me toe, neemt mijn kin tussen zijn duim en wijsvinger en zegt, met de grootste ironie, en op een toon die het midden houdt tussen verwijt en dreiging: 'En de volgende dag was je al bij hem op bezoek in de gevangenis, toch, liefje?'

Snel laat hij me los en verandert van onderwerp. Hij vraagt wat ik van zijn nieuwe vriendin vind. Ik zeg dat ik blij ben dat zo'n lieve mooie vrouw van hem houdt. Maar ik waarschuw hem ook voor iets wat hij al op pijnlijke wijze heeft meegemaakt: 'Vergeet niet dat in dit land de vrouwen van de lagere middenklasse, als ze denken iemand zoals jij te pakken te hebben, maar aan één ding kunnen denken: een kind, alsof de mensheid zou vergaan als ze geen kind op deze wereld zetten! Denk eraan dat voor de Colombiaanse wet een kind van jou, of het nou legitiem is of niet, zo een miljard dollar waard kan zijn. En ik weet dat je er, net als ik, niet aan moet denken om bastaardkinderen te verwekken, en dat we daarom ook zo lang samen zijn geweest. Ik heb zelfs nooit ook maar één seconde overwogen je te bezitten, Pablo, en ook niet om me te verrijken via jou.'

Peinzend staart hij voor zich uit en ik weet dat hij nu aan Wendy denkt. Als ik me omdraai om hem aan te kijken zie ik dat ik een zwakke plek heb geraakt. Hij ziet eruit alsof hij alleen op de wereld is en geen kant op kan. Hij komt naar me toe, legt een arm om mijn schouders, trekt me tegen zich aan, en terwijl hij in het niets staart, begint hij tegen me te praten op een weemoedige toon die ik nog niet van hem kende: 'Daar ging het helemaal niet om. Jij hebt me een heel speciaal soort liefde gegeven. Jij was mijn grote intelligente liefde, met een hart van goud... Met die stem en die huid... Je hebt me zo gelukkig gemaakt. Ik denk echt dat jij de laatste vrouw bent geweest op wie ik zo ontzettend gek was. Ik weet heel zeker dat ik nooit meer iemand als jij zal tegenkomen. Je bent onvervangbaar, Virginia. Maar je zult zeker ooit trouwen met een man die veel beter is dan ik...'

Deze ontroerende woorden, afkomstig van de man van wie ik het meest gehouden heb, beschouw ik als een groot eerbetoon dat ik nooit zal vergeten. Maar het was me even ontschoten dat Pablo Escobars waardevolle verklaringen ook altijd gepaard gaan met een paar bakken ijswater. Want hierop zegt hij doodleuk dat dit de reden is dat hij me met lege handen laat staan. 'Kijk, op die manier zal nooit iemand kunnen zeggen dat je verontschuldigend over me schrijft omdat je je ziel aan mij hebt verkocht. We weten allebei maar al te goed wat er geroddeld wordt: dat ik je schoonheid met mijn geld heb gekocht.'

Wat ik hem hoor zeggen slaat werkelijk alles. Na al die lovende woorden, zeg ik, na al die aandacht en tijd, na de toelages als ik ging shoppen, is dit nu gewoon een vergelding die uit pure jaloezie voortkomt. Zonder me aan te kijken zegt hij dat hij nooit jaloers is geweest. Maar dat ik hem op een dag dankbaar zal zijn voor dit besluit, want hij weet altijd te voorspellen wat er gaat gebeuren. Ik ben er compleet kapot van en zou het liefst in een hoekje gewoon een potje gaan zitten janken. Met moeite weet ik nog uit te brengen dat we al twee uur praten en dat er vast mensen op hem zitten te wachten.

Terwijl hij zich vasthoudt aan de balustrade van het balkon tuurt hij nog steeds in de verte alsof hij zijn lot daar ergens aan hem voorbijtrekt. Ik krijg de indruk dat hij er totaal geen erg in heeft dat er al uren voorbij zijn, want hij begint me nu opeens te vertellen dat hij geen andere

mogelijkheid ziet dan een oorlog met de staat die hij mogelijk met de dood zal moeten bekopen. Er is gewoon geen weg meer terug. Maar vóór zijn dood wil hij per se nog met die lui uit Cali afrekenen en met eenieder die hem tegenwerkt. Vanaf vandaag zullen de zaken niet meer met lood maar met dynamiet worden beslecht. Ik sta naast hem en hoor hem aan. Ik laat mijn tranen de vrije loop en vraag me af waarom deze immens rijke man zo'n enorme haat met zich meedraagt, dat hij per se voortdurend iedereen zo meedogenloos moet straffen. En ook wat erachter al die opgekropte woede zit; misschien toch die onmacht omdat hij niet in staat bleek de maatschappij te veranderen, een maatschappij die nu door anderen wordt bestierd die net als hij geen genade en geen scrupules kennen. Ineens bijt hij me toe: 'Hou nou eindelijk eens op met dat gejank. Of dacht je soms voor mijn weduwe te kunnen spelen?!'
'Dacht jíj soms dat ik nog in staat ben te huilen om iemand als jij? Ik huil om mezelf! En om het fortuin dat je weduwe zal krijgen, zo veel dat ze niet eens weet wat ermee te doen! Waar heb je in hemelsnaam al dat geld voor nodig als je op deze manier leeft?! En ik huil ook om ons land... Dynamiet tegen dat arme volk, alleen voor je eigen gewin? Pablo, wat ben jij een slecht mens. Kun je dat geld niet voor een beter doel gebruiken? Of denk je soms dat je het hele leger op je af krijgt?'
Ja, dat denkt hij inderdaad: dat er vroeg of laat inderdaad hele troepen soldaten op hem af gestuurd zullen worden. Daarom heeft hij dynamiet en raketten nodig. Waarop ik reageer dat hij echt rijp is voor het gekkenhuis. Dat hij van geluk mag spreken dat hij die onzin tot nu toe alleen nog maar aan mij heeft verkocht. En ik voeg eraan toe dat ik me nu echt zorgen over hem begin te maken, want hij begint per dag meer op Juan Vicente Gómez te lijken, de Venezolaanse tiran en multimiljonair die aan het begin van de twintigste eeuw leefde. 'Zijn moeder liet hem op haar sterfbed zweren dat hij zijn vijanden zou vergeven en zou ophouden met het martelen en vermoorden van zijn tegenstanders. Ze had haar laatste adem nog niet uitgeblazen of de voor het leven gekozen president kwam de kamer uit en vertelde zijn handlangers over haar verzoek: "Ja hoor, dat kon ik wel zweren bij God, maar dat arme oude mens snapte toch niets van politiek. De laatste van mijn vijanden ligt al twintig jaar onder de groene zoden!" Het verschil tussen jou en hem,

Pablo, is dat Gómez het tachtig jaar heeft uitgehouden, maar dat jij, in dit tempo, het nog hooguit vijf jaar volhoudt.'

'En jij klinkt net als zo'n zeurend oud wijf!'

Rustig zeg ik dat oude wijven ook altijd gelijk hebben, want oude kerels zijn allemaal dom en koppig. Ik wijs hem erop dat Joséphine tien jaar ouder dan Napoleon was, terwijl wij van de dezelfde leeftijd zijn en dus net zo 'oud'. Maar met dat verschil dat ik er tien jaar jonger uitzie dan hij want mijn taille meet 62 centimeter terwijl hij al net zo'n bolle buik als Santofimio krijgt met al die bonen die hij weg stouwt. We zijn inmiddels drie uur aan de praat en hij maakt nog geen aanstalten te vertrekken.

Dan vertel ik hem dat Gilberto Rodríguez me voor hem heeft gewaarschuwd. Dat hij er zeker van is dat Pablo me op een dag zal vermoorden. Ja, zelfs mij! Dat hij me net als een of andere Juan Vicente Gómez genadeloos zal ombrengen, omdat ik bij de tegenstanders hoor en ook nog ontiegelijk aan zijn kop zeur!

'Ik jou vermoorden? Maar die vent is een nog grotere smeerlap dan ik dacht! Ik hoop alleen dat hij op de dag dat ik hem afmaak niet met jou samen is. Want als ik jou naast hem zie liggen in het lijkenhuis, schiet ik me door m'n kop!' Hij laat een korte stilte vallen en vraagt dan: 'Heeft hij je iets beloofd, Virginia? Vertel me de waarheid!'

Ja hoor, zeg ik dan, de productie en distributie van een shampoo onder mijn naam, waarop hij uitroept: 'Een shampoo!? Ja, natúúrlijk, zo'n mietje dat naar je haar kijkt! Met eigen laboratoria, en jouw gezicht, zou ik zo een nieuw imperium kunnen opbouwen! Die vent is een lafbek, Virginia. Hij is nog banger voor die teef met wie hij getrouwd is dan voor mij. En daar kom je heus snel genoeg achter.'

Dus vraag ik hem me niet de dwingen om geld te bedelen bij zijn vijand. Want die vijand is de enige persoon die me financieel wil ondersteunen, mogelijk zelfs met een flinke som. Ik herinner hem eraan dat ik het een angstaanjagend idee vind om in armoede te moeten leven, dat ik praktisch geen familieleden meer heb, geen vrienden – helemaal niemand op de wereld. En ik smeek hem nogmaals me geen getuige te laten zijn van al die wreedheden die het gevolg zullen zijn van zijn plannen: 'Waarom bespaar je me al dat leed niet, Pablo? Stuur gewoon een van die sicario's op me af. Voor geld doen ze toch alles. Je weet net zo goed als ik dat je daar meer dan eens aan hebt gedacht. Waarom doe je het niet gewoon nu, voordat iemand anders het doet?'

Mijn laatste smeekbede lijkt hem nu toch wel te raken. Hij glimlacht teder en komt naast me staan. Hij slaat zijn armen om me heen en fluistert in mijn oor: 'Kom nou, niemand vermoordt zijn biografe, mijn lief! En zo'n mooi lijk zou ik echt niet kunnen aanzien, met een taille van tweeënzestig centimeter! Ik ben niet van steen! Stel je eens voor dat ik je tot leven zou proberen te wekken en het lukt niet?' En met een kus op mijn haar voegt hij eraan toe: 'Dat zou echt een grotere tragedie dan die van Romeo en Julia zijn! Nee, zelfs erger dan Othello en Desdemona! Ja, die twee van Iago, Iago Santofimio!'

Ik moet lachen als ik me herinner dat ik hem heb verteld over Iago. Met een zucht zegt hij dat we in de afgelopen jaren echt heel veel van elkaar hebben geleerd. En ik zeg hem dat hij en ik ons ontwikkeld hebben als twee jonge bamboeboompjes, maar ik vertel hem niet wat ik werkelijk denk: dat dit de laatste keer is dat ik zijn armen om me heen voel, de laatste keer dat we samen lachen, de laatste keer dat hij mijn tranen ziet... Ik weet dat wat er ook gebeurt en wat hij ook doet, ik heimwee zal hebben naar de uren die Pablo en ik samen lachend hebben doorgebracht. Ik voel nog steeds die onverklaarbare pijn om hem achter te laten en de angst om hem niet te kunnen vergeten. En dus vraag ik hem nogmaals of hij me een plezier wil doen en gewoon een huurmoordenaar op me af wil sturen om in één keer overal vanaf te zijn. Daar voel ik niets van. Dan kan hij mijn resten in die draaikolk op Nápoles gooien samen met wat veldbloemen. Ik voeg er nog aan toe dat ik hem beter kan beschermen vanuit de hemel dan vanuit Bogota. En dat ik ook nog een goed woordje voor hem kan doen bij al die lui die hij al naar de hemel heeft gestuurd. Hij blijft even zwijgen. Dan zegt hij dat hij mijn opmerking als beledigend ervaart. Hij zou mij nooit, maar dan ook nooit, zonder een mooie grafsteen achterlaten! Een mooie gestolen grafsteen, met daarop de woorden:

HIER LIGGEN DE RESTEN VAN HET HEERLIJKE VLEES
EN DE PRACHTIGE BOTTEN
DIE HEILIGE MARIA TIJDENS HAAR LEVEN HEBBEN GESIERD,

DIE PRACHTIGE VROUW EN BESCHERMENGEL, VAN HET BEEST MET DE ZWARTE ZIEL

Ik moet lachen om zijn talent om ad hoc verzen en grafschriften op te dreunen, en ook om zijn aanleg voor alles wat met doodgraven te maken heeft. Hij legt me uit dat hij al niet beter meer weet; dagelijks stuurt hij tientallen bedreigingen naar zijn vijanden, per post en met zijn vingerafdruk, zodat niemand hem het intellectuele eigendom ervan zal betwisten. Waarop ik reageer dat een van die vijanden me vrijwel zeker met een mes zal neersteken. Dan denk ik er ineens aan hem te vragen of ik die Beretta in ieder geval nog een tijdje mag houden.

'Ik heb je altijd gezegd dat je dat ding bij je moest houden, zelfs in de badkamer.'

Enorm opgelucht besluit ik dat hij mijn sleutelbos met het gouden hartje mag houden tot de dag dat hij zijn pistool terugvraagt. Hij streelt over mijn beide wangen, zegt dat zolang hij leeft, niemand me een haar zal krenken en voegt daar nog aan toe: 'Iedereen die dit gezichtje zou durven aanraken, zaag ik beide handen af met een kettingzaag! En dan doe ik hetzelfde bij zijn afschuwelijke dochters, echtgenote, vriendin en zussen! En niet te vergeten bij zijn vader en broers, dus wees maar niet ongerust!'

'Ja hoor, Pablo, dat is een grote troost! "Zwarte Ziel, Het Beest"... dat lijkt me wel een aardige naam voor de hoofdpersoon van mijn roman, een bandiet als jij met het gezicht van Tirofijo.'

'O ja, als je dat maar laat! Dan gooi ik je wél levend in die draaikolk, Virginia! Als je trouwens het gezicht van "Commandant Papito" van M-19 gebruikt, verkoop je veel meer boeken. Die Italianen maken er dan een film van en je kunt me een exemplaar opsturen met het opschrift: "Aan mijn Robin Hood, die model stond voor dit verhaal. Alias Assepoester."'

We schieten tegelijk in de lach en dan kijkt hij op zijn horloge. Het is inmiddels twee uur 's middags en hij zal hij me naar het hotel brengen waar ik om drie uur door zijn jongens opgehaald word. Maar eerst moet ik wat make-up op die rode neus van me smeren, die wel een aardbei lijkt van al dat huilen. De receptiemedewerkers zouden nog kunnen denken dat hij me heeft geslagen om die diamant terug te krijgen.

Omdat we elkaar sowieso niet meer zullen zien, durf ik hem nu wel te vragen waarom ik de enige vrouw ben die hij nooit sieraden of bontjassen heeft gegeven. Hij neemt me in zijn armen, kust me op de lippen en fluistert in mijn oor dat hij de illusie in stand wilde houden dat hij de allermooiste niet had hoeven kopen. En de bijdehandste en trouwste van allemaal, nou ja, een klein beetje ontrouw was ik wel... Ik poeder mijn neus met een glimlach van tevredenheid terwijl hij trots naar me kijkt.

Hij zegt dat deze make-up echt wonderen doet en dat het zo jammer is dat hij geen laboratoria voor cosmetica heeft, zoals dat mietje in Cali, maar alleen laboratoria voor cocaïne. Als ik ook nog de productformule zou kunnen bemachtigen, en het onder mijn naam zou verkopen, zou ik nog veel rijker worden dan hij.

Glimlachend vraag ik hem wanneer hij nu eindelijk eens gaat denken aan wettelijk toegestane handel. Daar moet hij vreselijk om lachen: 'Nooit, mijn lief! Helemaal nooit! Ik blijf gewoon mijn hele leven de grootste bandiet van allemaal!'

Vóórdat we het huisje verlaten zegt hij nog, met een beetje vreemde glans in zijn ogen, dat hij me een beetje wil opvrolijken met een verrassing. Ik mag een maand naar Miami op zijn kosten, zodat ik van alle bedreigingen kan bijkomen. 'Carlos Aguilar, El Mugre, zit daar met nog een vertrouwensmannetje. Ze zullen je van het vliegveld halen en ook weer terugbrengen. Dan weet ik tenminste zeker dat je niet naar Zwitserland ontsnapt! Ga lekker genieten daar en als je terug bent, bel ik je. Ze zullen je daar iets bijzonders laten zien. Ik denk dat je het wel interessant zult vinden en ben benieuwd naar je mening.'

We rijden weg. Pablo zit aan het stuur, gevolgd door een auto met slechts twee mannen erin. Het verbaast me dat hij zulke minimale veiligheidsmaatregelen treft, maar hij legt me uit dat hij in Medellín zo gerespecteerd wordt dat niemand een vinger naar hem zou durven uitsteken. Ik zeg dat in mijn beleving 'respect' vaak gelijkstaat aan 'angst' en vraag wie hij deze keer in mijn afwezigheid gaat ombrengen. Terwijl hij me even in mijn wang knijpt, zegt hij dat hij er niet van houdt dat ik zo tegen hem praat.

Naar wat ik heb gehoord, zeg ik, hebben een paar van zijn mannen, na dat akkefietje met de Vieira's, die verhalen over narco's die me jachten afhandig maken, de wereld in geholpen. Hij haalt zijn schouders op en zegt dat hij natuurlijk niet precies weet wat zijn jongens allemaal rondbazuinen. De vrouw van die meneer in Cali is toentertijd begonnen om La Tata als een soort psychopaat en hemzelf als een halvezool af te schilderen. Dan is het nu niet zijn schuld dat iedereen zomaar een radiozender kan bellen met het verhaal dat 'Tarzan' een drugshandelaar is, zijn oude boot een jacht en het noodgeval op zee een zelfmoordpoging.

'Je moet maar leren accepteren dat elke man met wie je voortaan omgaat, dankzij die teef, door de media als een drugshandelaar zal worden bestempeld.'

'Nee hoor Pablo, dat denk jíj! Een paar maanden geleden heeft Felipe López me gevraagd of ik met hem wilde trouwen. Dat had je kunnen weten, want je luistert nog steeds mijn telefoongesprekken af. De zoon van de machtigste voormalig president van Colombia! Een lange, knappe man, een soort jonge versie van Citizen Kane. En het tijdschrift *Semana* heeft altijd verdacht positief over je geschreven, zeker als je bedenkt dat je wel beschouwd een rivaal van de eigenaar bent.'

Ik neem niet eens de moeite me naar hem toe te draaien. Hij wil natuurlijk meteen weten wat 'Assepoester' heeft geantwoord.

'Ik zei dat hij nogal een voorstander van het open huwelijk is, en of hij soms had gedacht om mij met Pablo Escobar te delen, die hij tenslotte tot mythische proporties had opgeblazen. Maar dat ik mijn echtgenoten niet bedrieg. En dat hij naast de lelijkste vrouw van Bogota absoluut de Koning van de Andes lijkt, maar hoe zou hij overkomen naast de mooiste?'

Hij schaterlacht, en zegt dat Felipe López tot alles in staat is om achter zijn geheimen te komen, en die van al die gierige magnaten. Waarop ik zeg dat hij nog veel liever te weten wil komen hoeveel de drugskartels zijn lieve papa hebben toegestopt. En ik vertel dat de López' zich precies houden aan de adviezen die Winston Churchill op een zekere dag aan George VI gaf. De koning vroeg namelijk aan zijn eerste minister waarom hij zo veel vervaarlijke Labourleden in zijn kabinet had. Churchill had als kleinzoon van de hertog van Marlborough min of meer hetzelfde taalgebruik als George VI, en nou ja, het waren tenslotte ook mannen onder elkaar, en hij zei terwijl hij met zijn hand twee maal een halve cirkel in de lucht tekende: 'Sire, het is wijzer om ze binnen te houden terwijl ze naar buiten pissen, dan van buiten pissend naar binnen!'

Hij zegt dat hij dat het meest zal missen, mijn verhalen en onze onderlinge humor. Ik antwoord dat zijn verhalen nog veel beter zijn, en dat hij me daarom binnen 'zijn kabinet' wil houden. Hij zegt dat hij nog nooit iemand heeft ontmoet die zo veel levens heeft als ik en ik help hem eraan herinneren dat hij er slechts één heeft en dat ik mezelf waarschijnlijk van kant maak op de dag dat ze hem te grazen nemen. Voor de laatste keer genieten we van onze eeuwige woordspelletjes als hij ineens moet stoppen voor rood licht. Dat is nieuw voor mij, normaal gesproken rijdt hij 's nachts als een duivel, maar overdag moet hij noodgedwongen opletten in het verkeer. In de auto rechts van me zit een vrouw die ons herkend heeft en duidelijk haar ogen niet kan geloven. We groeten haar vriendelijk en Pablo blaast haar een kus toe. Ze lacht verheugd en ik merk op dat hij blijkbaar in de ogen van vrouwen een 'lekker ding' is. Dat effect dat hij op vrouwen heeft kan hij mooi gebruiken. Hij zou zich dus meer met de liefde dan met oorlog moeten inlaten. Hij lacht, kust mijn hand en bedankt me voor alle vreugde die ik in zijn leven heb gebracht. Met een ondeugend lachje belooft hij dat hij vanaf vandaag minder van die dikmakende bonenschotels zal eten.

'Als die vrouw vanavond haar echtgenoot helemaal opgetogen vertelt dat Pablo Escobar met haar zat te flirten, zal die man, zonder van de krant op te kijken, waarschijnlijk alleen maar spottend opmerken dat hij een afspraak bij de psychiater of bij de oogarts voor haar zal regelen. Of hij zal zeggen dat je een onverbeterlijke rokkenjager bent. Echtgenoten zijn zo saai...'

En omdat ik toch al niets meer te verliezen heb, maak ik gebruik van het feit dat we samen zo veel plezier hebben en kom ik terug op de voornaamste reden van mijn bezoek: 'Luister. Pablo. Het staat al vrijwel vast dat Luis Carlos Galán de volgende president wordt en hij heeft gezegd dat hij het uitleveringsverdrag opnieuw wil invoeren. Je moet echt een soort bondgenootschap met Gilberto sluiten en samen een vredesverdrag met de M-19 opstellen. Tenslotte zijn jullie met ze bevriend.'

'Nee, lieveling, echt niet! Galán wordt geen president!'

'Loop jezelf nou niet zo voor de gek te houden, want in '90 zal hij zeker worden gekozen. Maar iedereen heeft toch een prijs? Jij weet dat beter dan wie ook.'

'O, het kan best zijn dat hij gekozen wordt. Maar dat wil nog niet zeggen dat hij ook ingehuldigd wordt! Maar wacht even... geef je me nu het advies hem om te kopen?'

'Nee, nee dat gaat niet lukken. Maar ik denk wel dat hij een soort vredesverdrag als ruilobject zou kunnen voorstellen. Als El Mexicano nou eens al die blinde haat voor de communisten opzijzet en een wapenstilstand sluit met de Unión Patriótica en de FARC, en jij die stomme oorlog met Cali uit je hoofd zet, kunnen jullie samen met de M-19 een blok vormen. Als je Galán echter vermoordt, wordt hij een nieuwe Jorge Eliécer Gaitán en jij een nieuwe Roa Sierra. Dat past helemaal niet bij je, en ik wil niet dat je op die manier sterft, want dat verdien je niet. Je bent zo'n sterke leider, met zo'n formidabel charisma en je weet de media te bespelen. Er zijn zo veel mensen die je nodig hebben, Pablo, al die armen rekenen op je. Je kunt ze niet zomaar aan hun lot overlaten.'

'Ach, dat ligt allemaal veel gecompliceerder dan jij denkt. Ik heb de politie en de DAS tegen me, die spannen samen met Cali. El Mexicano en ik hebben het leger nodig. En vergeleken bij de Militaire Inlichtingendienst – de B-2, die van ons is – zijn de politie en de Geheime Dienst heilig! El Santo heeft ook heel veel contactpersonen bij veiligheidsdiensten en bij hoge militairen. En ik besef heus wel dat hij beide kartels af en toe een pleziertje doet, want politici zijn nou eenmaal opportunistisch. Maar ik maak gebruik van hem, net zoals de Rodríguez' dat doen. Er hangen vreselijke dingen in de lucht, Virginia, en echt, er is niets, maar dan ook niets wat jij kunt doen om daar verandering in te brengen.'

Ik probeer hem te laten inzien dat al die verdorven geesten die de leiding over dit land hebben, waarschijnlijk nu in hun handen wrijven. Ze hebben volledige controle over de DAS en ook nog eens het geld van de Rodríguez', strebers die totaal geen kaas gegeten hebben van politiek. Dus zullen ze zwijgzaam toezien hoe hij en Gonzalo elke presidentskandidaat uitschakelen die een bedreiging vormt voor hun vriendjespolitiek, hun ambassadebaantjes en de opbrengsten van de reclamecampagnes van de media. 'Dan worden jullie twee doodleuk een paar bruikbare idioten voor de presidentiële families en de economische groepen. Als je

het er niet levend vanaf brengt, neemt Gilberto fijn jouw business over en Alfonso López en Ernesto Samper blijven eeuwig aan de macht. Toevallig heb ik ook oog voor de toekomst, zeker als het jou betreft.'
Opnieuw zegt hij dat mijn manier van spreken hem helemaal niet bevalt. Ik zie dat hij ineens een uitgesproken vermoeide indruk maakt en jaren ouder lijkt. We zijn inmiddels al meer dan vier uur aan het praten: ik heb alles uitgesproken wat ik voorheen nooit durfde, ik heb meerdere keren de naam van zijn rivaal genoemd en straks neem ik voorgoed afscheid van hem. Het probleem met deze mannen is dat niemand hun de waarheid durft te zeggen. Want, zeg ik nogmaals, achter elke uitzonderlijk rijke man schuilt een volkomen gelijkwaardige partner dan wel een slavin. Hij draait zich naar me toe en vraagt wat ik daarmee wil zeggen. En omdat ik weet dat hij mijn woorden heel goed zal onthouden, leg ik uit: 'Jouw vrouw is een lieverd en die van jouw rivaal een teef. En ergens vanbinnen weet ik dat ze beiden evengoed jullie ondergang betekenen. Vraag me niet waarom. Het enige wat ik je nog wil zeggen is dat ik je nooit zal vergeten. En dan nu vaarwel, mijn lief.'
Hij stopt een paar meter voor de ingang van het hotel. Beiden beseffen we dat het de laatste keer is dat ik hem in leven zie. Hij legt zijn hand achter mijn nek en kust mijn voorhoofd; kijkt me nog één keer aan, met die doodvermoeide ogen waarin alle gevaren schuilen en die alle tragedies voorspellen.
En omdat de laatste herinnering de mooiste moet zijn, lukt het me voor ik uitstap mijn tranen te bedwingen, geef ik hem mijn laatste vluchtige kus, een laatste stralende glimlach, een laatste liefdevol schouderklopje en een blik die alleen maar zoiets simpels kan beloven als waar Billie Holiday zo dromerig over zingt: *'I'll be seeing you'*.

❖

Op het vliegveld wijzen Pablo's mannen me op een jongeman die de indruk maakt iemand van belang te zijn. Zodra hij me opmerkt, stapt hij glimlachend op ons af. De begroeting tussen hem, zijn metgezellen en de mijne is allerhartelijkst. Het is al een paar jaar geleden dat ik deze veelbelovende politicus met zijn heilige snuitje en zijn intelligente blik heb gezien. Ik ben blij hem te kunnen feliciteren met het feit dat hij net tot senator is benoemd. We staan eventjes te praten en bij het afscheid zegt hij tegen Pablo's mannen: 'Doe de hartelijke groeten aan de Baas!' In het vliegtuig komt er een man naast me zitten die een van de vele bekenden is van Aníbal Turbay. Er zijn toch wel voordelen verbonden aan reizen op een gewone lijnvlucht in plaats van in een privévliegtuig. 'Ik zag je staan met de mannen van Pablo Escobar, jullie waren in gesprek met Álvaro Uribe Vélez. Zonder hem zou Pablo geen multimiljonair zijn en zonder Pablo zou Alvarito het nooit tot senator hebben geschopt! Uribe is een neef van de Ochoa's en zelfs een verre verwant van Pablo. Wist je dat? O, echt niet? Jij leeft echt in een andere wereld. Hier in Medellín weet iedereen dat.'

Waarop hij aan een verslag begint over de achtergrond van alle leden van Pablo's 'vakbond': wie Alberto Uribe Sierra, de vader van Alvarito, was, wanneer de oorlog gaat beginnen, wie er gaat verliezen en winnen, hoeveel kilo de een vanuit Cali verstuurt en de ander uit Medellín, hoeveel kilo die en die kwijt is en hoeveel het die en die heeft opgeleverd. En hoe hij het voor elkaar heeft gekregen aan de 'Feds' van een rechtbank in Manhattan te ontsnappen tijdens een reces tussen twee rechtszaken. Nog vóórdat in de tweede zaak de hamer van de rechter had geklonken, de rechter 'guilty' had uitgesproken en hij levenslang had gekregen, was hij hem gesmeerd. Na een reis om de wereld was hij een jaar later weer terug in Colombia, kuste de grond van zijn vaderland en had gezworen Colombia nooit meer te verlaten. Nu is hij gelukkig met zijn vrouw, met wie hij op een kleine boerderij woont, en hij weet dat hij de enige ex-drugshandelaar ooit is. Zonder ook maar een cent!

Ik vind deze sympathieke man – die als hij lacht een paar tanden als Mack the Knife ontbloot, en vroeger vast 'handel' aan de maffiosi in New York sleet – een absolute aanwinst op deze trip terug naar Bogota. En in de aankomende vijfenhalf jaar, bijna tot de aan dood van Escobar, zou ik deze gezellige prater tot mijn eigen lokale versie van 'Deep Throat' bombarderen, het mysterieuze personage in *All the Presidents Men*.

Die dag dat ik Pablo voor altijd vaarwel zei, was ook de tweede en laatste keer dat ik persoonlijk met de eerste herkozen president van Colombia (2002-2006-2010) sprak. Ik zou ze nooit meer zien – noch

Escobar, noch 'Doptor Varito' – en zou alleen nog maar telefonisch in contact blijven met Pablo. Maar door deze merkwaardige spelingen van het lot, en dankzij de ontmoeting met mijn persoonlijke Deep Throat, was ik in die tweede vijf jaar wél van alles op de hoogte. Alles wat er in het leven en de wereld van Pablo Escobar speelde, werd aan mij doorverteld. Die onvoorspelbare, fascinerende en angstaanjagende wereld van de leden van het Medellínkartel.

DEEL III

DAGEN VAN AFWEZIGHEID EN STILTE

I have no mockings or arguments... I witness and wait.

Walt Whitman, *Leaves of Grass*

THE CUBAN CONNECTION

Ooit had ik Pablo erop gewezen dat je bij het nemen van een belangrijke beslissing niet over één nacht ijs moet gaan. Dat betekent dat je meerdere redenen moet kunnen opnoemen waarom je die beslissing neemt. Mocht het gewenste resultaat op bepaalde punten dan uitblijven, dan haal je er op andere wél weer genoegdoening uit.

Pablo's besluit me een reisje cadeau te doen, geeft hem in meerdere opzichten genoegdoening: ten eerste sluit het onze relatie op een waardige manier af. Het bijkomende voordeel voor hem is natuurlijk dat ik me positief naar hem opstel, en nog belangrijker, hij heeft de garantie dat ik in Colombia blijf. Ten tweede weet hij op deze manier dat zijn voormalige minnares uit de buurt van zijn eeuwige rivaal is, die de dag na zijn vrijlating al weer arm in arm met de president en Pablo's kandidaat rondliep. Al snel zou ik niet alleen achter de andere redenen komen, maar zou ik ook weer eens geconfronteerd worden met hoe manipulatief Pablo is.

Een paar weken na het bezoek met Santofimio belt Gilberto Rodríguez met de vraag hoe 'die meneer met wie ik bevriend ben' had gereageerd op mijn voorstel om de zaken tussen hen glad te strijken. Pablo had me twee weken eerder dezelfde vraag gesteld, waarop ik hem toen moest antwoorden dat 'die meneer uit de Valle' nog geen contact met me had opgenomen. Bovendien had ik Pablo laten weten dat hij toch echt niet moest denken dat ik 'die meneer' zou vertellen dat Pablo hem tot moes wilde slaan en al helemaal niet dat hij van plan was om Gilberto en mij als de zoveelste versie van Bonnie en Clyde op de vloer van het lijkenhuis tentoon te stellen. Pablo herinnerde zich de woorden van Gloria Gaitán over ons, en verzocht me haar te groeten. Daarna hadden we afgesproken elkaar na mijn terugkomst te spreken.

Ik vermoed dat Escobar nog steeds mijn telefoon afluistert. Dus ik let heel goed op mijn woorden. Ik zeg tegen Gilberto dat hij, die toch altijd voor een heer doorging, nu zijn hand maar eens moet uitsteken naar die 'meneer uit de bergen', die nu wel bereid is het probleem tussen hen op te lossen. Ik vertel hem dat Pablo en ik elkaar voorgoed vaarwel hebben gezegd. Dat Pablo me had aangeraden een tijdje in Miami bij te komen van alles en dat ik dus over een paar dagen vertrek om dit hoofdstuk van mijn leven definitief af te sluiten.

Het blijft even stil aan de andere kant van de lijn. Dan hoor ik Rodríguez schamper uitroepen: 'Luister eens, als hij echt zo graag met ons in gesprek zou willen, dan zaten we nu bij jou thuis bij elkaar en zou hij jou nu niet het land uitsturen! Ik weet natuurlijk niet wat je tegen hem gezegd hebt, prinsesje, maar hij is op dit moment gekker dan ooit! Het is zelfs zo erg dat ik me alleen in Cali veilig voel, en ik denk zelfs dat ik niet meer normaal in Bogota over straat kan! Als je terug bent, wil ik graag dat je hier langskomt om over ons project te praten. Ik had gedacht om ook je vriendin Gloria Gaitán uit te nodigen. Ik wil haar zo graag eens ontmoeten! Zeg maar tegen haar dat ik veel respect voor haar vader heb. Jorge Eliécer Gaitán staat samen met God en mijn moeder helemaal boven aan mijn lijstje!'

Ik weet wel bijna zeker dat ze zijn uitnodiging zal aannemen, zeg ik. En ook dat ik hem graag in Cali wil ontmoeten om over ons bedrijf te praten zodra ik uit Miami terug ben. Bovendien wil ik graag van hem weten hoe het komt dat Pablo zo de weg kwijt is, want bij ons afscheid had hij alleen gezegd dat hij zo blij voor me was en dat hij ons veel succes wenste met ons project. Dan zegt Gilberto dat hij graag wil bijdragen aan een geslaagde vakantie. Zodra ik in mijn hotel ben zorgt hij ervoor dat een van zijn medewerkers in Florida me twintig *grand* overhandigt voor mijn onkosten.

Ik ben blij verrast en vind het een prima voorteken. Ik laat het geld dat Pablo me heeft gestuurd achter in de kluis naast de Beretta en ik neem me voor de helft van Gilberto's geld in kleine hoeveelheden op mijn rekening te storten en alleen de andere helft uit te geven. Opgetogen vlieg ik naar Miami, om Pablo Escobar te vergeten en om mantelpakjes aan te schaffen.

Nooit eerder had ik in het buitenland contact met mensen die in de drugshandel zitten. En met Pablo's werknemers had ik nooit meer dan enkele beleefdheidszinnen gewisseld. Carlos Aguilar is een jonge man, die er, ook al heeft hij de bijnaam El Mugre, goed uitziet en helemaal niet de indruk wekt een doorgewinterde crimineel te zijn. Omdat ik hem sowieso nooit bij zijn bijnaam zou kunnen aanspreken, noem ik hem gewoon 'Aguila'. Zijn metgezel is een lange vent, ook nog jong, slank, slungelig, niet al te goedlachs en zelfs stug te noemen. Zijn wenkbrauwen lopen in elkaar over en hij heeft lichte ogen waarin letterlijk te lezen valt: wandelend gevaar, huurmoordenaar van de maffia. Zijn naam heb ik niet onthouden, maar zijn gezicht staat een paar jaar later in de krant tussen al die honderden doden veroorzaakt door Pablo Escobars oorlogen.

Ik vraag de mannen hoe ze de Verenigde Staten in en uit reizen zonder aangehouden te worden. Met een minzaam glimlachje antwoordt een van hen: 'Daar heb je paspoorten voor.' Ze vertellen me dat de Baas ze deze keer heeft opgedragen achthonderd kilo van de ene opslagplaats naar een andere te vervoeren, want de plek waar het zich nu bevindt 'ligt onder vizier', dus de DEA en de 'Federicos' oftewel de 'Feds' kunnen elk moment een inval doen.

'Achthonderd kilo? Wauw!' Mijn bewondering betreft voornamelijk de waarde van die handel en hun durf. 'En hoe verplaatsen jullie dat dan? Per honderd kilo?'

'Ben je nou echt zo naïef, Virginia? In wat voor wereld leef jij eigenlijk?' Aguilar kijkt me indringend aan, met een zweem van medelijden. 'Voor Pablo Escobar is achthonderd kilo gesneden koek! Wij verplaatsen per week tonnen van dat spul. Ik persoonlijk heb de taak te zorgen dat het geld in Colombia komt. Tientallen miljoenen contant geld, tientallen! Er raakt weleens iets zoek, maar praktisch alles komt wel aan.'

Het is me bekend dat zijn werknemers zonder Pablo's toestemming niet vrijuit mogen praten over de omvang van zijn business, niet met verslaggevers of burgers en al helemaal niet met een vrouw. Mijn ex-minnaar kent me erg goed, en weet precies wat er door me heen gaat op het moment dat zijn ondergeschikte me in vertrouwen neemt.

Ik denk zelfs dat het precies op die dag was dat ik ophield met van Pablo te houden en hem begon te haten: toen de zevende rijkste man ter wereld het mannetje dat zijn financiën beheert opdracht gaf me het gevoel te geven dat ik de armste vrouw op aarde was. Hij wilde het me betaald zetten, en dat is hem gelukt. Hij wilde het erop aansturen dat ik om een fooitje bij zijn vijand ging bedelen, die hij overigens eerst nog even flink de stuipen op het lijf wilde jagen, nog voordat ik het geld had ontvangen. Al zijn haat tegen het Calikartel moest hij op mij afreageren, als was ik een boksbal, en me dan ook nog met een schuldgevoel opzadelen over die oorlog, die honderden doden zou maken.

Ik had Pablo ooit eens verteld over Quirky Daisy Gamble, een personage in de Broadwaymusical *On a Clear Day You Can See Forever*. Daisy wist dingen die niemand anders kon weten en kon dingen die voor normale mensen simpelweg onmogelijk waren. Nadat ik hem het hele verhaal had verteld en we er samen om hadden gelachen, waren we tot de conclusie gekomen dat – op niet al te duistere dagen – ik de enige was die precies kon inschatten wat hij van plan was.

Een paar dagen na mijn aankomst in Miami, kondigt Aguilar aan: 'De Baas heeft opdracht gegeven je vanuit de lucht een kijkje te geven op de Florida Keys. Hij zei erbij dat je op een heldere dag zelfs de kusten van Cuba kunt ontwaren. We plannen het voor volgende week, op een zonnige dag...'

El Mugre en zijn metgezel – die me laat zien dat hij in elke sok een revolver verbergt – brengen me vanaf mijn hotel naar een luchtvaartschool, ongeveer een uur rijden. Daar stellen ze me voor aan drie jongens die getraind worden om in dienst van Escobar te treden. Het zijn erg jonge knullen, begin 20, slank, donker en klein van stuk. Voor hun leeftijd hebben ze al een keiharde blik in de ogen. Ook doen ze geen enkele moeite hun verbazing en ongemak over mijn komst te verhullen. Ik heb al een flink aantal piloten van de organisatie leren kennen, dus het valt me meteen op dat deze jongens het niet halen bij die narcovliegeniers. Dat waren beleefde, altijd vriendelijk glimlachende mannen met een goedgevulde portemonnee, die eruitzagen als geslaagde, zelfverzekerde professionals uit de hogere middenklasse. Deze jongens maken de indruk van derderangs ijzervreters. Het lijkt me sterk dat ze getraind worden om cocaïne naar Cuba te vliegen, eerder om het daar op te halen. Maar om de tonnen drugs vanuit het Caribisch gebied Florida in te krijgen heeft Pablo altijd kunnen rekenen op de meest ervaren Amerikaanse of Colombiaanse piloten. Daar zou hij toch geen groentjes voor nodig hebben... De handel wordt toch ook niet per vliegtuig op andere markten afgezet, en voor zover ik weet, is de afhandeling op Amerikaans grondgebied een zaak van de klanten van het Medellínkartel. Daar bemoeien Pablo en zijn partners zich niet mee.

Dan valt het kwartje. De echte reden van mijn reis naar Miami wordt me ineens duidelijk. Bovendien daagt het me ook dat Pablo zich doodlacht om al mijn waarschuwingen en bezorgdheid, om mijn gefortuneerde ex-minnaars en om Gilberto die wel of niet de nieuwe Koning van de Coke wordt. Het zal hem allemaal worst wezen. Want hij neemt zich voor om nog bij leven een mythe te worden. Ja, hij wil niet de geschiedenis in als een of andere koning van zomaar iets, maar als de Koning van de Terreur. En hij wil dat dat heel goed tot me doordringt. Vóórdat ik voor altijd uit zijn leven verdwijn, wil hij me laten zien waar zijn monsterlijke geest toe in staat is. Hij wil dat zijn toekomstige biograaf met eigen ogen ziet wat zij in de hoedanigheid van minnares niet mocht weten. Ik, de vrouw die hem tegengas gaf, die hem maar aan zijn kop bleef zeuren, die een open boek voor hem was en die hij perfect naar zijn hand wist te zetten.

El Mugre vertelt me dat die jongens uit Nicaragua komen en net in de Verenigde Staten zijn. Ze zijn via 'het Gat' binnengekomen, dus illegaal via de Mexicaanse grens. Ik begrijp meteen dat het sandinisten zijn, hoogstwaarschijnlijk soldaten en communisten die bereid zijn alles voor de revolutie te doen. Wat Pablo me hier wil laten zien is, dat met bakken geld en een zorgvuldige voorbereiding, alles gerealiseerd kan worden. Hij wil dat ik met mijn eigen ogen zie dat deze jonge, norse leerling-piloten van bescheiden komaf bezig zijn met voorbereidingen voor zaken die een Amerikaanse of Colombiaanse piloot zelfs niet voor al het geld van de wereld zou willen uitvoeren.

Pablo zegt hiermee ook dat als hij zaken wil doen met Cuba, hij helemaal niet afhankelijk is van Castro's instemming. Bovendien wil hij aantonen dat als een dictator zijn voorstellen in de wind slaat, uit angst voor de Amerikanen of de Contra's, er altijd wel weer generaals onder hem staan die wél een prijs hebben. En iemand met zo veel geld als Pablo, kan die prijs dubbel en dwars betalen.

Ik heb een voorgevoel dat ik die uitnodiging om vanuit het vliegtuig op een heldere dag alles te kunnen zien, niet moet aannemen. En als we in de mall, waar ik wat inkopen heb gedaan, even gaan zitten voor de lunch, ben ik blij dat ik naar mijn gevoel heb geluisterd. Want ineens worden we verblind door flitslichten van camera's. Vergeefs proberen we erachter te komen waar ze vandaan komen. Het is de eerste keer sinds ik Escobar ken dat ik zijn mannen ergens van zie schrikken. Ze vragen me om maar meteen terug naar het hotel te gaan, en ik kom tot de conclusie dat ik deze twee weken genoeg van Miami heb gezien. De volgende dag wil ik naar huis.

Het is 11 oktober 1987. Op het vliegveld word ik door twee FBI-agenten voor ondervraging aangehouden. Ik ga ervan uit dat ze vragen gaan stellen over de jongens die me begeleiden of over de piloten van de dag ervoor, maar nee, ze willen alleen maar weten of ik contant geld bij me heb. Opgelucht antwoord ik dat het soort geld dat ze bedoelen op dezelfde manier naar Colombia gaat als hoe de drugs hier aankomen. En dus niet in de handtas van een verslaggeefster met een universitaire graad in drugshandel-gerelateerde zaken. Ik ben in staat om dit zo kalm te zeggen omdat ik inmiddels begrijp dat de DAS bij iedere trip van mij naar het buitenland de buitenlandse autoriteiten inseint. En ik ben ervan overtuigd dat de foto's van de dag ervoor door *special agents* zijn genomen om met hun Colombiaanse collega's uit te zoeken in wiens gezelschap ik verkeerde.

Bij de incheckbalie kom ik erachter dat het internationale vliegveld van Bogota gesloten is. Toen hij in zijn onopvallende voertuig rustig door de straten van Bogota reed, is de advocaat Jaime Pardo Leal, kandidaat van de Unión Patriótica, bij een militaire post aangehouden en vermoord.

In een land waar iedere derderangspoliticus een geblindeerde wagen met lijfwachten krijgt toegewezen, is dit bescheiden autootje en de totale afwezigheid van bescherming door de DAS een waarschuwing voor wat eenieder te wachten staat die geen front vormt met de twee voormalige presidenten van de traditionele partijen of met hun konkelende medestanders die straks de macht willen grijpen. De Colombiaanse presidentiële families – die de ambassadebaantjes en de belangrijke openbare posten verdelen, terwijl ze door middel van hun mediabedrijven de reclamerichtlijnen van de staat uitmelken – laten het vuile werk over aan generaal Miguel Maza Márquez, directeur van de Geheime Dienst en belast met de bescherming van de kandidaten. De directeur van de DAS laat op zijn beurt zijn vuile zaakjes opknappen door de Militaire Inlichtingendienst. En de B-2 laat zijn smerige akkefietjes over aan El Mexicano, Gonzalo Rodríguez Gacha, dezelfde die al honderden activisten van de Unión Patriótica heeft omgebracht. Voor de kleine groep elitefamilies die zowel controle heeft over de publieke opinie als over de economische bronnen van de staat, zijn de grote leiders van de drugshandel de aangewezen personen om hun tegenstanders uit de weg te ruimen, zonder dat ze zelf vuile handen krijgen. Zo kunnen ze de macht, waar ze al generaties hun bestaansrecht aan te danken hebben, voor altijd naar zich toetrekken.

Ik weet dat Escobar niets te maken heeft met de dood van Pardo Leal, want hij is een vrijdenker die niet uit ideologische motieven moordt. Als hij iemand ombrengt dan is dat puur omdat ze van hem hebben gestolen of hem jaren hebben vervolgd. Bij ons afscheid zei hij nog dat ik niets, maar dan ook helemaal niets kon doen om de loop van de geschiedenis te veranderen. Omdat ik besef dat hij nooit zijn onmacht, zijn zwakheden of een nederlaag zou laten zien, begrijp ik ook wat die woorden precies inhielden: dat er niets is wat hij, met al zijn miljoenen en al zijn razernij, kan uithalen tegen het geheel van de gevestigde macht, tegen de veiligheidsorganisaties die in dienst staan van die macht en tegen de obsessie van zijn beste vriend om alles wat naar communisme riekt met de grond gelijk te willen maken.

De dag na mijn terugkeer schrijf ik Pablo een bericht in geheimtaal. Ik onderteken met een van de vele bijnamen die hij ooit voor me gebruikte. Ik raad hem aan niet te vergeten dat Fidel enorm veel macht heeft in de Niet Gebonden Landen en eigenlijk ook bij alle niet erkende overheden ter wereld. Ik waarschuw hem dat op de dag dat Castro ontdekt wat zijn ondergeschikten van plan zijn, of waar ze al mee bezig zijn, hij ze allemaal zal laten afschieten en dit ter meerdere glorie van zichzelf zal gebruiken. Ook help ik hem eraan herinneren dat hij met zijn hele familie vroeg of laat Colombia zal moeten ontvluchten en dat niet één rijk land hen zal willen opnemen. Bovendien zal Castro er op dat moment voor zorgen dat al die derdewerelddictaturen die hem van een paspoort hebben voorzien, hun grenzen voor hen sluiten en als ze hen toch binnenlaten dan is dat enkel en alleen om hem later bij de gringo's in te ruilen voor een flinke som geld. Als hij denkt de leiders van Cali, de Colombiaanse staat, Fidel Castro en de Amerikanen tegelijkertijd te kunnen aanvallen, dan is dit alleen omdat hij al zijn gevoel voor proporties kwijt is, zijn beoordelingsvermogen aan het verliezen is – en dat is toch het enige wat iemand eigenlijk nooit kwijt mag raken – en op ramkoers op zijn einde afstevent. En ik sluit af met de mededeling dat ik er schoon genoeg van heb zowel door zijn vijanden als door de inlichtingendiensten gevolgd te worden. Bovendien wil ik niet het recht verspelen om de Verenigde Staten in te kunnen. Ik schrijf hem tenslotte dat we al geen vrienden meer zijn, dat ik er niet over peins om een toegenegen toeschouwer te worden van zijn verdere bestaan en dat ik mijn best ga doen om alles te vergeten wat me er toentertijd toe bracht om zo verliefd op hem te worden. Vanaf nu ben ik alleen nog een scherp oordelende toeschouwer.

'Als je me ooit verlinkt, zal ik geen genade kennen, liefde van mijn leven,' fluistert hij een keer om drie uur 's nachts door de telefoon. Ik hoor aan alles dat hij jointjes heeft zitten roken.

'Als ik ook maar iets zou zeggen, zou niemand me geloven. Ze zouden me samen met jou opsluiten. Daar pas ik liever voor. Je weet dat je me een groot plezier doet als je me uit de weg ruimt. En als je me verminkt, weet ik de weg naar de media nog heel goed te vinden. Geen vrouw zal het dan ooit nog wagen in je buurt te komen. En dat zijn twee goede redenen – naast het feit dat ik helemaal niets meer van je verwacht – waarom ik het enige wezen op aarde ben dat niet bang voor je is. Doe maar net alsof je me nooit ontmoet hebt. Vergeet me, en bel me nooit meer. Adios.'

❦

In november ga ik naar Cali om Gilberto Rodríguez Orejuela te spreken. Eigenlijk is hij bij elke ontmoeting anders. In de gevangenis kwam hij treurig en verslagen over, die dag samen met Santofimio leek hij onoverwinnelijk, en nu maakt hij een bezorgde indruk. Als ik iemand zou moeten opnoemen die evenmin bang is voor Pablo, dan is hij het wel. Maar Medellín heeft Cali de oorlog al verklaard, en het is slechts een kwestie van dagen of weken vóór het eerste schot wordt gelost. Gilberto belt in mijn gezelschap met de manager van zijn laboratoria: 'Ik zit hier met Virginia Vallejo, op wie ik erg gesteld ben. Binnenkort belt ze je, en ik wil graag dat je aan al haar verzoeken tegemoetkomt.'

Verder zegt hij er nog niets over. Wel voegt hij er nog aan toe dat we verder praten zodra hij een paar problemen heeft opgelost. Hij is er goed van doordrongen dat ik zonder geld zit en ik besef dat alles afhangt van de vraag of er straks wel of niet oorlog met Escobar komt. Op dit moment ben ik natuurlijk een extra reden voor conflicten tussen hen. De hele kwestie ligt uitermate gevoelig. Dat komt niet doordat Pablo nog steeds verliefd op me is, maar hij is gewoon bang dat al zijn geheimen en zwakke punten bij zijn aartsvijand terechtkomen. Pablo tapt nog steeds mijn telefoon af en op de een of andere manier heeft hij Rodríguez heel duidelijk gemaakt dat hij bezitteriger is dan al zijn neushoorns bij elkaar.

In december worden Gloria Gaitán en ik door Gilberto in Cali uitgenodigd. De ontmoeting verloopt heel plezierig en de volgende dag tref ik hem alleen. Tijdens dit gesprek krijg ik de bevestiging van wat Pablo al had voorspeld en waar ik zelf ook al een voorgevoel van had: 'Iedere keer dat de furie je op tv ziet, schreeuwt ze tegen mijn zoon van elf: 'Kijk 'ns, je stiefmoeder is op tv!' Je bent de droom van iedere vermogende man en heel erg geschikt voor het opzetten van een cosmeticalijn, maar je bent wel erg laat met dat idee gekomen.'

Ik merk op dat hij waarschijnlijk op mijn leeftijd doelt, maar dat hij zich daar geen zorgen over hoeft te maken.

'O nee, daar heeft het niets mee te maken! Wat ik wil zeggen is dat ik twee keer ben getrouwd met vrouwen van lagere komaf dan ik. En jij bent zo'n prinsesje... Gisteravond heeft de furie een zelfmoordpoging gedaan. Toen ze bijkwam zei ze dat als ik jou nog één keer zou zien, al was het maar heel onschuldig tijdens een lunch, ze me mijn zoontje, kampioen karten, zou afnemen. En eerlijk gezegd is hij de enige reden dat ik nog bij haar blijf en dat ik me met onwettige zaken bezighoud. Hij betekent alles voor me. Nu dwingt ze me dus te kiezen tussen een bedrijf met jou of mijn favoriete kind.'

Ik zeg dat als hij me zou ondersteunen met voldoende middelen om dit cosmeticabedrijf op te zetten, ik er een imperium van zou maken, en dat niemand anders hoeft te weten dat we partners zijn. Hij zou er dan altijd op kunnen terugvallen, want de nieuwe wetten gericht tegen het vergaren van zwart geld – de zogenoemde wet op inbeslagname van activa – zullen hem behoorlijk in de wielen rijden. Betuttelend en minzaam reageert hij dat hij al genoeg legale ondernemingen heeft waar hij flink wat belasting voor moet afdragen.

Nadat ik voor altijd afscheid van hem heb genomen, bedenk ik dat deze doortrapte man heel wat gevaarlijker is dan Pablo Escobar en Gonzalo Rodríguez samen. Ik kom weer eens tot de slotsom dat Gods wegen ondoorgrondelijk zijn. Als ik thuis in Bogota in de spiegel kijk, spreek ik mezelf moed in met de zin van Scarlett O'Hara in *Gone with the Wind*: 'Goed... daar denk ik morgen wel over na!' In 1988 zullen we wel zien wat er gebeurt. Laat ze elkaar dan maar afmaken... Ik kan er niets meer aan doen. Gilberto is ook maar een mens en als iemand Pablo ook maar een strobreed in de weg legt, hoe rijk of stoer ook, dan is de uitslag al bekend. Ik heb nog twaalfduizend dollar op de bank en dertigduizend in de kluis. Ik ben zo slank als een den, mijn IQ is net zo hoog als het aantal designerpakjes in mijn kledingkast en ik ga lekker naar Careyes!'

Careyes is een luxeresort aan de Mexicaanse kust, een paradijs voor de rijkste en elegantste mensen ter wereld. Ik ben daar uitgenodigd door mijn vriendin het model Angelita, die daar liever niet alleen zit tussen allemaal Fransen en Italianen, terwijl haar verloofde, een Parijse polospeler, toezicht houdt op de bouw van het sportveld. Geen woord wisselen we over Pablo, die vijf of zes jaar terug helemaal ondersteboven van haar was, en evenmin iets over mijn leven in de afgelopen vijf jaar. Op de eerste avond word ik al voorgesteld aan Jimmy Goldsmith, die aan het hoofd zit van een lange tafel vol kinderen, verloofden van zijn kinderen, huidige en voormalige echtgenotes, kleinkinderen en vrienden, allemaal zongebruind en opgewekt. Als de legendarische Frans-Britse magnaat zijn hand naar me uitstrekt en glimlacht, denk ik dat hij misschien wel de aantrekkelijkste man is die ik ooit heb gezien. En hij is vast een vriend van David Metcalfe. Ooit sprak Sir James Goldsmith de legendarische woorden: '*If you marry your mistress, you create a job vacancy.*'

Sir James heeft net vóórdat de beurs in elkaar stortte alle aandelen van zijn bedrijf verkocht en er een fortuin van zes miljard aan overgehouden. Vroeger was hij getrouwd met de dochter van Antenor Patiño. Terwijl ik op de verjaardag van Jimmy's dochter Alix een blik werp op de *palapas*[38] van de nakomelingen van de Boliviaanse 'King of Tin' en naar de mooiste mariachi's ooit luister, vraag ik me af waarom al die gierige magnaten niet een beetje in stijl kunnen leven, zoals David Metcalfe zou zeggen. En ik bedenk dat Pablo en Gilberto, twee mannen die nog niet de helft van het fortuin van deze man hebben en ook nog een stuk jonger zijn dan hij, niet in staat zijn om van het leven te genieten op zo'n plek als waar ik nu ben, en alleen maar bezig zijn zich af te vragen hoe ze elkaar zo snel mogelijk uit de weg kunnen ruimen. Terwijl hier alles aanwezig is om volop te genieten, zoals de zee, dit heerlijke klimaat, zwembaden en die unieke architectuur van door lianen omslingerde zuilen die de strodaken van de woningen stutten.

Waarom zou El Mexicano niet eens deze mariachi's komen beluisteren in plaats van presidentskandidaten koud te maken? Waarom geeft Pablo de voorkeur aan de schoonheidskoningin van Putumayo in plaats van aan die prachtige meisjes hier? Waarom ziet Gilberto niet welke mogelijkheden de grond hier biedt, die over enkele jaren ook nog een fortuin waard zal zijn? Al die rijke Europeanen zagen het wel, en kwamen het heel snel in beslag nemen!

---

38 Speciale Mexicaanse open verblijfplaatsen met daken van gedroogde palmbladeren

Ik kom tot de conclusie dat snel rijk geworden mensen niet meteen beschikken over goede smaak of waardering voor schoonheid. Dat heeft tijd nodig, soms meerdere generaties. En omdat we steeds langer leven, duurt het in het geval van de nieuwe magnatenfamilies vast honderden jaren.

Terug in Bogota kom ik op een avond tegen elven thuis na een dinertje met vriendinnen. Vijf minuten later belt de conciërge om te zeggen dat William Arango beneden staat. Hij heeft een belangrijke boodschap voor me van zijn baas. Deze man is de secretaris van Gilberto Rodríguez Orejuela en hoewel ik het vreemd vind dat hij zo laat nog aanbelt, laat ik hem toch boven komen. Het zou kunnen dat zijn baas zich in Bogota bevindt en wellicht van gedachten is veranderd over het cosmeticabedrijf, of over de op handen zijnde oorlog, en me dit niet telefonisch wil vertellen. En zoals altijd als ik op de knop van de lift druk om iemand daarna direct in mijn appartement te ontvangen, heb ik mijn favoriete kunstwerk met de ivoren kolf in de zak van mijn blazer.

De man is straalbezopen en ploft direct neer op de bank tegenover me. Met glazige ogen staart hij naar mijn benen en vraagt dan om een whisky. Whisky is bij mij thuis alleen voor mijn vrienden, zeg ik, niet voor chauffeurs. Hij vertelt me dat zijn baas me te kakken zet bij al zijn vrienden en werknemers en dat die psychopaat Escobar precies hetzelfde doet. Bovendien zegt hij dat Gilberto Rodríguez hem opdracht heeft gegeven om zich in navolging van de twee leiders ook eens te verlekkeren aan die luxe hoer, want het werd hoog tijd om de employees ook aan hun trekken te laten komen. Zo rustig mogelijk leg ik hem uit dat ik daar een probleem mee heb: op de bank waar hij nu zit, hebben in de afgelopen zeventien jaar enkele van de rijkste en aantrekkelijkste mannen van Colombia gezeten. Een hongerlijdende dwerg met een varkenskop zoals hij komt niet in aanmerking om hun plaats in te nemen. Hij begint te roepen dat ik dus echt een hoer ben, zoals doña Myriam ook al beweert, en daarom heeft hij ook van haar bepaalde instructies gekregen. Onbewogen zeg ik dat als hij die vrouw van bescheiden komaf al 'doña' noemt, een eenvoudige medewerker als hij zeker doña Virginia tegen mij dient te zeggen en niet simpelweg met 'Virginia', want ik behoor al twintig generaties tot de hoogste klasse, ook al ben ik dan geen kroonprinses van Spanje noch getrouwd met een don Corleone.

Terwijl hij uitroept dat hij me mijn verdiende loon gaat geven probeert hij, met zijn hand in zijn zak, op te staan van de lage bank. Hij wankelt even en grijpt zich vast aan de koffietafel. Twee zilveren kandelaars met kaarsen en al vallen op de grond. Hij kijkt om naar waar het lawaai vandaan komt. Als hij weer in mijn richting kijkt, ziet hij van anderhalve meter afstand een Beretta 9 mm op zijn voorhoofd gericht. Ik houd mijn stem heel goed in bedwang als ik zeg: 'Oké, smerig hulpje, handen omhoog! Voordat ik je schiet en het hier een vieze bende wordt!'

'Ach, Virginia, zo'n chique dame als jij is toch helemaal niet in staat om iemand overhoop te schieten! Heb je eigenlijk wel een vergunning voor dat pistool?' Hij schaterlacht en blijft er nogal nuchter onder, duidelijk als iemand die zich gesteund weet door grote narco's. 'Meer dan een speelgoedpistool is het vast niet! En zo niet, dan is het niet geladen! Daar zijn we snel genoeg achter! En dan gaan we fijn even naar de DAS... Om je aan te geven! Waarna je de bak indraait voor illegaal wapenbezit. En omdat je het ex-hoertje bent van Pablo Escobar!'

Als hij rechtop gaat staan, haal ik de veiligheidspal van de Beretta af. Ik zeg dat hij helemaal nergens heen gaat en dat hij naast de telefoon moet gaan zitten. Wonder boven wonder doet hij wat ik zeg, ook omdat ik vertel dat hij gelijk heeft voor wat betreft het ontbreken van een wapenvergunning. Dat het pistool niet van mij is, maar dat de eigenaar het hier vanmiddag heeft laten liggen en dat twee chauffeurs al onderweg zijn om het op te halen.

'Hier op de kolf staat PEEG. Dat spreek je uit als 'Piiig'! Iedere keer als de eigenaar schiet roept hij 'Piiig'! Maar ja, jíj begrijpt natuurlijk geen Engels. Maar wel Spaans. Ik zal je een hint geven. Heb je weleens gehoord van El Chopo,[39] La Quica,[40] La Garra[41] en El Mugre?'

---

39 Bijnaam van een van Escobars sicario's, letterlijk: Het Geweer
40 Bijnaam van een van Escobars sicario's, zijn naam komt uit zijn jeugd toen hij de koosnaam La Quica kreeg, refererend aan zijn favoriete tante.
41 Bijnaam van een van Escobars sicario's, letterlijk: De Klauw

Hij begint ineens bleek weg te trekken.
'Was dat nou zo moeilijk? O, nu ben je ineens niet zo'n flinke vent meer! Ik heb mijn handen vol, en jij bent toch zo slim? Gedraag je dan ook als een volwaardige secretaris en toets even dit telefoonnummer in. Laat die chauffeurs maar weten dat ze op moeten schieten! Ze zouden hier ergens tussen elf en twaalf zijn. Die psychopaat P.E.E.G. heeft dit pistool hier laten liggen. Nadat ik hem lekker aan zijn trekken had laten komen. Precies op de plek waar jij nu zit... op die bank... die ik morgen dus maar even moet ontsmetten. Hup! Schiet op!'
Ik geef hem een telefoonnummer, waarvan ik weet dat het niet meer is aangesloten. El Mexicano had het me ooit gegeven voor noodgevallen.
'Doña Virginia, bespaar me dit! Laat die lui van don Pablo niet op me los! Zo ken ik u niet!'
'Huh? Verwacht niet van "een hoertje" voor wie twee drugsbaronnen een oorlog ontketenen dat ze zich als een schoothondje opstelt! Waarom nemen ze niet op? Is de lijn bezet? Die psychopaat is zeker aan de praat met 'Piña' Noriega. Maar zo lang duurt dat meestal niet. En waarom denk je dat ik erbij zou willen zijn als ze varkensvoer van je maken! Bah, nee, gatver! Ik hoef er ook niet bij te zijn als ze je hele familie te grazen nemen... zoals jij net bij mij van plan was! O nou, ze zullen er zo wel zijn, want ze weten dat ik morgenvroeg op moet. Die psychopaat van jou wil me zijn nieuwe vliegtuig laten zien!'
'Nee, nee, doña Virginia! Laat die huurmoordenaars... pardon, die heren mijn familie met rust laten!'
'Ik kan helaas niets voor je doen, want de eigenaar van dit pistool heeft de sleutels van mijn appartement. Straks zien zijn medewerkers dat ik het gericht houd op eentje van Gilberto Rodríguez. Ze geloven van hun leven niet dat de leider van het Calikartel zo'n vieze vuile dronkaard heeft gestuurd om vrede te sluiten met de leider van het Medellínkartel! Of wel soms? O, en ik heb ook nog een verrassing voor je. Je mag zelf kiezen! Een kettingzaag die die sadist net uit Duitsland heeft ontvangen, en hij staat te springen om hem uit te proberen! Of een paar leeuwen die al een week worden uitgehongerd, omdat ze op Nápoles volkomen werden vetgemest? Stop maar met bellen, ze zullen er nu zo wel zijn...'

Zodra ik er genoeg van heb om hem uit de doeken te doen wat ze allemaal gaan uitvreten met die arme vrouw van hem die iedere nacht naast dit vieze varken moet liggen, zeg ik dat hij God op zijn blote knieën mag danken dat ik hem mijn huis uit smijt voordat die beulen hem in mootjes hakken. Met de Beretta nog steeds op hem gericht stuur ik hem de lift in en hoewel ik de neiging voel opkomen hem te schoppen, houd ik me in. Ik zou dan mijn evenwicht kunnen verliezen, en Pablo heeft me tenslotte geleerd dat je met een wapen in je hand je kop erbij moet houden.

'De wegen van de Heer zijn ondoorgrondelijk.' Of hij nu door Gilberto is gestuurd om wraak te nemen op Escobar, of door Gilberto's vrouw om wraak te nemen op mij, ik ben blij dat die gore hufter weg is. Ik sluit mijn appartement hermetisch af en druk een kus op mijn Beretta. Ik prijs de dag dat de man die mijn gouden hartje meenam, me een pistool gaf voor het moment dat zijn vijanden achter me aan zouden komen. Ik beloof God dat geen narco ooit nog een voet in mijn huis zal zetten of mijn telefoonnummer krijgt. Ik vervloek ze allemaal, en wens ze toe dat ze geen dag geluk in hun leven meer zullen kennen, dat hun vrouwen bloederige tranen zullen huilen, dat ze al hun geld kwijtraken en dat al hun nakomelingen vervloekt zullen zijn. En ik beloof de Maagd als dank voor haar bescherming dat ik in het vervolg met de buitenlandse antidrugsorganisaties zal samenwerken, iedere keer dat ze me nodig mochten hebben. Straks kan ik 'met een vlag achter hun lijkkoets en die van hun kinderen lopen'. En al moet ik erop wachten tot ik een ons weeg, op een dag zal ik ze in de boeien geslagen in een vliegtuig van de DEA zien verdwijnen.

De dag erop bel ik de enige vriendin aan wie ik wil opbiechten wat er de vorige avond allemaal is voorgevallen. Solvig is Zweedse, een vrouw met een koele elegantie, discreet en volkomen anders dan al die vrouwen en collega-journalistes die Pablo altijd 'de Slangen' noemde. Zij en ik hebben nooit op heel vertrouwelijke voet gestaan, want ik heb mijn verdriet altijd alleen verwerkt en de laatste jaren praat ik al helemaal nooit meer met wie dan ook over persoonlijke zaken. Maar vandaag vertel ik haar over wat er de avond ervoor is gebeurd, niet eens om mijn hart te luchten, maar meer omdat ik zeker weet dat Escobar mijn telefoon aftapt en alles opneemt om erachter te komen of ik met de vijand heul. Het is me overigens wel duidelijk dat, hoewel Pablo en ik uit elkaar groeien, hij wel altijd om me zal blijven geven. Hij zal nu naar me luisteren terwijl mijn volkomen verbijsterde vriendin zich hardop afvraagt hoe het in hemelsnaam mogelijk is dat iemand als ik me heb ingelaten met mensen van zulk laag allooi. Bovendien begrijpt ze evenmin waarom ik die kerel heb binnengelaten. Daarop zeg ik dat ik nog steeds de hoop had een oorlog te kunnen voorkomen die honderden doden zal veroorzaken. Omdat ik weet dat medewerkers nooit iets op eigen houtje ondernemen, houd ik de naam van William Arango voor me, want Pablo is inderdaad in staat met een kettingzaag achter hem aan te gaan en ik wil zijn dood niet op mijn geweten hebben. Ik biecht dit alles alleen aan Solvig op omdat ik wil dat Escobar een nog grotere hekel krijgt aan 'dat streberige varken' en aan zijn kwaadaardige vrouw, die strikt genomen, de belangrijkste oorzaak van de oorlog tussen de kartels is door al haar gemene roddels over mij en Escobars vrouw.

Een tijdje later vind ik bij de post een krantenknipsel met een bericht waar ik behoorlijk van schrik. Het is een artikel over de moord op een kapper in Cali. Hij kreeg geen tien, geen twintig, geen dertig maar zesenveertig messteken in zijn lichaam tijdens een orgie van homoseksuelen. De opdrachtgevers zijn in mijn ogen duizendmaal schuldiger dan de beulen die de opdracht hebben uitgevoerd. Ik bid voor compassie met de ziel van de dode. Ik vraag God al mijn pijn en vernedering in het hart van die verdorven onderwereldfiguren te leggen en me te gebruiken voor ontwikkelingen die een eind aan hen en aan hun kapitalen kunnen maken. Die fortuinen die zonder scrupules zijn opgebouwd, voorbijgaand aan de vernedering van mijn land, aan het bloed van de slachtoffers en aan de tranen van onze vrouwen.

Op 13 januari 1988 breekt de aangekondigde oorlog uit. Terwijl Pablo op Nápoles is, doet een krachtige bom het Mónacogebouw en de hele buurt eromheen op zijn grondvesten trillen. Het gebouw ligt in een elegante villawijk in Medellín, en is de vaste verblijfplaats van Pablo's vrouw en zijn twee kinderen. Victoria, Juan Pablo en de kleine Manuela, die in de slaapkamers van het penthouse sliepen, worden als door een wonder gered en komen ongedeerd naar buiten, maar twee bewakers vinden de dood. Deep Throat vertelt me dat het een vergeldingsactie is van Pacho Herrera, de vierde man van het Calikartel. Pacho was er namelijk achter gekomen dat Escobar hem net zo had willen aanpakken als El Niño, die hij eerder op verzoek van Chepe Santacruz, de derde man bij Cali, had laten ombrengen. Van het gebouw, in zijn geheel door familie en lijfwachten van Escobar bewoond, blijven alleen wat betonnen structuren over. Pablo's prijzige antieke voertuigen en de kunstwerken van zijn vrouw zijn onherstelbaar beschadigd.

De oorlog eist vanaf dat moment dagelijks minstens dertig slachtoffers. Zelfs in schoonheidssalons in Cali en Medellín, waar ook informanten werkzaam zijn, worden de toegetakelde lijken van modellen gevonden. Pablo's vijanden zijn er inmiddels van op de hoogte dat hij en ik niet meer samen zijn, maar zien mij wel als iemand voor wie hij nog steeds genegenheid voelt. Dat brengt me in een bijzonder kwetsbare positie, want zijn bescherming ben ik kwijt. Ik word erger dan ooit bedreigd. Veranderen van telefoonnummer is volkomen zinloos. Bovendien hebben steeds minder mensen mijn actuele nummer, waardoor ik ook nog geïsoleerd raak. Mijn geld op de bank raakt op aan de kosten voor mijn appartement. Ik probeer ondertussen een van mijn schilderijen te verkopen, die overigens niet meer waard zijn dan een paar duizend dollar. In Colombia duurt de verkoop van een kunstwerk dat niet van nationale bodem is vaak maanden zo niet jaren. Bij de juwelier waar ik sinds mijn twintigste klant ben, zeggen ze dat ze me hoogstens tien procent van de oorspronkelijke waarde kunnen betalen voor het handjevol sieraden dat ik aanbied, niet meer dan de lommerd. Wel neem ik het besluit dat ik mijn huis, het product van twintig jaar hard werken, nu niet verkoop. Ik moet er niet aan denken dat ik straks te maken krijg met nieuwsgierige, brutale kijkers.

Om maar bezig te blijven, maak ik alvast een opzetje voor de roman die ik ooit hoop te schrijven. Jammer genoeg heeft dat tot gevolg dat ik weer moet terugdenken aan alles wat ik ben kwijtgeraakt sinds die vervloekte Escobar op mijn weg kwam. Bovendien begin ik het steeds gênanter te vinden dat ik me ooit met hem heb ingelaten. Na het ontploffen van de bom in het Mónacogebouw, laat Pablo binnen een week Andrés Pastrana ontvoeren, kandidaat voor het burgermeesterschap van Bogota en zoon van voormalig president Pastrana Borrero. Bovendien maakt hij procureur Carlos Mauro Hoyos genadeloos af. Het uitleveringsverdrag is weer van kracht, dus Pablo wil de staat een lesje leren. Hij looft vijfduizend dollar beloning uit voor iedere dode politieman. Naarmate de oorlog op de spits gedreven wordt, moeten steeds grotere aantallen politieagenten het met hun leven bekopen. Blijkbaar wil Pablo aantonen dat hij over meer dan voldoende munitie beschikt, want nogal wat lijken zijn volledig doorzeefd. Het is duidelijk dat er al geen gebrek meer is aan contant geld – een feit dat overigens verder bij niemand bekend was. De Cuban connection brengt dus genoeg geld in het laatje.

Ik ben in een depressieve toestand beland door al die moorden, bedreigingen en terreur. Eigenlijk kan ik nergens meer belangstelling voor opbrengen, ik kom het huis niet meer uit en neem het besluit dat ik, zodra ook het geld uit de kluis op is, me een kogel door de kop zal jagen, precies zoals ik van Pablo heb geleerd. Want ik word ook gek van angst voor de armoede die met rasse schreden dichterbij komt. Mijn familie stelt zich minachtend naar me op, hun beledigingen komen nog eens bovenop alles wat ik naar mijn hoofd geslingerd krijg als ik eens een keer naar de supermarkt ga. Het is dus wel duidelijk dat ik niets hoef te verwachten van mijn drie vermogende broers, die zich beklagen dat ze door mijn schuld bespot worden in openbare gelegenheden.

Ik heb afscheid genomen van Dennis, een Noord-Amerikaanse astroloog die binnenkort teruggaat naar Texas, omdat ook hij bedreigd is met ontvoering. Tijdens dat afscheid heb ik hem gevraagd hoelang mijn lijdensweg nog gaat duren. Terwijl hij aandachtig kijkt naar mijn astrale kaart en naar een paar speciale tabellen die aanwijzingen geven over de stand van de planeten in de toekomst, zegt hij bezorgd: 'Dit is nog maar het begin van de ellende die je te wachten staat, liefje.'

'Oké, maar hoelang gaat dit allemaal nog voortduren, dan?'

'Jaren... jaren. Je krijgt nog aardig wat voor je kiezen. Maar als je nog lang blijft leven, komt er een enorme erfenis aan.'

'Probeer je me nu te vertellen dat ik doodongelukkig word en daarna weduwe van een miljonair?'

'Het enige wat ik zie is dat je verliefd wordt op een man die ver hiervandaan woont. Iemand van wie je overigens altijd gescheiden zult zijn... En haal het niet in je hoofd een overtreding te begaan, want je krijgt jarenlang problemen met buitenlanders. Maar uiteindelijk zal justitie jouw kant kiezen... O! Je wordt echt heel erg eenzaam, en het zou zomaar kunnen dat je aan het eind van je leven blind wordt! De ellende zal je blijven achtervolgen totdat Jupiter niet meer in het huis van de verborgen vijanden staat. Maar als je sterk blijft kun je over dertig jaar zeggen dat het allemaal de moeite waard was! Ons lot staat in de sterren geschreven... en daar kunnen we niets aan veranderen, my dear.'

'En dat noem jij een lot, Dennis? Dat is geen lot, dat is een kruisweg!' Ik bedwing mijn tranen. 'En het is nog maar net begonnen? Weet je wel zeker dat het klopt? Zal al die ellende niet binnenkort over zijn?'

'Nee, nee, echt niet. Je hebt een karmische schuld die is ontstaan doordat je bent geboren met Cheiron in Boogschutter. Net als deze mythologische centaur zou je willen sterven om aan het lijden te ontsnappen, maar dat lukt je niet!'

Diezelfde avond bel ik Gloria Gaitán en vertel dat ik me liever meteen een kogel door het hoofd schiet dan van de honger te moeten omkomen. Ik zeg maar niet tegen haar dat ik dertig jaar moet wachten tot mijn ellende voorbij is. Stel dat ik moet wachten in een gekkenhuis naast Pablo – een Boogschutter – totdat ik kan bewijzen dat ik toerekeningsvatbaar ben. Dan zorgt die centaur er zeker voor dat ik op Pablo's sterfbed zijn hele fortuin erf, omdat ik dertig jaar aan zijn kop heb gezeurd.

Twee weken later ga ik in op de uitnodiging van een vriendin om een lang weekend in haar buitenhuis door te brengen. Omdat ik ervan overtuigd ben dat ik waarschijnlijk niet lang meer te leven heb, wil ik graag mijn laatste dagen in de natuur doorbrengen. Wanneer ik weer terug ben in mijn appartement, waar normaal alles keurig netjes is, zie ik dat ik tijdens mijn afwezigheid bezoek heb gehad. Mijn bureau is een puinhoop en de eerste zeventig bladzijden van mijn roman zijn verdwenen. Die had ik zorgvuldig met de hand geschreven, want ik heb geen typemachine en de computer is nog geen gemeengoed. Wat ook is verdwenen zijn de cassettes waarop de interviews met Pablo staan, de kaartjes die bij zijn bloemen zaten en de enige twee brieven die hij me ooit geschreven heeft. Ik heb een donkerbruin vermoeden dat er nog meer weg is, en ren naar de kluis. Die is leeg. De dertigduizend dollar – alles wat ik nog overhad – is weg. Alleen de twee sleutels van mijn appartement liggen er nog in. De fluwelen etuis van mijn sieraden liggen open op mijn bureau en de dief heeft ook mijn gouden sleutelhanger en mijn miniatuurjachtje 'Virgie Linda I' meegepikt. Maar wat ik het allerergste vind, en wat ik die grafsteendief het meest kwalijk neem, is dat mijn Beretta weg is. Oké, hij was natuurlijk van hem, maar ik ben gaandeweg steeds meer waarde aan dat wapen gaan hechten. Eigenlijk was dat pistool mijn laatste hoop.

De diefstal van al mijn geld, van de manuscripten waaraan ik maandenlang had gewerkt en van dat pistool, is voor mij de druppel. Ik zink weg in een diepe depressie. Die wrede man van wie ik zo veel heb gehouden, is duidelijk zijn verstand kwijt, en wil blijkbaar dat ik door een hel ga. Mijn moeder zit in Cali, waar ze haar zieke zus verzorgt. Ze is weggegaan zonder een telefoonnummer achter te laten. Op familie hoef ik dus totaal niet te rekenen. Ik durf helemaal niemand meer om geld te vragen, of tegen mijn vrienden of verre verwanten iets te opperen over mijn financiële situatie. Ik kan zelfs de moed niet meer opbrengen om iets te verkopen. En moet ik dan nu nog dertig jaar wachten tot ik mijn karmische schuld heb afbetaald? Dan kan ik me misschien maar beter laten versterven, zoals Erastosthenes deed toen hij wist dat hij heel snel blind zou worden.

Omdat ik weet dat ergens in het heelal de hemelse geesten van de onsterfelijken luisteren naar de smeekbeden hier op aarde, vraag ik aan die oude wijze Griek of hij me genoeg kracht kan geven om het nog even vol te houden. Ik heb namelijk niet veel tijd meer als er geen wonder gebeurt. Ik heb ergens gelezen dat het versterven na een paar dagen het meeste pijn doet, waarna je in een soort unieke staat van helderheid komt te verkeren en alle lijden verdwenen is. Tijdens de aanvankelijke pijnfase lig je steeds meer te zieltogen, volledig verlaten en wanhopig. Je begint zelfs te geloven dat het niet het leven is dat uit je wegsijpelt, maar dat je je gezonde verstand verliest. Juist dat gezonde verstand wil ik niet kwijt. Daarom put ik troost uit dit deel van mezelf dat nog volledig functioneert.

Zeker een miljard mensen gaan op dit moment door dezelfde hel als ik. Ik ken het leven van de rijken maar ook van de armen op die vuilnisbelt. En ik weet ook dat een op de vijf kinderen die ter wereld komen sterft. Als er nog een wonder in mijn leven gebeurt, kan ik over dertig jaar al die pijn beschrijven in een boekje over God de Vader en God de Zoon met de titel *Evolutie versus Compassie*. Of er staan op een goede dag echte filantropen op en dan maak ik een tv-programma over hen dat ik *On Giving* zal noemen.

Het lijkt erop dat Eratosthenes op de berg Olympus naar me heeft geluisterd, want een dag of tien later belt mijn moeder. Ze is terug in Bogota. Als ik haar vertel dat ik geen geld voor boodschappen heb, leent ze me het weinige dat ze heeft. Een paar weken later wordt wonder boven wonder een van mijn schilderijen verkocht. Dan besluit ik dat ik iets moet bestuderen wat een uitdaging is voor mijn brein. Dan kan ik die grijze massa die ik tijdens mijn verplichte vasten heb verwaarloosd, weer enigszins op gang brengen.

Ja, ik ga Duits studeren zodat ik de *Aforismen* van Nicolás Gómez Dávila naar zes talen kan vertalen! Zijn uitspraken staan vol wijsheid, versleer en synthese: 'De ware aristocraat houdt te allen tijde van zijn volk, niet alleen in verkiezingstijd.' Zou het zo zijn, als ik het bekijk door de bril van die Colombiaanse rechtse filosoof die een hekel aan moderne technologie had, dat de Pablo Escobar die ik had leren kennen een grotere aristocraat was dan Alfonso López?

Drie maanden later ontvang ik een berichtje van mijn vriendin Iris, de verloofde van een adviseur op de Duitse ambassade in Bogota: 'Op het Institut für Journalismus in Berlijn zijn er altijd stageplekken beschikbaar voor verslaggevers die het Engels goed beheersen en met een basiskennis van het Duits. Dat is je op het lijf geschreven. Echt iets voor iemand die geïnteresseerd is in financiën zoals jij. Waarom doe je het niet, Virgie?'

Dus in augustus 1988 ga ik naar Berlijn. De Goddelijke Voorzienigheid heeft dit op mijn pad gebracht, volgens Dennis omdat het in de sterren geschreven staat. En de helft van het lot, dat je volgens Pablo in je eigen hand hebt, bepaalt de rest. Dit besluit neem ik niet om één bepaalde reden. Ik doe het om een miljoen redenen, net zo veel als er sterren aan de hemel staan.

DE KONING VAN DE TERREUR

'De bewoners van Oost-Berlijn vervelen zich te pletter en zijn uitgesproken down. Ze kunnen er absoluut niet meer tegen. Vandaag of morgen gaat die muur eraan! Ik denk dat die grote avenue in minder dan een jaar één geheel wordt,' zeg ik tegen David, die samen met mij vanaf een uitkijktoren naar de Reichstag en de Brandenburger Tor kijkt.
'Hoe kom je daar nou bij? Die blijft heus wel lekker staan, hoor. Nog langer dan de Muur van Hadrianus en de Grote Chinese Muur!'
Het lot heeft me tot aan Oost-Berlijn gevoerd in het laatste jaar van het gescheiden Duitsland en het jaar voorafgaand aan de val van het IJzeren Gordijn. Net als bij zo'n machtige tsunami die vanaf de oppervlakte niet te zien is, vinden er allerlei ondergrondse gebeurtenissen plaats op de plek die vijftien maanden later het epicentrum van de val van het communisme in Europa zou worden.
Maar ik denk niet dat het met politieke zaken te maken heeft dat alle alarmbellen afgaan als ik op een internationaal vliegveld verschijn. De Colombiaanse DAS is ervan op de hoogte dat de grootste narco ter wereld zijn tonnen drugs in containers naar het buitenland laat vervoeren en dat het geld in vrieskisten naar Colombia terugkomt. Ook weet de DAS dat Escobar absoluut geen noodzaak voelt om zijn ex-minnares als 'pakezel' te gebruiken. Zo'n pakezel staat overigens op de laagste plek in

de hiërarchie van de groeiende multinational die hij heeft opgezet, samen met een tiental partners en multimiljonaire rivalen. Het is me trouwens opgevallen dat de plotselinge belangstelling van de FBI en de Europese politie voor mijn persoon samenvalt met het feit dat als ik vanuit Bogota naar het buitenland reis, de eerste klas altijd afgeladen zit met mensen die op de een of andere manier verbonden zijn met de drugshandelelite.

Wat ik ook heb opgemerkt is dat iedere keer als ik van een groepsreis met andere stagiaires terugkom in mijn studentenkamer in Berlijn, papieren en toiletartikelen die ik netjes had neergezet van hun plaats zijn gehaald. De ambtenaren van het Institut für Journalismus kijken me ook al onderzoekend aan en beginnen me te vragen waarom ik mantelpakjes draag en geen studentenkloffie. Ik weet donders goed dat het ze te denken geeft, dat de autoriteiten navraag naar me hebben gedaan, dat ik gevolgd word en ik weet ook waarom.

Op een dag raap ik al mijn moed bijeen en bel vanuit een telefooncel naar het Amerikaanse consulaat in Berlijn – de ambassade zit in 1988 nog in Bonn – om mijn samenwerking aan te bieden. Ik zeg tegen degene die opneemt dat ik informatie heb over een mogelijk complot van Escobar met de Cubanen en sandinisten. De telefonist aan de andere kant van de lijn reageert met een '*Pablo who?*' en zegt dat honderden communistische dissidenten dagelijks bellen om te zeggen dat de Russen het Witte Huis gaan opblazen met een atoombom en hangt vervolgens op. Als ik terugloop zie ik de ogen van een man op me gericht. Ik had hem een paar dagen eerder al opgemerkt in de dierentuin, dicht bij het Europa-Center, waar mijn instituut zich bevindt. Ik maak er graag een rondje, terwijl ik dan met enig leedvermaak bedenk dat Pablo's dierentuin naast die van Berlijn in het niet zinkt.

Een paar dagen later word ik door een man aangehouden op het vliegveld. Hij identificeert zich als een antinarcoticabeambte van de Bundeskriminalamt, de BKA of Interpol Wiesbaden. Als hij tegen me zegt dat hij me een aantal vragen wil stellen, vraag ik hem op mijn beurt of zijn organisatie me heeft gevolgd op de dag dat ik het Amerikaanse consulaat had gebeld. Hij verzekert me dat het niet de BKA was.

Als ik samen met hem en zijn leidinggevende aan tafel zit, zeggen ze dat ik het volste recht heb een aanklacht in te dienen over het feit dat ze zich in mijn privéleven hebben gemengd. Ze hebben wekelijks mijn kamer gecheckt, mijn telefoongesprekken afgeluisterd, al mijn post opengemaakt en elke persoon met wie ik contact had nagetrokken. Ik leg ze uit dat ik, in plaats van een aanklacht in te dienen, ze liever alle namen en rangorden wil overhandigen van alle drugshandelaren en witwassers die ik heb leren kennen of heb horen noemen, want ik heb een grondige afkeer van die criminelen die mijn goede naam en die van mijn land te grabbel hebben gegooid. Maar eerst wil ik van ze horen van wie ze iedere keer mijn reisgegevens hebben doorgekregen. Na dagenlang heen-en-weergepraat noemen ze een naam: het is Germán Cano van de DAS.

Dan barst ik pas echt los. Het eerste wat ik ze vertel is dat in het vliegtuig op weg naar Duitsland, waar ik achterin met mijn stagepasje zat, in de eerste klas een van de meest opvallende leden van het Medellínkartel zat. Hij was op reis met zijn partner, een witwasser, de zoon van een van de rijkste joodse families van Colombia. Op het vliegveld van Frankfurt konden ze allebei vrijuit doorlopen, terwijl mijn koffers grondig werden doorzocht. De politie wilde vast en zeker weten of de minnares of de ex van de zevende rijkste man ter wereld misschien wel een paar kilootjes cocaïne bij zich had en zo tien jaar opsluiting riskeerde om vijfduizend dollar te verdienen. Kon ze mooi nog een Chanel-pakje voor kopen.

'Als Germán Cano nu nog steeds niet weet wie de leiders van de drugshandel en wie de grote witwassers zijn, kan dat alleen maar betekenen dat de Colombiaanse geheime dienst ze beschermt. Ik denk dat de vreemdelingendienst van de DAS door mensen bij luchtvaartmaatschappijen op de hoogte wordt gehouden over de vluchten die ik neem. Die geeft dat weer door aan de bevriende drugshandelaren en op de dag zelf gebruiken ze mij dan als een soort lokkertje om de buitenlandse autoriteiten af te leiden. Ik zie dit de hele tijd gebeuren en ik geloof echt niet in toeval.'

Waar ik nog aan toevoeg dat de antinarcoticapolitie in mijn land al jaren teert op op de DEA. En dat ze me echt niet hoeven te vertellen of de DAS wel of niet profijt heeft van Interpol. Maar ik wil wel dat ze inzien dat het goed mogelijk is dat de DAS in één hand iets ontvangt van de Europese collega's en in de andere van de grote narco's.

'Zegt u me maar hoe ik u van dienst kan zijn. Het enige wat ik van u vraag, is een paspoort of een reisdocument waarmee ik kan reizen zonder dat de DAS ervanaf weet. Ik doe dit puur uit principe. Het is echt niet mijn bedoeling bij uw overheid een verzoek tot asiel in te dienen of te vragen om werk of geld. Mijn enige probleem is dat ik me had voorgenomen nooit meer in contact te treden met iemand uit dat wereldje. Maar ja, mijn enige bron van informatie is een ex-drugshandelaar. En hij is wel de best geïnformeerde bron die er is.'

En zo begint, als gevolg van wat de leiders van de grootste drugskartels me hadden geflikt en het rapporteren van de Colombiaanse geheime dienst, mijn samenwerking met de internationale antidrugsorganisaties. Ik bedenk dat de FBI een stuk verder was gekomen als de agenten ook zo efficiënt te werk waren gegaan. In plaats van mijn koffers overhoop te gooien om te kijken of ik tienduizend dollar voor een Pablo zonder contant geld bij me had, hadden ze beter El Mugre en de piloten van de sandinisten kunnen schaduwen. Dan hadden ze binnen enkele weken die indrukwekkende Cuban connection van het Medellínkartel en de financiële opbouw ervan kunnen opdoeken. En in plaats van mij en mijn chique vriendinnen te schaduwen, had Interpol dat beter kunnen doen bij de grote drugshandelaars en witwassers die in hetzelfde vliegtuig zaten als ik. Dan was de European connection van het Calikartel, dat in het jaar daarop steeds meer macht kreeg, meteen met wortel en al uitgeroeid.

Voor politiemannen over de hele wereld geldt dat hun collega's meer waard zijn dan hun tipgevers. Daarom geef ik die Europese vrienden van de DAS alle namen van de narco's en hun handlangers, maar ik houd de informatie over de Caribische politiek liever voor me. Ik wacht liever af of dat me van pas kan komen bij de eerste de beste gelegenheid waarbij ik direct met de Amerikanen contact kan opnemen. Mijn samenwerking met hen blijkt echter onnodig: op 13 juli 1989 valt Pablo's Cuban connection en op diezelfde dag heeft Fidel Castro generaal Arnaldo Ochoa – een held van de revolutie en in de oorlog met Angola – en kolonel Tony de la Guardia laten fusilleren. Ik ben echt bedroefd als ik het bericht ontvang over de dood van Ochoa, want hij was in mijn ogen een waardevol mens die het niet verdiende om gefusilleerd te worden op beschuldiging van verraad aan het vaderland.

Niets is prijziger dan een oorlog. Er moeten tonnen wapens worden ingekocht en tonnen dynamiet. Niet alleen de soldaten moeten een vorstelijk salaris krijgen, maar ook de spionnen en verklikkers, en ook, zeker in Pablo's geval, de autoriteiten van Medellín en Bogota, politici en verslaggevers. Al die dagelijkse betalingen aan honderden personen, misschien zelfs wel duizenden, komen overeen met de salarissen die een groot bedrijf moet betalen. Daar kan de opbrengst van al die tonnen coke niet tegenop. Ik besef heus wel dat Escobar twee problemen heeft. Voor het oog van de wereld is dat alleen maar dat uitleveringsverdrag, maar ingewijden – zoals Deep Throat en ik – weten dat gebrek aan geld ook een probleem is. Nu de Cuban connection van de baan is, ziet Escobar zich genoodzaakt om op de een of andere manier gigantische hoeveelheden cash bij elkaar te krijgen voor de financiering van die oorlog die de spanningen tussen al zijn vijanden ook nog op de spits drijft. De oorlog tegen het Calikartel, de DAS en de politie heeft hem al honderden mannen gekost. En Pablo laat de families van zijn huurmoordenaars die hun leven voor hem hebben gegeven ook niet in de steek. Iedere dode sicario betekent dat hij een heel gezin moet onderhouden. Maar het ergste gevolg van deze oorlog is het feit dat veel van zijn partners zijn overgelopen naar Valle del Cauca. Pablo is namelijk begonnen met het heffen van belasting bij zijn 'vakbond' voor zijn strijd tegen het uitleveringsverdrag. Wie niet kan betalen met geld, goederen, auto's, vliegtuigen of onroerend goed, betaalt met zijn leven. Dus veel van zijn vroegere partners hadden genoeg van zijn hoge eisen en zijn wrede methoden, en hebben de afslag naar Cali genomen.

Om aan geld te komen zal Escobar dus meer en meer zijn toevlucht tot ontvoeringen nemen. En in zijn wrede strijd tegen de staat gaat Bogota aan gruzelementen. Bovendien maakt hij op een wel heel denigrerende manier gebruik van de pers. Zijn minachting voor de media die hem hebben afgeslacht toen hij met mij was – ómdat hij met mij was – is zelfs zo ver gegaan dat hij een van zijn huizen De Marionetten heeft genoemd. Vanuit mijn plekje ver weg zie ik hoe mijn collega's die me voor alles wat mooi en lelijk is hebben uitgemaakt vanwege mijn relatie met paisa Robin Hood, nu zwichten voor de Koning van de Terreur. Eigenlijk heeft hij ze ook wel hard nodig. Het is ongelooflijk, maar die man die als een waanzinnige op zoek is naar roem, die afperser die de prijs van elke politicus kent, weet de media zodanig te manipuleren dat ze een steeds machtiger en angstaanjagender beeld van hem schetsen. Maar eigenlijk wordt hij steeds kwetsbaarder en raakt zijn geld op. Hij heeft de touwtjes van de media zo goed in handen dat het zootje huurmoordenaars als 'de militaire vleugel van het Medellínkartel' wordt omschreven en El Mugre als 'de financiële vleugel van het Medellínkartel'. De buitenlandse pers lift hierop mee, waardoor Pablo's organisatie in het buitenland bijna een status krijgt die gelijkstaat aan die van de PLO, ETA of IRA. Terwijl die laatsten vechten voor respectievelijk een Palestijns vaderland en voor de onafhankelijkheid van Baskenland of Ierland, vechten de militaire en de financiële vleugels van het Medellínkartel slechts voor een persoonsgebonden doel: ze vechten tegen de uitlevering van de Grote Baas.

En terwijl de politieagenten bij bosjes dood neervallen, zorgt het onverschillige beleid van de Colombiaanse justitie ervoor dat de medewerkers nu zelf de prijs hiervoor betalen: in 1989 hebben de narco's zeker tweehonderd beambten van justitie vermoord, waardoor geen rechter het nog waagt een proces tegen de drugshandelaren te voeren.

In 1989 reis ik opnieuw naar Europa met alle mogelijke informatie die ik heb kunnen vergaren voor Interpol. Ik denk dat de Duitsers de voorkeur geven aan de FBI en de DAS als het op bestrijding van de drugshandel aankomt. Dan mag de DEA, waar ze niet echt veel respect voor lijken te hebben, zich bezighouden met de Colombiaanse politie. Maar in augustus van dat jaar heb ik maar weinig belangstelling voor alles wat met politiek te maken heeft of wat er allemaal op het strijdtoneel in Colombia gebeurt. Mijn vader ligt namelijk op sterven en ik maak me bezorgd om mijn moeder. Ik hoor pas veel later dat op 16 augustus mijn ex-minnaar opdracht heeft gegeven om de rechter te vermoorden die het proces wilde voeren over de dood van de directeur van de krant. Op de ochtend van 18 augustus gebeurt hetzelfde met de commandant van politie van Antioquia, kolonel Valdemar Franklin Quintero. Het is Pablo's vergelding voor het feit dat hij alle politiemannen die tegen betaling klusjes voor Pablo opknapten, uit het korps had gegooid en omdat hij La Tata samen met Manuela had aangehouden voor een urenlange ondervraging over Pablo's verblijfplaats. Op 19 augustus sterft mijn vader. Ik zeg echter tegen mijn moeder dat ik niet voor de begrafenis naar Colombia kom, want mijn vader gaf niets om mij en we hadden al sinds 1980 geen contact meer. Maar dat is niet de enige reden waarom ik wegblijf. Ik ben ook bang. Het is een angst waarover ik niemand in vertrouwen kan nemen. De avond voordat mijn vader stierf, heeft Pablo nog een misdaad begaan. Over het geheel genomen kun je zeggen dat het er gewoon nóg een was, maar deze springt er toch wel uit. Op 18 augustus 1989 hebben achttien huurmoordenaars in bezit van legitimatiebewijzen van de B-2 van het leger de man vermoord die hoogstwaarschijnlijk van 1990 tot 1994 president zou worden. De vermoorde presidentskandidaat is Luis Carlos Galán, Pablo's aartsvijand. Hij was Pablo's grootste en geduchtste vijand op een door haat en wraak steeds langer wordende lijst. Galán had al zestig procent van de stemmen voor zich gewonnen en hij was misschien wel de enige onkreukbare politicus sinds die verre dagen van de enige echte Colombiaanse staatsman uit de tweede helft van de twintigste eeuw. Een maand voor de aanslag had generaal Maza Márquez alle veiligheidsescortes van Galán vervangen door een dubieuze groep mannen onder leiding van een zekere Jacobo Torregrosa. Als ik wel naar de begrafenis van mijn vader was gegaan, zouden mannen van de geheime dienst me zeker op het vliegveld hebben staan opwachten om me te ondervragen over Escobar en over de redenen van mijn reisjes naar Duitsland. Dan zou ik uiteindelijk door de beulen van de DAS in een van hun kerkers of in die van het cavaleriekorps worden gesmeten. De media, die sowieso op wraak uit zijn, zouden alles geloven wat generaal Maza ze over mij zou verkopen en zouden juichen bij alle wreedheden die de DAS of de B-2 tegen me zouden begaan. Dat is eigenlijk niets nieuws, want op de verhalen over mijn verminkingen, reageerden ze jaren geleden ook al met enthousiasme.

Drie maanden na de moord op Galán laat Pablo een vliegtuig van Avianca opblazen met honderdzeven mensen aan boord. De galanist César Gaviria, nu de officiële kandidaat van de liberale partij voor het presidentschap, had op het laatste moment besloten niet aan boord te gaan. Voor deze misdaad zou huurmoordenaar La Quica later door een hof in New York worden veroordeeld tot tienmaal levenslang. Onderzoekers zouden tot de slotsom komen dat het explosiemateriaal semtex was. Ditzelfde materiaal wordt door terroristen uit het Midden-Oosten gebruikt. Het ontstekingsmechanisme had bovendien erg veel weg van het materiaal dat in opdracht van Muammar Khadaffi gebruikt was bij het opblazen van het Panam-vliegtuig boven het Schotse Lockerbie in 1988. Nog niet zo lang geleden heeft Libië miljoenen schadevergoeding betaald aan de nabestaanden van die ramp. Miguelito van de ETA had Pablo en consorten wegwijs gemaakt bij het vervaardigen van die krachtige bommen. Dit was voor mij het zoveelste bewijs dat het internationale terrorisme net zulke nauwe banden had met de machthebbers in mijn land en in bijna alle landen eromheen als de drugshandel.

In november 1989 valt de Berlijnse Muur. Het is het officiële begin van het eind van het tijdperk van het IJzeren Gordijn en van de communistische regeringen in Oost-Europa. In december van datzelfde jaar valt de regering van George Bush senior Panama binnen, wordt generaal Noriega afgezet en naar de Verenigde Staten gebracht, waar hij moet worden berecht voor drugshandel, georganiseerde misdaad en witwassen. Carlos Lehder wordt de belangrijkste getuige tegen de voormalige generaal, waardoor zijn vonnis van driemaal levenslang wordt omgezet naar vijfenvijftig jaar.

In diezelfde maand ontploft een bus met achtduizend kilo dynamiet vlak bij het gebouw waar de DAS gevestigd is. Er blijft praktisch niets van het gebouw over. Alleen generaal Maza ontsnapt aan de dood en dat is enkel omdat zijn kantoor een soort bunker was. De aanslag veroorzaakt honderd doden en honderden gewonden. Het beeld van die danteske hel maakt dat ik niet om de doden huil, maar eerder om de levenden. Twee weken later komt Gonzalo Rodríguez Gacha om nadat hij aan de Caribische kust door het leger in een hinderlaag is gelokt. Het hele land viert feest vanwege de kwetsbaarheid van het Medellínkartel. Maar niet ver van Bogota, in het plaatsje Pacho, waar El Mexicano heer en meester was, huilen duizenden mensen om de dood van hun weldoener. Ik ben ervan overtuigd dat vanaf nu generaal Maza en het Calikartel een eensgezind blok tegen Pablo zullen vormen, die er nu alleen voor staat, na de dood van de enige vriend en onvoorwaardelijke bondgenoot die zich met hem kon meten. Bovendien hebben Gonzalo's extreemlinkse vijanden een pact gesloten met de extreemrechtse van Pablo. Die paramilitairen zullen zich gaandeweg ontwikkelen tot de felste opruiers van alle haatgevoelens die Pablo her en der heeft gezaaid. Met het verstrijken van de tijd worden al die aaneengeregen oorlogen steeds meer op de spits gedreven. Met Bernardo Jaramillo, de volgende presidentskandidaat van de Unión Patriótica, en Carlos Pizarro Leongómez, van de inmiddels ontwapende M-19, staat de teller nu al op vier aspirant-presidenten die vermoord zijn. En niemand durft hiervoor verhaal te halen bij degene die belast is met het bewaken van de veiligheid, generaal Maza, de directeur van de DAS, die rotsvast op zijn plek blijft zitten.

๑

Maar naast de stage en mijn samenwerking met Interpol was er nog een reden waarom ik een groot deel van de vier jaar na mijn breuk met Pablo in 1987 tot aan mijn volgende contact met hem, in Duitsland doorbracht.

In juli 1981 was ik de enige Colombiaanse journalist die verslag mocht doen van de bruiloft van Charles en Diana, prins en prinses van Wales. Nadat ik in mijn eentje een uitzending van zes uur had verzorgd, reisde ik tevreden terug, want zowel de BBC als het Crown Information Center had me een job aangeboden. Die had ik beide afgewezen, want ik had hoge verwachtingen van de eigen productiemaatschappij die ik met Margot ging opzetten. Een Hollywoodfilm of het aanbod van een gezaghebbend internationaal mediabedrijf viel daarbij in het niet. Op de vlucht van Londen naar Parijs, waar ik een tussenstop van een paar uur maakte vóór mijn terugvlucht naar Bogota, zat ik naast een heel aardig meisje met wie ik een leuk gesprek had over de koninklijke bruiloft. In Parijs had ze me aan haar broer voorgesteld, die haar op luchthaven Charles de Gaulle stond op te wachten om samen naar Zuid-Frankrijk door te reizen. Terwijl zij met haar neefje een ijsje ging kopen, waren hij en ik in gesprek geraakt. Ik kreeg de indruk dat deze zoon van een Duitse aristocraat en een Lombardische schone net als ik geen gelukkig huwelijk had. Bij ons afscheid wisten we beiden dat we elkaar in de nabije toekomst weer zouden treffen. Toen mijn toenmalige echtgenoot

David Stivel me op de avond van mijn thuiskomst aankondigde dat hij me zou verlaten voor een actrice, had ik hem heel rustig geantwoord: 'Doe het nu meteen maar, want ik heb in Parijs de enige man ontmoet met wie ik opnieuw zou willen trouwen. Hij is knap, tien jaar jonger dan jij en honderdmaal intelligenter. Je hoeft alleen maar een krabbel te zetten onder de papieren van mijn advocaat. Ik hoop dat je net zo gelukkig wordt als ik hoop te worden.'

Een van de redenen dat ik verliefd op Pablo was geworden had te maken met mijn herwonnen vrijheid. Hij had me die maandag in januari 1983 beloofd dat we de vrijdag daarop, zodra ik weer single zou zijn, samen uit eten zouden gaan, voordat er weer een andere malloot tussenkwam. Ik was vanaf die avond zo volkomen voor Pablo gevallen, ook nog eens een landgenoot, dat ik zelden nog dacht aan die man in een ver land. Volgens Pablo zou ik ooit nog eens een gedistingeerde huwelijkskandidaat vinden en bovendien had Dennis voorspeld dat ik inderdaad van zo'n man zou gaan houden. Die man kwam terug in mijn bestaan. Hij schonk me kortstondig al het geluk van de wereld, waarvan ik dacht dat het slechts voorbehouden was aan de rechtvaardigen in het paradijs. Hij zou in mijn leven terugkeren om een uitermate vreemde rol te spelen bij Pablo's dood en een nog vreemdere in mijn bestaan.

Hij is een paar jaar terug al gescheiden en als zijn zus hem vertelt dat ik in Duitsland ben, komt hij me meteen de dag daarop opzoeken. Ik vind Beieren een paradijs op aarde en München is een van mijn favoriete steden, de perfecte neoklassieke stad van de sprookjeskoning en van de componist van *Der Ring des Nibelungen*. We struinen meerdere weken door de Alte Pinakothek, met eeuwenoude schatten en dat gigantische schilderij van Rubens, *De roof van de Sabijnse maagden*, en door de Neue Pinakothek met moderne kunst. We trekken door het Beierse platteland, een van de meest idyllische landschappen die God geschapen heeft. We zijn ongelooflijk gelukkig met elkaar. Niet lang daarna vraagt hij me ten huwelijk en na een paar dagen bedenktijd accepteer ik zijn aanzoek. Hij doet een verlovingsring met een achtkaraats diamant om mijn vinger – het nummer van de oneindigheid – en we zetten de huwelijksdatum vast voor mei van het jaar daarop. Zijn moeder stelt voor om een half jaar vóór die datum al mijn trouwjurk bij

Balmain Haute Couture in Parijs te bestellen, die ze me zelfs cadeau wil doen. Voor het eerst in mijn leven heb ik het gevoel dat alles een goddelijke perfectie benadert, waarvan de grootste levensgenieters of mijn favoriete soefidichter uit de dertiende eeuw slechts kunnen dromen.

Een paar weken daarna stuurt mijn toekomstige schoonmoeder haar chauffeur om me op te halen. Ze wil dat ik een paar documenten teken voorafgaand aan de bruiloft. Bij haar thuis legt ze een contract met huwelijksvoorwaarden onder mijn neus. Het komt erop neer dat ik bij een eventuele scheiding of de dood van haar zoon slechts recht heb op een minimaal percentage van het fortuin van mijn toekomstige echtgenoot, een van de voornaamste erfgenamen van haar tweede man, een multimiljonair. Ik vind dit zo belachelijk dat ik het alleen maar kan opvatten als de belediging die het klaarblijkelijk is. Op afgemeten toon laat ze me weten dat als we dit contract niet tekenen, ze haar zoon zal onterven. Als ik vraag naar de plotselinge verandering van haar houding jegens mij, trekt ze uit de la van haar bureau een envelop met foto's van mij met Escobar en een anonieme brief. Ik vraag haar of mijn aanstaande op de hoogte is van alles wat er gaande is. Op ironische toon antwoordt ze dat ik nooit van mijn leven het geluk van haar zoon zou kunnen dwarsbomen en dat hij in het uur daarop ingelicht zal worden over de redenen van het besluit dat zij en haar man hebben genomen. Ik zeg dat mijn verloofde al volledig op de hoogte is van die relatie met Escobar en dat ze bezig is al onze dromen kapot te maken. Ik ben namelijk niet van plan met iemand te trouwen als hij niet mijn gelijkwaardige partner is op alle levensterreinen, in voor- en tegenspoed. Bovendien zal haar zoon zonder mij nooit meer gelukkig worden.

Mijn aanstaande wil proberen in een paar dagen zijn moeder zover te krijgen dat ze afziet van haar plan. Maar hij kan praten tot hij een ons weegt, het is zinloos. Ik geef hem zijn ring terug en diezelfde avond nog reis ik met een gebroken hart terug naar Colombia.

᭪

Bij aankomst kom ik te weten dat twee van mijn kennissen een gewelddadige dood zijn gestorven, twee mensen die niets met elkaar gemeen

hadden: Gustavo Gaviria Rivero en Diana Turbay Quintero.
 Van de dood van Gustavo ben ik een paar dagen echt ondersteboven. Niet alleen vanwege hem, maar ook omdat het gemis van die rots in de branding Pablo tot waanzin zal drijven en het land daar een hoge prijs voor zal betalen. Hij moet de kracht en steun van de initiatiefnemers van zijn business nu missen, en heeft alleen nog zijn broer Roberto over. Hoewel Osito op financieel gebied volkomen te vertrouwen is, is hij niet bijzonder goed in het runnen van de onderneming. Daar was Gustavo een kei in. Hij was genadeloos in zijn obsessie om alles tot in perfectie onder controle te houden, een eigenschap die onmisbaar is, wil je in staat zijn een imperium van de georganiseerde misdaad te leiden. Zeker als je partner bijna altijd afwezig is en meer en meer geld nodig heeft voor een gewapende strijd tegen de staat en overheidsinstellingen. Ondanks de onvoorwaardelijke trouw en alle talenten van zijn broer, zal Pablo's business zonder Gustavo absoluut kelderen, terwijl die van zijn vijanden in de lift zit. Er is overigens nog iets wat wij beiden weten: de volgende dode zal hij zelf zijn. En hoe wreder zijn dood, hoe groter de mythe zal worden.

Pablo is er altijd van overtuigd geweest dat vrouwen sneller breken, en dat vrouwelijke slachtoffers dus op meer mededogen kunnen rekenen dan mannen. Daarom dwingt hij Nydia Quintero, de voormalige echtgenote van president Julio César Turbay Ayala, nu in de positie van onderhandelaar om zijn doel te bereiken. Terwijl er tijdens de regering van Turbay Ayala duizenden mensen verdwenen, is Nydia door haar inzet voor maatschappelijke doelen een heel geliefd persoon in Colombia geworden. Als haar dochter Diana Turbay voor een interview onderweg is naar de Spaanse priester Manuel Pérez, leider van de ELN (het Nationale Bevrijdingsleger), wordt ze door Escobars mannen onderschept. Nu smeekt Nydia, de meest bewonderde vrouw van Colombia, de nieuwe president César Gaviria een eind aan de oorlog te maken, naar De Uitleverbaren te luisteren en haar dochters leven te redden. Maar Gaviria is niet van plan om de rechtsstaat op te offeren voor de man die zijn voorgangers, allen galanisten, heeft vermoord en een vliegtuig heeft opgeblazen waar hij eigenlijk in had moeten zitten. De regering besluit tot een nietsontziende aanval. Een van de politiemannen die Diana moest bevrijden, laat zich leiden door blinde haat en wraak jegens Escobars mannen en verwart het slachtoffer, dat moeilijk herkenbaar is omdat ze een hoed draagt, met een van de ontvoerders. Diana sterft tijdens het vuurgevecht en het hele land staat op zijn achterste benen, omdat de politie ervan wordt beschuldigd eerst te schieten en daarna pas vragen te stellen. Bovendien verwijt de bevolking de president dat hij geen mededogen toont met de moeder van het slachtoffer, met de pers, de Kerk en met het hele land dat er genoeg van heeft om dag en nacht op televisie naar begrafenissen van arm of rijk te kijken. Escobar had het al aangekondigd: 'Het enige wat democratisch geregeld is in dit land, is de dood. Eerst stierven alleen de armen een gewelddadige dood, nu zijn de machtige rijken ook aan de beurt!'

Maar het verdriet van een bevriende journaliste zal ik echt nooit vergeten – de verloofde van een leider van de M-19 wiens naam ik nooit zal noemen. Snikkend in mijn armen vertelt ze hoe ze is verkracht door agenten van de DAS, die 's avonds haar huis waren binnengedrongen. Ze hadden haar gewaarschuwd dat ze haar genadeloos zouden doodmartelen als ze er ook maar aan zou denken om ze aan te geven. Terwijl zij huilend op de wc zat, hadden ze voor ze weggingen illegale wapens ergens in het appartement geplaatst. Even later was de politie al ter plekke met een huiszoekingsbevel. Ze werd in de cel gesmeten, beschuldigd van illegaal wapenbezit en samenwerking met de guerrilla.

'Weet je wat jouw redding is geweest, Virgie? Dat iedereen als de dood voor Pablo is. Zeg alsjeblieft nooit iets slechts over hem. Iedereen denkt namelijk dat je met die Duitser bent weggegaan, maar dat je voor Pablo bent teruggekomen. Laat iedereen dat maar lekker geloven! Anders sturen ze net zo'n stelletje beulen op je af. Ze zullen je linken aan wapens of drugs en dan hang je. Als een schoonheid als jij door dezelfde hel moet als ik, vieren de media dagenlang feest. Want je weet, de pers is hier genadeloos. Ze weten dat jij precies weet wie zich voor hoeveel laat omkopen en ze kunnen niet wachten totdat je uit de weg wordt geruimd of totdat je er zelf een eind aan maakt. Dan neem je Pablo's geheimen mee het graf in. Ik snap eigenlijk niet waarom je bent teruggekomen... De paar mensen die om je geven zeggen achter je rug om dat je alleen maar bent teruggekomen omdat je niet zonder Escobar kunt. Laat ze maar lekker in de waan! Als ze je naar hem vragen, zeg je gewoon dat je er liever niet over praat.'

Samen met Diana heeft Pablo nog twee bekenden van mij, Azucena Liévano en Juan Vitta, twee cameramannen en een Duitse verslaggever ontvoerd, die later allen zullen worden bevrijd. De dood van Diana zal Pablo van nu af aan gebruiken als een overtuigend pressiemiddel tegen de regering. Maar daar blijft het niet bij. Om de hoogste gelederen van de galanisten te dwingen zich uit te spreken ten gunste van een gesprek met hem en de aanvaarding van zijn voorwaarden, ontvoert Escobar de schoonzus van Luis Carlos Galán en haar assistente. Daarna ontvoert hij ook Marina Montoya, de zus van de presidentssecretaris tijdens de regering-Barco en partner van Gilberto Rodríguez bij Chrysler. Later vermoordt hij haar koelbloedig, als vergeldingsmaatregel voor het feit dat men had gepoogd haar te bevrijden. En in september ontvoert hij Francisco Santos, de zoon van een van de eigenaren van *El Tiempo*. Zo wil hij het belangrijkste dagblad van het land dwingen zich uit te spreken ten gunste van een Grondwetgevende Vergadering, die de grondwet zou moeten wijzigen en uitlevering verbieden.

Dus bij terugkeer in Colombia tref ik een land aan dat in brand staat, terwijl ik mijn grote liefde heb moeten achterlaten in een ver land. Diana, Nydia's dochter en Aníbals nichtje, vermoord door de man aan wie Aníbal me ooit had voorgesteld. Mijn vriendin verkracht door vijanden van Pablo en de M-19. Mijn collega's Raúl Echevarría en Jorge Enrique Pulido vermoord door de man van wie ik zo veel hield. Mensen die ik graag mag, zoals Juan en Azucena, samen met oude schoolvrienden als Francisco Santos en mijn familielid Andrés Pastrana, allemaal ontvoerd door mijn paisa Robin Hood. Al die ontvoerde bekende Colombianen zorgen ervoor dat Pablo constant in de schijnwerpers staat, in een land dat gebukt gaat onder een zware emotionele last.

Bovendien is de hele bevolking er nog steeds van overtuigd dat hij de zevende rijkste man van de wereld is. Alleen degenen die ooit deel hebben uitgemaakt van zijn naaste omgeving weten dat al die ontvoeringen een wanhopige poging zijn om zijn portemonnee te spekken. De vier voornaamste magnaten hebben zich omringd met een leger. Dat maakt het Pablo praktisch onmogelijk hen te ontvoeren. Dus neemt Pablo nu zijn toevlucht tot Colombiaanse rijken die een treetje lager staan. Hij ontvoert Rudy Kling, de schoonzoon van Fernando Mazuara, een van de rijkste mannen van het land en tevens goede vriend van mijn ooms en tantes. Bijna al Pablo's slachtoffers zijn op een of andere manier aan mij verwant: vrienden van familie, collega's, schoolvrienden of goede kennissen. Als een redacteur van *El Tiempo* me uit naam van de vader van Francisco Santos belt met het verzoek te bemiddelen voor zijn zoon, gelooft hij me niet als ik zeg dat ik niet eens weet waar Pablo uithangt. Bij het betreden van een restaurant lees ik minachting op de gezichten van de gasten. Dit heeft tot gevolg dat ik me steeds afstandelijker opstel – dat is mijn enige manier om me te verdedigen. Ik begin me expliciet elegant te kleden, een troef die ik in de laatste maanden in het gezelschap van mijn veeleisende toekomstige schoonmoeder tot een maximum heb weten op te poetsen. Maar dat wekt nog meer haatgevoelens op, want nu krijg ik weer het verwijt dat ik te koop loop met mijn rijkdom.

Mijn voormalige aanstaande belt me regelmatig op met de mededeling dat het vijandige klimaat waarin ik leef hem helemaal niet aanstaat, waarop ik antwoord dat dit helaas het enige land is dat ik heb. Hij belooft me binnen een paar weken te komen opzoeken, want hij kan niet zonder me. Maar ik verzoek hem het alsjeblieft niet te doen, want ik ga die huwelijksvoorwaarden van mijn leven niet tekenen en ook niet toestaan dat hij onterfd wordt. Bovendien ben ik evenmin van plan om ongetrouwd met hem te gaan samenwonen. Hij kan me beter vergeten.

Het is me gelukt mijn Wiedemannschilderij en mijn autootje te verkopen. Met dat geld heb ik mijn vaste lasten kunnen betalen en kan ik dus in mijn appartement blijven wonen. Maar de bodem van de put is alweer in zicht.

Ik had jaren geleden bij Caracol Radio gewerkt, maar Yamid Amat, die daar nu directeur is, reageert afwijzend als ik hem om werk vraag. Terwijl hij degene was die toentertijd het interview afnam, waarin Pablo zijn liefde voor Margaret Thatcher uitsprak. Hetzelfde overkomt me bij RCN Radio y Televisión van Carlos Ardila, de frisdrankmagnaat. Tenslotte krijg ik een telefoontje van Caracol Televisión, eigendom van Julio Mario Santo Domingo, dat me volgens eigen zeggen de perfecte baan wil aanbieden. Ik ga ervan uit dat ze me een aanbod willen doen als presentatrice te komen werken, want er gaan in het land veel verzoeken op voor mijn terugkeer op televisie. Toen het bericht rondging dat ik weer terug was, kwam er een geweldige geruchtenstroom op gang. Het mooiste gerucht is dat Ivan Pitanguy me met Pablo's miljoenen van top tot teen heeft opgelapt, omdat ik er na de geboorte van een tweeling niet meer uitzag. Die tweeling had ik voor het gemak in een weeshuis in Londen achtergelaten! Maar goed, ik hijs me opgewekt in een Valentino-pakje voor het sollicitatiegesprek met de directrice, want mijn voormalige partner Margot Ricci zei altijd al dat mensen de televisie niet aanzetten om me te zien of te horen, maar om te kijken wat ik draag. Ik ben me er goed van bewust dat een presentatrice met een uitgebreide garderobe zoals ik pure luxe is in een land als Colombia. Dus als zij me vraagt, 'Wie is je kleermaker?' zeg ik haar recht voor zijn raap: 'Valentino in Rome en Chanel in Parijs!'

Helaas ben ik niet genoeg op de hoogte van het lokale roddelcircuit. Wat ik wel merk is dat ik voor deze vrouw niet méér ben dan de voormalige of mogelijk zelfs de huidige minnares van de grootste crimineel aller tijden. Zeker weten, niet meer en niet minder dan van de pyromaan die het buitenhuis van de man aan wie zij haar baantje te danken heeft, in de fik heeft gezet. Het huis van Augusto López, de voorzitter van de Grupo Santo Domingo!

De directrice biedt me een hoofdrol aan in een soap, waarop ik verrast zeg dat ik geen actrice ben. Ze haalt haar schouders op en zegt dat dat toch helemaal niemand iets uitmaakt, ik heb toch twintig jaar camera-ervaring? En ik had toch ook ooit een aanbod uit Hollywood afgeslagen? 'Alle lagen van de bevolking kijken naar soaps. Tot kinderen aan toe. Dit soort series wordt ook aan het buitenland verkocht. Dan word je beroemd op het hele continent!'

Ik teken het contract en niet lang daarna gaat de telefoon over. De media willen me interviewen. Alles bij elkaar geef ik meer dan dertig interviews. Het tijdschrift *Aló*, van de uitgeverij van *El Tiempo*, wil echter een heel exclusief interview met mij publiceren. Als ik dit keer op keer afsla, omdat mijn woorden in een interview altijd verdraaid worden, belooft de hoofdredactrice dat ik het van tevoren helemaal door mag lezen. Als ik het interview dan uiteindelijk toesta, is het eerste wat ze me vraagt of ik Pablo binnenkort weer zal zien en of ik haar kan vertellen waar hij zich ophoudt. Maar ik geef er de voorkeur aan Pablo alleen te noemen in het licht van de recente gebeurtenissen.

'Ik heb hem al jaren niet meer gezien. Is het niet handiger als u hem zelf interviewt? Dan kunt u hem naar mij vragen. Als u hem tenminste zover krijgt...'

Twee dagen nadat het tijdschrift is uitgekomen, word ik gebeld. Alle media hebben inmiddels mijn nummer, en ik neem zelf op.

'Waarom zeg je zulke onaardige dingen over me?'

'Ik vraag je maar niet hoe je aan dit telefoonnummer komt. Maar ik kan je wel zeggen dat ik schoon genoeg heb van al die vragen over jou.'

Hij zegt dat hij een nieuwe telefoon aan het uitproberen is – speciaal voor mij – zodat we lekker op ons gemak kunnen praten, zonder afgeluisterd te worden. Hij had eerst ook mijn telefoons laten checken om te kijken of ik niet werd afgetapt. En kijk aan, alles was oké! 'Welkom thuis. Miljoenen mensen hebben je blijkbaar gemist, net als ik... Hoe is het om terug te zijn na zo'n lange tijd?'

'Ik geloof dat ik in *El Tiempo* heb gelezen dat er het afgelopen jaar tweeënveertigduizend gevallen van doodslag waren. In het land waar ik net vandaan kom worden drie doden al als een massamoord beschouwd. Dat staat dan ook meteen op de voorpagina. En hoeveel van al die duizenden staan er op uw conto, eerwaarde Vader des Vaderlands?'

Na een diepe zucht zegt hij dat met de Grondwetgevende Vergadering in de maak, alles weer normaal zal worden. Iedereen heeft genoeg van oorlog. Ik merk op dat ik heb gehoord dat veel verslaggevers beweren dat 'de heren uit de Valle' inmiddels zestig procent van de Congresleden in hun zak hebben en ik vraag hem of hij net zo'n hoog percentage aan Kamerleden heeft omgekocht.

'Tja liefje... we weten toch allebei dat zij overal praatjes rondstrooien. Wat ik heb bereikt, kan alleen met geld. Ik heb alle diehards van Magdaleno Medio aan mijn kant, en dankzij een behoorlijk percentage van iets waarover ik niets los kan laten over de telefoon, is mijn overwinning een bekeken zaak. De Grondwet zal worden gewijzigd en niet één Colombiaan wordt ooit nog uitgeleverd!'

Ik wens hem geluk met de efficiëntie van zijn vriend Santofimio. Geschokt roept Escobar dat hij geen vriend van hem is maar een loopjongen, en dat hij hem niet meer nodig heeft zodra de Grondwet erdoor is. Dat hij liever nog Luis Carlos Galán zou vergeven – ook al is hij niet meer onder ons – dan Santofimio. Verbaasd vraag ik hem of hij spijt van 'dat akkefietje' heeft, waarop hij antwoordt: 'Ik heb nergens spijt van! Je bent intelligent genoeg om te begrijpen wat ik daarmee wil zeggen. Ik switch even van telefoon.'

Kort daarna belt hij naar mijn andere telefoon. Zijn toon is nu anders: 'Laten we het even over jou hebben. Ik weet alles over je Duitse verloofde. Waarom ben je niet met hem getrouwd?'

Ik antwoord dat hem dat niet aangaat. Hij blijft erop hameren dat hij zo veel om me geeft, zegt dat hij zich kan voorstellen hoe verdrietig ik moet zijn en dat ik hem alles kan vertellen. Enkel omdat ik wil dat hij weet dat ik nog steeds een hoge prijs betaal voor mijn relatie met hem, vertel ik hem over de foto's en de brief die mijn verloofdes moeder had ontvangen en over de huwelijkse voorwaarden die ik heb geweigerd te tekenen. Hij blijft er maar op aandringen dat ik hem vertel hoeveel ik na het tekenen nog zou krijgen en uiteindelijk vertel ik het maar.

'Hebben ze je een soort fooitje geboden? Echt, je hebt wel gelijk als je zegt dat achter iedere uitzonderlijk rijke man een gelijkwaardige partner of een slavin schuilt. Dat oude wijf is de gelijkwaardige partner van haar man en wilde dat jij haar zoons slavin werd! Wat een bitch! Hoe komt het eigenlijk dat jij altijd van die stinkende rijkaards achter je aan hebt? Vertel me je geheim eens!'

'Dat weet je maar al te goed. En het heeft er vast mee te maken dat ik met de jaren steeds eleganter word. Op tientallen tijdschriftcovers staan helpt ook. Dat weet jij net zo goed als ik, jij staat ook op covers, al is het om een andere reden...'

'Ja, ja, maar die cover van *Aló* is vreselijk! Ik wilde het eerst niet zeggen, maar daar zie je... er echt oud uit. Ik switch van telefoon.'

Ik denk eraan wat ik moet zeggen als hij weer terugbelt, wat hij even later ook doet. Nadat we even over de hervatting van mijn werk hebben gesproken, na jarenlange tegenwerking, zeg ik dat ik er op het scherm beter dan ooit uitzie, en zeker beter dan hij. Want met mijn eenenveertig jaar weeg ik nog geen zestig kilo en lijk ik dertig. En ik leg hem uit waarom ze die lelijke foto van mij hebben gepubliceerd, echt de enige lelijke, ordinaire foto die ooit van me genomen is.

'Waarom zouden ze niet? Je hebt de eigenaar van het tijdschrift ontvoerd! Ik moest om werk smeken bij mensen die hun huizen kwijt zijn omdat jij ze in brand hebt gestoken. Nou ja, ze willen me nu gebruiken als publiekstrekker in een soapserie, gewoon bagger, met derderangs acteurs. Om me daarna vast en zeker op straat te gooien zodat ik van de honger omkom, zogenaamd in opdracht van Santo Domingo. Want jij blaast zijn vliegtuigen op, met de zwagers van mijn vriendinnen erin.'

'Maar waarom zeg je toch zulke vervelende dingen tegen me? Tegen mij, de man die zo veel om je geeft? Zo'n prachtige vrouw als jij is toch niet geboren om als een slavin te werken voor die frisdrankmagnaten? Jij verdient het echt om gelukkig te worden... En je zult zien dat die Duitser binnenkort op de stoep staat! Je kunt namelijk héél verslavend zijn... Ik weet dat beter dan wie ook!'

Ik antwoord dat hij inderdaad over een paar dagen aankomt. Maar ik ben niet van plan om de rest van mijn leven onder het vergrootglas van zijn moeder door te brengen. Nadat hij een stilte heeft laten vallen zegt Pablo dat ik er op mijn leeftijd toch eens aan moet gaan denken om een bedrijf op te zetten. Hij neemt afscheid en zegt dat hij weer zal bellen na de Grondwettelijke Vergadering.

Een paar dagen later komt mijn verloofde in Bogota aan. Opnieuw doet hij die verlovingsring om mijn vinger en verzekert me dat zijn moeder heus wel zal bijdraaien en dat contract zal vergeten als we eenmaal getrouwd zijn en zijn moeder ziet hoe gelukkig hij is. Ik leg hem uit dat ik nu aan mijn belofte aan Caracol vastzit. Als ik die niet nakom, moet ik het driedubbele betalen van wat mijn salaris zou zijn. Maar zodra ik genoeg recent videomateriaal heb verzameld, ben ik van plan mijn koffers te pakken en Colombia voor eeuwig te verlaten. Ik maak heus wel een goede kans op een behoorlijk aanbod in de Verenigde Staten.

Hij smeekt me dat niet te doen en ik zeg dat hij me voor een groot dilemma plaatst. Ik moet een paar uur later in de Honda-fabriek zijn, waar de eerste opnames plaatsvinden van de soapserie, dus nemen we afscheid en spreken af elkaar over een maand ergens in het Caribisch gebied te ontmoeten.

Voor de cocktailparty ter ere van de lancering van de soap zijn wel driehonderd gasten uitgenodigd. Amparo Pérez, de perschef van Caracol, haalt me met haar auto op en onderweg vraagt ze me: 'En hoe zit het nou met je Duitse verloofde? Heb je nooit meer iets van hem gehoord?' 'Jawel, echt wel. Hij was twee weken geleden nog hier. Hij heeft me dit gegeven.' Ik laat haar de *D-Flawless* diamant zien, die vier keer groter is dan die van Gustavo.

'Oei, doe dat ding alsjeblieft af, want Mábel denkt straks nog dat je hem van Pablo hebt gekregen en dan stuurt ze je de laan uit omdat je met de verkeerde mensen omgaat!'

'Pablo zou me nooit een verlovingsring geven. Je weet toch wel dat hij getrouwd is? Maar ik geef die diamant inderdaad liever terug, want de mensen hier denken dat Pablo de enige is die genoeg geld heeft om een diamant te kopen.'

De volgende dag belt mijn aanstaande om te vragen hoe de opnames en de lancering zijn gegaan. Ik beschrijf min of meer hoe de opnames 's avonds in een zinderende hitte zijn verlopen. We hadden hele wolken stekende muggen om ons heen hangen en met de spotlights werd de temperatuur zelfs hoger dan 45 graden. Na een korte stilte zegt hij in het Duits, zonder moeite te doen zijn bezorgdheid te verbergen: 'Ik begrijp echt niet hoe je dat contract hebt kunnen tekenen. En ik moet je nog iets zeggen. Onderweg naar het vliegveld in Bogota werden we gevolgd... Ik weet zeker dat hij het was. Hij is gewoon nog steeds verliefd op je, kid.'

Ik ben als door de bliksem getroffen. Hoe had ik zo stom kunnen zijn? Dat ik Pablo Escobar blijkbaar nog steeds niet doorheb! Ik had het toch kunnen weten? Dacht ik nou heus dat hij me, na die beroving in 1988 en na het scheiden van onze wegen, nu alleen maar belde om een beetje genegenheid te tonen? Hij belde natuurlijk om uit te zoeken of het waar was wat hij had gehoord! Of ik een wrok voelde tegen de man die ik net had verlaten of tegen zijn familie! Of hij me ergens voor kon gebruiken!

Voordat ik ophang, krijg ik nog maar een paar woorden uit mijn strot, ook in het Duits: 'Nee, nee, hij is echt niet meer verliefd op me.

Het is veel erger... Je moet me nooit meer bellen. Ik bel je morgen wel, en dan leg ik je alles uit.'

Een paar dagen later, zo rond middernacht, belt Pablo: 'Tja, toch wel apart; als jij je echtgenoten of verloofdes verlaat, ben je ze de volgende dag al weer vergeten. Toch, liefje? Ik weet niet hoe je het voor elkaar krijgt, maar binnen achtenveertig uur heb je altijd een vervanger! Iedereen weet inmiddels wat Caracol je allemaal flikt, en ik wil eigenlijk alleen maar je toekomst zeker stellen... Ik maak me zorgen over je, want je wordt er niet jonger op, toch? Dus ga ik je een heel serieus voorstel sturen, over de post. Vergeet niet dat ik een flinke vinger in de pap heb bij de media. Ik hoef ze alleen maar een week lang met telefoontjes te laten overstelpen, en dan kun je het wel vergeten ooit nog ergens aan de bak te komen. Adiós.'

In het briefje staat dat hij al is voorzien van alle basisinformatie maar dat hij ook mijn hulp nodig heeft. Het voorstel houdt in dat hij me vijfentwintig procent van de 'winst' aanbiedt. Er zit een simpele lijst bij met een paar adressen, enkele telefoonnummers, wat financiële gegevens, enkele bankrekeningnummers, namen van kinderen – voor zover relevant – en de datum van het volgende bezoek van mijn ex-aanstaande aan Colombia of mijn volgende reis naar Europa. Op een ander papier staat ook namen en zitten krantenknipsels geplakt. En op een gele Post-it staat de aanvulling:

HET LAATSTE NIEUWS, CARACOL, YAMID AMAT!

BIJ EEN POGING TOT ONTVOERING IS EEN ZEKERE MENEER X OMGEKOMEN, ZOON VAN MEVROUW Y, GETROUWD MET MENEER Z, VOORZITTER EN ALGEMEEN DIRECTEUR VAN BEDRIJF AAA, GEVESTIGD TE XYZ. DE VOORMALIGE TELEVISIEPRESENTATRICE VIRGINIA VALLEJO WORDT BESCHULDIGD VAN MOGELIJKE BETROKKENHEID BIJ DEZE MISDAAD, EN WORDT VASTGEHOUDEN VOOR ONDERVRAGING DOOR DE DAS.

Uren loop ik te malen hoe hij in hemelsnaam aan die namen is gekomen. Ik herinner me nog hoe zijn stem acht jaar terug klonk: 'Ik vind niets leuker dan de boel op stelten zetten. Als je je zaakjes zorgvuldig voorbereidt, dan lukt alles.' Ik kom tot de slotsom dat iemand van zijn organisatie waarschijnlijk in het vliegtuig zat met mijn aanstaande, en na een paar dagen 'mannetjes volgen' in Duitsland wist hij precies om wie het ging. Een andere mogelijkheid is dat hij mij heeft laten volgen op een van mijn reizen... Ik vraag me af of hij van mijn samenwerking met Interpol op de hoogte was, of de man in de dierentuin ook niet gewoon een van Pablo's mannetjes was en of de foto's en de brief van mijn schoonmoeder ook geen vergeldingsactie van Pablo waren. Alle mogelijkheden razen door mijn hoofd. Ik besef dat het heel makkelijk is om via zijn werk achter de identiteit van mijn ex-aanstaande te komen. En ik weet ook dat een reisje meer of minder voor Pablo geen probleem is als hij erop uit is om snel grote hoeveelheden geld te verkrijgen. Als hij terugbelt, deze keer 's ochtends heel vroeg, zegt hij dat hij vroeg of laat en met of zonder mijn hulp zijn doel zal bereiken.

'Je komt er nog wel achter dat ik met hier en daar een belletje naar de DAS ervoor kan zorgen dat je mooi een paar jaartjes in de bak belandt. In ieder geval tot ze hebben uitgezocht of wat mijn getuigen beweren waar is. En wie denk je dat ze geloven? Maza en jouw vijanden bij de pers... of jou, arm schaap? Wat zou die oude nazitrut wel niet overhebben om haar jongetje terug te krijgen! Toch, lieveling?'

Perplex luister ik naar zijn uitleg. Hij praat op de manier die ik van hem ken, korte zinnen gevolgd door stiltes. Hij zegt dat hij me nodig heeft om de zaken soepeltjes te laten verlopen, zaken die hem anders maanden zouden kosten, want hij heeft niet de beschikking over vertalers naar verschillende talen. Het is gewoon een kwestie van kiezen, niet tussen geld en lood – want hij weet dat ik niet bang ben te sterven – maar tussen 'geld of de bak'! Hij belt over een paar dagen terug en in de aankomende dagen zal hij me laten zien dat het menens is.

Ik krijg een telefoontje van Stella Tocancipá, de verslaggeefster die verantwoordelijk is voor een artikel over mij in het tijdschrift *Semana*. Ze licht me in dat ze er liever van afziet, vóórdat ze straks door haar bazen wordt verplicht om al die bagger over mij op te schrijven. Een ander heeft niet zo veel gewetensbezwaren als Stella en schrijft alles op wat ze hem opdragen. Na mijn ontslag bij Caracol, wordt hij ook nog beloond met een diplomatieke post bij het consulaat in Miami.

Wat er in *El Tiempo* staat is nog veel erger. Ze maken ervan dat ik nu de minnares ben van een andere narco – van wie niemand de naam weet – en regelmatig luxeartikelen uit chique winkels steel. En natuurlijk ben ik daarom weer genadeloos in elkaar geslagen en met messen bewerkt. Wat Pablo Escobar me met dit alles wil zeggen is dat elke man met wie ik een serieuze relatie aanga – zoals hij dat al eerder had geflikt met Rafael Vieira – door de pers door het slijk gehaald zal worden als 'nog een narco'. Want de verslaggevers zullen alles oppennen wat Pablo's huurmoordenaars ze opdragen te noteren. En volgens Pablo moet ik maar eens goed gaan nadenken over mijn toekomst, want in plaats van eenzaam en berooid achter te blijven, zou ik er natuurlijk ook voor kunnen kiezen een bikkelharde zakenvrouw zonder scrupules te worden.

De autoriteiten die niet in dienst staan van de drugskartels, staan in dienst van mijn vijanden, dus ik kan onmogelijk aangifte doen van Escobars chantage. Al die verhalen storten me zo diep in de ellende, en niet te vergeten alle telefonische bedreigingen en de laster die ik over me heen krijg als ik de supermarkt inga, dat ik een tijdlang zowat geen hap meer door mijn keel krijg. In die periode overweeg ik serieus er een eind aan te maken.

Door dit alles moet ik denken aan Enrique Parejo González. Als minister van Justitie en galanist was hij degene die de eerste uitleveringen goedkeurde na de moord op zijn voorganger, Rodrigo Lara. In 1987 werd hij ambassadeur van Colombia in Hongarije. Hij is de enige die een rechtstreekse aanslag van Pablo Escobar heeft overleefd. Hij werd getroffen door vijf schoten, waarvan drie in het hoofd, in de garage van zijn huis in Boedapest. Deze dappere man, die vandaag de dag volledig is hersteld, staat als geen ander symbool voor de macht van de narco's. Als narco's zich willen wreken gaan ze tot het uiterste, zelfs tot in alle uithoeken. Want in dit land zonder geheugen, vergeeft dat van Escobar niemand.

Pablo heeft al heel wat informatie verzameld over de familie van mijn aanstaande, maar mijn gevoel zegt me dat deze geen gevaar loopt zo lang hij niet naar Colombia komt en ik niet naar Duitsland ga. Nadat ik een hele nacht heb liggen malen, kan ik maar tot één slotsom komen: ik blijf alleen. En omdat ik toch geen recent fotomateriaal heb om naar een internationaal artiestenbureau te sturen, zal ik mijn lot aanvaarden en blijf ik hier wonen. Vanuit een telefooncel bel ik mijn aanstaande en ik vraag of hij zo snel mogelijk met me wil afspreken in New York. Op de meest verdrietige dag van mijn leven geef ik hem mijn verlovingsring terug met de boodschap dat we elkaar niet meer kunnen ontmoeten zolang dat monster nog leeft. Bovendien wil ik niet dat hij me nog belt. Pablo zou hem ontvoeren, hem vermoorden en mij beschuldigen van betrokkenheid bij die misdaad.

Er zou zes jaar voorbijgaan voor we beiden weer vrij waren van onze respectievelijke omstandigheden. Maar aan het eind van 1997 zou hij al heel erg ziek zijn en begon voor mij de laatste etappe van het hoofdstuk Escobar.

Als ik terug ben in Bogota neem ik een nieuw telefoonnummer dat ik slechts aan vier personen doorgeef. Ik ben zó panisch zelf het slachtoffer van ontvoering te worden, dat ik, als twee extreemlinkse vriendinnen naar mijn ex-verloofde vragen, antwoord dat die hele relatie puur een verzinsel van de media was.

❧

Het land begint zachtjes aan weer een beetje hoop te krijgen. De Grondwettelijke Vergadering van 1991 zorgt dat er een dialoog op gang komt tussen de traditionele partijen, de gewapende groepen, de etnische en religieuze minderheden en de studenten. Antonio Navarro van de M-19 en Álvaro Gómez van de conservatieve partij reiken elkaar de hand en na een paar maanden komt er een grondwetswijziging. Het uitleveringsverdrag wordt afgeschaft. Alle Colombiaanse burgers, goed en slecht, bereiden zich voor op een nieuw tijdperk van begrip en eendracht.

Maar in een land waar de rechtsstaat zich altijd voor een of andere vrede moet opofferen, liggen de zaken niet zo simpel. Voor de groep narcoterroristen betekent het gewoon dat ze door de mazen van de wet glippen dankzij een of andere amnestieregeling die hen vrijwaart van uitlevering.

Begin jaren negentig komt de organisatie 'Los Pepes' tot stand, die de naam dankt aan het feit dat de leden door Escobar worden opgejaagd. En iedereen, tot de laatste dorpsgek aan toe, weet wie de leden van Los

Pepes zijn. Ze zijn afkomstig uit paramilitaire groepen onder leiding van Fidel en Carlos Castaño, en uit het Calikartel. Verder nog wat overlopers van het Medellínkartel en ook de veiligheids- en politieorganisaties, die eveneens het slachtoffer zijn van Pablo Escobar, doen mee. Met ook nog een of meerdere buitenlandse raadgevers aan boord kun je wel zeggen dat het volkomen in de stijl van de Contra's is. Na de laatste, en wie weet wel definitieve afschaffing van het uitleveringsverdrag, en ook om zich te beschermen tegen Los Pepes die genadeloos jacht op hem maken, belooft Pablo dat hij zich zal overgeven als er in Envigado een speciale gevangenis voor hem wordt gebouwd. Hij heeft dit hoog gelegen terrein van dertigduizend meter omtrek zelf uitgekozen. Daar wil hij gaan 'wonen' samen met een aantal van door hem geselecteerde 'jongens' die het tot nu toe hebben overleefd. Verder eist hij door hem goedgekeurde bewakers, een uitzicht waarbij hij volkomen in de rondte kan kijken, een beschermd luchtruim en een elektronische draadomheining. En wat natuurlijk ook niet mag ontbreken zijn alle gemakken en geneugten waarin het leven voorziet. De machthebbers in Colombia hebben de beschikking over een juridisch model dat zoals altijd alleen in Colombia kan bestaan en waarvoor de naam 'Hotel Gevangenis' is bedacht. De regering is zo uitgeput door Escobar dat Gaviria toegeeft: 'Oké! Doe dat dan maar! Leg dat voetbalveld aan, bouw die bar, die discotheek en nodig iedereen maar uit! Maar laat ons even bijkomen!'

De overgave van Pablo is de gebeurtenis van het jaar. Op de dag die hij heeft uitgekozen om te midden van een hele stoet officiële voertuigen en auto's van de nationale en internationale pers, naar zijn nieuwe, door de Colombiaanse regering betaalde schuilplaats af te reizen, heeft hij bedongen dat het luchtruim van Medellín volkomen leeg blijft. Hij was en is nog steeds geobsedeerd met dat enige zwakke punt van hem, zoals hij en ik maar al te goed weten. Het probleem van de wanhopige president en de brave Colombianen is dat ze Escobar nog steeds niet echt kennen. Iedereen gelooft dat Pablo de beste bedoelingen heeft. Maar vanuit de gevangenis, die hij 'de Kathedraal' heeft genoemd, gaat hij gewoon door met het bestieren van zijn imperium. Met ijzeren vuist, zoals altijd. In zijn vrije tijd nodigt hij grote voetbalsterren uit zoals René Higuita, om met hem en zijn 'jongens' een balletje te trappen. En 's avonds, vóórdat hij zijn welverdiende rust neemt, komen tientallen meisjes van plezier het leven van allen nog plezieriger maken. Als een koning ontvangt hij zijn gezin en familie, zijn politici, zijn verslaggevers en de narco's die zich nog niet bij Los Pepes hebben aangesloten. Iedereen mompelt dat 'misdaad in Colombia loont', maar elk protest wordt rigoureus van tafel geveegd. Pablo houdt zich koest! Wat willen jullie nog meer?

Toledar, het derde radionetwerk waar ik solliciteer, is bereid me aan te nemen, maar op voorwaarde dat ik zelf voor mijn advertentiecampagne zorg. Ik maak een afspraak met Luis Carlos Sarmiento Angulo, inmiddels de rijkste man van het land, en smeek hem me te helpen. Ik leg hem uit dat de bestuurders van alle grote mediabedrijven het blijkbaar eens zijn geworden dat ik maar beter van de honger kan omkomen. Die integere man regelt publiciteit voor Toledar voor tienduizend dollar per maand en de zender betaalt mij daar veertig procent van, zoals was afgesproken. Dus eindelijk kan ik weer een beetje rustig en zonder paniekaanvallen leven. Ik heb geen kantoor, en dus kent iedereen mijn telefoonnummer weer. (Na Pablo's dood zal mijn contract zonder enige verklaring gecanceld worden en eigent Toledar zich de volle honderd procent toe.)

Op een dag vertelt Deep Throat dat een paar van zijn vrienden in de Kathedraal bij Pablo op bezoek zijn geweest. Een van hen had opgemerkt dat een kennis mij ergens in een restaurant in Bogota had gezien, dat ik er stralend uitzag en dat hij dolgraag met me uit zou willen. Toen Pablo dit hoorde, had hij geroepen: 'Weet die vriend van je dan niet dat Virginia het jacht van een van onze collega's heeft geprobeerd te pikken? En dat het daarna met geweld van haar is afgenomen? Nou, ik heb best met die vent te doen, hoor... Is hij blind of zo? Een bezoekje aan de oogarts zou zeker geen kwaad kunnen! Wat moet hij nou met zo'n oud wijf? Er lopen genoeg lekkere jonge dingen rond! Zo'n eenzaam wijf van over de veertig dat geen cent te makken heeft... En dan zit ze ook nog 'ns bij zo'n radiozendertje. Ze moet wel, want ze heeft het geld nodig... Want bij de televisie is ze niet meer welkom!'

'Mijn vrienden wisten niet wat ze hoorden.' Deep Throat is duidelijk aangedaan. 'Ze vonden het een vuile streek van hem, die zak... Een van

hen is trouwens aardig goed bevriend met "Rambo" Fidel Castaño, de leider van de Autodefensas Unidas de Colombia.[42] We waren pas nog op zijn boerderij in Córdoba en ja hoor, zien we die vent heel rustig op zijn fiets aankomen. We hebben even een praatje met hem gemaakt en hij fietst op z'n dooie gemak weer weg. Helemaal alleen! In dit land, waar de concurrentie moordend is... en iedereen elkaar afmaakt! Maar die Rambo, die is van staal. Rijdt rustig rond op z'n fietsje, niets geen wapens, en geen hond die hem iets aan durft te doen. Ik durf te wedden dat die vent vroeg of laat die Pablo van jou een kopje kleiner maakt...'
'Ja hoor, en Pablito is nog steeds zo bezitterig als wat. Denk je dat die vriend van jou aan Rambo de ins en outs over mijn relatie met Pablo kan vertellen? Dat hij me meer haat dan wie ook ter wereld? Eens kijken of Los Pepes me dan met rust laten? Laat die Castaño maar weten dat ik 's nachts door allerlei figuren word gebeld die een kettingzaag aanzetten en ermee dreigen dat ze dat ding paraat houden voor "de hoer van die psychopaat uit Envigado". Ik leef in een hel, je hebt geen idee... Als ik 's avonds uit mijn werk op een taxi sta te wachten en ik zie zo'n geblindeerde SUV aan komen rijden, denk ik dat het Los Pepes zijn! Ik ben als de dood! Vandaag of morgen doen ze me wat aan! Zeg alsjeblieft dat ze ermee ophouden, want ik word net zo opgejaagd door Escobar als zij. Ik ben zowat de enige uit zijn omgeving die nog rondloopt. En vraag meteen maar of ik hem voor dat radiozendertje mag interviewen... Dan vraag ik hem ook wanneer hij dat monster in de Kathedraal nou eindelijk 'ns een keertje naar de andere wereld gaat helpen!'
Binnen een paar dagen zijn het aantal dreigtelefoontjes aanzienlijk verminderd. Dus of mijn armoe of het feit dat ik zo'n oud wijf ben heeft deze keer geholpen. Nu ik blijkbaar onder de bescherming van Castaño leef, kan ik in ieder geval even rustig ademhalen tot aan de dag dat de volgende vijand van Pablo zich aandient. Bedreigingen zijn er in alle soorten en maten, wat er nog aan ontbreekt, is een raket op het Pentagon of een atoombom op het Kremlin.
Elektrische zagen zijn het favoriete wapen geworden van alle bendes. Ik heb eens gelezen dat ergens in Antioquia of Córdoba, waar de AUC

---

42 AUC, Zelfverdedigingseenheden van Colombia

zijn hoofdkwartier heeft, het gekrijs van slachtoffers in het hele dorp te horen was toen paramilitairen die knetterstoned waren hiermee vrouwen te lijf gingen... voor de ogen van hun kinderen! Als Escobar erachter komt dat zijn partners, de Moncada's en de Galeanos's, vijf respectievelijk twintig miljoen dollar verstopt hadden, vraagt hij ze naar de gevangenis te komen. Daar begint hij ze met zo'n zaag te bewerken. Er is uiteraard geen vergunning nodig voor een elektrische zaag, want ze worden daar in de timmerwerkplaats gebruikt. Eerst dwingt hij ze hem te vertellen waar ze de buit hebben verborgen, dan stuurt hij zijn mannetjes buiten de gevangenis eropuit om het geld op te halen, om vervolgens onder martelingen alle partners en boekhouders van die twee te dwingen alle bezit van de families aan hem over de dragen: hun resterende geld, hun haciënda's, hun veehouderijen, hun vliegtuigen en helikopters.

Zodra het presidentiële paleis er lucht van krijgt dat Escobar zelfs in de gevangenis onder de neus van zijn bewakers mensen afmaakt en begraaft, is dit precies de druppel die de emmer doet overlopen voor César Gaviria. Hij stuurt de viceminister van Justitie, de zoon van voormalige vrienden van me, naar de Kathedraal om eens uit te zoeken of zoiets angstaanjagends echt waar is of dat het alleen maar verzinsels zijn van het Calikartel en de Moncada- en Galeanofamilies.

Zodra Escobar het nieuws hoort dat legertroepen onderweg zijn om hem over te plaatsen naar een andere gevangenis, denkt hij onmiddellijk dat de regering hem zal overdragen aan de DEA. Dus op het moment dat de jonge ambtenaar de Kathedraal binnenstapt, neemt hij hem in gijzeling. In een gigantische chaos van gebeurtenissen, waar verschillende versies van bestaan, loopt Pablo geflankeerd door bewakers, die hem geen strobreed in de weg leggen, naar buiten. Met zijn mannen vlucht hij weg via tunnels, waar zijn 'personeel' al maanden aan had gewerkt. Alle zenders die het land rijk is, zetten meteen een directe marathonuitzending op. De nieuwe directeur – in dienst van het Calikartel – van de zender Todelar verbiedt me om die dag uitzendingen te verzorgen. Ondertussen laat Pablo Yamit Amat geloven dat hij drie uur verstopt had gezeten in een enorme buis naast de Kathedraal, terwijl hij toen eigenlijk al ver weg de bescherming van de bossen had opgezocht.

Het doet me goed te weten dat Pablo op de vlucht is, want nu weet ik dat zijn doodvonnis is getekend. Onmiddellijk wordt het 'Zoekblok' door de politie opgezet, samengesteld uit mannen die in de Verenigde Staten speciaal zijn opgeleid met maar één doel: voor eens en voor altijd afrekenen met Escobar. Vanaf het eerste moment staan Los Pepes klaar om met het Zoekblok samen te werken. Na een intensieve training worden ook de mannen van de Navy Seals en de Delta Force aan het Zoekblok toegevoegd. De DEA, de FBI en de CIA zorgen voor versterking met Vietnamveteranen. Duitse, Franse en Britse huursoldaten, lekker gemaakt door een beloning van vijfentwintig miljoen dollar, volgen. In totaal achtduizend manschappen uit verschillende landen die zich gereed maken voor een multinationale oorlog tegen slechts één individu. De Amerikanen willen hem levend vangen en de Colombianen willen hem dood. Want alleen zijn dood garandeert de Colombianen rust.

Als vergelding voor het feit dat uit naam van de rechtsstaat een aantal martelaren uit de onderwereld op niet zo'n prettige manier zijn ondervraagd en vervolgens afgemaakt, plaatst Escobar de ene na de andere bom. Het is een praktisch wekelijkse aangelegenheid en zijn huurmoordenaars, die tot mediasterren zijn gebombardeerd, staan met hun foto op tijdschriftencovers en op de voorpagina's van kranten. Alles wat ze zeggen of wat Pablo hun opdraagt te zeggen, wordt door de media gepubliceerd, alsof Escobar een of andere grote verzetsstrijder is: 'Het terrorisme is de atoombom van het volk! Ook al gaat het tegen mijn principes in, ik moet wel!'

Pablo Escobar weet altijd op het juiste moment de slachtofferrol uit te buiten.

In 1993 ontsnap ik wonder boven wonder aan een van de ergste bomaanslagen in het winkelcentrum Centro 93. Huilend sta ik te kijken naar het lichaam van een onthoofd meisje. Er zijn bij die aanslag honderden doden en gewonden.

Rond die tijd heb ik mijn appartement al verkocht. Ik kan er absoluut niet meer tegen dat mijn telefoons aan een stuk door worden afgeluisterd. En dan ook nog al die bedreigingen. Ik heb een flat gehuurd op de eerste verdieping van het elegante condominium Residencias El Nogal. Daar wonen ook een voormalige first lady, die verwant is aan mijn vader, nog een handjevol verwanten van me, drie kinderen van voormalige presidenten en het nichtje van Santo Domingo. Al hun lijfwachten zorgen ervoor dat ik betrekkelijk veilig ben, dus eindelijk kan ik een beetje bijkomen van de herrie van de kettingzagen waarmee ik dagelijks werd lastiggevallen. Nadat ik mijn appartement heb verkocht, vraagt Deep Throat om een lening van vijfentwintighonderd dollar, waarop hij spoorslags verdwijnt. Berustend denk ik dat alle informatie waar hij me de afgelopen zes jaar in heeft voorzien, al het geld van de wereld waard was.

Het laatste nieuwtje dat ik van mijn bron heb vernomen was dat Pablo zich verstopte in huizen die hij in arbeidersbuurten in Medellín had gekocht. Dat nieuws verbaast me enigszins, want tijdens de meest geheime periode van onze relatie, hadden zijn chauffeurs me verteld dat hij toch zeker honderden boerenhuizen verspreid over Antioquia bezat. Via de vrienden van Deep Throat kom ik te weten dat Los Pepes, bijgestaan door het Zoekblok, vastbesloten zijn om naaste familieleden van Pablo te ontvoeren. Die willen ze uitwisselen tegen politiemannen uit beide organisaties die in Pablo's handen zijn gevallen. Hij heeft zijn zinnen erop gezet zijn gezin Colombia uit krijgen. Maar ik ben ervan overtuigd dat hij het moment van afscheid nemen bewaart voor als hij echt geen kant meer op kan. Omdat hij ook wel weet dat hij ze daarna nooit meer zal zien, zal het als het zover is zeker zijn hart breken. Als hij tenminste nog een hart heeft.

In elke Latijns-Amerikaans land zijn de Escobars een makkelijk doelwit. Pablo's vijanden zouden hen zonder probleem kunnen ontvoeren of afpersen. Ze kunnen de Verenigde Staten wel vergeten en er zijn geen directe vluchten vanuit Colombia naar Australië of het Verre Oosten. In 1993 – vóór het Schengenverdrag van 2001 – is Duitsland het enige Europese land waar Colombianen na een rechtstreekse vlucht vanuit Bogota zonder visum en zonder veel rompslomp bij de douane de grens over kunnen. Ik weet dat een aantal van Pablo's familieleden er wonen. Dus vroeg of laat zullen zijn vrouw en kinderen, zijn moeder en broers en zussen naar Duitsland vertrekken.

Ik heb eigenlijk alleen nog maar diep meedelijden met deze familie. Maar ik zou nog veel meer meedelijden moeten hebben met zijn slachtoffers en met mezelf: tien jaar beledigingen en bedreigingen zijn me niet in de koude kleren gaan zitten. Bovendien valt de last van de pijn van Escobars slachtoffers en de woede van zijn vijanden me zwaar. En alsof dat nog niet genoeg is, krijg ik ook nog te horen dat Wendy dood is. Tijdens een lunch van de beroemde Colombiaanse kok Carlos Ordóñez vertelt een populaire actrice me dat ze getrouwd is geweest met een oom van Wendy. Zo kom ik te weten dat Wendy tijdens een reis vanuit Miami, waar ze woonde, naar Medellín, in opdracht van Pablo vermoord is. Hij was zo gek geweest op Wendy en had haar toen hij haar verliet een fortuin van twee miljoen dollar nagelaten. Wendy en ik waren in alles het tegenovergestelde, en hoewel ik haar nooit heb ontmoet, liepen de rillingen me toentertijd over de rug bij het horen van dat verhaal over de abortus en de dierenarts. De gedachte aan Wendy bezorgt me nog steeds een gevoel van deernis. Zijn laatste rotstreek jegens mij was ongetwijfeld dat hij bij de media lasterpraatjes over me rondstrooide en bij zijn collega's de draak stak over mijn eenzaamheid en mijn armoe, waartoe hij me overigens zelf had veroordeeld. Het was Gilberto geweest die zes jaar geleden al had opgemerkt dat Pablo ook mij ooit zou vermoorden. Al deze ellende ten spijt weet ik toch de kracht op te brengen – misschien wel door de gedachte aan die andere vrouw die bijna net zo veel van hem hield als ik – die me doet besluiten mijn steentje bij te dragen. Ik wil voor eens en voor altijd een eind aan deze schande te maken.

✢

Al zes jaar wacht ik op dit moment. Eind november 1993 is het dan zover. Vanuit een belhuis bel ik een Europese, in Straatsburg gevestigde instelling. Ik heb het telefoonnummer van de broer van de man met wie ik dacht gelukkig te worden altijd bewaard. Hij is altijd erg aardig voor me geweest. In een lang gesprek leg ik hem uit dat ik het vermoeden heb dat er elk moment bepaalde personen naar Europa af kunnen reizen om via Frankfurt Duitsland binnen te komen. Ik probeer hem er met alle mogelijke argumenten van te overtuigen zijn regering te waarschuwen dat Pablo Escobar binnen de kortste keren mijn land te gronde zal richten zodra zijn eigen familie veilig in een ver land zit. En hoewel het honderden mensen van verschillende nationaliteiten tot nu toe niet is gelukt hem te pakken te krijgen, lijkt nu alles erop te wijzen dat het Zoekblok en de Amerikanen hem dankzij de meest geavanceerde afluister- en trackingapparatuur ingesloten hebben. Dus het is slechts een kwestie van weken of misschien maanden tot ze hem hebben opgespoord en met hem kunnen afrekenen, ook al is Escobar bijzonder goed bedreven in het misleiden via communicatiekanalen. Mijn vriend vraagt eigenlijk meteen aan het begin van het gesprek al waarom dit onderwerp me zo aan het hart gaat en hoe het komt dat ik zo veel weet van de werkwijze van die terrorist.

Ik kan hem moeilijk zeggen dat diezelfde crimineel zo'n tien jaar terug wekelijks duizenden dollars aan kerosine uitgaf om mij vanuit Bogota naar Medellín te laten overkomen. Evenmin kan ik hem uitleggen dat een man zich kwetsbaar opstelt bij de vrouw die hem liefheeft en begrijpt, en haar dingen vertelt die niemand anders weet. De man die nu naar me luistert krijgt alleen maar te horen dat ik dat monster door en door ken, beter dan wie dan ook. En dat ik beter dan wie dan ook weet wat Escobars achilleshiel is. Aan zijn reactie te horen is hij zowel verbaasd als geschokt. Toch praat ik door: 'Hij is als een gek op zoek naar een land dat bereid is zijn familie op te nemen, want zijn vijanden, Los Pepes, hebben gezworen al zijn familieleden als kakkerlakken uit te roeien. Er zijn al mensen van zijn organisatie naar Duitsland gevlucht. Als jullie toegang verlenen aan de enige gezinsleden om wie hij werkelijk geeft, komt hij er vroeg of laat ook achteraan. En met hem kunnen jullie dan Los Pepes verwachten. Escobar wordt op dit moment gezien als de meest inventieve ontvoerder ter wereld. De leden van jullie Baader-Meinhof zijn daarmee vergeleken groentjes! Als je me niet gelooft, vraag dan je broer maar of hij je Escobars brief aan mij van drie jaar terug wil laten zien!'

Enigszins verwijtend antwoordt hij: 'Mijn broer woont momenteel in de Verenigde Staten, kid... Hij kon niet langer op je wachten, daar had hij schoon genoeg van. Hij gaat in maart opnieuw trouwen. Maar ik zal eerst met hem praten en daarna bel ik een vriend in Washington die gespecialiseerd is in *counterterrorism*. Die kan me dan hopelijk vertellen wat er precies aan de hand is. Hij is altijd overal van op de hoogte. Ik begrijp alleen nog steeds niet hoe het komt dat je er zo van overtuigd bent dat die mensen naar Duitsland komen. Maar ik zoek wel wat dingetjes uit, en zodra ik meer weet, bel ik je.'

Niet alleen op een heldere dag kun je soms alles van tevoren al zien aankomen. Ook op een bewolkte, of zelfs een pikdonkere, of op een van de treurigste van het leven. Waarom moest ik toch zo nodig dat telefoontje plegen? Om met zo'n bericht geconfronteerd te worden? Had ik soms nog niet genoeg ellende over me heen gekregen? In de regen op weg naar mijn werk loop ik te denken dat ik de eenzaamste vrouw ter wereld ben. En hoe erg het is om niemand te hebben bij wie ik mijn hart kan luchten. Die avond val ik huilend in slaap. Maar de volgende ochtend word ik wakker gebeld door mijn voormalige aanstaande. Hij zegt te begrijpen dat ik me ellendig voel, nu ik over zijn bruiloft heb gehoord. Het enige wat ik weet uit te brengen is dat ik begrijp hoe hij zich moet voelen nu hij weet dat de man die ons heeft gescheiden door de politie wordt ingesloten. In het Frans vertelt hij dat zijn broer in Washington inlichtingen aan het inwinnen is. Alles lijkt erop te wijzen dat die crimineel inderdaad geen kant meer op kan. Hij gaat proberen het Duitse ministerie zover te krijgen dat ze op het vliegveld waar ik altijd aankwam verscherpte controles gaan uitvoeren. Ik wens hem veel geluk met zijn huwelijk. Als ik ophang voel ik slechts behoefte aan één ding: dat iemand heel snel met Pablo afrekent.

Rond het middaguur krijg ik een telefoontje van mijn vriend uit Straatsburg met het verzoek om hem terug te bellen vanuit een belhuis. Hij zegt dat hij nu eindelijk begrijpt wat er tussen zijn moeder en mij speelde en vraagt of ik denk dat Escobar vergeldingsacties tegen Europeanen of Europese bedrijven zal gaan ondernemen. Ik antwoord dat het een opluchting is te weten dat zijn broer in de Verenigde Staten is. Hij stond gegarandeerd bovenaan het verlanglijstje van Escobar. Ik leg hem uit dat Escobars omstandigheden niet optimaal zijn om een grote aanslag in Bogota voor te bereiden. De Duitse ambassade, Bayer, Siemens en Mercedes zouden zeker doelwitten zijn geweest. Maar hij is nu niet in de gelegenheid om een heel communicatienetwerk op te zetten en alle logistieke voorbereidingen te treffen voor zo'n aanslag. Hij is op dit moment alleen maar wanhopig bezig zijn gezin naar het buitenland te krijgen. Wat overigens een zegen is voor iedereen die zijn telefoontjes probeert te traceren.

'O, ja! Zeg vooral tegen Berlijn dat ze naar alle waarschijnlijkheid op een zondag aankomen. Dan zijn de overheidsinstellingen veel minder paraat. Met een commerciële vlucht aankomen zou een heel slechte zet zijn. Iedereen weet dan meteen wat ze van plan zijn... Ik weet wel zeker dat ze een privévlucht nemen. Maar ja, voor zover ik weet, kan een privévliegtuig in Colombia niet zonder toestemming naar Europa vertrekken. Tenzij het een vliegtuig betreft van een of andere magnaat die zijn toestel niet graag zou uitlenen. Maar het kartel werkt al vijftien jaar met huurvliegtuigen, dus in Panama staan er vast tientallen voor ze klaar... Als ze niet naar Europa gaan, nou, dan vreet ik m'n schoen op! En als jullie ze via Frankfurt binnenlaten, zit je binnen een maand met Los Pepes opgescheept! Die zullen proberen de Escobars op te blazen, en Escobar zal geen spaan heel laten van de dom van Keulen! Hij droomt er ook al jaren van het Pentagon op te blazen. Neem het maar van me aan! Zeg tegen ze dat zijn achilleshiel zijn gezin, zijn gezin en nogmaals zijn gezin is. Hij zou zijn leven geven voor zijn gezin!'

Op zondag 28 november word ik wakker gebeld vanuit New York. Ik ben prettig verrast met het bericht dat ik ontvang: 'Je had gelijk, kid. Ze zijn inderdaad hiernaartoe onderweg. Maar in één ding had je je vergist. Ze hebben gewoon een lijndienst van Lufthansa genomen! Niet te geloven! Mijn broer heeft de hoogste regeringsfunctionaris hierover al gesproken en laat je weten dat ze door een compleet leger worden opgewacht. Ze komen er niet in. Niet bij ons en nergens anders in Europa. Ze worden gewoon teruggestuurd naar Colombia. Zodat zijn familie hetzelfde te verduren krijgt als zijn slachtoffers! Het is allemaal bevestigd, maar er is maar een tiental mensen van op de hoogte. Zeg er alsjeblieft helemaal niets over, voor jouw en onze veiligheid. De experts in Washington zeggen dat hij natuurlijk als een bezetene wil gaan uitzoeken wie ze heeft tegengehouden. Bovendien is hij volkomen ingesloten. Langer dan een maand gaat het niet duren. Duim dan nu maar voor Bayer, Schwarzkopf en Mercedes!'

Als ik donderdagavond na mijn werk thuiskom, gaat de telefoon: 'Bravo, kid! *The wicked witch is dead!*'

En dan, voor het eerst in elf jaar, staat de tijd stil.

Pablo is om drie uur vanmiddag gestorven.

VANDAAG IS HET FEEST IN DE HEL

Vanuit het vliegtuigraampje van het Amerikaanse regeringsvliegtuig kijk ik voor de laatste keer naar mijn vaderland en de hemel daarboven. Een reis van negen uur is voor ieder ander misschien een eeuwigheid, maar ik ben er inmiddels aan gewend dat er dagen voorbijgaan zonder dat ik met iemand een woord wissel. Alle redenen waarom ik richting de Verenigde Staten vertrek schieten door mijn hoofd. Nooit zal ik hier nog kunnen terugkomen, hooguit om in de grond van mijn vaderland begraven te worden. Alles wat er de afgelopen dagen is gebeurd heeft ertoe geleid dat ik nu hoofdgetuige van het Openbaar Ministerie van twee landen ben in huidige en toekomstige strafzaken van uitzonderlijk belang. De moord op een presidentskandidaat, een gerechtelijk onderzoek in de Verenigde Staten naar 2,1 miljard dollar, de teloorgang van de rechterlijke macht in mijn land en het witwassen van vele miljoenen. En nu ben ik onderweg. Dat is mijn redding. Als Pablo Escobar niet mijn minnaar was geweest, dan zou mijn enige kapitaal nu namelijk niet uit slechts twee muntjes van vijfentwintig dollarcent bestaan. En zouden bovendien niet alle namen van zijn grote handlangers in mijn geheugen gegrift staan.

Hoe zou ik ooit de gebeurtenissen in de dagen nadat zijn gezin uit Duitsland was teruggekomen kunnen vergeten? Die stem van Pablo de volgende dag op alle radiozenders. Hoe hij dreigde van alle Duitse burgers, toeristen en bedrijven een 'militair doelwit' te maken. Die stem waarvan alleen degenen die ooit ook alle andere nuances erin hebben gehoord wisten dat dit het timbre was van een volledig uitgeputte, opgejaagde, lijdende man, kortom, een tandeloze leeuw. Een man wiens gezin was verstoten uit de elegante wijk Santa Ana. Een gezin dat nu was ondergebracht in hotel Tequendama, waar ze werden beschermd door meewarige politiefunctionarissen, terwijl het hele land moord en brand riep.

Ik wachtte rustig de ontknoping af, overdag op mijn werk bij de zender en 's avonds bij de televisie.

Op donderdag, vier dagen na de terugkeer van zijn gezin, praat Pablo twintig minuten lang met zijn zestienjarige zoon. Hij is wanhopig omdat geen land bereid is zijn geliefde gezin op te nemen. Normaal gesproken zou hij nooit zo lang met de jongen aan de telefoon zitten. Ondanks het feit dat hij er sinds zijn ontsnapping uit de Kathedraal obsessief voor heeft gezorgd dat hij niet te traceren zou zijn en hij praktisch nooit zijn telefoons gebruikt, begint hij nu wanhopig rond te bellen om te proberen zijn gezin, dat door Los Pepes afgeslacht dreigt te worden, uit hotel Tenquendama te krijgen. Pablo legt zijn zoon gedetailleerd uit wat hij moet zeggen tegen de journalisten van een tijdschrift dat hem in de loop der jaren meermalen op de cover heeft afgebeeld. Zelfs via zijn zoon moet en zal Pablo de media manipuleren. Een ijverige politieagente die al sinds vijftien maanden vastberaden al zijn telefoongesprekken traceert met speciale opsporingsapparatuur, weet hem op dat moment op te sporen, en stuurt de coördinaten door aan het Zoekblok. Kort daarop ontdekken die politiemannen het huis in een middenklasse wijk van Medellín en zien ze Escobar zelfs bij een raam staan terwijl hij ondertussen nog steeds aan de telefoon is. Pablo en zijn lijfwachten zien op hun beurt de politie naderen. Een onbeheerste schietpartij volgt, die langer dan een uur duurt. Half aangekleed en met een pistool in de hand, slaat Escobar doodsbenauwd op de vlucht. Vergeefs probeert hij via het dak naar een aangrenzende woning te springen. Even later laten zakt hij op datzelfde dak in elkaar met twee schoten in zijn hoofd en meerdere in zijn lichaam. Er blijft van de meest gezochte man ter wereld, volksvijand nummer één, die tien jaar lang de rechtsstaat aan zijn megalomane waanzin heeft overgeleverd, niets anders over dan een meer dan honderd kilo wegend monster dat voor de ogen van tientallen van zijn vijanden ligt dood te bloeden. Zijn vijanden staan triomfantelijk met hun geweren omhooggeheven om hem heen, glunderend van trots en uitzinnig blij met deze overwinning. Een vreugde zoals zelden eerder vertoond.

Hun uitgelaten stemming slaat over op dertig miljoen Colombianen. Op alle radiozenders is het couplet van het Nationale Volkslied te horen dat begint met 'Cesó la horrible noche' ofwel 'De vreselijke nacht is ten einde'. Tot op de dag van vandaag kan ik me maar twee gebeurtenissen herinneren die lijken op de collectieve waanzin die volgt: de val van de dictatuur van generaal Rojas Pinilla toen ik zeven jaar was en een voetbalwedstrijd tegen Argentinië die Colombia met 5-0 won, waarbij tachtig doden vielen. Ik hoor en zie alles vanuit mijn eenzaamheid, in een stilte die me is opgelegd door de directeur van zender Toledar. Dat uitzinnige vreugdegevoel is alleen maar te vergelijken met Pablo's vreugde van acht jaar geleden, toen hij onder de hemel van Nápoles had verklaard dat het enige wat hij naar de hel zou meenemen de aanblik van ons tweeën in het middelpunt van dat perfecte landschap zou zijn.

Maar dat is al zo lang geleden, acht jaar is een eeuwigheid als het jaren van verdriet zijn. En die man die toentertijd in mijn armen lag, had nog een hele toekomst voor zich. Ik had hem verlaten en gaandeweg was hij veranderd in een monster. Uiteindelijk zou hij als mythe de geschiedenis ingaan.

President Bill Clinton van de Verenigde Staten feliciteert het Zoekblok. De 'hele mensheid', zoals ook in het volkslied te horen is, feliciteert Colombia. Terwijl de feestelijkheden in het hele land dagenlang voortduren en de Rodríguez Orejuela's in Cali zowat huilen van vreugde, storten in Medellín tientallen klaagvrouwen, honderden dronkaards en duizenden armoedzaaiers zich op Pablo's doodskist. Het lijkt alsof ze een stukje van hem willen meenemen. Ik herinner me dat de stakkers op de vuilnisbelt elf jaar geleden ook iets dergelijks probeerden. Op die dag werd ik verliefd op hem. Toen was hij nog menselijk, toen pronkte hij niet met zijn rijkdom, maar toonde me juist al zijn waardigheid en hartelijkheid. Nu, bij de aanblik van dat door egoïsme, vetzucht en verdorvenheid getekende gezicht, met een Hitlersnorretje – omdat het Zoekblok het ene deel van de snor als herinnering had meegenomen en de DEA het andere – had zijn moeder uitgeroepen: 'Die man is niet mijn zoon!' En bij het zien van dat weerzinwekkende schouwspel had ook ik huilend gezegd: 'Dat monster was niet mijn minnaar!'

Nu rinkelt mijn telefoon niet meer. Vrienden heb ik al niet meer en Pablo's vijanden laten me nu eindelijk met rust. Niemand van mijn collega's belt want ze weten dat ik zonder een woord zal ophangen. 'Je kunt straks met vlag en wimpel achter de lijkkoets van je vijand lopen.' Dat zeg ik tegen mezelf als ik op televisie die zee van vijfentwintigduizend mensen op zijn begrafenis zie.

Daar gaat de moordenaar van mijn hele land, gewikkeld in haat, bedekt met schandalen, omgeven door het uitschot van de gemeenschap. Ja, dat zijn de families van de huurlingen. En al die jongeren die hem voor God hielden omdat hij een zwakke, door en door corrupte staat liet zwichten... Omdat hij steenrijk en voor de duivel niet bang was... Omdat hij de Amerikanen schaakmat zette... Tja, één rouwende voor elk van zijn slachtoffers. Meer is het niet.

Maar even later probeer ik toch een verklaring te vinden en bedenk ik vol ongeloof: maar vijfentwintigduizend, zijn dat niet heel erg veel mensen voor iemand die zo veel ellende heeft veroorzaakt? Hoe zou het zijn geweest als hij alleen maar het goede had gedaan? Zou die hele menigte naast huurlingen ook bestaan uit dankbare armen? Had ik het elf jaar geleden misschien toch niet helemaal bij het verkeerde eind?

De herinneringen aan die jonge Pablo en aan mijn eigen onschuld komen boven. Hoe hij op een vuilnisbelt verliefd op me was geworden, niet op de Seychellen en niet in Parijs. Hoe hij me elke week in zijn Pegasus had laten ophalen om me uren in zijn armen te kunnen houden. Hoe we het beste in elkaar naar boven haalden. Hoe hij had gezegd dat ik zijn Manuelita zou zijn. Hoe hij me liefhad en ervan droomde een groot man te worden. Hoe er niets overbleef van onze dromen en dat zij die onze dromen hadden verwoest allemaal al waren gestorven.

Na mijn aanvankelijke vreugde komt de pijn weer terug, als een mes dat zich zonder verdoving in mijn vlees boort. In mijn boekenkast zoek ik *Twintig liefdesgedichten* van Neruda, de enige persoonlijke herinnering die ik nog aan Pablo heb. Terwijl ik lees in Neruda word ik weggevoerd en zie ik de Pablo van weleer.

Ik herinner me die avond toen mijn drieëndertigjarige minnaar zo'n honderd miljoen dollar per maand verdiende. Glunderend van trots en met de heimelijke droom ooit zelf president te worden, was hij vanuit mijn huis met zijn beste vrienden naar de machtigste president van Colombia gegaan. Op die avond had Pablo voor het eerst het angstige voorgevoel gekregen dat hij mogelijk alles wat hem door de goden was toebedeeld, ook weer zou kunnen verliezen. Die onvergetelijke avond, toen alle vrolijke aanwezigen *Het wanhoopslied* negeerden, dat het fatalistische werk van Neruda afsluit. Dit gedicht staat vol met liefdevolle woorden die een inspiratie vormden voor *Il Postino*. En nu al zijn onheilspellende voorgevoelens en angsten waarheid zijn geworden, verzink ik in een hartverscheurend verdriet omdat het zijn vernederende lot was te sterven als een verdoemde en vervloekte Judas. Mijn tranen vloeien om ons gezamenlijk lot, een tragedie die werd gevoed door zijn onmacht om ook maar iets ten goede te veranderen en mijn onmacht om hem te veranderen:

Oorlog en vogelvlucht verenigden zich in jou.
Oord des verderfs, welk een pijn heb jij niet uitgedrukt!
Dat was mijn bestemming en mijn hunkering wees me de weg,
eenmaal daar viel mijn begeerte, jij was uiteindelijk mijn schipbreuk.
En voorgoed zal ik vertrekken. O verlatene!

Nu ligt hij te rusten in de eeuwigheid en lig ik alleen in al die kilte. En ik denk eraan hoe hij me zachtjes kuste om me niet te wekken, als hij dacht dat ik sliep, en daarna deed hij dat nog een paar keer om te kijken of ik wakker was. Hoe hij had gezegd dat het hele universum in mijn hart paste en ik alleen maar onze harten in elkaar versmolten wilde hebben. Dat enorme hart van goud, dat voor mijn ontzette ogen en zonder dat ik het kon tegenhouden, veranderde in een enorm hart van steen. Op een heldere nabije dag zouden al zijn woede en al zijn verlangens zich met mijn verdriet bundelen tot een verhaal en een boek.

Dat oude boekje, dat ik al tientallen keren bijna heb verbrand, met zijn twee handtekeningen en een vierregelige strofe, de omslag beschadigd door tranen, die ik zelfs na zo veel jaar nog voel opwellen, zal de stille getuige zijn van de gebroken dromen van twee *star-crossed lovers*. Misschien dat het op een dag achter dik glas verdwijnt in een museum waar de resten liggen van vergane liefdes en ingehouden hartstochten. Het zal uiteindelijk het enige zijn wat me van Pablo rest, want vijf jaar later zouden twee dieven in Buenos Aires het gouden horloge met diamanten, dat ik vijftien jaar had gedragen, in een flits van mijn pols trekken. Ik heb er nooit een tel naar terugverlangd, want verloren sieraden doen me niets, maar wel de herinneringen aan twee versmeltende zielen onder een hemel die door de maalstroom van de tijd is weggevaagd.

☙

Op 11 september 2001 wordt een andere angstaanjagende fantasie van Pablo Escobar onder de hemel van Nápoles bewaarheid als twee vliegtuigen boven het Pentagon in twee terroristische moordmachines veranderen tijdens de grootste terroristische aanslag in de westerse geschiedenis.

En in november 2004 zie ik op televisie een uitgeleverde gevangene met handboeien om een vliegtuig van de DEA instappen, met bestemming Verenigde Staten, beschuldigd van handel in tweehonderdduizend kilo cocaïne. Ik kan slechts uitbrengen: 'Vandaag is het feest in de hel, Gilberto.'

Net als hij en zijn broer zou ook ik in een vliegtuig van de DEA in dat land aankomen, maar om andere redenen. In september 2006, verklaren de broers Rodríguez Orejuela, nog voordat ik tegen hen kan getuigen, dat ze schuldig zijn aan alle aantijgingen. Ze krijgen een vonnis van dertig jaar cel en hun in beslag genomen fortuin van 2,1 miljard dollar wordt eerlijk verdeeld tussen de Colombiaanse en de Amerikaanse overheden.

Vandaag is het enige wat ik kan zeggen dat Gods wegen ondoorgrondelijk zijn. Hij veroordeelt ons soms tot een diep lijden enkel en alleen omdat we uitverkoren zijn om als drijvende kracht te dienen van de vreemdste, soms ook historische ontwikkelingen.

Uit de modderige grond wordt een doodshoofd getrokken. Dat is alles wat over is van Pablo, zijn verschrikkelijke, met schande bedekte doodshoofd. Dertien jaar na zijn dood wordt zijn lijk opgegraven om een vaderschapstest te kunnen uitvoeren. Pablo's moeder heeft zich er fel tegen verzet. Ik vraag me af wie het verzoek heeft ingediend. Ik voel nu hooguit nog medelijden met de vrouwen die hem ooit hebben bemind, en die nu in een strijd zijn gewikkeld om zijn fortuin. Want niemand wil echt zijn naam dragen. Ik denk aan het verdriet van de vier vrouwen van wie hij heeft gehouden, de vrouwen die hem werkelijk hebben doen dromen, lachen en kwaad hebben gemaakt, en aan de drie die direct of indirect met zijn dood moesten leren omgaan. Ten eerste de echtgenote voor wie hij zijn leven heeft gegeven, ze zat een tijdje in Argentinië vast en heeft nu een nieuwe identiteit. Zij heeft van de achternaam Escobar afgezien – maar niet van zijn fortuin – en ook van de twee voornamen die hij voor zijn twee kinderen had gekozen. Het kiezen van een nieuwe achternaam heeft tot gevolg dat hij geen nageslacht heeft dat zijn naam draagt. Ten tweede de moeder van zijn andere kind, die jaren heeft gebedeld om een vaderschapstest. En ten derde Wendy, vermoord door de laffe, nichterige huurmoordenaar die jaloers was op Pablo's minnaressen, en na diens dood overstapte naar Gilberto. Toen deze werd uitgeleverd, jankte hij als een mietje. En ik, veroordeeld tot eenzaamheid en armoede. Voor de voeten van de media geworpen bevond ik me midden in het hol van de leeuw.

'Wat zou je tegen Pablo zeggen als je hem nog vijf minuutjes mocht spreken?' vroeg een lief meisje dat drie weken na zijn dood in de kerstnacht was geboren.

Denkend aan al het verdriet van die vrouwen die van hem hielden, door Pablo kapotgemaakt, overgeleverd aan bedreigingen van zijn ergste vijanden, zwartgemaakt door riooljournalistiek, bespot door zijn familie, beschimpt door harteloze huurmoordenaars, antwoord ik resoluut: 'Ik zou hem vragen in wie hij gereïncarneerd is. In zo'n doodsbang meisje uit Darfur, dat door beulen zoals hijzelf werd verscheurd. In een engel vol mededogen zoals mijn vriendin zuster Bernadette van de Missionarissen van de Naastenliefde. In de volgende of definitieve versie van de antichrist. Ik denk dat hij vanuit die onpeilbare eeuwigheid en oneindige eenzaamheid van degenen die geen rust kennen, tegen me zou zeggen: 'Goed, liefje, jij weet beter dan wie ook dat wij duivels ooit engelen zijn geweest!' En dan, nog voor hij zou verdwijnen in het zwartste der zwarte firmamenten, zou die zwarte ziel er hoogstwaarschijnlijk nog aan toevoegen: 'Weet je dat ik nu eindelijk begrijp hoe de wet van oorzaak en gevolg functioneert? Je had gelijk, Virginia! Wie weet... Als jij daar op aarde bij een miljoen lelies een blaadje lostrekt, zou ik van hieruit een miljoen sterren kunnen doen twinkelen...'

'Mijn firmament, *liebchen*, staat altijd vol lichtjes,' zeg ik glimlachend tegen dat wijze meisje dat alles wel lijkt te begrijpen.

↭

Sinds mijn aankomst zijn er inmiddels zesentachtig dagen verstreken. Ik betrek een klein penthouse waarvan ik altijd heb gedroomd. Vijfendertig verdiepingen lager is het Financial District Brickell te zien en rondom word ik omgeven door luxe condominiums aan lange avenues met aan beide zijden palmen. Eindelijk heb ik elk uur van de dag uitzicht op die voor mij onmisbare zee, op zeilboten en jachten die vanaf de brug voorbijvaren en op zeemeeuwen die tegenover mijn balkon tegen een intens blauwe lucht hun zweefdans uitvoeren. Ik ben intens gelukkig en kan bijna niet geloven dat ik, na twintig jaar bedreigingen en beledigingen, waarvan acht in angst en armoe, nu eindelijk mag genieten van zo veel schoonheid, zo veel vrijheid en rust totdat het licht voorgoed uit mijn ogen verdwijnt.

's Avonds zit ik op mijn balkon te kijken naar de maan en de sterren. Met kinderlijke fascinatie zie ik vliegtuigen overvliegen die vanuit de hele wereld aankomen met toeristen en zakenlui, en de helikopters die heen en weer gaan tussen het vliegveld en South Beach. Iets verderop in Key Biscayne viert iemand zijn verjaardag met vuurwerk, dat ik vanaf de andere kant van het water als een onverwacht geschenk ontvang. In de verte zijn scheepshoorns te horen. Zowel boven als beneden me ervaar ik het gegons van motoren als levendige muziek, dat samen met de zeelucht en het zwoele briesje tot een rapsodie wordt, waarvan ik de noten dacht te zijn vergeten. Duizenden lichtjes zijn aangegaan in de stad die beneden mij ligt te schitteren. Met een hart dat overloopt van dankbaarheid, bekijk ik het enorme tropische toekomstige Manhattan. Vanaf nu zullen de sterren aan de hemel schitteren als tijdens een heldere kerstnacht.

Het schouwspel doet al mijn zintuigen goed en ik vraag me af of ook ik op een dag hartstochtelijk van dit land van de onbegrensde mogelijkheden zal kunnen houden: de natie van het Vrijheidsbeeld, van de Grand Canyon in Colorado, van Cahokia, Californië en New York, van universiteiten waar zeker honderd Nobelprijswinnaars de jeugd onderwijzen, van uitvinders, architecten en technici met een vooruitziende blik, van de groten van het witte doek, de muziek en sport, van reizen naar de maan, van de Hubble en het ruimtevaartuig Galileo. Het land van de grote filantropen, en de duizend etnische groepen met hun geluiden, geuren en smaken van alle uithoeken op aarde, het land van de rassenvervolging en van de ondernemers die hier op een dag met zakken geld neerstreken en met ambitie en zelfopoffering dit land opbouwden, vasthoudend aan hun idee van de eeuwige vrijheidsdroom. En met een lied van hoop in hun hart.

Ik ben slechts een van de vele vluchtelingen die, op de vlucht voor vijanden of honger, zomaar op een dag voet aan land hebben gezet. En vanuit deze plek waar ik op een onvergetelijke dag in 2006 aankwam, kan ik nu eindelijk het verhaal vertellen van een man en een vrouw uit twee volkomen tegengestelde werelden. Een man en een vrouw die ooit van elkaar hielden tegen de achtergrond van een land in oorlog. Want in het land waar ik ben geboren en dat ik op een dag in juli voor altijd heb verlaten, zou het onmogelijk zijn geweest dit verhaal te beginnen, te beëindigen of er zelfs maar van te dromen dat het gepubliceerd zou worden.

Een maand na mijn aankomst reageerden Diego Pampín en Cristóbal Pera van Random House Mondadori, een van de grootste uitgeverijen ter wereld, enthousiast op mijn voorstel om mijn persoonlijke, nabije visie over het meest angstaanjagende, complexe, criminele brein dat Colombia ooit gekend heeft op schrift vorm te geven.

Ik weet niet of Pablo in mijn volgende boeken nog een rol krijgt. Maar Het Beest met de Zwarte Ziel zal altijd ergens een plek vinden in mijn nieuwe verhalen over liefde en oorlog in dat land van tienduizenden doden en miljoenen ontheemden. Een land dat wordt bewoond door zowel de wreedste als de beminnelijkste mensen op aarde, eeuwig overgeleverd aan de willekeur van gewapende bendes en een paar dynastieën die met een kleine schare handlangers en volgelingen de macht aan elkaar doorgeven en de buit van generatie op generatie onder elkaar verdelen. Het land waar de politieke klasse op een goede dag ontdekte dat er te verdienen viel aan het verbinden van gouden lijntjes tussen de criminele bendes en de presidentiële gelederen. En het land van de media die er al snel achter zouden komen dat er nog meer te verdienen viel met de handel in dekmantels van niet zo voorbeeldige verledens. En wie de euvele moed had ook maar met de geringste beschuldiging in hun richting te wijzen, zou dat eeuwig bezuren. Oscar Wilde zei het al over de uitwassen in zijn tijd:
What seems to us as bitter trials are often blessings in disguise.

NAMENLIJST

Medellínkartel

Pablo Escobar (getrouwd met La Tata, kinderen: Juan Pablo en Manuela)
Gustavo Gaviria (neef van Pablo Escobar)
Gonzalo Rodríguez Gacha, bijgenaamd 'El Mexicano'
De Ochoa's: vader Fabio en broers Jorge Luis, Juan David en Fabio

Calikartel

Gilberto en Miguel Rodríguez Orejuela
Pacho Herrera
Chepe Santacruz

Colombiaanse politici

Alfonso López Michelsen: president van 1974 tot 1978. Zijn zoon Felipe López Caballero is eigenaar van het tijdschrift *Semana*. Felipe is getrouwd met Pilar Castaño. Alfonso López Michelsen onderhield nauwe banden zowel het Medellín- als het Calikartel.

Julio César Turbay: president van 1978-1982. Getrouwd met Nydia Quintero. Diana Turbay is zijn dochter, Aníbal Turbay is zijn neef.

Belisario Betancur: president van 1982-1986

Virgilio Barco: president van 1986-1990

César Gaviria: president van 1990-1994, onder wiens bewind jacht op Escobar werd gemaakt.

Álvaro Uribe Vélez: president van 2002-2017, kwam evenals Escobar uit Medellín, en onderhield nauwe banden met hem.

Alberto Santofimio: senator, was lid van de Liberale partij en Escobar steunde hem financieel bij de campagne. Hij werd later minister van justitie.

Luis Carlos Gálan: oprichter van de partij Renovación Liberal. Aartsvijand van Escobar en van Santofimio en groot voorstander van het uitleveringsverdrag. Galán werd in 1989 in opdracht van Escobar vermoord.

Rodrigo Lara: galanist, minister van Justitie, in opdracht van Escobar vermoord.

Vrienden en geliefden van Virginia Vallejo

Aníbal Turbay: de neef van Julio César Turbay. Vallejo had een relatie met hem op het moment dat ze Escobar ontmoette.

Olga Suarez: verloofd met Rafael Urraza, singer-songwriter uit Spanje en vriend van Aníbal Turbay.

Clara: vriendin van Beatriz, die naast Escobars zus woonde.

Margot Ricci: zakenpartner van Vallejo, ze begonnen samen een productiemaatschappij in 1981.

David Metcalfe: leert Vallejo kennen via Julio Mario Santo Domingo.
David Stivel: tweede man van Vallejo, lid van de Argentijns-Joodse Stivelclan.

Virginia Vallejo zegt met vier grote magnaten een verhouding te hebben gehad. Mogelijk zijn dit de volgende:
Julio Mario Santo Domingo: frisdrankmagnaat
Carlos Ardila Lülle: frisdrankmagnaat
Carlos Haime: hoofd van Moris Gutt-groep, handelt in oliën en zeep
Luis Carlos Sarmiento: bouw- en bankmanager